古德哈特货币经济学文集

（上卷）

货币分析、政策与控制机制

Monetary Analysis, Policy and Control Mechanisms

[英]查尔斯·古德哈特　著

康以同　张　丹　李　丹　译
孟芳芳　朱　力　何杨捷

唐　旭　黄海洲　校

中国金融出版社

责任编辑：杨冠一
责任校对：孙　蕊
责任印制：裴　刚

图书在版编目（CIP）数据

古德哈特货币经济学文集（Gudehate Huobi Jingjixue Wenji）（上
卷）／（英）古德哈特（Goodhart，C.）著；康以同等译．—北京：中
国金融出版社，2010.3
　ISBN 978 - 7 - 5049 - 5242 - 4
　Ⅰ．古…　Ⅱ.①古…②康…　Ⅲ．货币和银行经济学—文集
Ⅳ．F820 - 53

中国版本图书馆 CIP 数据核字（2009）第 159390 号

出版
发行　**中国金融出版社**

社址　北京市丰台区益泽路2号
市场开发部　（010）63272190，66070804（传真）
网 上 书 店　http://www.chinafph.com
　　　　　　（010）63286832，63365686（传真）
读者服务部　（010）66070833，62568380
邮编　100071
经销　新华书店
印刷　北京佳信达欣艺术印刷有限公司
尺寸　155 毫米 ×235 毫米
印张　17.75
字数　277 千
版次　2010 年 3 月第 1 版
印次　2010 年 3 月第 1 次印刷
定价　45.00 元
ISBN 978 - 7 - 5049 - 5242 - 4/F.4802
如出现印装错误本社负责调换　联系电话（010）63263947

现在合适吗

一、导论

我对自己是否能被列为"杰出经济学家"表示怀疑。我在一些专业领域已经成为一个重要人物，尤其是中央银行业务和货币政策，在我职业生涯的后期是外汇市场的微观结构。但我没有对公认的经济学理论增添什么新东西。我作为政策顾问的角色，虽然通常是令人激动和富有成果的，但大多数时候都处于较初级的层次，不能称为杰出。尽管如此，我们都会受到虚荣心的影响。在被要求提供论文和被邀成为精英中的一员时，我怎么能因为没有什么威望而加以拒绝呢？

当然，我愿意将我在职业生涯中主要的三个阶段（在剑桥大学学习，1958~1965 年，在英格兰银行任政策顾问，1968~1985 年，在伦敦经济学院任教，1966~1968 年，及 1985 年至今）的经验，作为分析一些当前经济学的热点问题的一个桥梁。这些问题是如何对待预期、伦敦城经济学家的作用和对市场的分析。现在我再次成为顾问的角色，作为新组建（1997 年）的英格兰银行货币政策委员会的一名外部独立委员。在本文结尾处，我将对中央银行的自主性作几点评价。

二、自传（1936~1958 年）

与其他作者相比，我的家庭背景可能更为显赫。我父亲的祖母来自纽约伟大的 Lehman 家族。[1] 除了银行家和银行外，我们家族还同时培养出一名非常著名的州长及纽约联邦参议员（Herbert）和首席大法官（Irving）。我父亲的祖父是纽约证券交易所的一名高级股票经纪人。

1　家族著名人物，见 Stephen Birmingham 的 *Our Crowd* 和 *The Great Jewish Families of New York*。另见 Allan Nevins 的 *Herbert H. Lehman and his Era* 和 Roland Flade 的 *The Lehmans：From Rimpar to the New World*、*A Family History*。

我父亲 Arthur Lehman Goodhart[2] 1912 年被他父母送到剑桥大学的三一（Trinity）学院学习经济学。当时三一学院没有经济学家，我父亲说，别人建议他不要去旁边的 Kings 学院，在年轻的凯恩斯指导下学习，因为三一学院的导师曾怀疑凯恩斯是否非常"稳健"。不管是什么原因，我父亲转而学习法律，导师是三一学院的一位年轻的教师，名叫 Harry Hollond。这也是我父亲作为一名律师，其终身学术生涯的开始，专业领域是法理学（Jurisprudence）。

我父亲于 1914 年回到纽约工作，然后在第一次世界大战中作为炮兵服役一段时间，更重要的一段时间是在 1919 年作为美国军队中的一名年轻法律顾问去波兰调查当地的少数民族问题，主要是反犹太人（Anti-semitic）问题。这一段经历成了他第一本书[3]的基础。此后他回到了剑桥的 Corpus Christi 学院，自己成为该学院的一名法律教师。一段时间后，他又将家从剑桥搬到了牛津，并于 1936 年（我出生的那年）成为法理学教授。1951～1963 年，他担任大学学院（University College）的院长。

尽管我父亲的家族是犹太教徒，但其家庭多数成员当时并不严格遵守教规，而且我父亲也不是一个宗教信徒。在剑桥期间，我父亲与一名英国女孩 Cecily Carter 结婚，她是伯明翰一名会计师的女儿，并且是英格兰教会的一名忠实会员，她育有三个儿子。

英美关系在第二次世界大战期间得到加强。作为一名纳粹主义的公开反对者，我父亲上了纳粹的"黑名单"。由于在纽约有许多近亲，所以我的两个哥哥和我被送到了美国。我哥哥 William（6 岁）和我（2 岁）由一名保姆照看，因为当时我父母仍留在牛津。当战争结束后我们回到英国时，在运船客的火车站台上，我母亲需要人指点才能认出我。

由于美国的小学当时不讲授拉丁语，但拉丁语是进入英国公立学校（私立学校收费）的一门主修课，所以由于仅知道一点法语和"错误的"历史，从教学安排的角度讲，我哥哥要"落后"于他的同龄英国同学几年（尽管他非常聪明）。当时可以接受他的唯一（免费）英国学龄前学校是 Summerfields 学校的 St. Leonards 分校（牛津）。该校招收的对象是智力比较弱，无法去牛津主校的学生。我当时面临两个选择，一个是待在家里与父母在一起，去一所非常好的牛津学校当走读生；另一个是陪我哥哥去寄宿学

2　见 *The Dictionary of National Biography*，1986 年，pp. 350/1。

3　*Poland and the Minority Races*，1920 年。

校。由于我哥哥是我在千变万化世界中唯一一个比较固定的伙伴，所以我选择跟他一起去寄宿学校。

无论是否面对学习上的挑战，寄宿学校是一个可爱的地方，但在 60 年时间里，该学校只提供了两个奖学金名额。虽然也曾考虑让我参加奖学金的考试，但当考试机会真的到来时，我已经落后得比较远了。

我父亲尽管专于学术研究，却也是一个善于处世的人。他愿意和乐于保持影响事物的能力，他也希望自己的孩子能继承这一点。因此，他将我们都送到伊顿学校，这是最好的英格兰公立学校。如果你没有获得一份奖学金住在学校（作为享受英国皇家奖学金的学生），你就必须住在一个普通家庭里（作为一名寄宿生）。由于战争的原因，我父亲没有来得及作这类安排。我当时被接受的唯一原因是我板球打得很好，而未来的房东（Whitfield）非常想赢得室内板球赛奖杯。不幸的是，我的视力迅速恶化，我无法看清快速运动的球！

Whitfield 的家远离学术环境。当时都被鼓励不要耍"小聪明"（"too clever by half"），在老师眼里这是一个严重的缺点。不管怎么说，学校的教育非常好，而且按能力分班意味着我们总是可以在学术方面自由发展。但是，英国的教育体制过早地按专业开展，我从 16 岁起就开始集中学习历史（和语言），因此放弃了所有自然科学和数学，甚至在我开始学习微积分之前。

像在英国生活的许多方面一样，伊顿是经济学著名人物的一个主要基地（尽管在 20 世纪 70 年代之前该校还没有教授经济学）。Keynes 和 Dennis Robertson 都是伊顿人，我们这一代的著名人物有 Richard Layard 和 Nick Dimsdale。应当有人分析一下伊顿经济学家的贡献。

在服过两年兵役[4]后，我于 1957 年 10 月进入剑桥大学，我自己选择学习经济学。这并不是因为当时我想成为一名经济学家，相反，这是我父亲对其三个儿子的宏大设计的一部分。我的大哥 Philip Goodhart，是贝肯汉姆议会的保守派议员（1957～1992 年），当时已经开始了政治生涯。我的二哥 William Goodhart 是我们兄弟三人中最聪明的，我父亲认为二哥是应当继承

---

4 在服役期间，我无意中参与了 1956 年匈牙利人民起义和苏伊士运河危机等事件。我所在的部队当时负责建造临时性住房来安置逃到英国的匈牙利人。在苏伊士运河危机期间，我被任命为某旅的情报官，该旅计划于第二批被派往苏伊士。但第二批计划被取消了。同时，该旅旅长让我清理他的私人保险箱，并销毁所有不再需要的秘密文件。在几百份文件中，我销毁了除了 3 份以外的所有文件，这是我以后信仰的早期基础，即在不需要时，人民（不仅是官员）可以对秘密或绝密文件进行分类。

他（学术）法律领域的工作。但学者和政治家都赚钱不多。我父亲让我学习金融，也许将来成为一名投资银行家，也许在纽约工作，追随我的家族中许多在纽约的家庭成员的足迹，如 Altschuls、Lehmans、Loebs、Morgenthaus 等。

在剑桥大学的第一年里，我学习并不努力，只希望得到一个中等偏上的成绩。令我吃惊，也非常高兴的是，我得了第一名，这一情况完全改变了我的生活。我以前在任何事情中从未得到过第一（除了在 St. Leonards 学校，这一次不应当计算在内）。现在我发现了我可以做的事情。另外，经济学既有趣，也很有挑战性，因为经济学本身似乎非常具有不确定性（这一点不太好）。除了正规的模型，过去或现在都没有人知道是什么决定关键经济变量的水平或增长率。在我以前所接受到的所有教育中，都只有一个正确的发音、一个正确的日期、一个正确证明；而且主要学习内容通常都是学习如何熟悉这些。如果你发现一门学科，连老师都承认有几个可能的答案，而且即使这几个现有答案可能都不正确的话，这确实可以极大地激发想象力。我因此相信，我也许可以作出一些贡献，并通过自己的努力来增加社会的价值。

尽管我早期的经历具有独特性，但对比自己的情况和其他前辈学者的情况还是可以揭示一些共同点。第一，是我与犹太人的联系；为什么犹太人一直都非常喜欢经济学？这一点使我成为一个典型事实，但却是多数评论家故意忽视的一点。第二（也许与犹太血统有关？），是我感到自己内心深处不属于任何团体/宗教/国家，而是信仰一种更广泛的国际（但本质上是大西洋）文化。第三，从其他专业转向经济学有一个共同趋势，即主要是两个来源：第一个是数学和物理学，第二个是历史学，再加上其他社会科学和人类学。这两类不相同学科的相互作用提供了经济学中多数个人的创造性思想。如果不了解制度/社会/政治背景，数学只会造成空洞的形式主义。如果没有一个坚实的理论核心，历史和制度方面的知识则仅仅是冗长、模糊和通常是错误的文字表述。我一直清楚，我需要更多的数学知识才能成为真正优秀和全面的经济学家，但时间总是太少了，我的天赋太低，而且为了进行必要的投资有太多令人着迷的事情要做。

三、在剑桥的岁月，1957～1965 年

那几年，Kaldor、Kahn 和 Joan Robinson 三人主导着英国剑桥大学经济系。Kahn 似乎是一个孤僻的人，甚至有点凶恶（至少在我看来如此）。他从

不给本科生上课，也很少和本科生交流，但他被认为是维持学说纯粹性的显赫人物。Joan Robinson 当时迷上了中国，常穿着极为精美的丝质旗袍讲课，据说那旗袍是毛泽东本人送给她的，与之形成鲜明对比的是她那发黄的牙齿。她在与学生辩论时总是咄咄逼人，在与其他学术界人士——尤其是新古典学派——辩论时更是如此。如果学生明显很用功，她就会对学生很和善（不过我仍很庆幸她不是我的导师）。Nicky Kaldor 则十分平易近人，在我看来，他是三位经济学家中最好的一个。他富有创造性的思想（这些思想被公认为具有多样性特点），并且对这些思想以及整个经济学抱有极大热情。他常常在研讨会上打盹（还是在装睡?），然后在醒来的时候适当地提出一些敏锐的见解。

上述三人的思想主导着剑桥经济系；马歇尔图书馆的 Piero Sraffa 是一个有魅力的人，不过我们一般很难见到他；[5] Austin Robinson 似乎是一个不爱出风头、可有可无的角色；James Meade 还没有被请过来，Dennis Robertson 则刚退休，可是起主导作用的三人组仍然成功地化解了来自上述两位的有力竞争。Dennis 请我喝过茶，还带着他的猫。我还记得我当时的窘态——我不知深浅地说他和凯恩斯关于《通论》的交流一定很有启发意义，他脸上露出了痛苦的表情。

但是，讲课讲得好的往往是那些年轻的经济学家们，剑桥也有这样一个三人组，他们是 Michael Farrell、Frank Hahn 和 Robin Matthews。在他们三人中，Robin Matthews 讲课的条理最清晰，Frank Hahn 在技术上最先进，但在我看来，Michael Farrell 的讲课最有独创性。他的早逝真是一大损失。当然，剑桥在许多其他领域也有一大批专家，比如说研究产业经济学的 Robin Marris 和研究贸易周期的 Dick Goodwin（可是在 Dennis Robertson 之后就没有人真正精通货币经济学了）。那时，经济史是剑桥文学学士学位考试的重要部分，老师们通常都教得非常好。[6] 相反，统计学还只是刚起步，尚未发展完全。计量经济学还没有发展成形。经济学的数学方法和数量经济学也非必修，很少有人选择这些课，我也不例外。

在剑桥，上课绝不是本科教育的主要部分，大家都不是很熟悉授课体

---

5 本科生很难见到他。他 1960 年的著作《以商品生产商品》在当时对剑桥经济系的理论观点产生了很大影响，但是并未对日益占统治地位的北美经济学界产生突破性影响。

6 一位教美国经济史的老师除外。我十分讨厌他的观点，他一边上课我就一边在脑海里想着怎样反驳他，这使我收获不少。

系。老师们一般都不安排考试。许多——也许是绝大多数的——课出勤情况都很差，而且越到学期后期越差。[7]

而老师指导学生的主要方式是个别辅导。这是十分费劲的工作，通常是导师和学生之间进行一小时的一对一或一对二会面，学生先读自己的文章，之后由老师来评论。有时老师会提前读学生的文章，有时则不会。这的确是难以忍受的繁重的工作。而且在那时，选题、阅读相关资料和每周写一篇文章是一个学期的主要工作。导师大部分来自学生所在的学院。因此，我的头两个导师都是三一学院的经济学家，他们是 Robert Neild 和 Maurice Dobb。Dobb 被认为是一个共产主义者，但他作为一个导师作用不大，因为他拒绝发表批评意见，也不声明自己的立场，甚至很少发表评论。与其说他是一个共产主义经济学家，倒不如说他更像一位退休了的绅士。[8] 到目前为止，我最好的导师不是来自三一学院，而是来自 Pembroke 学院的 Michael Posner。Michael 常常会承认自己不如你了解某一文章主题，但之后又会似乎很坦率地提出一些看似简单的问题，这些问题往往能使你从另一个角度重新考虑整个问题。

在我大学的最后一年，另一个学生和我一起参加了个别辅导，他刚从纯粹的数学专业转过来学经济学，他的名字叫詹姆斯·莫里斯（Jim Mirrlees）。尽管我们的方法和天资很不一样，詹姆斯和我仍相处得很好。我记得那一年我很困扰，我们的导师 David Champernowne 明显地偏爱詹姆斯，尽管当时他的经济学底子还很薄，我之前还得过两次第一。之后发生的事情证明了 Champernowne 的偏爱是有道理的，詹姆斯爵士于 1996 年获得了诺贝尔经济学奖。

系里的主要人物会为在第一和第二学年考试中取得优异成绩的学生——通常是 12～15 名——举行一次晚间研讨会。被邀请的二年级学生将在第三学年向研讨会提交一份论文。其他的学生必须对之前的论文发表评论，通过抓阄的方式按抽中的数字决定评论顺序。教师们也会参加研讨会，人数通常多得惊人，但他们一般直到最后才发表简短的评论。

虽然我已经忘记了我那篇分享亚当·斯密论文奖的文章，但我还清楚地

7　到目前为止，那一时期讲课讲得最好的老师不是一位经济学家，而是向我们介绍伟大哲学家的 Noel Annan。他是唯一一位把上课时间定在上午 9 点还能吸引数量可观的固定听众的社会科学家。

8　有一个有名的笑话：一个外国人到三一学院来找典型的英国绅士。最后他找到两个，但一个是意大利人（Sraffa），另一个是共产主义者（Dobb）。

记得提交给马歇尔学社的那篇论文。那篇论文是对研究代理人如何应对不确定未来的 Shackle 理论[9] 的解读，论文给出了潜在意外的函数（potential surprise function）和三维图表（我自己用彩色的橡皮泥做的）等。

Shackle 认为人们在实际中关注的是一项决策所带来的单一的关注点收益（或关注点损失），关注点（收益/损失）是可能发生的意外结果以及对结果预期坚定程度的函数。两个变量在关注点（收益/损失）上互相作用达到最大值，人们会比较关注点收益和关注点损失以作出决策。当决策的结果是二选一的时候（比如说吃牛肉要么会得新型疯牛病，要么不会得；我将要乘坐的航班要么失事，要么不失事），这种方法似乎也是合理的。实际上，具有十分坚定预期的结果（像上面所举的例子那样）常常会引起很强烈的行为反应（洛克比空难后机场几乎都荒废了），比经过理性的概率分析的行为反应要更强烈（疯牛病恐慌之后，德国的牛肉消费和英国一样急剧下跌，而德国却没有发现过疯牛病疫情）。

当决策结果可以取连续的一组值时，这种将决策过程简化为比较两个关注点值的方法就不那么合理了。大部分经济变量都可以取连续的一组值，比如说价格和产量。但即便如此，Shackle 可以辩解说尝试建立一个期望概率分布会过于耗费时间（因此非效用最大化），尤其是在我们不确定对我们主观建立的概率分布抱有多大信心的时候。无论我们给一种结果的概率赋予怎样概率值，这一值都会无限地回退。

正如格罗斯曼—斯蒂格利茨悖论（Grossman/Stiglitz Paradox）所说的那样，考虑到时间的缺乏和获取信息的成本，决定不去尝试将所有可得信息纳入预期形成过程是理性的行为。节约时间和精力的最简单也是最显而易见的方法就是试着向比自己掌握更多信息的人学习（比如学习概率、结果、模型等）。"代表性代理人"的范式可以简化计算和分析，但在分析预期很重要的情况时就明显有问题了。尽管我们的确从自己和他人的错误中学习经验，但我们从他人的观点、思想和行为中学到的更多。

考虑到人们是异质、可能犯错的以及每个人都不断地从事件中和向其他人学习，那种"每个人"都知道世界的真实模型的观念是荒谬的，没有人知道真实的模型。即使是那种在逻辑上更诱人的认为代理人会采取一致模型期望的思想——代理人在建立模型时应当假定其他代理人会在此模型正确的前提下行动——不仅在现实中是错误的，还有可能低估了通过观察别人学习

9　见 Shackle（1949 年）。

可能导致行为反应的"羊群效应"以及市场行为明显非理性突然变化的程度等。

尽管理性预期的最简化的形式——人们不会持续不确定地犯系统性错误——通常是正确的（你不能始终欺骗所有的人），但对这一理论方法的更激进扩展——无论是以信息消化程度还是以"真实"模型的常识来表示——都走过头了。一个更可取的方法可能是在静态环境中强调有限或近似理性，在动态环境中强调学习过程（在一个本身会改变的世界里）。要发展我们在这一领域的理解和分析还有很多工作要做。我期待着 Shackle 将会作为一名特殊先锋载入经济学史册，对于一个年轻但充满热情的本科生来说，他的工作是有启发性的、令人愉快的。

我用了差不多三十年的时间才不用再因为考试而做噩梦了，期末考试的压力（由我自身的原因造成的）是很大的，但我的成绩还是名列前茅，尽管不是我当初希望的明星般的第一名。之后我去了美国接受专业学术人员所必需的研究生训练。当时（1960 年），英国没有这类训练。一般认为一个受过良好训练的本科生可以直接参与研究。但是，经济学本科的课程只包括一些水平相对较低且非必修的数学和计量经济学课程，这就意味着刚进入英国学术研究领域的人只具备之前学到的在其他课程上学到的技术性能力，而这些我都不具备。

我选择去了哈佛。我想研究的主题是贸易周期。关于贸易周期的模型和现实经济之间存在某种不一致，模型预计经济衰退/停滞的时间较长，因为过剩资本的消除比较缓慢，繁荣时期较短暂，因为受产能上限的制约；而现实经济的情况通常是衰退时期比繁荣时期要短得多。我尤其想和 James Duesenberry 一起工作，他在宏观经济方面的研究，尤其是对消费函数的研究，很是令人兴奋。

但首先我必须、也希望学习数学和计量经济学课程。数学课程主要包括不同方程式，但没有微积分，我试着自学微积分（先是在去美国的船上自学，我新婚的妻子总抱怨我不理她；之后是在哈佛的数学课上），结果基本没有效果。计量经济学的课程更加全面，使我们离专业研究的前沿更近了。那时，最新型的 IBM 机器的打印输出是通过大型机顶端的打字机完成的，打字机那惊人的机械臂根据电子指令运动；打字机看起来真像机器中的幽灵。

但是，大部分其他课程所涵盖的领域在英国剑桥大学本科阶段就已经教授过了，因为美国大学的经济学专业学生上的经济学课程要比剑桥大学的经济专家们少得多。[10]无论如何，再学两年重复的内容是非常沉闷的，系主任 Arthur Smithies 允许我将通常为期两年的硕士生学习时间压缩为一年，我就这样做了。

研究工作在第二年的秋天开始了，十分有意思。之前我和妻子休了唯一一次长假，游览了北美的大部分海岸线。研究工作最初遇到了一个小障碍。我已经计划尝试研究为什么美国经济在 1907 年的崩溃之后如此迅速地反弹，而在 1929 年又陷入了困境。为了确保研究的正确性，我需要国民收入的高频数据（季度和月度数据），但 1906～1909 年的高频数据是缺失的，而这一段时间正是我研究的起始点。但是货币和银行业的高频数据很丰富。一方面是有规律的季节性金融波动（在一个没有中央银行的银行体系中），一方面是周期性冲击和其他冲击，两方面相互作用的问题是很复杂的，也是理解 1907 年危机那段历史的关键。[11]此外，我认为之前的研究对于此问题的分析大部分是错误的。一切都进展得很顺利。我的博士论文（1962 年）在当年 6 月之前就完成了；之后不久我出了一本哈佛经济研究（Harvard Economic Study）系列的书（1969 年），并在《政治经济学杂志》（JPE）上发表了一篇文章（1965 年）。

尽管在麻省剑桥的年轻新婚生活很惬意，而且我一直拥有英国和美国的双重国籍，直到国家兵役要求我只选择一个（1955 年），我本质上渐渐地变得更像英国人了，而我的妻子更是如此。所以，我们在 1962 年回到了英国剑桥，我拿到了三一学院的成绩优良奖学金，在系里担任助教。在成功地解读了美国 1900～1914 年的货币史之后（我自认为如此），我的下一步明显就是将这一研究应用于英国。月度银行业数据是可得的（尽管在某些方面被严重粉饰过），包含在伦敦股份制银行（London Joint Stock Banks）的月度报告之中，在 1890 年的巴林危机之后，财政大臣 Goschen 要求银行收集并公布这些数据。问题就是之前没有人系统地收集、检查和分析过这些数据。所以我那两年（1963 年、1964 年）的大部分时间主要花在历史研究上了，收集、检查和整理了现存的尽可能多的月度银行业和宏观经济数据，将它们

10　牛津大学的情况就不一样了，他们的 PPE 课程（政治学、哲学和经济学）使得学生和美国学生的水平大致相当。

11　我在一个有利的历史时点进入了货币经济学领域，而当时（1962 年）我几乎没有察觉到在芝加哥发生的激动人心的理论事件。由于我在历史方面的专长，Duesenberry 让我看了弗里德曼和施瓦茨的著作《美国货币史（1867～1960）》的手稿（第 4 章）。该书的前言提到了我的（小小的）帮助，之后我有幸写了此书在英国最早的评论之一（发表在 *Economica* 上，1964 年）。

整理成了便于使用的时间序列形式。这是一项单调乏味的繁重工作。随着这些数据在《1891～1914 年的银行业务》一文中发表（1972 年），没有人需要再重复这项工作了。

20 世纪 60 年代初，剑桥学派卷入了与占主导地位的美国主流经济学派的争论，争论在于如何计量与定义资本（例如改换投资的问题）以及增长理论，参见 Harcourt（1972 年）。Bob Solow 在休假时访问了剑桥，他和 Joan Robinson 常常针锋相对地争论。尽管起初还有知识上的趣味，经过观点的不断重复，争论变得（在我看来）既不和谐也没益处；从此之后我从内心深处已不喜欢和不信任增长理论了。

但尽管在剑桥我静静地置身于主要的学术争论之外，我发现行政性事务更难以逃避。传统上，系秘书这一职位是由资历较浅的教员担任两年。这一直是一项可怕的工作。系主任 Ken Berrill 使我相信我获得终身教职的机会取决于我担任这一职务，我一时意志不坚定地答应了，当我认识到我牺牲了两年宝贵的学术研究时间用于系里的行政管理工作时（在剑桥！），我在外边找到了第一份好工作。

1964 年工党上台了（之前是保守党 13 年的不当治理，正如竞选口号所说的那样），工党政府迫切地想引入指示性计划（法国风格的）来提高英国（相对较低）的经济增长率。他们建立了一个新部门——经济事务部——以推动这一目标，部长是 George Brown，由 Donald MacDougall 担任首席经济学家；可是新部门与挥舞着需求管理指挥棒的财政部的关系从来没有明确过。可是，总之他们需要经济学家，而且在经济事务部工作——尽管不是我研究的领域——却比在剑桥做行政管理要好得多。

"国家计划"最后变得毫无机会成功，因为国际收支出现了黑洞。工党政府（在 1967 年之前）既没有像几乎所有高级经济顾问（私下）建议的那样准备纵容货币贬值，也没有像某些左翼提倡的那样退却到一个封闭经济、对进口施加关税的状态。它在一个个危机之间摸索前行，Cairncross（1996 年）很精彩地描述了这一情况。这对于计划几乎没有帮助。

幸运的是，我没有参与更广泛的宏观经济政策讨论。然而，主要部门的计划，比如未来增长计划，需要与整体增长计划目标（4%）保持一致。所以经济事务部需要经济学家来评估部门和行业计划、预期和目标以保持这种一致性。我在 John Jukes 手下工作，负责能源部门和住房与建筑业，那时能源部门正在准备一份白皮书。他是一个明智的经济学家，也是一个和蔼的人。这项工作很有意思，但对才智要求不是太高，在经济事务部和"国家计划"明显要触礁的情况下，我重新回到货币经济学领域了。

自从 Dennis Robertson 退休以后，货币经济学在剑桥就不是领先的领域了。相反，伦敦经济学院在货币经济学方面有专长。在偏向制度和历史的方面，伦敦经济学院有 Richard Sayers（1959 年 Radcliffe 报告中的关键人物）、Leslie Pressnell 和 Roger Alford；而在偏向分析和理论的方面，Alan Walters 已经去世了，接替他的是 Harry Johnson（拥有伦敦经济学院和芝加哥大学的联合教职），还有几位活跃的青年货币经济学家（Morris Perlman 和 Laurence Harris）。Harry 研讨会是伦敦经济学院的一大特色。所以我很高兴去那里当讲师（1966 年），继续我对货币的研究。这包括试着完成对 1914 年以前英国银行系统的研究（可是我必须在 1968 年过早地结束对金本位运行的研究，因为当时我要去英格兰银行了）以及其他一些新的研究活动，其中有两项比较重要。第一个是对英国当前货币政策的研究，受波士顿联邦储备银行 Holbik 的委托，比较研究 12 个工业化国家的货币政策。这一研究在 1967 年完成了，但是 Holbik 在敦促其他合著者的时候很没有效率，该书直到 1973 年才出版，那时我就需要写一个"后记"，这让我很烦恼。至于第二个，我认为我在"政治经济学"领域写了第一篇严肃的实证文章，用一系列宏观经济（例如通货膨胀和失业）和政治周期变量对以盖洛普民意调查数据表示的政治声望（political popularity）进行了回归分析（1970 年发表在《政治研究》上）。

比起剑桥开阔和优雅的生活环境来，伦敦经济学院简直是（现在仍是）一个城内贫民窟，尽管居民都过着充满活力的精神生活。1968 年，伦敦经济学院的情况急剧恶化。具有传染性的抗议活动从伯克利蔓延到巴黎，又传播到了伦敦经济学院，学生们都被感染了。1968 年的冬季学期，伦敦经济学院的气氛变得歇斯底里般狂热，这对于任何类型的文明学术研究都没有帮助。所以当我接到英格兰银行的电话要我借调到他们那工作两年时，我感到很高兴。

四、英格兰银行和货币政策的制定

1. 思想斗争：货币主义和凯恩斯主义

20 世纪 60 年代初，英格兰银行开始邀请年轻的货币经济学家到英格兰银行工作两年，一次邀请一位。在我到英格兰银行时，我几位近期的前任有 Roger Alford、Tony Cramp 和 Brian Reading。当我入职后，我发现我实际上是那儿唯一对货币理论最新发展在行的人，尤其是货币主义者（以米尔顿·

弗里德曼为首）的主张。

英格兰银行之前聘请了两位有一定货币经济学背景的经济学家，Kit McMahon 和 John Fforde，前者的专长是国际货币经济学，后者写了一本关于美联储的历史和运作的书（Fforde，1954 年），但他们两人现在都身处高位，分别负责国际和国内的货币政策，没有时间（也许没有兴趣）去关注学术争论的细枝末节。英格兰银行负责经济学的执行主管是 Maurice Allen，他很精明，但当时有些古怪，尽管他关于货币问题的经验和感觉都很出色，他在几十年之前就接受了正规的训练。同时，经济情报部的负责人 Michael Thornton 是一个很有魅力和能力的人，不过不是一个职业经济学家，他的首席经济学家 Leslie Dicks-Mireaux 则一直主要是一位宏观和劳动力市场专家。

读者也许会和我一样觉得很奇怪，为什么英格兰银行在当时没有常驻货币理论专家，但这正在某种程度上表明了英格兰银行当时的姿态。英格兰银行的经济学家一般都满足于，并支持 Radcliffe 报告中概括的凯恩斯主义的经济分析。他们相信，维持国内经济稳定的最重要方式是采取恰当的财政政策，也许在危机时期以某种类型的收入政策作为支持。没有恰当的财政政策，货币政策本身（至少在实际政治学的界限内）——如他们所主张的那样——不能抵抗趋势；利率调整可以用来暂时抵御投机和维持国际收支，但根本要求还是使用财政政策来维持经济平衡。英格兰银行题为《Radcliffe 报告之后的货币政策操作》的论文（1969 年 a）（主要是 Kit McMahon 的工作）真实地反映了英格兰银行当时的姿态。[12]有时候你会感觉英格兰银行似乎认为自己对财政大臣关于财政政策的（私下）建议是自己对宏观政策的主要贡献。[13]

但是，从我到任的那一刻起，Radcliffe 和凯恩斯主义对货币政策的任务和作用的看法就受到了威胁和攻击。1967 年的货币贬值——之前一直被政府所抵制——在 1968 年似乎并没有成功地改善国际收支状况。对英镑的投机又重新开始了，当局向国际货币基金组织（IMF）寻求帮助。在 Jacques

---

12 这篇论文，以及大多数其他英格兰银行发表的重要论文，在 1984 年被英格兰银行收集了起来。

13 尽管大部分正式的经济分析都是 Radcliffe 和凯恩斯主义范式的，英格兰银行的国内货币操作中还是存在一些货币主义的直觉。他们厌恶实行信贷上限，他们认为信贷上限是干扰性的、无效率的、棘手的以及最终是无效的；所以他们更愿意尝试让利率更剧烈地波动以作为对国内货币控制的工具。同时，英格兰银行国内货币政策操作者对于维持信心和金边债券市场良好情况的关注，在我看来，是基于对额外货币或货币近似资产泛滥的担心，如果金边债券市场罢工的话。

Polak 和 Marcus Flemming 的影响下，英格兰银行设计了一种国际货币主义方案；他们还将英国的问题部分地归结于不当的宽松货币立场。

IMF 那时候处理陷入国际收支困境的国家的做法通常如下。IMF 会同相关国家讨论、协商以及计划未来的产出、价格、贸易收支、财政政策环境和利率目标。这将得出未来名义收入的估计值，与期望的贸易（以及财政）收支平衡的恢复相一致。然后将这些名义收入（以及利率）的估计值代入货币需求函数。给定货币扩张的期望（预计）外部贡献，计算得到的货币需求量就直接导出了与实现既定预测相一致的国内信贷扩张量（domestic credit expansion，DCE）。考虑了误差之后，这些（季度）DCE 的预测量就成为 IMF 规定的上限。贸易逆差国要想从 IMF 得到更多的贷款就必须遵守这一限制。思路是很清晰的；任何没有计划到的国内扩张将会提高名义收入并（通过货币需求函数）增加 DCE，当局就必须采取一些通货紧缩的措施（财政、利率、国债销售和信贷上限）削减 DCE；只有当扩张性的冲击是来自（未预期到的大额）资本流入时——更大外部货币份额——DCE 的增长才会被允许。

大部分的这些做法对于英国经济学家来说都是新奇的概念。对于不少人来说，货币需求函数（假定是可预测的）的重要作用尤其是不能容忍的——试想 Radcliffe 报告否认了货币流通速度这个概念的稳定性甚至有用性。所以我在英格兰银行的第一个任务就是在行内与行外[14]解释 DCE 的概念与作用。为了维护英国的自尊，我们必须装作在英国我们已经想出了这个新主意，而不是让 IMF 在我们困难的时候将它强加给我们。

总之，我已经找到了我在英格兰银行的定位，[15]就是试着在银行内部解释外部（货币主义）经济学家的主张，同时尝试向同样一批外部经济学家解释英格兰银行的观点。这意味着在英格兰银行（也许在财政部也是如此）我几乎被看做常驻的"货币主义者"，而对于外部经济学家来说，尤其是在 Karl Brunner 和 Allan Meltzer 组织的 Konstanz 会议上，我被认为是一个"顽固的凯恩斯主义者"。

显然，货币主义和 Radcliffe 阵营［尽管和美国由托宾（James Tobin）领导的新凯恩斯主义不太一样］的一个（也许是唯一一个）重要差别在于

14　我是英格兰银行的主要作者（1969 年 b）。

15　这一定位对于英格兰银行的重要性以及这份工作给我带来的兴趣和满足感，使我从临时借调的职位转到了全职顾问工作。

货币需求是否是可预测的。所以英格兰银行接下来安排我在 McMahon 和 Dicks-Mireaux 的指导下以及 Andrew Crockett 的帮助下对英国的情况进行实证分析。分析成果有季度公报（1970 年）、关于"货币重要性"的论文以及 Andrew 关于货币是否是产出和价格的先行指标的论文（1970 年）。

分析结果显示计量上存在较稳定的货币需求函数，对于包含生息存款和无息存款的广义货币（M_3）和狭义货币（M_1）都是如此。主要因为 M_3 的变动可以通过对应的信贷（和 DCE）来分析，经济学家更偏好用它来作为衡量货币状况的主要指标。

英国主要的清算银行从 1939 年开始就几乎持续地面临直接信贷控制，英格兰银行（尤其是 John Fforde）正确地指出，这种限制越来越损害系统的效率，而且随着时间推移，通过脱媒的作用，这种限制也变得越来越无效。英格兰银行采用我的工作成果作为反对这种控制的一个论据。如果货币需求函数是稳定的话，你就可以依靠利率调整来维持货币稳定，而不是直接的信贷控制。

财政部——当时在 Douglas Allen 领导下——十分谨慎，他们担心如果信贷控制被解除，信贷规模可能会爆炸式增长。但是经过 20 世纪 70 年代的广泛的讨论[16]，他们的立场松动了。《竞争和信贷控制法》于 1971 年出台，正好赶上 1972/73 年的繁荣以及之后的萧条。

结果是，银行借贷和广义货币在 1972/73 年迅速增长，比与当期和之前名义收入及利率相一致的速度要快得多，利率在 1973 年秋天上升到 13%。"我的"货币需求函数在估计出来后的数年内就失效了！究竟是哪里出了问题？批评者指出，不适当的宽松货币政策构成了供给冲击。我自己的观点是大部分解释应归结于制度变迁鼓励银行竞相以相对于货币市场利率更有竞争力的利率提供更有吸引力的存款负债，特别是大额可转换存单。的确，当时繁荣和迅速扩张的气氛使银行激烈地争夺市场份额。相对于贷款利率，他们预备提高大额存款的利率到可以"借贷套利"的水平，一些信用良好的借款人将贷款重新投资到这样的银行存款就可以获利。

但是，M_1 的货币需求函数同时仍保持稳定、运行正常，随着利率在

---

16 我参与了大部分的讨论，但是真正的工作都是国内金融部门（Home Finance）完成的，主要是执行主管 John Fforde 和总出纳 John Page 的工作，Andrew Crockett 也协助了他们的工作。Andrew 起草了 1971 年递交给财政部的论文，之前 Fforde 在 1970 年年底向英格兰银行行长 Leslie O'Brien 提交了内部论文。公开发表的题为《竞争和信贷控制》（英格兰银行，1971 年，以及 1984 年，第二章）的文章主要是总出纳 John Page 写的。

1973 年上升，M_1 的增长速度放慢。在这不平静的几年（1972～1974 年）里，让人好奇的是，大多数发达国家之前估计的货币需求函数（例如美国的 Goldfeld 货币需求函数，1973 年）一般都运行不正常，但几乎总是那些被中央银行选做优先货币指标的货币需求函数显著地失效了。当澳大利亚联邦储备银行于 1975 年邀请 Jim Tobin、Dick Cooper 和我三人参加一个会议时，我使用了这一观察到的现象（见古德哈特，1984 年，第 96 页）作为"古德哈特定理"（Goodhart Law）的诙谐脚注的基础，古德哈特定理是指"一旦政府将之前观测到的统计规律用于控制目的，这一规律就失效了。"对于英国媒体和广大民众来说，这一随口说出的诙谐似乎具有了生命力，是我工作中唯一能记得住的东西！尽管这一"定理"有其严肃的分析基础（见卢卡斯批评），一个人的公众声誉主要建立在一个小小的脚注上实在是有些奇怪。

但是无论 M_3 数据是否是人为夸大的，我们都不可能否认英国 1972～1973 年的繁荣——尤其是住房和资产价格泡沫——失去了控制。回过头来看，政策的力度太小了。即使货币需求函数在 1972～1973 年失效了，1972～1973 年 M_3 增长率的激增和之后的下降幅度超过了通货膨胀的上升和下降幅度这一事实几乎使英国所有的货币主义者以及本国大部分的外部评论者都进一步相信广义货币是关键的货币总量。[17]

1973 年，Ted Heath 首相试图依靠收入政策制止通货膨胀。在试图钉住价格的情况下，提高利率（企业投入成本之一）明显是不可行的。所以，1973 年年末[18]英格兰银行接到政令，要求必须控制货币总量的持续快速增长，而不能进一步提高利率。这只能意味着重新回到直接信贷控制上来。John Fforde 要求我研究明确可以选择的手段。我起草了一份文件，申明我们可以对贷款或存款的水平或边际增长加以限制。我和 John Fforde 都愿意选择的手段是限制有息存款的边际增长。对无息存款的限制难以施行，因为银行不可能拒绝无息存款。但是银行可以通过降低利率阻挡额外的有息存款。既然 M_3 之前的上升是由银行通过提供更有吸引力的利率"过度"竞争造成的，这一措施正好对症下药。而且银行也几乎不可能大声抗议一项旨在提高

17　见 Walters，1986 年，第 6 章。

18　从 1972 年年底到 1973 年秋天，我离开了英格兰银行去撰写一本主要的教科书，《货币，信息和不确定性》。我认为当时我正处于将理论与实践的政策见解相结合的最好状态。因为那时纸张和纸浆价格的上涨如此迅速，我的出版商——麦克米伦公司——不知道如何给书定价。所以他们把书稿搁置了起来，直到 1975 年才出版，字体也很小。我不是很满意。

存贷款利差的措施。此外，作为结论性观点，这件"紧身衣"（Corset，我的同事 Gilbert Wood 给这一方案起的名字）与简单地直接控制银行对私人部门的借贷十分不同，也更加复杂。所以该方案的实施不是无助地回到之前《竞争和信贷控制法》的状态。实际上在实施伊始，这一方案就很有效；M_3 的泡沫破灭了，增长也迅速放缓。

1973 年英国经济存在很多泡沫，包括高企的资产和住房价格。这些泡沫在 1973 年年底破灭了，使得银行也濒临危机，"救生艇"救助计划随之出台，我没有参与这一计划。事实上，从某种程度上来说，工党政府对公司部门财政上的压榨使 1974～1975 年的经济低迷恶化，经济低迷使得这一时期的货币政策战线相对平静。此外，1976 年的外部危机和对英镑的投机性攻击与国内的货币政策操作没有什么联系，我相信历史会证明这一点。

而在我的研究领域里，我感兴趣的问题是在分析方面。在布雷顿森林体系崩溃和 1972～1974 年动荡和不愉快的经历之后，货币主义者主张国内货币目标应成为货币政策的中心与规则。尽管没有接受货币主义理论的全部观点——既没有维持规则的刚性，也没有使用基础货币控制作为操作机制——各国中央银行仍倾向于把自己描述成"实用货币主义者"，公布货币约束作为总体的指导性原则和评判货币政策操作的指标。德国中央银行在 1974 年率先施行，美联储在 1975 年也加入进来，见古德哈特（1989 年）。

英国的政策操作是很复杂的。新的保守派反对党领袖撒切尔夫人的顾问们，如 Gordon Pepper 和 Brian Griffiths，强烈支持货币目标。而许多凯恩斯主义者以及工党政府的左翼顾问都强烈地反对货币目标。同时（1973 年 6 月）英格兰银行的新任行长 Gordon Richardson 在巴塞尔的定期会议上听取了中央银行同行的意见，尤其是加拿大中央银行行长 Bouey 的意见。但英格兰银行内部也存在不同意见。尽管 M_3 货币需求函数失效的经历已经使得我不愿再提倡采取刚性的货币规则、完全以定量货币目标作为货币政策操作的基础，但我认识到对与政府名义收入增长目标相一致的货币总量预期变动进行指示性量化预测是有好处的。

Christopher Dow 从经济合作与发展组织（OECD）来到了英格兰银行，正好和 Richardson 接任行长同时，他成了执行主管和首席经济学家，而 Kit McMahon 在 1972 年 10 月离开了那一职位去担任海外主管。[19] 我相信行长认

19　他前一任的海外主管 Jeremy Morse 离任后在 20 国委员会中担负起修补崩溃的布雷顿森林国际汇率体系这一费力不讨好的工作，并带走了年轻的 Eddie George 作为私人助理。

为 Christopher 是那种总能在英格兰银行可能会触及工党政府和左翼敏感神经时提醒他的人。无论如何，Christopher 比我更怀疑货币目标制。行长以及英格兰银行关于这一问题的声明，比如行长 1978 年的 Mais 演讲，常常要经过漫长的反复修改，部分原因——也仅仅是部分原因——是为了调解 Christopher 和我分析立场的不同。

如往常一样，事情有了结果，1976 年的英镑危机使得政府开始公布量化的货币目标，起初是规范性的，随后就变成实证性的了。"紧身衣"又恢复了，可是（如同直接信贷控制惯常的那样）银行系统目前已经能够更好地通过"票据漏出"（bill leak）进行脱媒，"票据漏出"这一术语的细节就不在此赘述了。

在实践中，1976 年政府再次在国际货币基金组织的监督下采取从紧的政策（主要是财政政策），使经济放缓的速度低于预期——尤其不像更歇斯底里的工党成员预期的那样。1977～1979 年又是一个国内货币政策相对平静的时期[20]，部分是因为中央银行行长和财政大臣 Denis Healey 的关系十分融洽。

如前所述，新的保守党领导层——撒切尔夫人和 Keith Joseph——赞成许多货币主义的原则。我认为在英国现存的货币和银行体系中，货币主义实际难以运转的一个方面是对基础货币的控制。[21]所以我觉得有必要在它们被认为与即将上台的保守党政府观点相抵触之前让公众知道这些主张。在我和 Michael Foot 以及 Tony Hotson 合写的一篇文章中，我们完成了这项工作，文章发表在 1979 年的季度公报上。

保守党适时地赢得了 1979 年的大选，不久之后就重新确立了广义货币 M_3 的目标，这一目标之后成了他们《中期财务战略》的中心（英国财政部，1980 年 3 月），这一战略的最佳分析理由可以在当时财政部的金融秘书 Nigel Lawson 在苏黎世的演讲中找到（1980 年）。英格兰银行（不仅仅是我）告诫新任政府，M_3 和名义收入之间假定的潜在稳定关系在承受了政策负担之后就不会很可靠。但为了让他们的新政策看起来坚定与可信，具体量化的 M_3 目标还是发布了，且没有给出解释。

从一开始，经济环境就给货币目标施加了巨大压力。第二次石油价格冲

20　1977 年主要的争论是利率是应当主要用于控制汇率（就是使汇率保持在如 1976 年建立时那样有竞争力的较低水平），还是用来控制国内货币总量（以及通货膨胀），还是两者的组合。

21　之后我还写了数篇关于这一问题的文章，尤其是在 1994 年和 1995 年。

击使得投入成本大幅上升；新政府认为有义务允许公共部门薪酬经过商定后（收入政策类型的限制）不受质疑地继续上升；财政大臣宣布了一项重要变革，从直接的所得税转向增值税，增值税税率于 1979 年 6 月在他的第一次预算中从 8% 提高到 15%。所有这些都导致价格在 1979/80 年急剧上涨。与此同时，英国作为预期的主要石油出口国的新地位、人们对撒切尔夫人政策的信心、货币政策收紧以及利率上升等诸多因素使得英国的名义汇率面临强大上行压力。所以实际汇率持续上升，可贸易商品部门——主要是制造业——的竞争力便岌岌可危了。

尽管这一危机在许多经济学家中引起了惊恐，例如 364 位经济学家联名写给《泰晤士报》的著名信（1981 年 3 月 31 日），货币增长的步伐仍居于目标区域的上限。不久在艰难的环境下就冲破了上限。

外汇管制在 1979 年 10 月被迅速抛弃了，没有出现什么负面效应（考虑到当时英镑巨大的上行压力）。但一旦利率管制被放弃以后，继续对国内银行扩张实施直接管制就几乎不太可能，也不明智，因为银行可以通过在国外脱媒规避这一管制。"紧身衣"还在实施，不过之后在 1980 年的夏天被废除了。在"紧身衣"被废除之后，预测之前积累的脱媒资金会有多大一部分回流到银行存款和 M_3 是很困难的。我的同事和我在英格兰银行作了一个粗略预测，预测 M_3 将在 1980 年 6 月增长 2% 以上，我们在 7 月底得到了相关数据。数据真是糟糕透了，很不符合我们的预计。事实上那一个月的增长是预期的两倍多，接近 5%。但这样的一个大幅跳跃一旦公布就会使得之前大肆鼓吹的作为《中期财务战略》中心的 M_3 目标成为一派胡言，变成笑柄。我们急需（从中央银行的立场来看）悄悄地进行紧急的公共关系处理。而公共关系处理却没有得到足够重视。这一消息是在假期之初公布的，几乎所有主角都休假去了。撒切尔夫人在瑞士度假，在英格兰银行有合适机会和她讨论这一问题之前，她在瑞士和一些货币主义专家讨论了英国的货币激增。总之，在回来的时候她不确定英格兰银行究竟是傻子还是恶棍；英格兰银行的确遭了殃。

在英格兰银行内，我们必须定期地解释为什么我们在减缓货币增长方面如此不成功，而且我们常常因为过失而受到指责。值得称道的是，撒切尔夫人从来没有考虑过重新实施直接管制。当我们指出任何以市场为导向的减缓货币增长的办法都需要进一步提升利率时，这种讨论的气氛总会迅速改变。正如后来发生的那样，M_3 的激增以及之后在 20 世纪 80 年代初几年里的迅速增长并没有伴随着或引起名义收入的类似增长；事实上 M_3 流通速度的上升趋势正好在 1979 年中断了；可是，在 20 世纪 80 年代初我们当然不可能知道这些，好几年里我们焦急地等待着过剩货币余额的"突出量"传导到支出上，正如 1973/74 年发生的（或如同人们相信的）那样。

相反，高水平利率，尤其是高水平实际汇率，以及日益坚定和强硬的对抗工会的决心，使通货膨胀率下降到了政府正好希望的幅度。[22] 随着实际产出经历了短暂而急剧的紧缩，进一步提升利率便有些不合时宜，即使是为了货币主义理论的纯粹性。此外，人们对于这种货币主义纯粹性会造成什么样后果的疑问日益增多。米尔顿·弗里德曼一直批评英国对货币目标的选择。[23] 更重要的是，Alan Walters 回到了英国担任撒切尔夫人的顾问，他鼓励 Jurg Niehans 进行了一项对英国货币政策的研究（1981 年）。他们的建议是狭义货币总量比广义货币总量对政策更有指导作用，以这种标准来看，1979 年至 1980 年的货币政策反而是太紧了，而不是太松了！[24] Alan 和英格兰银行大体上同意这一观点。

在此背景下，政府和英格兰银行重新回到了多重货币总量目标上，同时关注狭义和广义货币。但是，在最初的焦点 M_3 与名义收入之间的关系已经变得明显不可靠以及哪个货币总量是合适的目标还不确定的情况下，政府之前对这一方案的信心迅速消退了。这和美联储在采用非借入货币基础控制的操作方法管理 M_1 时遇到的类似问题相对应，并因此得到加强。正如加拿大银行行长 John Crow 调侃的那样，"不是我们抛弃了货币总量，而是货币总量抛弃了我们"。这一情况使得 Nigel Lawson 在 1983 年担任财政大臣之后需要为稳定价格的货币政策寻找其他锚。但之后他违背撒切尔夫人（以及 Alan Walters）的意愿通过欧洲汇率机制（ERM）寻找这样一个与德国马克和德意志联邦银行相联系的锚，成了一个广为流传的故事，这完全是在我离开英格兰银行之后发生的。

如前面所提到的，我相信撒切尔夫人的私人经济顾问们（例如 Griffiths、Pepper 以及程度较低的 Walters[25]）都强烈地支持在操作上转向一个控制基础货币的体系。但是英格兰银行、各家银行以及伦敦金融城都厌恶这一提案（当然也包括我）。据我回忆，财政部试图置身于争论之外（在两方面都给出了理由）。但问题的细节却鲜为人知，这一问题并不像货币目标和中期财

---

22 Lawson（1992 年），第 72 页。

23 特别委员会证词，参见财政部和公务员委员会（1981 年）。

24 撒切尔（1993 年），第 125 页；Walters（1986 年），第 6 章和第 8 章。

25 Walters（1986 年），第 123 页、第 124 页和第 147 页。

务战略那样在撒切尔夫人和 Keith Joseph 那里引起共鸣。所以支持原来状态的人获胜了，正如我以很大篇幅描述的那样（1989 年）。英格兰银行在 1981 年 8 月公布了货币管理的新安排（英格兰银行，1981 年），宣告了论战的结束，实际上使得英格兰银行的基本操作模式不用再改变了。

　　2. 英格兰银行的结构变化和对经济学家的使用

　　在我刚到英格兰银行工作的时候，英格兰银行相对来说较为关注对国外经济事件的分析，而较少关注国内经济问题。经济学家分布在两个部门，经济情报部（也负责金融数据的收集，包括季度调整技术和季度公报）和海外部。我当时在经济情报部工作。我们的工作包括对国内消费进行预测、分析和政策模拟，以及发表评论——主要是对季度公报的评论。我在英格兰银行工作的那几年里，一个被反复提及的问题是英格兰银行是应该有自己的模型还是依赖财政部的模型来进行预测和模拟。主要担心的是，如果英格兰银行公布了自己对未来的预测，媒体就会关注政府的预测与英格兰银行预测之间的差异，无论差异有多细微。这种对（细微的）预测差别的关注被认为是不健康的。所以，英格兰银行和财政大臣以及财政部之间的讨论主要是以财政部一直以来的预测方法为基础的——可是英格兰银行也为财政部的预测作了贡献（还参与了部分讨论），尤其是在金融领域。

　　财政部的经济学家不仅有利用自己模型进行预测的优势，他们还能够在第一时间接触到财政大臣和财政部部长。所以，只要财政部（及其经济学家）和英格兰银行（及其工作人员）就纯分析性的经济问题展开辩论时，财政部很有可能是赢家。因此，毫不奇怪的是，英格兰银行的法宝就是关于市场反应的实践经验。"我必须警告你，财长先生，无论理论分析结果如何，市场对 X 政策没有好感。"在英镑疲软和借款条件偏高的情况下，财政大臣总是被这些警告吓住了。

　　因此，英格兰银行认为自己的主要长处是"中央银行业务，而不是研究"。[26]为抗衡其他机构的经济分析，英格兰银行需要经济学家以学术上可以接受的方式传达英格兰银行的观点和政策（公共关系）以及进行预测。在我刚加入英格兰银行的时候，经济学家在业务部门并不受欢迎。我在英格兰银行工作的那几年里，在货币市场和金边债券市场（程度较低）方面，学术分析性建议和操作决策之间的鸿沟显著缩小了。这部分是因为英格兰银行的高级管理层感觉到需要将货币经济学和宏观经济学在语言上的通畅和操作

26　我不确定这是谁首先说的。有人认为是 Montagu Norman；这句话在很多场合被反复提起。

活动中的实际指令结合起来。[27]操作者的能力部分是一个与个人天资、常识等有关的问题，部分是在职培训的问题，但经济学知识则需要大学的专业训练。因此英格兰银行的招聘政策有意识地向年轻有天赋的经济学家倾斜。一般来说，这些有抱负的人（例如 Andrew Crockett、Lionel Price、Michael Foot、Tony Hotson、Bill Allen 以及许多其他人）会首先在我所在的货币分析和预测部门工作，之后再转到职业生涯的下一个阶段——在英格兰银行的市场管理部门从事操作工作。随着时间的推移，经济分析部门和市场操作部门之间人事上和分析上的联系会越来越紧密。

我在英格兰银行工作的那几年里，监管方面的情况并不如此，但之后变得一样了，稍后我会讨论这一问题。之前提到过的 1973～1974 年边缘银行（fringe bank）危机和"救生艇"救助计划使得银行监管职能迅速发展起来。但银行监管职能的原则在最初确实是很实际的，而且显然是有意地避开学术观点（尽管公平地说当时也没有什么有用的学术观点）。当时的想法是你应该找到被银行和其他相关金融机构广泛接受的"最佳惯例"，然后驱使掉队的机构遵循这类优良行为准则。

尽管目前经济学的形式已经越来越完善，信息技术革命也使得我们能够得到和分析大量数据，比起 20 世纪 60 年代来，我们并没有真正更加了解宏观经济，也不觉得能够更好地进行预测。事实上，情况正好相反。在我们（在计算机辅助下）建立宏观模型的初期，我们（在公共部门工作的宏观经济学家们）的确觉得理解和控制经济的能力增强了。在那之后，卢卡斯批判、理性预期革命以及（凯恩斯类型）预测的失败使得经济预测（以及部分宏观经济学先前的原则）陷入了混乱。

然而，在金融学、风险和资产价格之间关系的分析，以及风险决定因素（例如方差、协方差、肥尾分布、风险因素分析等）等方面的研究却得到了成功的发展。在布莱克—斯科尔斯期权定价公式被发现之后，资产的设计、分析和定价以及风险的度量就明显成为了经济学家的领地。

理性预期假设解释了为什么任何人——无论是经济学家、图表分析家还是占卜者——在预测资产市场运动时都注定会失败（因为资产市场主要是由意料之外的消息推动）。理性预期假设还同卢卡斯批判一起解释了经济学

27　我在英格兰银行工作的前几年里，曾有一两次被问起是否愿意从经济政策顾问一职调到操作岗位上。尽管这暗示着——但没有明说——这种职位转化是日后被提升到高层的必要前提，我总觉得我的比较优势在于坚持我的学术研究，于是我拒绝了。

家即使是在预测具有惯性和刚性等的经济问题时也会不断地面临问题。经济学家在公共部门和伦敦金融城主要充当预测者，所以他们陷入了这样一种境地，他们天生容易犯错误，一会儿被当成巫医，一会儿又被讥讽为假内行。听众们不愿接受这些预测，预测者在进行预测时也不情愿坚持概率/置信度边界的原则，这也恶化了预测者的处境。英格兰银行近期发布的通货膨胀报告中的通货膨胀扇形预测是少数值得称道的例外之一。所以，金融城主要使用经济学家进行预测和处理公共关系的做法，在我看来，对这一职业没有什么帮助。

　　经济学家真正能够提供帮助的是在风险分析领域。比起资产价格水平来，方差的变动更加系统和可预测（方差常常遵循自回归条件异方差过程——均值近于随机游走）。因此，金融城的企业在风险控制领域能最有效地使用经济学家——公共部门则可以在监管领域最有效地使用经济学家，在20世纪70年代以及80年代的大部分时间里，这一领域对于经济学家来说还是禁区。但是，所有这一切都在迅速变化，并且主要是朝着好的方向变化。金融经济学学术研究和风险管理实际操作之间日益紧密的合作是近年来最鼓舞人心的发展之一，但这都是在我离开英格兰银行之后发生的事情。

　　20世纪70年代初，在《竞争和信贷控制法》实施之后，我们对货币运行的分析以及随后和财政部及财政大臣的讨论形成了一套系统的形式。这一形式是围绕银行月度资产负债表数据构造的。经过处理和分析之后，数据被递交给货币审议委员会（Monetary Review Committee），该委员会主席是国内金融部主管（Home Finance Director）John Fforde。我主要负责准备递交给货币审议委员会的文件，是委员会的首席秘书。在货币审议委员会进行讨论之后，一份关于货币运行的意见概要被送交给行长和执行主管们，这是他们随后和财政部官员进行常规讨论的基础，如果有必要的话，行长和财政大臣之间还会进行讨论。

　　在20世纪70年代和80年代，伴随着货币运行在决定市场操作人员应实现的目标时发挥日益重要的作用，以及由此产生的将分析建议和市场操作相结合的需要，我本人于20世纪80年代初正式调到国内金融部，在John Fforde手下同Eddie George（金边债券市场部门）和Tony Coleby（货币市场部门）一起工作。所有这些使得对"真实"经济的补充性分析方面出现了空缺，需要另一位高级经济学家和Christopher Dow一起从事此方面工作，于是John Flemming在20世纪70年代中期被招了进来。1983年，Robin Leigh-Pemberton的到来在1984年引起了另一次的结构重组。此次重组的一个组成部分是为快退休的 Christopher Dow 找个接替者，他是负责经济学的执行主管。行长选择了 John Flemming。这对我来说是一个沉重的打击，因为这是我在晋升阶梯上唯一渴望迈上的一级，而且 John Flemming 比我还年轻。

John 一直以来都是一个优秀的经济学家，也是我的密友，这减轻了我个人的痛苦。尽管如此，这实际预示着我将在未来的 13 年里继续从事我在过去 16 年中所做的同样的工作（直到退休）。我能发觉我自己正变得痛苦和没有活力。我几乎很偶然地得知了一些关于晋升和重组的消息——都和我没有关系，都是在得到晋升的人谈论未来情况时得知的。除了行长和我简单地说了几句形式上的话以外（"艰难选择"等），几个星期之后，没有人和我谈论过我自己的前途。这使我在当时觉得——现在仍然觉得——不能像和重组的"赢家"交谈那样和"失意者"进行同样细致，或更加细致的沟通的人事管理是很可怕的。所以，尽管我在英格兰银行的工作很令人满意（直到 1984 年），我还是决定回归到学术工作上来。

五、回归到学术（伦敦经济学院）、（外汇）市场分析和中央银行独立性

1. 伦敦经济学院和金融市场小组

决定回归到学术工作不是一件难事，但真要做到却不容易。尽管在英格兰银行工作的时候我仍继续进行研究并发表文章，我已日益陷入作为一名资深官员的事务之中。我的技术能力在最好的时候也比较薄弱，现在更进一步萎缩了。学术领域的分析和教学的优先形式已经发展了不少，变得更加数学化和正规化。我在伦敦经济学院的一些同事已经怀疑我是否算得上职业理论经济学家了，或者说如果我算得上的话，任命我为教授会不会占用本已稀少的教授职位而使得更年轻有为的经济学家失去了机会。

对我来说幸运的是，为了纪念他在空难中不幸去世的儿子 Norman，Eric Sosnow[28]决定在伦敦经济学院资助一个银行和金融教授职位。这一讲席教授职位的特别任命委员会包括非学术界人士和学术界人士，我的背景被认为是合适的。总之，我被选中了，从那以后，我就一直是 Norman Sosnow 的银行和金融教授。

28　Eric Sosnow 在第二次世界大战之前从波兰逃了出来，本来是计划去以色列的，但在伦敦找了一份财经记者的临时性工作——他之前从事的职业，就留在了伦敦。战争结束后，他开始为和共产主义阵营的贸易提供融资，并建立了自己的金融和进出口公司。

比起牛津大学和美国的大学来，伦敦经济学院不是一所富裕的大学，得到的捐助也很少。伦敦经济学院坐落在地价昂贵的伦敦市中心，十分局促。随着规模的日益扩大，建筑物都紧紧地连在一起，像个养兔场一样，建筑物的地理位置排列某种程度上是随机的（你需要有一个地理学硕士学位才能够不迷路）。除了宏伟的 Robbins 图书馆和良好的信息技术系统，其他支持资源也同样不足和局促。伦敦经济学院的管理层能保持学校的正常运转真是一个奇迹，这主要是一些富有奉献精神的关键人物的功劳。

但是，在这个城市内部的狭窄地带居住着世界级的社会科学教师队伍，[29]其中特别包括了英国最杰出的经济学教师队伍之一。在我刚到伦敦经济学院的时候，Richard Layard 是系会议召集人（领导），不久之后，Meghnad Desai（现在是 Desai 勋爵了）接替了他。其他显赫的人物有 Tony Atkinson（现在是牛津大学 Nuffield 学院的大师），Nick Stern（现在在欧洲复兴开发银行）以及 Mervyn King（现在在英格兰银行）。David Hendry 和 Steve Nickell 最近去了牛津。John Moore 和 Charlie Bean 在年轻教师中也很突出。

在教学和行政负担都很重的情况下，目前，英国学术界人士必须以极大热情使用和保护他们剩余的时间，如果他们还打算坚持读书和研究的话。人们一般认为学术生活比在公共部门和金融城工作要舒适，总是有很多假期。而根据我自己的经验，只要你想在学术领域留下一些印记，学术生活并不是那么轻松。

同时，对高等教育资源的挤占意味着不光只有文秘辅助工作正在消失（正完全被个人在电脑上进行文字处理所替代），大学也负担不起研究助理的开销了。此外，研究活动和方法论日益需要——常常是要求——研究人员进行合作。当我于 1968 年离开学术圈去英格兰银行工作时，导师让自己的

29　伦敦经济学院常常被认为是左翼大学。这一名声长期存在的原因并不清楚，人们经常把这一名声归结于 Laski 在第二次世界大战之后的作用和影响。的确，在 20 世纪 60 年代末和 70 年代初，法律系有些异乎寻常的左倾；但是经济系的主要人物是 Lionel Robbins——经济系也一度是哈耶克的庇护所。所以，比起英国其他地方来，伦敦经济学院的经济学传统更偏向于（新）古典主义。伦敦经济学院的经济学系尤其从来没有被类似马克思主义的小团体所感染，而在 20 世纪 70 年代和 80 年代，这一类小团体牵连了一些英国其他的大学。当然，伦敦经济学院的经济学系和其他系都有来自左、中、右翼的政治支持者，但是经济系的教师队伍却从来没有分裂过，或在意识形态领域出现严重的内部分歧。

一个更明显的界限存在于应用专业（例如交通经济学、发展经济学、福利经济学和住房经济学）研究者和那些相信理论分析是经济学核心的人之间。前一组人总感觉被当做二等公民，随着时间的推移，其中的很多人就转到其他系了。

博士研究生参与自己的研究被认为是有些不光彩的。而到了 1985 年，这已经变成了普遍标准，之后更是如此。

回到伦敦经济学院后，我遇到的另一个文化冲击是，在英格兰银行没有人讨论需要为这个或那个项目筹集资金。在伦敦经济学院，这是永恒的讨论焦点。除了一部分满足于依靠自己的思想和方程为生的理论家以外，研究工作意味着众多教师和研究人员以及助理的共同参与，这就需要从外部募集资金，因为伦敦经济学院没有多余的经费。

当时，伦敦经济学院主要的经济学研究中心——Suntory-Toyota 国际经济学和相关学科中心（STICERD），由 Michio Morishima 建立，涵盖了社会科学的许多方面，但不包括货币和金融。于是，当 Mervyn King 想到要试着成立一个研究小组——金融市场小组——来关注这些问题时，我欣然地加入了他的工作。考虑到我们与金融城邻近以及我们研究的焦点，我们希望能从私人部门，尤其是金融城里的金融企业那里筹集到足够资金以对这些问题进行基本的研究，这应该（从长期来看）有助于金融城的发展（也能为金融城训练出一些有前途的员工）。但是我们坚持不提供直接咨询。此外，我们将在机构内部进行研究。Richard Portes 的经济政策研究中心（CEPR）极为成功，它把在欧洲各机构进行单独研究的经济学家们联系了起来。我们不是要补充他们的研究，也不是要与之竞争。

在我们第一任主席 David Walker 的帮助下以及英格兰银行的祝福和援助下，我们在 1986/87 年成功地获得了足够的资金支持[30]，金融市场小组于 1987 年 1 月 14 日开始运转（为此我们举行了聚会）。[31] Mervyn 和我是联合主管，但实际上金融市场小组原本就是他的创造，他非常投入地管理着金融市场小组（关注每一个细节）。

金融市场小组取得了极大的成功。我们吸引了很多优秀的研究生和研究人员，我们也有足够的资金邀请一些著名的学者来访问。在此引用一些名字也许不太合适，总之这些人都在金融市场小组的年度报告中被提到了。除了不定期会议以外，金融市场小组的研究成果一般是以讨论报告和特别报告的形式公之于众的，虽然这些报告之后经常会以期刊和书的形式发表。讨论报告在内容上更偏重分析、理论和计量；特别报告则更加以制度、政策和实践

30　最初我们的主要捐助者是花旗银行、国民西敏寺银行、3I 投资集团（Investors in Industry）、所罗门兄弟以及野村国际金融。

31　金融市场小组年报（1987 年）。

为导向。金融市场小组研究的主要领域包括公司财务和治理、市场结构、资产价格的决定和波动、货币政策以及金融监管。从 1987 年到 1997 年 7 月，金融市场小组一共发布了 268 份讨论报告和 97 份特别报告。

1991 年，在 John Flemming 离开英格兰银行去欧洲复兴开发银行工作（并从此开始担任牛津大学 Wadham 学院院长）之后，Mervyn 被英格兰银行选去担任新一任负责经济学的行政主管，这当然是对金融市场小组的一个沉重打击。而且，我当时是系主任，不能也不愿意亲自充当金融市场小组的主管。幸运的是，David Webb 接过了这一（日益艰巨的）任务，那时他从经济学系转到了会计和金融系担任教授。从那以后，David Webb 极大地增强了金融市场小组金融部门的力量，同时还成功地从经济和社会研究理事会（ESRC）获得了来自公共部门的资金支持，这补充了来自私人部门的资金的不足，数量上也大致与之匹配。在 1993 年，我们成为了 ESRC 的研究中心之一。随着 David 接替了 Mervyn，我们工作的重心稍稍地从经济学向金融转移了。

我本人发表的文章和进行的研究主要集中在两个领域。首先，我就当前的货币政策问题写了大量论文，既包括国际问题，如欧洲汇率机制和欧洲货币单位，也包括国内问题，例如和中央银行角色和职能有关的问题以及金融监管。在金融监管的研究方面，我有幸先后得到了 Dirk Schoenmaker 和 Philipp Hartmann 的协助。这些论文中的多数被收入了《中央银行和金融体系》（1995 年）一书，此外，关于正在兴起的金融监管框架的一系列论文（1998 年）也即将出版（见古德哈特等人，1998 年）。这些文章中的大部分是以政策为导向的，所以毫不奇怪的是我一共写了 32 篇特别报告，其中有 6 篇是和别人合写的（截至 1997 年 8 月），这大大超过了我所撰写的讨论报告的数量——18 篇，其中有 3 篇是和别人合写的。

事实上，我所写的讨论报告中的大部分——以及严肃的期刊文章——都和我的另一主要研究领域有关，接下来我将讨论这一领域。

2. 外汇市场分析

资产价格决定的标准理论——理性有效市场假说——提出，当前的价格水平应该包含了所有公开可得的相关信息，所以资产价格未来的变动主要是[32]受未预期到的"信息"的影响。而且，如果你相信（Dornbusch）超调

---

[32] 考虑到当前利率差异的类型，人们一般会预期外汇价格将在未来发生小幅的预期变动。通过高频数据来看，如每秒、每分钟、每小时甚至每天的数据，这种预期到的变动接近于零。

假说的话，在某些信息公开之后，部分资产价格会跳升至高于最终"均衡"的水平——例如外汇市场上的货币变动，之后又会慢慢回到均衡水平。

但是，我在英格兰银行工作时经常观察市场，这一程式化的描述似乎与现实相差很远。除了一些例外情况，例如，在沃尔克采用非借入准备金管理时期（1980～1982年）美国货币公告的发布，外汇市场对可以确定的经济（以及政治）信息的反应只能解释市场循环变动的一小部分——假设会发生的"跳跃"更是和现实差得很远。此外，外汇市场大部分的变化和波动很大程度上与任何可能被认为是公开"信息"的因素无关。在股市里，人们可能会把个股股价的波动同公司发布非公开信息联系起来；但是在庞大的外汇市场上，人们真的会认为非公开信息，例如客户下达的在众多相互竞争的银行间进行外汇交易的指令，对汇率有很大的影响吗？毕竟，传统的常识认为中央银行的（冲销）干预因为规模相对较小而难以奏效。如果中央银行的交易指令都难以影响市场，那么其他客户的交易指令有什么作用呢？

外汇价格的变动由什么因素决定似乎是一个谜，很难用非预期到的（公共）信息的出现来完全解释。[33]总之，我觉得这个谜是一个有价值的学术研究课题，解决这一问题也许需要细致和耐心的努力，只有学术界人士才可能做到。

总之，汇率变动的决定这一问题成了我研究工作的第二个焦点，也是我1987年秋季在伦敦经济学院的就职演讲的基础。这一演讲题为《外汇市场：一个有牵引锚的随机游走模式》，之后重新发表在 *Economica* 上（1988年）。

"信息"在不断地涌现，每天都占据着报纸的各个版面和电视屏幕。如果想剔除个别"信息"对资产市场的影响，我们就需要使用频率很高的数据（至少是每小时的数据）。但是，也许有人会说信息的传导、吸收和利用可能需要较长的时间。就经济信息而言情况并非如此。大多数信息的公布时间事先已经确定；诸如货币市场国际公司之类的机构会事先收集和通报这些变量的预期值；银行内部的经济学家和技术分析员会在每个交易日的开始向交易员简要介绍当天预期会发生什么以及如何应对预期的背离，并且这批专家在信息公布后会立即发表评论和给出建议。

实际上，我本人（以及其他人）的研究显示，公布期事先确定的数据所包含的经济"信息"对外汇价格的影响将在约5分钟之内完全发挥

33　每当我问充满困惑的银行外汇交易员为什么某一汇率会急剧上升时，我得到的回答通常是"买家多于卖家"！

出来（之前的研究显示，在市场交易时间里未事先通知而到来的经济信息要经过更长的时间才能被消化，大约在半个小时）。此外，与信息公布相对应的波峰在约 20 分钟内恢复到常态（对于公布期事先确定的数据来说）。因此，通过使用高频数据，如每小时或更短间隔的数据，我们可以在一个合理的（统计）置信度下剔除个别"信息"对市场的影响。

事实上，使用的数据频率越高，研究者就越能近距离地研究市场真实的连续运行。这使得研究许多经济学家感兴趣的（但不是全部，见下文）市场变量（例如价格变化的绝对量和波动性以及买卖价差的大小）之间的相互作用成为可能。这一工作需要大量的数据和劳动，我前前后后和不少优秀的博士研究生一起工作过。我提供数据库和观点；他们提供时间以及最新的计量经济学方法。首先我开始研究每小时的数据，由 Marcelo Giugale 担任研究助手（1989 年、1993 年）；之后他进入了世界银行；接着我和 Lorenzo Figliuoli 研究了每分钟的数据（1991 年、1992 年），他后来去了国际货币基金组织。

事实上，所有外汇数据的基础是路透（Reuters）、德励（Telerate）或伟达（Knight Ridder）等电传媒体出售的电子屏幕上所连续显示的双边即期汇率的买价和卖价。月末、日末，或小时末的数据被简单地当做连续数据流的快照。为什么要抛弃所有介于其间的数据呢？于是在路透集团的友好帮助下和 Russell Lloyd 的信息技术支持下，我安装了一个信息接收器直接接收来自路透电子显示屏上 FXFX、FXFY 和 AAMM 页面的数据，收集了三个月（1989 年 4 月 9 日至 7 月 3 日）的双边即期汇率的连续数据（从 FXFX、FX-FY 页面上）和相关的新闻（从 AAMM 页面上）（1989/1990 年）。

我们所不知道的是，苏黎世的一家专业咨询和研究公司——奥尔森合伙人（Olsen and Associates）——目前在这一方面比我们做得更好，他们从电子显示屏上收集了 20 世纪 80 年代中期至今的外汇和利率的连续数据。我相信他们拥有现存最好的数据库。之后，我和 Richard Olsen 会面了，我鼓励他通过举办讨论使用金融高频数据（HFDF）的会议以进一步扩展他和经济学术界本已广泛的联系。第一届会议于 1995 年 3 月在苏黎世成功举行，第二届会议计划在 1998 年 3 月召开。Richard Olsen 表现出了他特有的慷慨和热情，免费提供了大部分的数据库用于学术研究。但这已经不是我自己的故事了。

总之，和 Antonio Demos（1990 年、1991 年和 1996 年）以及 Riccardo Curcio（1991 年、1992 年、1993 年和 1997 年）一道，我对这一连续数据序

列进行了研究，比如我们确认了高频率（例如周期短于五分钟）的报价存在负的一阶自相关性，我和 Figliuoli 之前的研究已经发现了这一点。和 Riccardo 一起，我试着使用类似的高频数据序列考察图表分析（技术分析）是否有效以及怎样发挥作用。我还和不少人一起研究了外汇市场的微观结构，其中包括 Patrick McMahon（他不幸地英年早逝了）和他的合作研究者 Yerima Ngama（1992 年、1993 年和 1997 年），还有 Mark Taylor（1992 年）、Thomas Hesse（1993 年）、Hall、Henry 以及 Pesaran（1993 年）。我还和 Maureen O'Hara 一起写了一篇调查论文（1997 年），最初是打算作为前面提到过的 Olsen 金融高频率数据会议（1995 年）的开场论文的。我曾经打算过——现在仍打算——把这些论文中的大部分汇编成一个研究外汇市场运行的论文集；但是系列中总是还有重要论文没有发表或正在起草过程中。

这一研究仍在继续，并且常常是预先围绕着获取另一个更好的研究数据库而展开的。路透的 FXFX 页面提供了买入卖出的参考报价的连续数据。[34]但这一数据序列有几个缺点：

（1）数据显示的是最后输入报价的银行的报价，而不是市场上现有的最好的买入或卖出的报价；

（2）报价预示着价格主导，而不是公司主导；交易方通过直接（电话）联系可以获得更好，或在某些市场情况下更差的交易条件；

（3）买卖价差的大小是约定的，也不能代表市场上的真实价差；

（4）在市场很繁忙、波动很大的时候，数据可能会不可靠（因为交易员可能会忙得没有时间更新输入的数据）；

（5）页面不能提供相关的交易数据。

同时路透和它的主要竞争者 EBS（电子经纪服务系统）（最近与 MINEX 电子经纪系统合并了）已经开始开发电子经纪系统；路透开发的系统叫做 D-2002。这些系统比电话搜寻更加直接，也比交易商之间的经纪人更便宜。在这些（私营）系统里，会员银行可以输入确定的买单或卖单，交易以标准单位表示的数量的外汇。在最优的确定的买入和卖出价格上可以交易的外汇数量将显示在电子屏幕上，然后另一家银行可以"点击"最优的买单（或卖单），在最优价格上交易以电子屏幕上显示的数量为限的外汇。尽管电子经济只占整个市场的一小部分，这一套数据无疑在很多方面都比 FXFX

34　而不是所有的此类报价，因为 FXFX 技术一秒钟只能处理大概一个新的报价。目前，路透新采用的 RICs 页面已经克服了这一缺点，它可以显示所有这样的报价。

数据序列要好很多。

当我第一次接触路透的时候，他们出于保密考虑犹豫是否提供他们的 D-2002 数据。但是，用于推广和演示的目的，他们自己制作了一些录像带，记录了 1993 年 6 月 16 日系统屏幕上显示的 7 个小时的数据。他们准备把这些录像带交给我。在 Taka Ito 教授和 Richard Payne——下一位研究助理——的帮助下，我们在一系列论文中研究了这一套（短暂的）数据（1996 年 a、b；Payne，1996 年 a、b）。

我锲而不舍地要求路透公布更多的 D-2002 数据用于学术研究。目前我希望路透能公布 D-2002 系统中美元/德国马克即期外汇市场一周的连续数据，由我来保管，但可以提供给所有值得信赖的学术研究人员使用。如果这一愿望得以实现，我的第一个计划是以光盘为载体、以图表的形式在视觉上展示这一市场运行的一些关键特征。这对于我来说是一项新的冒险。我希望之后还会有更多的研究跟进。请关注这一领域。

3. 中央银行自主权

我有幸近距离地参与了三次主要的中央银行制度变革，1983 年在中国香港（尽管香港金融管理局还不是一家功能完备的"中央银行"），1988/89 年在新西兰以及现在（1997 年）在英国。

我一定程度上遥远地关注着中国香港 1983 年 9 月发生的货币危机。之前邓小平主席和撒切尔夫人关于香港未来的谈判进展得并不顺利。资本开始逃离香港，压低了港元的汇率，而港元汇率没有支撑。汇率的下跌非常迅速地抬升了当地的物价，引起了民众的关注。

因此，在财政大臣的指示下[35]，两位懂得货币经济学的官员——我和财政部的 David Peretz——被派到了香港。我们发现香港的高级货币顾问 Douglas Bly 已经公开承诺要进行货币改革，但怎样改革还没有明确方案。但是，一份改革的蓝图已经被提上了台面，提议建立起钉住美元的货币局制度。这一蓝图是由 GT 管理公司的高级经济学家 John Greenwood 提出来的。问题在于 John Greenwood 之前尖锐地批评了 Philip Haddon-Cave 亲自负责建立起来的没有支撑的弹性汇率体系，这使得 John Greenwood 很不受政务司司长欢迎。财政司司长 John Bremridge 和 Bly 不是货币专家，在这一领域很不自信，也不敢接受由一个直言不讳的本地批评者提出来的方案。

所以，我们的工作就是评估"钉住"美元这一提议，决定其是不是一

35　Lawson（1992 年），第 523 页。

个好的方案——这的确是一个好方案，现在仍是如此——以及设计详细的过渡方案，并且在本地商业银行——尤其是汇丰银行——的主管们的大力帮助下设计将货币局制度应用于香港金融系统具体情况的技术细节（后者并不是一项容易的任务）。"钉住"美元的方案尤其适合香港，因为香港格外灵活的市场使得香港能够适应美联储为实现美国本国目标而制定的货币和利率政策（也就是说这些政策不一定同步适合香港目前的情况）。同时，香港的政治地位很复杂，目前是英国的殖民地，在不久之后的 1997 年将变成中华人民共和国的特别行政区，这使得建立钉住美元（而不是钉住宗主国货币）的货币局制度非常有好处，能同时产生强大影响和发挥稳定作用。[36]

自那以后，七八年来我仍相当密切地接触香港的货币事务，并在外汇基金咨询委员会（香港金融管理局的一个咨询委员会）任职——因此我经常进行长途空中旅行，并且我还同香港城市大学保持着联系，到目前为止已经在那担任了好几年的校外客座教授了。

接下来我要说说我和新西兰储备银行的关系了。当我在英格兰银行工作时，我有机会见到了新西兰储备银行的高级经济学家和官员，并和他们成为了朋友，尤其是 Rod Deane 和 Peter Nicholl。在新西兰储备银行成立 50 周年之际，我被邀请到惠灵顿进行公开演讲，更重要的是，在随后担任了他们的外部顾问（另一位外部顾问是城市大学商学院的 Geof Wood）。当时的工党政府（在 Lange 和 Douglas 的领导下）提出了一项法案[37]，要求赋予新西兰储备银行自主调整利率的权力以实现通货膨胀目标。通货膨胀目标由财政部部长和新西兰储备银行行长商议决定，向社会公布并提交议会审议。

在很多文章中，我都主张，由政府制定量化通货膨胀目标并赋予中央银行自主调整利率的权力以实现这一目标的制度框架是最优的。例如，在我看来，这一制度框架比建立欧洲中央银行体系的提议更可取，欧洲中央银行体系自己为自己制定（通货膨胀）目标，这就带来了过高的民主赤字。但是，1989 年《新西兰联邦储备银行法》的主要框架是他们自己在惠灵顿确定的，而不是由外部顾问确定的，[38]尽管我很高兴有机会写文章发表评论并在一个

36　见撒切尔（1993 年），第 489～490 页。

37　数年来，我一直认为工党政府比保守党政府更有可能赋予中央银行自主权。工党政府通过降低利率获得的可信度增加可能会更大。此外，考虑到作为反对党的保守党的意识形态立场，他们很难反对这一提案。因此，这一由工党政府提出的中央银行制度改革应该会得到所有党派的支持，正如新西兰的情况一样。这大大增强了整个操作的可信度。

38　Don Brash 行长十分慷慨地把部分职责分配给了我。

特别委员会前公开支持该法案的草案。

事实上，我关于这一事件的特殊记忆和我极力提倡但没有被采纳的一个建议有关。我建议应该将新西兰储备银行行长的工资和是否成功地实现既定的通货膨胀目标挂钩。在瓦尔什合约（Walsh Contract）一些理论背景下被证明是最优的之前，我就已经提倡在实践中使用它了[39]（Walsh，1995 年）。这一建议遭到拒绝的原因，根据财政部的信息，主要是表象上的。当通货膨胀可能发生时，储备银行行长提高利率的行为可能会被认为是为了提高自己的收入，而提升利率会降低其他人的可支配收入和就业。这一观点有一定说服力，在我看来，它说明了这样一个问题：和被认为追逐私利的政治家一样，普通民众也会追求短期的高就业而缺乏对中期价格稳定或可持续增长的适当关注，甚至有过之而无不及。[40]

尽管我一贯支持中央银行应当拥有自主设定利率的权力以实现政治当局设定的通货膨胀目标，同时，我却怀疑目前盛行的支持这一做法的主要理论分析（时间不一致性理论）的正确性。目前还没有有说服力的实证证据表明政府会为了追求短期的选举利好因素而有意识地利用预期惯性欺骗人们去努力工作，而且事实上考虑到货币政策较长的时滞，即使政府想要这样做，也没有证据表明他们能够这样做。在我看来，货币政策操作的关键因素是货币政策较长的时滞以及货币政策对名义收入和价格的长期影响存在很大的不确定性。但是在大多数时间不一致性模型中，货币当局可以迅速地、完全地控制价格！真是无稽之谈。

但是这一模型不仅继续存在，而且还有很大影响力。这部分是因为它把技术和数学的精湛技巧同时髦的对政治家动机和议事日程的讥嘲结合了起来。我认为现实世界更加普通。未来总是不确定和有争议的，为了纠正一些未来不确定会发生的问题（如加剧的通货膨胀）而在当前采取一些痛苦的措施绝对不是一件容易的事情。政治家总是面临这样的诱惑：推迟提升利率，直到真实有力的当前数据无可辩驳地显示通货膨胀将要恶化（不可否认的是在大选之前尤其如此）。但是，考虑到时滞的存在，此时想要轻松而迅速地阻止通货膨胀的动态发展过程已经为时已晚。政治家无疑很有可能"过少、过晚"地调整利率，不过在我看来，他们本质上不会有意地欺骗人

39　关于这一建议的谣言不知为何传了出去。尽管这一建议没有被采纳，多年来仍有不少人误以为它被采纳了。

40　我在一篇论文里更加正式地表达了这些观点，这篇论文是和黄海洲博士合写的（1996 年）。

们去努力工作。

考虑到政策时滞的存在，货币政策的目的必须是控制未来通货膨胀预测值的水平。[41] 鉴于上述原因，这一目的最好是通过独立自主的中央银行来实现，由它来实现政治当局设定的目标。因此，当我于 1997 年 5 月初得知英国新一届工党政府的财政大臣戈登·布朗已经启动了大致沿着这些方向的制度变革后，我感到非常高兴。几周之后，当我获悉我将成为新创立的货币政策委员会的外部（非来自英格兰银行）成员时，我本人就更加愉快了。对于一个经济学家来说，能尝试着在实践中实施自己的理论主张是不寻常的优厚待遇。这项任务将给我职业生涯的剩余时光带来目标和活力。

41　正如 Lars Svensson 在许多近期的优秀论文中所提倡的那样（1997 年 a、b）。

目　　录

（上卷）

货币的重要性…………………………………………………………………………………… 1

政治经济学 …………………………………………………………………………………… 43

货币政策的实施 …………………………………………………………………………… 99

中央银行应该做什么………………………………………………………………… 163

货币的两种定义：对最优货币区分析的影响………………………… 177

究竟什么是货币总量 ……………………………………………………………… 202

货币理论的长期困惑：拒不面对现实…………………………………… 211

对"古德哈特定理：起源、含义及对货币政策的影响"

　　一文的评论…………………………………………………………………………… 224

古德哈特定理：起源、含义及对货币政策的影响………………………… 227

货币的重要性[*]

一、定义和功能

通常被认定为货币的资产，其显著特征是具有交易媒介的功能。然而，上述定义没有考虑到货币资产和非货币资产在实践中的显著差别。在大多数发达经济体，作为交易支付的主要手段，现金和支票是广泛接受的。基于这样的事实，很多人认为现金和银行活期存款是唯一真实的货币资产。然而，某些种类的活期存款，比如很多美国银行持有的补偿性存款就不能自由地用于交易。另一方面，某些定期存款或透支便利也可能允许购货商在其活期存款账户余额不足时开出支票。更重要的一点在于，用于交易支付的资产可能随着时间而发生变化；也许过去发生了变化，然而将来又变回了原状。如果人们发现接受或者提供其他金融资产用于交易支付从经济上更有益，那么货币资产的范围就会发生改变。

由于准确区分哪一种资产最符合货币的定义非常困难，正如上文中所展现的那样，这种困难使某些人开始强调货币资产的其他特征，比如流动性，或者货币作为一种购买力的暂时储值功能。一般来说，在实践中，尤其是用于分析时，这种定义显得过于模糊。一些人主张，根据以往的经验看，尽管这些货币的定义都不完美，但却是基本货币定义的最优近似。其他人则认为货币的范围可以由实证经验来决定。如果人们把银行定期存款而非其他金融机构定期存款作为活期存款的近似替代，那么前一种资产就符合货币的定义，而后一种就不符合。按照这种方式寻求定义，意味着我们可以预期找到某种明确的区分方法，通过这种方法能够判断货币资产之间可以互相替代，但却不是其他非货币性金融资产的替代。在下文中我们会思考在现实中是否存在这种明确的区分方法。

货币的交易媒介功能使其成为一种便利的资产，因为货币持有者可以避免其他交易市场（例如，易货市场）存在的时间和精力损耗问题。便利性，

---

[*]　本文是英格兰银行经济部的研究论文。该论文主要是查尔斯·古德哈特的研究成果，附录部分由 A. D. Crockett 协助完成。

尤其是节约时间的特点，从某种程度上说是一种奢侈品。人们期望货币可以提供这种服务，从而货币需求的增长快于人均实际可支配收入的增长。[1]另一方面，随着交易规模的扩大和交易频率的增加，原则上现金管理中也存在一定的规模效应。这个因素会导致货币需求的增长慢于人均实际可支配收入的增长。

持有货币同样存在成本，即资金无法用于购买更多商品或者其他资产。因此，货币持有者会不断调整他们所持有的货币余额，直到每增加一单位货币的持有量所带来的便利等于其所带来的成本。为了达到这种平衡，货币持有者会不断改变其他商品或资产（比如金融资产、资本商品和消费品等）的购买量，从而使其货币持有量达到所需的均衡水平。

一般来说，当某种商品或资产的边际效用不等于边际成本时，货币持有者会首先调整近似替代品的权重。如果西红柿汤的价格上升，正常的反应是少买西红柿汤，多买牛尾汤，而不是少买西红柿汤，多买公司证券。

传导机制反映了货币政策对支出决策的影响。当市场出现变动时，比如政府干预金融市场，人们就会相应地调整其资产组合，正是这种方式决定了传导机制。这种反应机制，也就是传导机制取决于人们将哪种资产认定为货币资产的最好替代品。

目前存在着两种主要理论方法，一种称为"凯恩斯主义"（也许这样定义不公平），另一种称为"新数量理论"或者"货币主义"（同样不公平），两种理论的分歧主要在于货币和其他金融资产，以及金融资产和实物资产之间的替代程度。以下几节对这两种方法进行简单描述，我们有意凸显两者的不同，这也许夸大了它们之间的差别。由于两个学派的争论至少在原则上可以归结为某种实证检验问题，因此基于美国数据的实证检验结果，很多学者改变了他们原来支持的观点，这一点也不足为奇。

二、传导机制

1. "凯恩斯主义"分析

凯恩斯主义者坚信具有短期流动性的金融资产是货币的近似替代品，而

1　与债券或者股票（它们的价值易发生变化）相比，持有货币资产可以降低不可预见的资产组合价值变动风险。到目前为止，风险规避还是一种奢侈品，随着人们变得更加富有，他们在资产组合中配置的货币会更多。另一方面，随着金融体系的发展，很多其他资本资产也大量涌现，这些资产可以在很短的时间内变现。因此，基于风险规避目的，货币需求至少在近几年内不会受到严重的影响，因为持有其他的高收益资本资产同样能够满足上述目的。

商品和实物资产却不是。为了支持这种观点，凯恩斯主义者强调：（1）我们很难确定哪种资产实际构成了货币存量（这意味着这些金融资产在很多方面是相似的）；（2）通过改变金融资产组合来调整现金的头寸是比较容易的；（3）金融资产性质的相似性使彼此间构成一个流动性系列（如从流动性最强的现金到流动性较差的资产，如股票）。

如果货币当局通过公开市场操作[2]增加了货币存量[3]，在其他条件相同的情况下，货币增加带来的额外便利就与机会成本不匹配，这种机会成本是指投资其他资产所带来的收益。在这种情况下，根据凯恩斯主义理论，为了重新恢复投资组合的平衡，投资者会更多地购买货币的替代品（当然不是全部），比如其他流动性资产，而不是商品和实物资产。这会导致这些金融资产的价格上升，收益率下降，从而导致投资者进一步购买其他流动性略差的资产（沿着上述流动性系列）。货币供给变化的影响就像是沿着金融资产系列的波纹，随着距离初始干扰越来越远，这种影响在范围和预测力方面都不断减弱。这种波纹最终会到达金融市场的另一端，并改变收益率，从而导致资本成本和资本收益的不匹配。

凯恩斯主义者认为，货币供应量变化对支出决策的影响几乎都是通过调整金融资产的利率来实现的。如果这种结论是正确的，那么它对货币政策有着非常直接和重要的意义。货币政策只需要直接影响和控制利率，而非控制货币存量，这意味着货币政策实施的确定性更大[4]。

除了资本成本效应外，利率变化对支出的影响还包括"可得性"（availability）效应和"财富"效应。一般来说，可得性效应源于某些利率存在一定刚性，以及这些利率与自由市场利率的差异（"黏性"利率的一个例子是英国住房贷款协会的推荐利率）。在自由市场利率和刚性利率出现差异的情况下，资金流动的渠道会发生巨大变化，从而出现信贷配给或完全中断

2　理论上，由于货币当局能够控制货币存量的水平，所以教科书通常认为货币存量是由货币当局控制的外生变量，也就是说，其独立于经济体系之外。在本文接下来的内容中，这种假定会受到质疑。

3　公开市场操作是在金融市场中进行的。因此货币当局改变货币存量的行为并不会对经济体中的每个人产生均等的影响，但会对金融市场的积极参与者首先产生影响。与平均水平相比，金融市场的积极参与者可能会有较高的货币需求利率弹性。然而却鲜有文献论述这种货币当局行为特征导致的不同影响。

4　影响支出决策的是真实利率水平，然而货币当局只能只观察到名义利率水平。为了估计借款的真实成本，名义利率水平还需要通过诸多因素的调整，比如预期通货膨胀率、税收安排的影响和预期名义利率水平本身。

的情况。在某些市场，比如住房市场，信贷是非常重要的，因此可得性效应是相当显著的。财富效应常常发生，因为利率变化会改变已有实物资产的现值。比如，如果利率下降，实物资产的现值会上升。[5] 这些实物资产的最终拥有者（主要是公司证券的持有者）会受益较多，同时没有人会感到效用降低。

尽管有上述理论观点，但是长期来看，利率变化是否能对支出决策产生很大影响还存在疑义。因为一般来说，支出决策似乎对利率变化很不敏感。对于凯恩斯主义者来说，这意味着货币政策对支出水平的影响很不显著，而且这种状况对于近几十年来调整货币政策行为也是有影响的。从某种程度上讲，支出对利率变化不敏感可能归因于利率与预期未来通胀率同时变动的巧合，以至于实际利率变化的大部分——即使其与名义收益率的变动方向相同——被掩盖了。事实上，很多情况下，公众对市场化金融资产需求变动的主要原因是对未来通胀的预期发生变化，比如说货币当局在金边债券市场上实施顺势而动的政策[6] 对实际利率和名义利率的影响程度不同，但是我们无法观察到这种差别。如果人们担心通胀加剧从而开始变卖金边债券，货币当局（仅能观察到名义利率变化）对市场的支持会阻止利率上升到相应水平，从而无法反映出市场对通胀预期的悲观态度。

然而近年来，更多详尽的实证调查表明存在某种显著的利率效应——尽管大多数的调查都是基于美国数据，而且这类显著的效应主要是针对美国各州和地方政府的支出、公共设施和住房部门[7]，也许在英国上述行业对利率变化不够敏感。然而，我们还需要研究英国财务状况的变化如何影响支出决策。英格兰银行业已开始计划利用过去几十年来积累的信息对这个领域进行深入研究。我们又一次遇到了同样问题，即当仅能观察到名义利率时，如何估计实际利率水平。

当市场出现波动时，为了恢复货币需求和供给的平衡，资产的收益率会

5　在某些情况下，当实物资产无法支持金融资产时，利率下降也会带来财富效应，比如资产不足以抵还国债的情况。在此种情况下，如果这些债务工具（英国政府债券等）的现值有所上升，那么，理论上来讲，纳税人的纳税负担也相应地增加。现实中，这种情况发生的可能性极小。

6　即当金边债券市场变弱时，买入股票；在价格走强时，卖出股票。

7　近年来，研究货币效应最详尽的成果之一来自美联储——麻省理工大学的美国计量经济学模型。研究成果（de Leeuw 和 Gramlich，《美联储公报》，1969 年 6 月）显示，影响消费的财富效应比较显著和迅速，影响住宅建设的资本成本效应也相当显著和迅速。影响商业固定投资的资本成本效应也是显著的，但存在一定时滞。没有证据显示存货投资对货币效应是敏感的。

发生变化。某种金融资产对货币的替代程度越低，该资产的收益率变动就越大。因此，在一定的经济预期背景下，通过货币当局的公开市场操作，利率的变化最终会对支出产生影响。金融资产对货币的替代程度越高，货币供给变动对支出的预期影响就越小。如果其他金融资产对货币的替代程度非常强，那么原则上，我们需要采取大幅改变货币供给的政策，才能影响到利率水平和支出决策。但是，实践中还存在一定的困难，比如，能否维持一个有效和灵活的金融中介体系，而且这种政策要求公众坚信货币供应量与利率之间存在着非常稳定的关系。

如果货币和其他金融资产之间的替代程度较强，并且公众对这种替代关系相当信任，那么货币供应量的变化就会对金融资产的收益率产生较小但可预测的影响。如果金融资产不是货币的良好替代品，而且两者的替代关系也存在很大变动，那么货币供应量变动的影响就会很大，也很不稳定。

因此，货币和金融资产之间的替代程度与替代关系的稳定性之间的关联性很强，货币当局在控制货币数量时应该考虑替代关系的重要性和可信性。《Radcliffe 报告》中的某一段阐明了这一学派的观点，"在一个高度发达的金融体系中……存在很多具有高度流动性的金融资产，这些资产都是货币的良好替代品。因此如果该体系内的货币较少时……利率就会上升。但是它们不会上升太多……"（第 392 段）。唯一合乎逻辑的结论是，货币当局应该认识到，"关键"因素不是对货币供给的控制（第 397 段）。另外一方是货币学派的观点，其中弗里德曼教授是最著名的反对者。

2. 货币主义分析

货币主义者认为货币并不仅仅是纸质金融资产的近似替代。事实上，货币是具有独特属性的资产，因此它不是一小部分资产的替代品，而是更广意义上的所有相似资产的替代品，无论实物还是金融资产。

货币政策的"信贷"效应（凯恩斯主义）和"货币"效应（货币主义）的关键区别并不是货币存量的变化是否影响利率，而是影响利率的程度。根据"信贷"观点，货币政策对资本资产以及相关支出的影响比较小，范围也较狭窄……根据"货币"观点，货币政策对资本资产和相关支出的影响范围比较大。[8]

8　弗里德曼和 Meisalman，"美国货币流通速度和投资乘数的相对稳定性，1897～1958 年"，《稳定政策》，Prentice-Hall 出版公司，1964 年，第 217 页。这部分非常清楚地说明了货币主义观点的理论基础。

简单来说，如果某人认为自己缺少货币，为了调整他的均衡头寸，则放弃一些计划用于商品或服务的支出与卖掉一些金融资产是一样的。在这种情况下，货币对于任何一种资产或者特定资产组合的需求利率弹性都是比较低的，因为货币既是实物和金融资产的替代品，也是其他资产的替代品。进一步说，不用于及时消费的商品和资产能够产生未来的服务。那些未来服务的价值与资产当前成本之间的关系可以认为是一种收益率，定义为相关资产的"本身利率"。凯恩斯主义者和货币主义者一致认为资产持有人会努力达到一种均衡，在这种均衡下，货币存量带来的服务（便利性、流动性等）与其他资产的本身利率的边际价值相同。总的来说，凯恩斯主义者认为仅是金融资产才具有本身利率，而货币主义者认为本身利率是所有资产的共同特性。因此，当人们拥有的货币存量大于他们所需时（在一定的即期和预期利率水平下），凯恩斯主义者认为人们会购买金融资产，而货币主义者认为人们会直接购买广义资产，包括实物资产，比如耐用消费品。

根据货币主义者的观点，货币政策会对所有计划支出产生微小但全面的影响，不论是商品还是金融资产。货币存量变化的影响将会是广泛和全面的，而不仅仅通过特定利率渠道。国民储蓄或当地政府的短期货币收益率上升并不会导致货币需求的显著下降——因为这些资产并不是货币的近似替代品。这种利率变化更可能影响其他市场化资产的相对需求，包括实物资产。资产支出，无论实物还是金融资产，都对本身利率的变化非常敏感；事实上货币主义者通常比凯恩斯主义者更相信大多数支出决策都对利率的变化非常敏感。由于每一种资产的特性不同（偏好的变化、市场供给需求因素的变化等），货币政策对所有本身利率的一般性影响要大于对每一种资产利率的特定影响，因此，任何一种利率都不可以作为反映货币政策所有影响的代表性利率或指示性利率。由于货币变化的影响是全面的，而且这种影响是作用于实际利率的，因此寻求一种代表性利率——尤其是某种金融资产的利率——是没有意义的。

货币主义者和凯恩斯主义者观点的关键差别在于他们所认定的金融资产与货币存量之间的替代程度不同；而且货币存量和金融资产的替代程度是否与货币存量和实物资产的替代程度存在差别也有着显著的不同。我们可以举个例子来说明这种观点差别的重要性。假设货币当局在公开市场上将公共部门债务出售给非银行私人部门。极端凯恩斯主义者认为，由于公开市场出售（以及相应的现金短缺），利率会被迫上升。但是利率不会上升太多，因为金融资产（比如贷款公司存款，其与货币的替代程度较强）的利率上升会使人们降低他们的货币存量。因此货币当局会减少货币供给，并不会对金融市场造成太大影响。因为支出决策并不会受到货币数量下降的直接影响，只是会由于金融市场条件的变化而受到间接影响，我们没理由认为支出会减少很多——因为利率的变化是微小的，而且支出对利率的微小变动也是不敏感的。

极端货币主义者认为，由于公开市场出售，金融资产的利率会被迫上升。然而利率上升之后，虽然人们愿意维持一个较低的货币存量与总收入或总财富水平的比率，但这并不会达到一个新的均衡。金融资产的出售（公开市场操作的一部分）以及较高的利率水平只会使金融市场达到一种短期的局部均衡。换句话说，由于价格下降，人们愿意持有更多金融资产，这一点也可以通过公开市场出售来完成。但是交易对手也许不愿意持有更少货币存量，而是希望持有较少其他商品。因此，公开市场操作使人们对其非货币性金融资产组合作出相应调整，却使他们持有较少货币。只有当货币存量与总收入的比率重新达到所需的水平，包含商品市场在内的一般均衡才能再次实现。这种状态能且仅能通过真实支出的下降来实现。那么减少哪种支出将取决于所有资产价格（收益率）的变化模式（这种变化来源于初始的货币波动）。总之，货币政策（以降低货币存量为例）会导致经济体系中支出的成比例下降。同时，从紧的货币政策的通货紧缩效应在整个经济体内扩散，这既影响了市场中资本（借入）的需求，又影响了通胀率，因此，由货币当局在公开市场中的出售行为导致的利率上升会逐渐回调。

因此，如果金融资产是货币存量的最好近似替代品，那么货币政策（为改变利率而对货币数量进行的限制意义上的操作）将是收效甚微的。如果是相反的情况，则货币政策将是非常有效的。这个问题就是这么简单。进一步说，也正如上文中所指出的，如果人们认定所有的流动性资产之间的替代程度非常高，那么那些被武断地定义为货币资产的子分类就没有任何意义。因此，阐述货币的定义和重要性的问题就取决于这样一种实证研究，即能否识别出具有如此特性的流动资产——其子分类资产之间的替代程度很高，但与其他金融资产的替代程度很低。无论这种子分类的组成如何，它一定包含那些常用于支付的资产，即现金和活期存款。

3. 验证上述两种观点

因此，明确控制货币存量重要性的第一阶段就是探求货币是否是没有近似替代品的唯一金融资产，或者是否是连续的流动性系列中一极（存在一定的近似替代品）。这个问题的实证研究结果有助于解决凯恩斯学派和货币主义学派观点的主要差异。估计任意两种资产的替代程度的通常方法是，当这两种资产的相对价格（利率）发生变化时，其他条件相同，观察对这两种资产需求数量的变化。由于现金和活期存款并不能获得显性利息，因此判断货币是否是某种金融资产的近似替代品的通常程序是，验证该金融资产价格（利率）变化导致的货币需求数量的变化程度。如果该金融资产价格（利率）的微小变化能导致货币需求数量发生较大变化，这就能够强烈表明货币是这种金融资产的近似替代品。上述这种关系称为货币的需求利率弹性，通常表示成货币存量变化百分比与其他资产的利率变化百分比的比率。较高的利率弹性表明，当其他金融资产的利率变化较小时，货币存量下降较大，这也意味着较高的替代程度。

在过去的十年中，大量实证分析学者致力于研究究竟哪种货币才是其他金融资产的近似替代品，是 M_1（现金和银行活期存款之和），还是 M_2（现金加银行活期和定期存款）。附录 1 综述了相关的研究结论。这些实证研究的大部分都重点寻找影响和决定货币需求的因素。在那些研究货币需求特性的文献中，货币总量通常与收入水平和某种基础金融资产（如短期国库券）的利率有关。另外一种方法是，货币与收入的比率（货币流通速度的倒数）可以替代货币总量作为被解释变量。在大多数情况下，这两种方法是可以互换的。然而，还存在某些精确的方法，在这些方法中方程是指定的，可选择的变量也非常多，这些共同构成了经济学家们激烈争论的焦点。

针对收入（财富）变量形式的争论尤其多。然而，这些争论对于货币和其他金融资产的替代程度问题没有什么意义。后一个问题的答案取决于方程的稳定性和系数的显著性，这些系数用于度量利率变化导致的货币存量变化（货币的利率需求弹性）的显著性。

这一类大部分实证研究成果使用的都是美国数据，[9] 但是基于英国数据[10] 的类似研究成果也支持这一结论，只是方程的稳定性和系数的显著性要略差一些。然而，考虑到这些研究成果基于不同的时期以及不同变量，因此，美国和英国还是具有较好的相似性和一致性。

总的来说，结论表明利率与货币存量之间通常存在着比较显著的负相关关系，即利率上升，在给定收入水平下，货币存量降低，但是需求利率弹性很低。附录 1 中表 A 的结果表明利率弹性的区间是 −0.1 至 −1.0。然而，

9　用于这些研究的货币数据来源会在附录 1 中针对每一种情况和结论作出相应阐述。

10　附录 1 中综述了基于英国数据的研究成果，包括英格兰银行经济部的早期研究成果。

这个区间范围相当大。利率弹性为 – 1 意味着利率上升 10%（比如说从 4.0% 变为 4.4%，而不是从 4% 变为 14%），货币存量会下降 10%。根据目前的水平估算，这大概等于 15 亿英镑，这对货币存量来说是相当大的变动。另一方面，利率弹性为 – 0.1 意味着比较小的变动，只为 1.5 亿英镑。然而，这个区间夸大了结论的差异性，因为数据的内生性会导致估计的利率弹性随着设定方程的特定形式而变动。如果设定 M_2（包含定期存款的货币），而非 M_1 为被解释变量，估计的利率弹性就会较低，因为利率上升会造成活期存款和定期存款之间的部分转换。如果选取短期利率而非长期利率作为解释变量，估计的利率弹性也会较低，因为短期利率的方差更大。如果选取的是季度数据而非年度数据，估计的利率弹性也会下降，因为在一个季度内恐怕很难完全反映出财务状况变化带来的影响。事实上，以 M_1（年度数据）为因变量，以长期利率为自变量的研究文献得到的货币需求利率弹性往往接近上述区间的顶端。而基于 M_2 和短期利率的研究文献中的利率弹性接近区间的底端。即使如此，基于相似变量的研究结论之间也存在很大的差异，因为相关数据来自不同的时期或国家。

然而，这些结论都一致反驳凯恩斯学派和货币主义学派的极端形式。严格的货币主义理论假设利率弹性为零，从而货币总量变化之后，一般均衡的实现完全通过名义收入的直接变化来实现（而非通过利率的变化）。另一方面，估计的利率弹性值非常低，远不能够支持凯恩斯主义的观点，因为货币供应量的大幅变化仅会使利率发生微小而无效的变化。

4. 一致的方面

近年来，实证分析的结果表明，双方争论的区间已经非常有限，并不断趋于一致。在没有得到更多数据支持之前，我们不可能断言货币需求的利率弹性非常大，以至于货币政策无效；也不可能断言利率弹性非常小，从而只需关注货币存量与名义收入之间的直接关系，而忽略了金融体系内的内部联系。

任何针对双方观点的一致性的总结都不可避免地具有主观性。然而，如下几点是被广泛接受的：

（1）货币当局实施货币政策往往是通过其在金融市场的行为，或者通过其影响金融中介的行为。这一点显然是常识，但这是有用的常识，即货币政策发挥效果首先需要影响金融市场的状况。

（2）货币政策，狭义地说就是改变货币存量，对金融市场条件的影响既迅速又有效。下面两种观点都是不对的，一是货币存量的变化仅会导致利率的微小变动，而没有更深入的影响；二是货币流通速度会无限制地变化。

（3）货币当局的公开市场操作（以出售债券为例）会提高持有货币和金融资产的边际收益。为了恢复投资组合的平衡，支出和实物资产的需求会随之变化，这样所有资产的边际收益最后都会相同。从这个意义上说，货币政策总是通过利率渠道来传导的。

（4）货币政策对名义利率的初始影响经过一段时间之后会发生反转。比如说，随着金融资产（包括货币存量）的收益率降低，实物资产的需求会相应上涨，这会刺激金融市场中的借入行为，从而推高利率，然后支出变化带来的超额名义收入会再一次刺激货币需求。如果实物资产需求的增加加速了通货膨胀预期，那么按照真实水平衡量，持有金融资产和货币的名义收入是下降的，因此名义收入需要进一步上涨才能达到新的平衡。

（5）货币政策的有效性取决于经济决策者（企业家、消费者等）对金融资产收益率（包括货币存量的收益率）和实物资产收益率差异的反应弹性。某些针对不同种类支出（公司固定投资、库存恢复、房屋建设、消费者用于耐用品的支出等）反应弹性的实证研究（尤其是基于美国的数据）表明，需求并不会受到名义利率变化的显著影响。而且，这些影响即使在数量上是显著的，也并不是很大，同时还受制于滞后期的选择。

（6）尽管这些实证研究结论都表明利率变化对支出的影响是非常小的，这一点也得到了广泛的认可，但是由此推断货币政策无效却无法让人接受。很多人争辩说名义利率变化并不是实际利率变化的良好指标。正如在上一点中说明的，扩张性货币政策仅能直接导致名义利率的上升，而实际利率可能还在比较低的水平。如果名义利率确实不是货币条件的良好指标，那么很多研究金融变量对支出的影响的文献都存在很严重的错误。这就引发了这样一个问题，即如何度量资金借贷者所面对的实际利率的变动，这一点在目前的数据中并不显而易见。

5. 评价

实证研究的结果表明，货币存量的变动和金融资产收益率之间的相关性在统计上是显著的。然而，这种相关性既不强也不稳定。[11]这些结果通常用于支持如下观点，即货币存量与金融资产之间的替代程度不那么高，也许货币存量和其他资产（包括实物资产）的替代程度也比较显著。这些结论，以及货币存量和经济行为之间的显著相关性，能够共同推断出控制货币存量的重要性。

11　在大多数情况下，尽管需求利率弹性系数的估计值与该值的预期标准误差的比率（通常用 t 值来表示）非常大，足以说明该系数显著不为零，但是置信区间的范围通常非常大。

　　然而，利率变化与货币存量之间的弱相关性可能是其他原因导致的。市场化资产的价格的预期波动存在着很大可变性，这一点可能掩盖了利率与货币存量的关系。大部分统计研究都将货币总量与市场化金融资产的赎回收益率联系起来，比如短期国库券或金边证券。这种做法隐含地假设赎回收益率能够较好地代表持有期的预期收益率，但是这种假设通常是无效的。在某些时候和某种条件下，人们预期市场的价格会按照过去（现在）某段时间（短期）的变化方向继续变化（即他们持有外推性预期）。或者人们预期过去的价格变化会在未来某段时期延续，通常这意味着价格会回归到某一正常价格水平（即他们持有回归预期）。[12]

　　如果人们预期资产价格的下降会持续较短一段时间，并因此出售证券，那么赎回收益率会上升，但是未来短期的实际收益率会下降。这意味着利率上升带来的两方面效应会部分抵消，一方面是一部分人节约货币存量，另一方面是另一部分人基于高利率的预期会持有更多的流动性。如果市场预期非常不稳定，人们会预期货币存量的微小变动都会导致利率大幅变动，或者相反，有时甚至向反方向变动（即货币存量增加，利率上升）。然而这种结果并不能表明金融资产不是货币的良好替代品，而只是因为赎回收益率并不是实际收益率（投资者正是基于此而作出的投资决策）的无偏估计。

　　因此，以市场化资产（资产的资本价值不断变化）的持有至到期收益率作为持有货币的机会成本的指标存在着很多麻烦。然而，我们可以比较精确地得到具有固定资本价值的资产的实际相对收益，比如说以房屋互助协会的股份、存款、国民储蓄、地方货币当局的短期货币[13]取代货币，因为我们可以较容易地预期上述资产的资本价值变动。[14]然而，仍然很难度量

　　12　事实上，近期的价格变化预期通常是外推性的，而远期的价格变化预期是回归性的。

　　13　如果对未到期资产的提前变现行为处以额外的惩罚，那么只有了解了预期持有期，才能够恰当估计这些资产的收益率。而且，有时候利率会临时变化，比如房屋互助股份和存款的利率，有时候利率在预期的持有期内会保持不变。然而，这些都是次要的问题。

　　14　在银行经济刊物中列举了一种试验，用于估计个人和公司面对相对利率变化（固定价值资产的利率变化）而相应地调整资产组合（其资本价值用货币衡量是一定的）中货币权重的程度。人们希望能够因此而估计出所有资本确定资产组合的替代弹性（个人和公司），包括货币。上述试验的初步结果已经写进了论文"具有固定资本价值的资产之间的替代性"，并由 A. R. Latter 和 L. D. D. Price 于 1970 年 4 月在贝尔法斯特举行的经济学大学讲师协会会议上发表。追溯到 1963 年，只有季度数据的短期序列是可得的，而且手边的不同资产的类别配置也不够。基于这些原因，这个试验的初步结果相当不准确。然而，上述结果显示活期存款（是 M_1 的重要组成部分）的利率弹性大约为 0.5，高于其他文献中同样基于英国数据的利率弹性估计值，但是这一结果还是在基于美国数据的文献研究出的区间内，这一点在附录 1 中有所论述。

持有货币的机会成本，因为当利率普遍上升，并且人们预计利率会持续上升时，市场化资产的近期预期收益会下降，同时固定资本价值的资产收益会上升。

为了证明货币存量对利率变化不敏感，区分上述几种原因（可变预期或者有限的替代程度）也许是多余的。只要公开市场操作致使金融市场的利率发生显著变化，而且只要初始效应发生了，那么这种反应的根本原因，不管是替代程度较低，还是预期不稳定，就不那么重要了：重要的是这种变化是可以预期的，并且非常大。另一方面，鉴于不稳定的市场预期对市场的发展具有重要影响，在这种不确定的条件和不断变动的市场环境下，政策重点不可避免地转变为市场管理，而非对货币总量的简单操作规则。进一步说，货币的重要性，或更有用货币定义的存在，很大程度上取决于能否在货币和其他金融资产的流动系列中找到替代断点。如果说非常低的利率弹性不能成为流动系列中断点的确切证据，那么货币的重要性问题（也许甚至是备受诽谤的流动性定义）依然存在。也许有人会质疑我们对货币的重要性的研究是否有意义。这些人需要理解整个调整过程。

三、货币流通速度的稳定性

我们不可能非常准确地观察到资产的实际收益率（经济体中的决策者们认为他们所面对的利率），或者资产组合调整的精确过程。因此，我们很难描述和度量货币政策的传导效应。然而，如果货币政策的单一目标是影响名义收入水平，那么理解传导机制的细节并不是非常重要。我们只需要将名义收入的变化与货币存量水平的变化联系起来。

1. 统计证据

因此分析的下一阶段通常是检验名义收入与货币存量之间的统计关系。正如所预期的那样——这种结果基本上为所有的货币主义学者所预测，不论他们各自的观点是什么——货币存量与名义收入的变化在长期来看是高度相关的。在过去五十多年中，货币需求的增长速度基本上与收入的增速一致。然而在这期间，曾有很长一段时间货币存量的增速快于或慢于名义收入的增速。美国数据表明，在1913年之前，货币存量的增速快于名义收入的增速，但是1947年以来，这种情况在美国和英国都发生了逆转。

20世纪初期美国货币流通速度的显著下降可能因为不断提高的收入使人们能够成比例地持有更多的货币存量，从而获得更多便利性（主要通过交易）。此后美国和英国货币流通速度的上升可能由于人们，尤其是公司财务部门在利率上升的刺激下，寻求资金管理的经济效益。

另外，这种趋势可能与内在结构性变化有关，比如通信技术的改进，城市化进程的加速，银行体系的增长以及稳定性增强，能够发行流动性资产并提供竞争性服务的非银行金融中介机构的出现，传输支付机制的技术发展等。一般来说，我们不可能将货币存量和名义收入增速的上述趋势确切地归因于上述一种或者一组因素；也不可能预测这种趋势在未来几年或者十几年会发生改变。然而，从定义上说，这种趋势性的变化非常缓慢并且相当稳定。只有在拐点处，货币存量和名义收入的关系才会被判断错误。

从统计学上讲，上述两个变量的显著性关系本身并不能说明两个序列之间的因果关系。但是货币主义者认为货币存量是外生的，即货币供应量并不是由经济体内的相关变量决定的，比如名义收入和名义利率。因此，既然名义收入的变化并不影响货币存量的变化，那么货币存量和名义收入在统计上的显著相关性说明货币存量的变化对名义收入有影响。[15]

到目前为止，货币存量外生性的假设已经得到认可，因此货币存量变化和名义收入变化之间的关系可以视为从货币到名义收入的因果效应。基于这样的假设，我们既可以度量货币供应量变化对名义收入影响的程度，又可以度量上述关系的变动程度。[16]这些结果通常表明货币存量变化与名义收入之间的函数关系的残余变异占变量短期变化——通常是一个或两个季度——的很大比例，但是只占长期变化——通常为两年或更久——的较小比例。

货币主义者依据那些基于美国数据的文献，认为货币存量变化和名义收入在统计上的显著性关系证明了货币政策的重要性。但是函数关系中的残值变异程度，尤其是在短期情况时，以及操作中长期的不稳定的时滞的存在，共同导致货币政策——从控制货币供应量的严格意义角度说——无法成为微调的合适工具。基于这种统计结果，弗里德曼教授主张采取维持货币存量固定增长率的规则。

根据凯恩斯的理论，货币供应量的变化首先影响金融资产的利率，然后这些利率变化再影响资本商品（投资）的需求。一旦自主性支出的水平确

15　更准确地说，基础货币（银行的现金准备，包括银行在央行的存款，以及公众持有的银行体系外的现金——按照弗里德曼教授的说法是高能货币）是外生的，然而某些函数关系（比如，公众所需的现金存款比率）是受体系中其他变量影响的行为关系（即它们是外生的），这种关系决定了与一定的基础货币相一致的货币总量。这种微小的差别不会对分析产生实质性影响。

16　该检验的实证结果列在附录2中。

定[17]，名义收入的水平就会通过多重程序确定下来。既然货币政策是影响自主性支出水平（尤其是固定投资）的因素，我们也许可以认为自主性支出与名义收入之间的关系比货币存量与名义收入之间的关系更近。然而货币主义者认为所有商品和资产的支出普遍受到货币政策的影响（尽管传导过程还是通过恢复投资组合均衡过程中利率的变化来实现的）。因此，如果货币存量保持不变，为了保持均衡，经济体中某一处需求（"自主性"或"诱导性"，事实上货币主义者对区分两者的意义持怀疑态度）的上升必然会导致其他地方需求的下降。因此，他们认为当货币供应量出现外生性变化时，名义收入的变化幅度较大；当自主性支出变化时，名义收入的变化要小一些。下一步通常是检验哪种关系具有更好的统计拟合度。对于这个检验的争论和批评列在了附录 1 中；结果显示这种检验并不能有效地辨别两种理论的优劣。

上述方法能够推出货币存量和名义收入之间存在统计关系，这一结论的关键在于假设货币供给，更确切地说是基础货币[18]是外生决定的。这个假设使一个简单的统计关系变成了一个因果关系。那么这个关键假设合理吗？很显然，某些导致货币供给或者基础货币变化的因素是内生的（即由经济体内其他变量的同期值决定的）。中央政府对内发债或者国际收支出现盈余都会扩大货币供给。鉴于发债需求（财政赤字）和国际收支盈余都会导致经济体出现扩张性压力，我们有理由认为名义收入的增加和货币存量是有联系的，但是货币和名义收入之间并不存在必然的因果联系。

但是，在理论上，无论哪种因素（内生或外生，与收入相关或无关）导致货币供应量或基础货币发生变化，央行都可以采取公开市场操作的方式使货币供应量的最终水平达到央行的期望。从这个角度来说，货币供应量水平是一种政策工具。然而，政策工具本身并不是内生变量；只有在政策不受到经济体中其他变量（比如收入水平和利率）同期值的影响时，政策工具才成为内生变量。实际情况显然并非如此。

显然，如果收入增加会导致货币当局改变货币供应量或者基础货币，那么名义收入的变化与货币供应量之间的简单统计关系无法区分出交织在一起

17　"自主性支出"的含义是，这些支出并不主要由经济体系中其他变量的同期值决定，比如出口、政府支出和固定资产投资。

18　基础货币包括银行视为准备金的资产。主要由银行持有的在央行的存款，以及银行体系外的由公众持有的通货组成。

的因果关系的各种影响因素。为了验证这一点是否会引发严重问题，我们有必要考察导致货币供应量或基础货币变化的因素。

在英国，政策的一般目标是降低利率波动，同时使其朝着符合整体经济情况的利率模式运动。目前，货币当局不断追求金融市场稳定的目标，因此货币供应量必须和名义收入共同变动——却不需要其对名义收入有因果影响。名义收入相对于货币存量的增长会导致流动性的紧张；人们因而变卖金融资产以恢复流动性，从而推高利率；货币当局会在某种程度上（取决于其对优先利率模式的态度）顺势而动，吸收这些资产；因此货币供应量上升。而且，市场条件的变化会先于名义收入的变化，这种趋势使人们能够准确预测通胀率和市场行为的变化，也能够根据他们的预期处置相关资产。如果确实是这样的情况，金融市场的疲软和货币供应量的增加会领先于通胀压力的增加。

毫无疑问，经济体内某些关键变量（比如收入水平和利率）的变化会导致货币供应量的变化。因此货币供应量不是外生的，货币供应量变化和名义收入之间的统计关系不能作为数量型货币政策重要性的依据。而且，由于这种统计关系来源于过去的数据，并取决于研究期间货币当局追求的特定政策目标，因此，一旦政策发生变化，我们无法保证这种关系在未来的持续性。换句话说，尽管在过去货币流通速度是相当稳定的，但是如果货币当局改变游戏规则，我们无法保证其在未来的稳定性。

2. 先后次序与因果关系

因此，货币存量的变化与名义收入之间存在着双向关系，并且在两个方向上都有因果影响。然而，我们仍可以分离并估计各自因果关系的力量。如果相互影响不是同时发生，而是按顺序的，那么这就再简单不过了。因此，如果在名义收入发生变化的一段时滞后货币供应量再变化，或如果在货币供应量发生变化的一段时滞后名义收入再变化，我们就有可能区分各自关系。

尤其是，如果货币存量的变化导致名义收入的变化，人们就会认为货币存量的变化领先于名义收入的变化，至于反应时滞要取决于传导过程的持续期。然而，如果货币存量的变动部分源于自主性支出的增加——比如出口，财政支出或者投资，部分来源于货币当局对金融市场压力的反应，那么名义收入就基本上随着货币存量的变化而变化。因此，研究货币存量变化引起或者滞后名义收入变化的程度对于我们区分因果关系的主要方向非常重要。

基于英国数据研究的初步结果显示，货币存量的变动领先于名义收入的变动。然而，这种领先/滞后式的关系模式非常有趣，因为这两个序列的关系似乎是双峰的，即存在两处波峰。在货币存量领先于名义收入的前导时间比较短，大约 2~3 个月的情况下，这两个序列之间的相关性比较强。相关关系中的另一个波峰表明货币存量的变化领先于名义收入的变化存在更长时滞，大约 4~5 个季度。当使用狭义货币定义时（M_1 而非 M_2），相关性通常会变强。

还有很多的其他实证分析文献也在研究货币存量的变化是否对名义收入的变化存在着显著的先导作用。这些研究基于不同的时间序列，不同国家的数据，不同时期的数据，并且用各种方法估计时滞的关系。这些研究结果都表明，货币存量的变化领先于名义收入的变化，但是关于领先时间长度的结论却各有不同，尽管这种差别可能源于模型设定的形式。例如，弗里德曼教授认为有证据表明货币存量变化之后，名义收入会发生变化，但是这个时滞非常长并且是可变的。近年来，基于美国和英国数据的研究认为，货币存量领先于名义收入变化的时间非常短，只有几个月而非几个季度。

因此，实证结果表明显著的时滞是存在的，尽管时间比较短。那么这种结果可能使我们理清货币存量对名义收入的因果关系，或者反方向的关系吗？这样的结果并不能证明领先序列是后面序列变化的原因。访问旅行社和旅游局与出游之间有很密切的关系。访问旅行社之后很可能会出游，但是前者不是后者的原因——尽管前者使后者更便利。是出游的愿望使当事人访问旅行社。类似地，增加支出的愿望可能领先于积累现金。这种额外的货币需求可能会造成市场压力，同时政府为了维持利率在某个范围内而会部分参与对这种需求的调整。

然而，上文中提到的现金积累不可能早于计划支出太长时间，因为如果这笔货币数量相当大，那么将其放贷出去以获得更高的收益才合算。从这个角度考虑，我们认为货币存量变化领先于名义收入变化仅仅几个星期；但是在美国，这个时间要长一些，因为放贷（连同补偿余额）而非透支是当地人的习惯，这一点扭曲了名义收入变化和货币变化之间的传导时间。

事实上，对于货币存量的变化与名义收入的变化之间究竟是次序关系还是因果关系，还有很多其他假设能够解释这个问题。然而，由于缺少相反的证据，目前一致的观点是两者之间存在着一种表面因果关系。

然而，很多更详细的研究是关于利率变化对支出的影响（包括财富效应），这一类研究结果显示，基础货币和支出变化之间有较长传导时滞，大约一至两年[19]。而且，弗里德曼教授认为货币条件对支出的影响时滞既长又可变。如果如上述研究所显示的那样，货币条件对名义收入影响的传导期非常长，即使发现货币存量和名义收入之间的关系相当显著，我们也很难将这一现象归因于货币存量变化对名义收入的影响。

初步研究结果表明，货币存量和名义收入的影响时滞具有双重性——2~3个月的较短先导时间和4~5个季度的更长先导时间——这一点进一步表明这些序列之间的关系可能源于不同的因果关系，每一种因果关系都有其自身时滞，从而货币存量水平和名义收入的关系趋于某种均衡。[20]

那些研究两个序列之间统计关系的文献，并没有准确地衡量出货币存量变化多大程度上源于名义收入变化，或名义收入多大程度上源于货币存量变化。即使如此，某些研究成果，尤其是银行贷款和投资之间关系的研究，认为货币条件的变化对支出有显著影响。同样，其他研究仍然质疑这种观点——货币存量与名义收入之间的简单关系可以完全或主要理解为货币条件对名义收入的直接影响。

因此，这些关于货币存量变化与名义收入之间的简单统计关系的研究本身不能说明货币政策的重要性。这种统计上的相关性非常强，这也许反映了货币供应量的变化随着名义收入自主变化的程度（在一定的货币当局的政策目标和操作技术前提下）。如果货币当局突然调整了其操作（改变"游戏规则"），那么旧的、已形成的规则就不再适用。

四、结论

货币当局必须通过相关操作改变某些重要的金融市场条件。这些市场操作对利率和市场预期有相当大影响。金融中介机构的存在（除了银行以外，因为央行可以很好地控制银行），事实上不会阻碍货币当局大幅度地改变金

19　例如，见 F. R. B. – M. I. T. 模型，F. de Leeuw 和 E. M. Gramlich，"货币政策的渠道"，《美联储公报》，1969 年 6 月，表 1 和表 2，第 487~488 页。

20　为了进一步检验这个命题，我们将序列分解成主要子序列，从而验证主要子序列之间的估计关系是否显著不同于总体序列的关系。初步的结果显示情况确实如此。如果货币存量和消费是同期的，这两个序列之间的关系最强。货币存量和投资之间的关系显示，货币存量的变化先于投资的先导时间非常长，大约 4~5 个季度。当货币序列分解为两个主要子序列——对私人部门的贷款和其他资产（主要是持有的公共部门债务）——银行贷款的变化似乎先于名义收入的变化的时间非常长，而且当持有的公共部门的债务和名义收入同步时，这两个序列之间的关系最强。事实上，当银行持有的公共部门债务先于名义收入时，这两个序列是负相关的。最后，银行贷款和投资之间的关系检验结果表明贷款先于投资的时滞相当长（大约 4~5 个季度）。

融条件。然而风险也随之而来——货币当局在市场中的激进行为会出现易变的反应，这会加剧金融市场的波动。

货币政策会导致资产组合的不均衡。扩张性货币政策（狭义定义为增加货币存量的操作）会使广义资产（包括所有实物资产）的收益率上升，并且其相对于货币存量和其他金融资产的收益率溢价升高。一般来说，货币政策对支出决策的影响主要通过利率渠道。

在衡量金融资产的利率变化对支出的影响时，研究结果显示这种影响是显著的，尽管程度比较小，而且存在着较长时滞。然而，我们有理由相信这些研究低估了货币政策的重要性。尤其是，这些研究大多都使用名义利率作为货币政策效果的指标。而支出决策实际上受实际利率影响，但是我们无法直接得到实际利率。扩张性货币政策可能导致名义利率先下降后上升，但是实际利率可能仍维持在较低的水平。

另一方面，为了衡量货币政策的效果，我们也研究了货币存量变化和名义收入变化之间的关系，这种方法可能高估了货币政策的力度。这两个变量之间是一种双向关系。当然如果认为货币存量的变化与名义收入的变化无关，这也是不对的；比如，经济体中当前和未来预期会影响货币当局在金融市场中的行为，从而进一步直接影响货币供应量。为了理清这种双向关系，我们可以研究先导或滞后关系，这种方法可以支持这样的观点，即货币政策对名义收入具有因果影响，但是却不能将这种影响独立并准确计量出来。

货币政策运用起来并不容易。过度反应的可能性以及应用中的不连续性都制约了货币政策的应用。即使是在正常经济状况下，我们也无法准确预测这种政策的影响。这种影响比凯恩斯主义者的研究结论要大，但比货币主义者的研究结论要小。而且货币政策操作在影响支出决策时还存在着相当长的时滞。上述原因都表明运用货币政策进行短期需求管理存在着困难。

也许最重要的问题是分清货币政策在每一时点的目标。事实上，破解出货币政策在某一时点的影响也许比确定货币政策的目标效果更难。名义利率水平并不是货币政策的良好指标。名义利率上升往往与实际利率下降是一致的。弗里德曼教授认为，与名义利率相比，货币供应量变化率是货币政策目标的更好指标。当出现广泛通胀预期，甚至通胀加剧时，货币供应量增长速率与利率水平相比，能更好地反映政策的方向，此时采取这种方法也更有价值。然而，由于存在着多重目标——比如国际收支平衡、就业率、支出分配等——我们很难选择一种单一的统计量作为货币政策的全面指标。而且，如果货币政策基于单一指标变动，这会使判断标准不够灵活。

附录 1　实证研究结果

粗体字代表参考文献的序号，参考文献列于本附录最后。

弗里德曼教授（**15**）将货币数量理论重新定义为货币需求理论。很多经济学家因此转而估计货币需求函数（及与其相似的货币流通速度函数），以检验货币主义者提出的理论。这些检验的结果可以解释许多问题，诸如货币的准确定义，收入或者财富是否是货币需求的主要决定因素，以及货币是否是奢侈品等，但是这些问题并不是目前凯恩斯主义者和货币主义者争论的焦点。[21]然而，其他问题对于这个争论是相当重要的，本文重点讨论以下几点：

（1）货币需求的可预测性；

（2）货币需求函数中利率的作用；

（3）在解释货币需求时短期利率和长期利率的相对重要性。

实证研究的结果至少成功地验证了部分货币主义理论。这激励了更多经济学家致力于研究比较凯恩斯主义和货币主义的货币函数的稳定性。对这些实证研究的评论和批评会在附录的最后部分进行阐述。

货币需求的可预测性

尽管凯恩斯本人并没有认为货币需求是不可预测的（除非出现利率非常低的情形），战后一段时期，凯恩斯主义者却广泛地认为货币替代品的可得性导致货币和收入的关系非常不稳定，以至于这种关系在经济管理和预测方面的应用价值大大下降。这种观点受到了货币主义者的挑战。弗里德曼和施瓦茨（Schwartz）在《美国货币史》（**19**）一书中，证明了 1867 年至 1959 年，实际收入和实际货币需求之间存在着某种合理的可预测关系。此后，Meltzer（**31**）、Chow（**9**）、Laidler（**25**），以及 Courchene 和 Shapiro（**11**）都持有这种观点，即美国的货币需求函数从长期来看是相当稳定的，其可决系数[22]的范围是 0.9 ~ 0.99。Kavanagh 和 Walters（**24**）最早对英国长期的情况进行了研究，选取的时期是 1877 ~ 1961 年，得到的货币需求函数的可决系数为 0.98。

然而，当自变量（解释变量）和因变量具有共同的趋势时，建立一种

21　正如在正文中所述，这里的"凯恩斯主义"和"货币主义"的观点并不是各自学派中所有甚至大部分学者都持有的观点。

22　可决系数，或称为统计量 R^2，是指模型中因变量的方差中可以由自变量解释的那部分。

表面上显著的相关关系是相对容易的。为了进一步研究基本关系的解释力度，我们需要使用数据的差分形式验证其可预测性。使用差分会大大降低可决系数。例如，在 Laidler 基于美国数据建立的模型中，当使用一阶差分时，方程的可决系数由 0.99 降为 0.51。对于英国的数据，Kavanagh 和 Walters 得到的可决系数是 0.98，一阶差分后其降为 0.49。

我们也可以使用滞后的因变量[23]来降低从受趋势影响的变量中推论出的错误的相关关系的风险，尽管在解释这些滞后项时也存在着类似的风险。使用滞后因变量的大多数检验（包括在附录 2 中列出的模型）得到的滞后变量的估计系数都相当显著，同时其他变量的解释力度相应地下降。对于这些结果的一种解释是，在因变量不断趋向均衡的过程中存在着一定的时滞；然而另外一种可能是在残值中存在着一阶序列相关[24]；这两种解释都有一定的解释力度。

实证结果表明货币需求比雷德克利夫委员会想象的更容易预测，但是其可预测性却不足以成为一种短期政策的工具。而且如果控制货币供给并不是某一时期政策的重点，在货币当局积极使用货币需求的可预测性时，这种可预测的关系就无法成为一种很好的指导。

货币需求函数中利率的作用

另一个争论的重点是利率水平与货币数量的关系。很多凯恩斯主义者认为货币需求的利率弹性是相对较高的，[25]而货币主义者认为弹性比较低，因为他们认为货币是所有资产的一般替代品，而非生息金融资产的特定替代品。

在弗里德曼（16）的早期研究中，他承认利率在货币需求函数中占有重要地位，然而根据实证研究的结果，他认为实际上并非如此。因此，货币和收入之间观测到的关系是一种"直接"关系。然而，此后相关的研究结果显示利率在货币需求中起重要作用。在弗里德曼之后公开发表的所有同主题相关文献中，这些文献列在表 A 中，只有研究美国情况的 Heller（22）和研究英国情况的 Fisher（13）认为无法找到利率的显著作用。[26]这种结论已经

23　是指能够解释因变量当期值的因素之一是其该变量的上一期数值。

24　与任何一种估计的关系相关的残值的定义是：$u_t = y_t - \hat{y}_t$，其中 y_t = 因变量在时间 t 时的观测值，$\hat{y}_t$ = 模型中因变量在时间 t 时的拟合值。残值中的一阶序列相关性介于 u_t 和 u_{t-1} 之间。

25　见雷德克利夫报告中的例子（33）。

26　这是对 Heller 研究发现的一种解释。

为凯恩斯主义者和部分货币主义者普遍接受了，即并非只有货币才最重要。然而，利率在货币需求函数中也是非常重要的，这一事实强调了数量论的极端情况，即货币存量与名义收入之间存在着固定的短期关系。这种结论又引发了另一个问题，即确定货币需求时收入和利率的相对重要性。

几乎所有基于变量当期值的研究都表明在确定货币需求时，收入比利率更重要。偏相关系数[27]一般是不考虑的，但是它可以合理地推断出收入的相对重要性，因为收入变量的估计系数的误差区间比利率变量的误差区间要低很多。[28]

长期来看，这一点并不奇怪，因为收入和货币之间存在着长期的共同趋势。在这样的背景下，使用一阶差分的形式或者滞后因变量的形式来建立相关的模型更有说服力（使用差分，而非变量值）。Laidler（25）基于美国数据的研究结果表明，在使用一阶差分之后，收入变量的系数显著性大大降低，但仍然高于利率变量的显著性。Hamburger（21）在他的研究中使用了对数一阶差分，发现收入的系数变得不显著了。

一旦确定了利率的作用，下一个问题就是要确定多大的利率弹性与相应的货币重要性是一致的。对此并没有一个明确答案，因为这取决于某些词汇的含义，比如"多大"、"重要性"等。这只是两种理论基于实证检验结果而达成一致的例子。

利率弹性[29]的数值一般在 -0.1 至 -1.0 的区间内。这是一个相当宽的范围，部分原因是不同学者建立的货币需求函数的形式的各异。一些经济学家和凯恩斯一样，在他们的模型中使用债券利率作为持有货币的机会成本。其他经济学家认为凯恩斯使用的理论模型过于严格，并主张在实践中短期金融资产可以认定为货币的替代品，因此使用短期利率。短期利率和长期利率在运动方向上是比较一致的；但是短期利率的波动程度也许是长期利率的 $2 \sim 3$ 倍。因此，我们认为实证研究会发现长期利率弹性要高于短期利率

---

27 偏相关系数衡量的是两个变量的相关程度，在考虑了其他变量的影响之后，另外一种衡量两种独立效应的相对程度的方法是 β 系数 ［见 Goldberger（20）］。

28 使用 t 统计量来比较误差区间是非常方便的（估计系数与其估计标准差的比率）。一般来说，t 统计量越小，估计系数越容易受到抽样波动的影响（随机误差），t 统计量越大，情况正好相反。由于存在抽样波动，即使系数的真实值是零，非零系数的假设也可能通过检验。

29 最常使用的利率弹性计算方法是利率变化一个百分点，比如，从 4% 变为 4.04%，货币存量大约变化多少个百分点。为了以恒定的利率弹性建立方程，我们通常使用利率的对数形式。这意味着，利率从 0.5% 变为 1%，与其从 4% 变为 8% 的效果是一样的。

弹性。

另外一点区别是学者们使用的货币的定义。在美国常用的定义仅包括现金和活期存款；但是某些货币主义者，尤其是弗里德曼认为货币的定义应该扩展至定期存款，因为定期存款也是"购买力的暂时储存"。一般认为货币定义越窄，利率弹性就越高，因为宽泛的定义包括那些生息的资产，而资产的收益率又是和市场利率一致的。

基于上述原因，一般认为使用较窄货币定义和长期利率的模型得到的利率弹性最大，而使用宽泛货币定义和短期利率的模型得到的利率弹性最低。这一方面的实证研究成果都列在表 A 中，结论是基于年度数据。最高[30]的利率弹性估计值来自 Meltzer（31）、Brunner 和 Meltzer（7）、Chow（9）以及 Courchene 和 Shapiro（11）的研究结论；这些学者使用的都是货币的狭义定义以及长期利率，而得到的利率弹性值都不低于 -0.7。Laidler（25）使用了不同的分类以检验相对弹性；Tobin（35）运用的是货币流通速度函数，使用的数据基本相同。基于美国 1892~1960 年的年度数据[31]，Laidler 得到的利率弹性区间为 -0.16（基于宽泛的货币定义和短期利率数据）至 -0.72（基于较窄的货币定义和长期利率数据）。Tobin 的估计值基本相同，区间为 -0.12 至 -0.55。

对于英国的情况，基于货币存量年度数据的唯一研究来自 Kavanagh 和 Walters（24）。他们基于 1926~1961 年的数据，使用的是广义货币定义和长期利率数据，得到的利率弹性值为 -0.50。根据美国的利率期限和利率弹性的关系，如果上述研究使用的是短期利率，估计的利率弹性应该接近 -0.2。

因此，尽管表面上存在一定的差异，大部分基于长期年度数据的研究结论基本上是一致的。现金和活期存款的长期利率弹性大约为 -0.7，短期利率弹性大约为 -0.25。对于更宽泛的货币定义来说，相关的结果要小一些，而且很大程度上取决于模型的设定形式。

基于季度数据的研究文献得到的货币需求利率弹性要相对低一些。Heller（22）未发现长期利率[32]对货币需求的重要影响，其所估计的长期利

30　从绝对值的角度理解，即最小值为零。

31　基于较窄定义的货币数据是从 1919 年才开始的。

32　然而，这些结论的部分原因是所选取的估计期包括了那些 1951 年以前的年份，在那之前，利率是固定的。如果将这些年份去除，长期利率和短期利率都是十分显著的。

率弹性区间降为 -0.1 至 -0.2。Hamburger (**21**) 研究了家庭部门的货币需求，并使用了两种利率（股权收益率和长期债券收益率），得到的系数大约为 -0.3。Teigen (**34**) 采用的是联立方程模型，得到的长期利率弹性小于 -0.1；然而，如果相同的模型基于年度数据的话，得到的弹性大约为 -0.2。

使用季度数据存在很多问题。其中最重要的是在调整过程中存在着时滞，因为与年度数据相比，对季度数据时滞的准确说明变得非常重要。这些时滞并不是源于金融市场的不完善，因为增加或减少货币存量是相对容易的。更可能的原因是，当收入或者相关利率发生变化时，货币持有者需要时间来调整其行为。

Fisher (**13**)、Laidler 和 Parkin (**26**) 使用英国的季度数据建立了模型，他们发现在模型中引入滞后项后，模型的拟合程度大大提高。[33] 而且，滞后项的系数通常很大并相当显著，这意味着调整的时滞非常长。附录 2 中也详细叙述了一篇这方面的文献，该文献使用的是 1955 ~ 1968 年的季度数据，并得到了相似结论。一般来说，在货币存量调整至一个新的均衡状态的过程中，大约调整过程的五分之二会在第一年中完成。

货币需求函数中时滞的存在意味着，在货币供应量增加之后，短期内恢复均衡需要其他变量（收入和利率）调整的幅度远远大于长期调整的幅度。这是因为，在某一时点，货币需求主要取决于收入和利率的过去值（从定义上说，这些值是不会改变的），仅在很小的程度上取决于这些变量的当期值。因此，收入或利率的当期值必须对外生的货币变化调整迅速地作出反应。如果利率在货币需求中的作用是次要的，收入对货币变化的反应在短期内比其在长期内要强烈，这一点正是弗里德曼 (**17**) 承认的；然而，其他的证据 (**19**) 表明，在实践中，货币冲击对收入的影响往往要经过很长而且易变的时滞。但是如果假定传导机制通过利率渠道而发挥作用，这种不一致就会消失。如果货币需求对收入和利率的变化反应较慢，货币存量的变化会对利率产生迅速而有力的影响，利率转而又会对支出产生滞后的影响，从而收入才对货币供应量的初始变化作出反应。在这些条件下，Burstein (**8**) 认为严格地追求货币供应量的目标会导致利率以及收入不必要的剧烈波动。

货币需求函数中长期利率和短期利率的相对重要性

如果货币是资产系列中流动性最好的资产，那么我们就可以认为货币需

---

33 然而，需要注意的是，这种改进可能源于基本方程中的序列相关，以及时滞的存在。

求与其相关替代品（其他短期资产）的收益率的相关性最强。另一方面，如果货币资产从本质上说与其他资产不同，我们就没理由认为货币需求与短期收益率的相关性高于其与长期收益率的相关性。这两点假设可以通过实证研究来验证，主要是检验货币需求方程中以短期利率还是以长期利率为变量而得到的模型可决系数更大。Laidler（25）认为可以做进一步的检验：如果货币需求函数是稳定的，在不同时期，正确的利率和货币需求的关系总是相同的，而错误的利率却不会。

在本附录中提及的大部分文献都无法对这个问题提供直接的证据。但是，这些文献都倾向于支持这样一种观点，即，在美国，货币对短期资产的替代程度要好于其对长期资产的替代程度。Laidler 发现如果使用比较宽泛的货币定义，基于短期利率而得到的可决系数会大于基于长期利率的可决系数；尽管一阶差分之后，短期利率的优势会有所下降。他同样发现，如果将数据分成多个子期，短期利率的利率弹性估计值比长期利率的估计值要更稳定。Heller（22）证实了这一观点，他使用的是战后的季度数据，发现短期利率的弹性是显著的，而长期利率并非如此。[34] Lee（29）采取了数据的一阶差分形式，发现储蓄和贷款的收益率（在流动性序列中，这种资产被认为是货币的近似替代品）与长期资产的收益率相比，前者对货币需求的解释力度更强，无论是基于货币的狭窄定义还是宽泛定义。

附录2中相关研究成果主要是关于基于英国数据的货币需求函数的估计结果，这些结论对于选择长期利率还是短期利率基本没有什么建议。当货币的定义限定为通货和清算银行的存款时，长期利率更显著；但是短期（地方当局）利率在解释货币变化方面略有优势，这里的货币定义来自中央统计局的金融统计。这可能因为其他银行的利率在地方当局市场更具有直接竞争力。然而，在使用一阶差分形式之后，短期利率的表现就会优于长期利率。一阶差分值的估计系数也要优于变量值的估计系数，而且前者的显著性也更明显。

Tobin（35）的研究结论（基于弗里德曼的数据）也表明，没有必要在短期利率和长期利率之间选择，因为长期利率在解释狭义货币定义的货币需求时更有力，而对于广义货币定义的情况，短期利率更优越。

凯恩斯主义和货币乘数的相对稳定性

如前文所述，为了检验凯恩斯主义和货币主义关于收入决定论的假设的

34　见注释32。

相对重要性，我们可以一方面估计收入和货币的直接关系，另一方面估计收入和自主支出的直接关系。这种方法遭到了反对，因为它检验的只是一个非常简单的代表性的基本模型，忽略了理论发展对其的改进和修正。正如Johnson（**23**）所述，这种方法基于这种假设，即检验一个好理论的关键在于其能否建立一种简单稳定的理论关系，根据小事物而预测大事物；虽然如此，由于复杂模型源于一系列相互关系的简化形式，其相对解释能力可能要优于简单模型的相对解释能力。

更具体地说，这种方法要求引入的解释变量是影响经济的最重要的外生变量，而且它们本身要和因变量有联系，否则得到的结论会出现错误。一般来说，单一方程模型并不是源于一系列结构模型的简化形式，其主要存在的问题是引入的解释变量是否是真正外生的。尤其是，货币主义理论假设货币供应量是外生决定的，这个问题我们在正文中详细论述过。

进一步说，单一方程的设定还存在着诸多问题，这种模型仅能描述一个变量的特点，即使这个变量对经济很重要。没有政府希望仅能预测一个变量，比如名义收入的单一模型。政府需要对一系列的其他变量作出全面一致的判断，比如生产率、通胀、失业率、国际收支、不同支出之间的资源配置等。而且，货币当局需要进一步理解政策工具影响名义收入的渠道。比如，货币政策对私人住房建筑还是对所有形式的支出影响更广泛，这两者是有差别的。出于这个原因，检验两个模型完备程度的关键在于这些模型能否描述货币当局和经济学家关注的所有变量的特点。

比较凯恩斯主义和货币主义模型的开拓性研究是弗里德曼和 Meiselman（**18**）为货币信用委员会撰写的研究报告。两位学者选取的是六十二年的美国数据（1897～1958 年），并将其分成了若干子期间，他们发现除了经济衰退期间以外，消费者支出与货币存量的相关性要高于自主支出与货币存量的相关性。战后，季度数据出现了，但结论基本相同，尽管没有理论可以成功地解释国民生产总值（GNP）的季度变化。然而，从长期来看，货币流通速度至少比自主支出乘数更稳定。

但是安多和莫迪利安尼（**2**）使用的自主性支出定义更符合现代理论，他们对消费者支出的解释优于[35]弗里德曼和 Meiselman 使用货币变量而得到的结论。然而，他们最大的争论是方法论——虽然货币乘数的平均值从长期来看比自主性支出乘数更稳定，但这一点并没有使其成为非常有用的政策工

35　根据更高的可决系数来判断。

具。稳定政策需要考虑经济变量是如何相互影响的，需要考虑更广阔的知识体系。我们没有理由认为凯恩斯主义政策和货币主义政策必须取其一，也没有理由使用单一的自变量——它也不会总是自变量——来代表每一种类型的政策。

上述的评论也同样适用于 Barrett 和 Walters（5）基于英国数据所做的类似研究，尽管他们没有得到总结性的结论。当使用数据当期值时，我们没有必要在这两种理论中择其一，因为序列之间存在着较强的共同趋势，尽管这两种方法得到的相关系数都非常高。当使用一阶差分时，两种假说的估计解释力度（以可决系数衡量）都比较低，尽管在两次世界大战之间，自主性支出对消费支出的解释力度在某种程度上优于货币主义的解释力度；而且1914 年之前（然而那时的数据不完全可信），货币主义的解释力度更强一些。Barrett 和 Walters 同时表明，当货币和自主性支出共同作为消费支出的预测指标时，可决系数显著增大，这意味着无论货币是否是最主要的决定因素，它都发挥了某种重要作用。

Andersen 和 Jordan（1）提出了一种略微不同的方法，他们比较了财政政策和货币政策各自对 GNP 的影响。受制于单一方程模型的局限性，他们使用的方法都相当微妙。GNP 的变化分别与充分就业预算平衡的变化、货币供应量的变化，以及基础货币（基础货币的外生性要优于货币供应量）的变化联系起来。

Andersen 和 Jordan 基于美国数据得到的结论说明了货币变化对 GNP 的影响比财政变化对 GNP 的影响更大、更确定、更直接。de Leeuw 和 Kalch-brenner（30）对上述结论提出了质疑，因为自变量存在着设定错误；但是尽管他们提出另一种定义重新确立了财政政策的作用，却无法反驳 Andersen 和 Jordan 提出的货币因素的重要性。然而，Davis（12）认为如果检验的时期分成两个相同的子时期，早期阶段（1952～1960 年）货币和收入的相关性很差；而晚期阶段（1960～1968 年）得到的相关关系可能源于变量的共同趋势。

针对英国的数据，Artis 和 Nobay（3）进行的验证与 Andersen 和 Jordan 相似。他们研究发现财政政策比货币政策更有效；但是这种结果的可信度存在一定的问题，因为，正如作者自己指出的，这样的结论主要取决于一种假设，即货币当局的财政政策和货币政策的实施与名义收入的水平是无关的。因为政府政策的大部分目的是降低实际收入对均衡水平的偏离，所以这种假设受到严重的质疑。因此，如果政策用于抵消其他原因导致的 GNP 的变化，这似乎意味着政策是无效的。完美的反周期财政政策得到的统计结论是财政政策是无效的。

表 A

由于篇幅所限，这里仅选取极具代表性的实证研究成果。我们尽可能地选取每位作者研究成果中的代表性方程式，尽管在很多情况下其他方程式会有略微不同的系数。除了利率以外，对其他变量没作说明。

在方程式中包含了滞后项的情况下，隐含的长期弹性是给定的；这些方程式用 + 标记，没有计算相应的 t 统计量，因为在这种情况下其含义非常模糊。

作　　者	使用的数据（年）	货币定义	使用的利率	利率弹性	t 统计量
货币需求方程式					
Bronfenbrenner 和 Mayer(6)	美国年度数据:1919～56	狭义	短期	− 0.33	+
Chow（9）	美国年度数据:1897～1958	狭义	长期	− 0.73	17
Meltzer（31）	美国年度数据: 1900～58	狭义	长期	− 0.92	22
**	**	广义	长期	− 0.48	10
**	美国年度数据:1930～58	狭义	长期	− 1.15	12
**	**	广义	长期	− 0.70	7
Brunner 和 Meltzer（7）	美国年度数据:1930～59	狭义	长期	− 1.09	19
**	**	广义	长期	− 0.73	15
Laidler（25）	美国年度数据: 1919～60	狭义	短期	− 0.21 （− 0.11）	12 （3）
**	**	狭义	长期	− 0.72 （− 0.33）	12 （3）
**	美国年度数据:1892～1960	广义	短期	− 0.16 （− 0.10）	16 （5）
**	**	广义	长期	− 0.25 （− 0.26）	4 （3）
Lee（29）	美国年度数据: 1951～65	狭义	短期	− 0.41	4
**	**	广义	短期	− 0.67	3
Motley（32）	美国年度数据: 1920～65 （仅家庭部门）	广义	短期	− 0.16	5
Courchene 和 Shapiro(11)	美国年度数据: 1900～58	狭义	长期	− 1.00	16

作　　者	使用的数据（年）	货币定义	使用的利率	利率弹性	t统计量
**	**	广义	长期	− 0.58	10
Teigen（**34**）	美国季度数据：1946 ~ 59	狭义	长期	− 0.07	↑
**	美国年度数据：1924 ~ 41	狭义	长期	− 0.20	↑
Heller（**22**）	美国季度数据：1947 ~ 58	狭义	短期	− 0.12	4
**	**	广义	短期	− 0.18	4
**	**	狭义	长期	*	**
**	**	广义	长期	*	**
Hamburger（**21**）	美国季度数据：1952 ~ 60（仅家庭部门）	狭义	长期	− 0.16	2
**	**	狭义	股权收益率	− 0.13	3
Kavanagh 和 Walters（**24**）	英国年度数据：1880 ~ 1961	广义	长期	− 0.31（− 0.22）	3（3）
**	英国年度数据：1926 ~ 61	广义	长期	− 0.50（− 0.25）	6（3）
Fisher（**13**）	英国季度数据：1955 ~ 67	狭义	短期	− 0.11	↑
**	**	广义	短期	*	↑
**	**	狭义	长期	− 0.3	↑
**	**	广义	长期	*	↑
Laidler 和 Parkin（**26**）	英国年度数据：1853 ~ 67	广义	短期	− 0.26	↑
英格兰银行（**4**）	英国季度数据：1955 ~ 69	狭义	短期	− 1.05	↑
**	**	狭义	长期	− 0.80	↑
**	**	广义	短期	− 0.09	↑
**	**	广义	长期	− 0.35	↑
流通速度方程式					
Latané（**27**）	美国年度数据：1919 ~ 52	狭义	长期	− 0.80	**
Latané（**28**）	美国年度数据：1909 ~ 58	狭义	长期	− 0.77	**
Christ（**10**）	美国年度数据：1892 ~ 1959	狭义	长期	− 0.72	**
Meltzer（**31**）	美国年度数据：1950 ~ 58	狭义	长期	− 1.8	30

续表

作　者	使用的数据（年）	货币定义	使用的利率	利率弹性	t统计量
**	**	广义	长期	−1.3	20
Tobin（35）	美国年度数据：1915～59	广义	短期	−0.12	7
**	**	狭义	短期	−0.24	9
**	**	广义	长期	−0.24	6
**	**	狭义	长期	−0.55	10
Frazer（14）	美国季度数据：1948～65	狭义	长期	−0.8	27
**	**	广义	长期	−0.37	12
Kavanagh 和 Walters（24）	英国年度数据：1877～1961	广义	长期	−0.20（−0.44）	2（6）
**	英国年度数据：1923～61	广义	长期	−0.55	9

注：* 不显著，或错误符号。

　　** 数据不可得。

a. 货币的"狭义"定义通常指现金和活期存款；"广义"定义包括定期存款。

b. 括号中数字代表使用一阶差分的结论。

c. t统计量是估计系数与估计标准差的比率。

参考文献

1 Andersen, L. C. and Jordan, J. L.　　"Monetary and fiscal actions : a test of their relative importance in economic stabilisation"　*Federal Reserve Bank of St. Louis Monthly Review*, November 1968

2 Ando, Albert and Modigliani, Franco　　"The relative stability of monetary velocity and the investment multiplier"　*American Economic Review*, September 1965　　pages 693–728. See also other papers on the subject in the same issue

3 Artis, M. J. and Nobay, A. R.　　"Two aspects of the monetary debate" *National Institute Economic Rev* August 1969　　pages 33–51

4 Bank of England　　Appendix II to this paper

5 Barrett, C. R. and Walters, A. A.　　"The stability of Keynesian and monetary multipliers in the United Kingdom"　*Review of Economics and Statistics*, November 1966　　pages 395–405

6 Bronfenbrenner, Martin and Mayer, Thomas　　"Liquidity functions in the American economy"　*Econometrica*, October 1960　　pages 810–34

7 Brunner, Karl and Meltzer, A. H.　　"Some further investigations of demand and supply functions for money"　*Journal of Finance*, May 1964　　pages 240–83

8 Burstein, M. L.　　*Economic theory: equilibrium and change*　Wiley, London 1968　　esp. pages 289–326

9 Chow, G. C.　　"On the long-run and short-run demand for money"　*Journal of Political Economy*, April 1966　　pages 111–31

10 Christ, C. F.　　"Interest rates and 'portfolio selection' among liquid assets in the U.S."　*Studies in memory of Yehunda Grunfeld*　Stanford, 1963

11 Courchene, T. J. and Shapiro, H. T.　　"The demand for money : a note from the time series"　*Journal of Political Economy*, October 1964　　pages 498–503

12 Davis, R. G.　　"How much does money matter?"　*Federal Reserve Bank of New York Monthly Review*, June 1969

13 **Fisher, Douglas** "The demand for money in Britain : quarterly results 1951–67 *The Manchester School of Economic and Social Studies*, December 1968 pages 329–44

14 **Frazer, W. J.** "The demand for money, statistical results and monetary policy" *Schweizerische Zeitschrift für Volkswirtschaft und Statistik*, March 1967

15 **Friedman, Milton** "The quantity theory of money : a restatement" *Studies in the quantity theory of money* M. Friedman, ed. University of Chicago Press, 1956 pages 3–21

16 **Friedman, Milton** "The demand for money : some theoretical and empirical results" *Journal of Political Economy*, August 1959 pages 327–51

17 **Friedman, Milton** "The demand for money : some theoretical and empirical results" *Journal of Political Economy*, August 1959 page 347

18 **Friedman, Milton and Meiselman, David** "The relative stability of monetary velocity and the investment multiplier in the United States, 1897–1958", in "Stabilization policies" *C.M.C. Research Papers* Prentice-Hall, 1964 pages 165–268

19 **Friedman, Milton and Schwartz, A. J.** *A monetary history of the United States 1867–1960* Princeton, 1963

20 **Goldberger, A. S.** *Econometric theory* Wiley, New York, 1966 pages 197–200

21 **Hamburger, M. J.** "The demand for money by households, money substitutes, and monetary policy" *Journal of Political Economy*, December 1966 pages 600–23

22 **Heller, H. R.** "The demand for money : the evidence from the short-run data" *Quarterly Journal of Economics*, May 1965 pages 291–303

23 **Johnson, H. G.** "Recent developments in monetary theory : a commentary" *Money in Britain* D. R. Croome and H. G. Johnson, eds. Oxford, 1970 pages 83–114

24 **Kavanagh, N. J. and Walters, A. A.** "Demand for money in the U.K. 1877–1961 : some preliminary findings" *Bulletin of the Oxford University Institute of Economics and Statistics*, May 1966 pages 93–116

25 **Laidler, David** "The rate of interest and the demand for money—some empirical evidence" *Journal of Political Economy*, December 1966 pages 543–55

26 **Laidler, David and Parkin, Michael** "The demand for money in the United Kingdom 1956–67 : preliminary estimates" *University of Essex Discussion Paper* unpublished

27 **Latané, H. A.** "Cash balances and the interest rate : a pragmatic approach" *Review of Economics and Statistics*, November 1954

28 **Latané, H. A.** "Income velocity and interest rates : a pragmatic approach" *Review of Economics and Statistics*, November 1960

29 **Lee, T. H.** "Alternative interest rates and the demand for money : the empirical evidence" *American Economic Review*, December 1967 pages 1168–81

30 **Leeuw, Frank de and Kalchbrenner, John** "Monetary and fiscal actions : a test of their relative importance in economic stabilisation—comment" *Federal Reserve Bank of St. Louis Monthly Review*, April 1969

31 **Meltzer, A. H.** "The demand for money : the evidence from time series" *Journal of Political Economy*, June 1963 pages 219–46

32 **Motley, Brian** "A demand-for-money function for the household sector— some preliminary findings" *Journal of Finance*, December 1967 pages 405–18

33 **Radcliffe Report** *Committee on the Working of the Monetary System*. Cmnd. 827, August 1959 para. 392

34 **Teigen, R. L.** "Demand and supply functions for money in the United States : some structural estimates" *Econometrica*, October 1964 pages 476–509

35 **Tobin, James** "The monetary interpretation of history" *American Economic Review*, June 1965 pages 464–85

附录2 货币需求和货币乘数

货币需求

在正文和附录1中都提到了货币需求函数性质的诸多问题,[36]这些问题对于评估货币在经济中的作用非常重要,同时也容易受到实证检验的影响。这些问题包括:

(1)函数的基本预测性;

(2)函数中利率的作用;

(3)长期利率和短期利率的相对重要性。

本附录详述了大量的货币需求函数的统计检验,选取的是1955年至1969年的英国季度数据。这里首先考虑的是一个非常简单的模型,并验证了理论修改后的实证影响。

货币需求最简单的模型是

$$M = a_0 + a_1 Y + a_2 r + u \tag{1}$$

其中,M = 货币存量;Y = 收入;r = 某种利率;u = 误差项,代表某种行为的关系。

这个单一方程模型采用的计量方法是普通最小二乘法。这里还考虑了货币存量的三种定义,以及两种利率。相关的结果列于表 B 中。变量的准确含义如下:[37]

M_1:现金和伦敦清算银行[38]的经常账户存款净额(月观测值的季度平均),经过季节性调整,单位是百万英镑。

M_2:现金和伦敦清算银行的净存款(月观测值的季度平均),经过季节性调整,单位是百万英镑。

M_3:现金和英国居民在英国银行部门的净存款(季末数据),经过季节性调整,单位是百万英镑。[39]

36　模型的形式是有很大的选择余地的,既可以是货币需求函数的形式,也可以是货币流通速度函数的形式。事实上,如果收入是流通速度的决定因素的话,这两种形式以对数表示是等价的。

37　本附录中函数所使用的数据主要来源于财经部、英格兰银行和EC2。

38　选取伦敦清算银行数据的原因主要是其他时序的限制。然而,有人认为伦敦清算银行负债的流动性显著地优于其他银行负债的流动性,因此这种做法有合理的理论依据。在1955年,大约有90%的英国居民在英国银行部门的存款都在伦敦清算银行;在1969年,这一比例为65%。

39　M_3的数据也调整为周内变动。M_3仅有季度末数据,因此这一变量的观测值与方程中其他自变量的观测值同步并不合适。在调整的过程中,时滞大约为半个季度(取相近观测值的平均值不合适,因为这会导致序列依赖)。

　　Y：以要素成本计算的、官方估计的三种国内生产总值的平均，分别来自产出数据、支出数据和收入数据，经过季节性调整，单位是百万英镑（1958 年以前，我们仅能计算出收入法和支出法 GDP 的平均值）。

　　r_S：100% 加上三个月期地方政府债务[40]的利率，百分比形式。

　　r_L：100% 加上票面利率 2.5% 的永久债券的收益率，百分比形式。

　　M_1 和 M_2 函数的估计期间为 1955 年第三季度至 1969 年第三季度；M_3 的估计期间为 1963 年第二季度至 1969 年第三季度。

　　所有的变量都以对数的形式表示。与惯例唯一的区别是利率以未来值和现值之间的比率表示，因此如果利率为 4%，我们就将其写为 104/100 = 1.04。[41]这意味着无论利率是高还是低，利率变化每一个百分点对货币需求的影响都是相同的；而且利率以对数的形式表示，这一点与传统的公式区别很大。这种对数形式方法的缺点在于它隐含的假设条件是利率的最小值为零，而不存在负的收益率。然而，为了与其他文献的结果进行比较，这里计算的利率弹性仍基于传统的公式。[42]

　　显然表 B 中列出的估计量说明了货币需求函数的最简单形式是不够的。可决系数非常高，而且货币需求的收入弹性——尽管与其他研究结论相比，基于 M_1 和 M_2 的值要略小一些——也不是不可信[43]，这些的确是事实，但是上述结论没有考虑变量的共同趋势。更让人困扰的是，利率变量的符号完全相反，而且 D. W. 统计量非常低，这意味着残值存在着严重的一阶序列相关。因此，这似乎意味着简单模型在诸多方面都错误地设定了货币需求函数。

　　40　选取三个月期地方政府存款的收益率而非国库券收益率的原因在于，近年来地方政府市场吸引了大批的积极参与者，而且政府对市场的直接影响也小于对国库券市场的影响。然而，地方政府利率也同样受到质疑，因为在估计期间的早期阶段，这个市场相当薄弱（事实上，序列中前两个观测值并非直接可得，而是根据其他短期利率的变化估计出来的）。

　　41　这种方法的逻辑比较简单，认为利率可以衡量当前资产的未来值。如果利率为 4%，今天的 1 英镑在未来值 1.04 英镑。如果利率上升至 5%，今天的 1 英镑的未来值将增加 1/104（大约为 1%），而非 25%。

　　42　附录中列出的方程同样使用了利率的对数形式，即 log r 而非 lob（1 + r）。在这个基础上计算出的弹性值与表 D 中列出的相似，而且方程的拟合度以及利率的估计系数的显著性也没有变化。

　　43　基于美国数据的大部分研究都发现货币需求收入弹性的区间为 1.0~1.5。

表 B

方程（1）的估计形式

因变量	估计系数				可决系数	估计标准	D. W. 统计量
	常数项	名义收入	利率				
			短期	长期			
M_1（名义）	4.57	0.47 (0.02)	0.28 (0.32)		0.959	0.0244	0.30
	4.40	0.50 (0.03)		-0.36 (0.79)	0.959	0.0245	0.28
M_2（名义）	3.34	0.66 (0.01)	0.78 (0.26)		0.987	0.0196	0.35
	3.50	0.64 (0.03)		1.31 (0.66)	0.986	0.0204	0.26
M_3（名义）	-1.50	1.22 (0.06)	-0.45 (0.46)		0.983	0.0168	0.93
	-0.75	1.13 (0.08)		0.58 (0.95)	0.982	0.0170	0.84

注：括号中的数值为估计系数的标准差。

a. R^2，经自由度调整后的可决系数。

b. 因变量观测值与估计值之间的标准差。

c. 这是用于检验残值的序列相关问题的一种方法。一般来说，该统计量越接近于 2，拒绝序列相关假设的置信度越高。

滞后调整

设定错误可能来源于简单模型所隐含的假设，即仅需要一个周期（这里指一个季度）就可以调整至均衡。这种假设过于严格了，因为货币持有者需要一段时间才能意识到外部条件的变化，然后再重新安排他们的资产组合。调整至均衡的滞后过程意味着两个方程的模型，一个方程限定均衡关系，另一个说明调整机制。这样的模型如下：

$$M_t^* = a_0 + a_1 Y_t + a_2 r_t + u_t \tag{2}$$

$$M_t = M_{t-1} + b(M_t^* - M_{t-1}) + v_t \tag{3}$$

其中，M^* ＝所需（或者均衡）货币量；所有其他变量与之前的定义相同；b 是常数项，代表了在一个季度中，货币实际值和均衡值之间的差异的平均比例。将方程（2）和（3）结合起来，我们得到：

$$M_t = ba_0 + ba_1Y_t + ba_2r_t + (1 - b)M_{t-1} + w_t \qquad (4)$$

其中，$w_t = bu_t + v_t$，即总误差项。

这个方程是根据之前货币存量和利率的定义而进行估计的，结果列于表格 C 中。

表 C

方程（4）的估计形式

因变量	估计系数					可决系数	估计标准差	D. W. 统计量
	常数项	名义收入	利率		滞后因变量			
			短期	长期				
M_1（名义）	-0.05	0.05 (0.02)	-0.77 (0.14)		0.96 (0.05)	0.994	0.0093	1.75
	0.03	0.12 (0.03)		-1.61 (0.32)	0.89 (0.05)	0.994	0.0097	1.76
M_2（名义）	0.29	0.10 (0.03)	-0.20 (0.10)		0.87 (0.04)	0.998	0.0067	1.31
	0.11	0.12 (0.02)		-0.73 (0.22)	0.89 (0.04)	0.999	0.0063	1.60
M_3（名义）	0.54	0.24 (0.14)	-0.58 (0.25)		0.83 (0.11)	0.995	0.0092	2.03
	0.47	0.17 (0.14)		-0.91 (0.58)	0.89 (0.13)	0.994	0.0097	2.13

注：括号中的数值为估计系数的标准差。

这些估计值特性远远优于表 B 中的结果。利率系数的符号正确，方程的拟合程度更好，而且标准差也降低了。尽管因为方程中包含了滞后因变量，D. W. 统计量的分布有所不同，但这个问题是可以调整的。调整之后的结果说明在所有的情况下，自相关都大大地降低了（尽管这个问题仍然存在）。[44]

基于传统弹性定义[45]所得到的隐含长期和短期利率弹性的结果如下。

44　见 J. Durbin，"针对回归中存在的滞后因变量情况检验最小二乘回归的序列相关问题"，《计量经济学》，1970 年 5 月。这里同样可以使用 Durbin 的二阶段检验，得到的结论非常支持局部调整假设，而非序列相关。

45　见第 32 页。

表 D

利率弹性

	利 率		利 率	
	短期	长期	短期	长期
M_1	-0.04	-1.05	-0.09	-0.80
M_2	-0.01	-0.09	-0.04	-0.35
M_3^a	-0.03	-0.21	-0.06	-0.51

注：在此定义下，方程（4）中的利率弹性并不是常数，因此我们根据利率的平均值计算出结果。

a. 由于 M_3 是季度末数据，因此这里的"短期"所指期间与 M_1 和 M_2 期间略有不同。

这些弹性值都在附录 1 中相关的实证研究计算的区间内，这说明英国的情况在这方面和美国相比没有显著的差异。

基于更宽泛的货币定义 M_2，估计的标准差（以百分比表示）略低，尽管误差的绝对值差异不大，这显然是因为 M_2 比 M_1 大。虽然没有必要在短期和长期利率的解释力度中进行选择；无论使用哪个，其统计的显著性与收入变量的显著性基本相同。

尽管表 C 中方程的结果颇令人满意，[46]但是滞后调整模型包含了一系列的理论假设，而这些假设常常受到质疑。其中，隐含地假设收入的变化对货币需求的影响总是相同，无论这种变化源于实际产出的变化还是价格的变化。正如在正文中提到的，[47]如果货币是一种奢侈品，我们有理由认为实际货币存量的增速快于实际收入；如果现金管理存在规模效应，实际货币存量的增速可能慢于实际收入；但是没有充分的理由表明价格水平的变化或者人口规模的变化会对货币/收入比率的均衡产生影响。这一系列的论点说明货币需求方程的恰当形式需要能够根据实际人均收入解释实际人均货币存量。在调整方程（4）的变量时考虑到这一点是相当简单的事。因此，将货币和收入两个变量都除以 np，其中 n 是英国的成年人人口数（根据年度人口的

---

46 正如附录 1 所述，对于存在趋势的情况，检验相关性强度的进一步方法是将变量转化为一阶差分的形式，从而计算出相应的解释力度。因此，表 B 和表 C 中列出的方程根据一阶差分的形式估计。这种方法得到的结果与基于变量当期值得到的结果并不矛盾，只是这两种方法置信度都不高。可决系数都非常低，最高的调整可决系数仅为 0.22。如果假定货币对短期资产的替代性高于其对其他资产的替代性，短期利率总是比长期利率更显著。

47 本文第 1 页。

估计插值而得）[48]，p 是价格水平（GDP 平减指数）。[49]方程以实际人均值表示，结果列于表 E 中。

表 E　用实际人均值表示的方程（4）的估计形式

因变量	估计系数					可决系数	估计标准差	D. W. 统计量
	常数项	实际人均收入	利率		滞后因变量			
			短期	长期				
$\dfrac{M_1}{np}$	0.30	0.06 (0.03)	−0.80 (0.16)		0.89 (0.04)	0.940	0.0116	1.78
	0.27	0.14 (0.04)		−1.82 (0.35)	0.83 (0.04)	0.941	0.0115	1.73
$\dfrac{M_2}{np}$	0.65	0.09 (0.02)	−0.21 (0.14)		0.80 (0.05)	0.908	0.0096	1.60
	0.45	0.14 (0.03)		−0.76 (0.28)	0.79 (0.04)	0.915	0.0092	1.69
$\dfrac{M_3}{np}$	−0.83	0.29 (0.23)	−0.59 (0.32)		0.89 (0.14)	0.966	0.0110	2.16
	−0.46	0.18 (0.23)		−0.63 (0.71)	0.92 (0.16)	0.962	0.0116	2.06

注：括号中的数值为估计系数的标准差。

意外的是，表 E 中的估计值比表 C 中的估计值差，[50]但是原因目前还不得知。用价格调整收入和货币意味着货币需求不仅仅从长期来看与价格是同性质的，短期也是如此。换句话说，最后的估计方程组表明，货币需求会根据名义总收入的增加而迅速作出调整，其中名义收入的增加可能源于人口或者价格水平的增长，但是只有经过很长的时滞之后，货币需求才会根据实际

48　主要选择的是 15 岁以上的人口数量，因为这个数量与潜在独立的货币持有单位数量基本相近。总人口包括儿童（儿童一般不持有货币），除去领取养老金的工作人口（这些人是最重要的持有货币的人群）。更恰当的选择是家庭的数量，但是这个数据无法得到。

49　选择 GDP 平减指数的原因在于我们将 GDP 作为收入估计值。因为没有单独的平减指数表示收入法的 GDP，也没有季度平减指数表示产出法的 GDP，因此，这里的 p 来源于支出法的 GDP 的估计值。

50　不仅仅是可决系数更低（这一点可以解释为因变量的初始方差低），估计的标准差也更大。

人均收入而作出调整。事实上，表 E 中的估计方程的估计标准差高于表 C 中的结果，这说明这个假设并不合理。

因此，考虑价格变化的逐渐调整是恰当的。正如前文所述，实际收入变化的影响与价格变化的影响并不相同，价格水平是独立的解释变量。表 F 中列出了经过上述处理的估计方程。原则上说，人口也应该作为一个附加的自变量，但是我们没有理论依据认为人口变量存在着调整的时滞。[51]因此，在表 F 中，货币和收入以人均值的形式表示，即

$$\left(\frac{M}{n}\right)_t = ba_0 + ba_1\left(\frac{Y}{np}\right)_t + ba_2r_t + ba_3p_t + (1-b)\left(\frac{M}{n}\right)_{t-1} + w_t \quad (5)$$

表 F

方程（5）的估计形式

因变量	估计系数						可决系数	估计标准差	D. W. 统计量
	常数项	实际人均收入	价格	利率		滞后因变量			
				短期	长期				
$\frac{M_1}{n}$	0.11	−002	0.07	−0.82		1.02	0.990	0.0096	1.78
		(0.09)	(0.04)	(0.16)		(0.07)			
	0.11	0.07	0.14		−1.74	0.93	0.990	0.0099	1.82
		(0.09)	(0.05)		(0.36)	(0.07)			
$\frac{M_2}{n}$	0.26	0.07	0.10	0.21		0.90	0.998	0.0070	1.26
		(0.05)	(0.04)	(0.11)		(0.05)			
	0.22	0.06	0.13		−0.87	0.92	0.998	0.0064	1.62
		(0.05)	(0.04)		(0.24)	(0.04)			
$\frac{M_3}{n}$	0.62	0.09	0.37	−0.49		0.81	0.995	0.0091	1.96
		(0.23)	(0.19)	(0.27)		(0.11)			
	1.08	−0.04	0.38		−0.83	0.86	0.994	0.0093	2.11
		(0.22)	(0.20)		(0.57)	(0.12)			

注：括号中的数值为估计系数的标准差。

对于货币存量的前两种定义，表 F 与表 C 相比，结果令人非常不满意；估计的标准差更大。这有一些意外，因为能够对标准差产生影响的唯一一点

51　人口的增加不会影响目前货币持有者的行为；也不可能"根据他们目前的存在而逐渐调整"。

变化是将价格和实际收入作为解释变量，同时收入和货币持有量用人均值表示。如果价格和实际收入的影响不同，第一点变化会降低标准差；事实上，方程（5）中货币和实际收入不再以人均值的形式表示，很显然是后一种调整导致了上述方程的显著性降低。这样的结果使我们对这样的假设提出质疑，即货币需求是否与人口是同性质的，但是也有可能是所使用的人口序列不合适。[52]由于无法得到合适的序列，也许使用货币和收入总量是更可取的，至少优于我们目前使用的相对短期序列。

方程（5）中实际收入变量的估计系数在统计上基本不显著，[53]然而价格变量比较显著，而且符号也是正的。但是价格和实际收入之间存在着一定程度的共线性（简单相关系数为0.972），因此这样的结果也没有太多的参考价值。而且，隐含的长期价格弹性非常高，这表明估计的结果归因于价格变量对货币持有量的影响，而且这种影响应该考虑到实际收入。

同时还验证了以利率差分和商品服务价格的年度变化率为解释变量的诸多模型。利率差分等于三个月期地方政府存款利率减去银行利率。[54]这个变量的估计系数非常显著，而且当方程中仅有利率变量时，估计的系数符号也是符合预期的负值；但是如果将地方政府利率纳入模型中，多重共线性问题就会出现，从而使结果变得不合理。价格变化率是衡量实物资产相对于金融资产的收益率。[55]这个变量的估计系数基本不显著，因此相关的结果这里也没有列出。

目前所阐述的所有结论都表明时滞的重要性，但是却很少有人关注这个滞后问题的性质。我们可以使用指数调整机制，这个方法计算很简单，但是这种设定不一定正确。这意味着任何非均衡在一段时间之后都会消失，不考虑：

（1）非均衡的来源；

（2）非均衡的规模。

52　第二次世界大战后出生率的剧增导致了20世纪60年代早期成人人口的快速增长——这个时期的数据在估计M_3的方程中并没有使用。我们有理由认为，总体来说，人口比重中快速增长的年轻一代所持有的货币少于成人人口持有的平均值。

53　在本文中，"统计上显著"意味着在5%的概率下，估计系数显著地不等于零。换句话说，估计值不会受到取样波动的影响。

54　银行利率是存款账户利息支付的代表。

55　通胀的存在会使实物资产比金融资产更有吸引力，因此会降低货币需求；尽管有人认为价格的上升会产生加息的预期，从而增加货币需求。

如果时滞来源于资产组合变化导致的交易成本，我们就没有理由认为调整的速度会受到初始非均衡来源的影响。但是调整的速度可能受到非均衡规模的影响。

然而，时滞也不完全归因于交易成本的存在。事实上，金融市场中交易成本是相对比较低的。更合理的一种解释是人们需要经过一段时间才能意识到收入和利率的变化，从而将其收入持有量调整到合适的水平。[56]如果这种"认知"或"惯性"时滞是重要的，那么我们就无法明确调整速度是否受制于非均衡的来源。换句话说，人们意识到其实际收入的变化可能快于或者慢于其意识到价格水平或者利率的变化。

上述结论表明，我们需要一个涵盖了每一个自变量的调整模式的更复杂的模型；但是估计这样一个模型又会出现很多问题。普通的指数调整滞后可以通过考虑因变量的滞后值来进行估计，引入多种滞后值的情况却不同，除非对变量的系数值加以限制，否则模型会出现过度识别问题。对于使用指数滞后的情况，通常假设不同的调整速度适用于不同的解释变量，以求得某种特殊的滞后组合，从而得到最好的结果。另外，也可以使用 Almon 技术[57]，针对每个变量估计出有限的滞后结构。运用这两种估计方法的文献目前都大量存在。

货币乘数

尽管我们知道理解那些影响货币需求的因素非常重要，但是货币需求方程的估计无法告诉我们经济对货币存量变化的反应。

就此而论，如果以收入为因变量，货币为解释变量，考虑这两者的关系更有意义。尽管这种过于简单的方法存在很多缺点，这些缺点已经在正文和附录 1[58] 中详细地论述了，但是通过这种方法来考察货币存量和收入水平之间的相关性强度和可预测性还是很有意义的。

可以检验两个不同的模型，其中的数据和变量的定义与前文中的一致：

$$Y_t = a_0 + a_1 M_t + a_2 Y_{t-1} + u_t \tag{6}$$

$$Y_t = a_0 + a_1 M_t + a_2 M_{t-1} + \cdots + a_8 M_{t-7} + \upsilon_t \tag{7}$$

如果以变量的当期值来估计，那么这两个方程都存在着严重的多重共线

---

56 应该注意的是，清算银行存款的四分之三为私人部门持有，而"个人"对利率变化的适应是非常缓慢的。

57 Shirley Almon，"资本拨备和支出之间的分布滞后"，《计量经济学》，1965 年 1 月。

58 见第 14 页和第 26 页。

性问题，而且得到的结果置信度也非常低。如果使用一阶差分值估计，方程（6）的估计形式就无法得到货币的影响，因为其包含了指数调整时滞。基于此，我们重点关注方程（7）。

我们用两种形式来进行估计：包含常数项和不含常数项。[59]同时剔除那些在20%的概率下估计系数不显著偏离零的变量。在货币需求方程的估计中，除了前文中提及的GDP序列以外，还包含了用于衡量经济中工业部门产出的变量——批发价格指数中以当前价格计算的工业生产指数。[60]所有方程的估计结果都列在了表G中。根据可决系数和滞后分布图的形状，工业产出变量的表现优于GDP变量。这说明货币与工业活动的相关性强于其与经济中其他部门的相关性——包括私人和政府服务部门以及农业。

货币存量M_3的"官方"定义很好地解释了产出的变化，但是这可能因为M_3的数据区间比较短，因此存在着稳定的关系。在前文论述的货币需求方程的估计中，M_3的表现并不比M_1和M_2好。

对于表G中不含常数项的那些方程，自变量的估计系数通常会变大，因为常数项的某些影响（通常是正的）可能会归在自变量的影响中，从而长期货币乘数的估计值会变大。[61]目前还没有一种可信的说法能够解释究竟是什么决定了常数项的大小，我们也无法说哪一种长期乘数的估计更准确。事实上，也有可能是，货币变化和产出变化之间的显著关系仅是周期因素对两个变量的影响的反应，其实这两个变量之间并不存在直接的因果关系。

---

59 把方程（7）变为一阶差分的形式并不会产生常数项。非零常数项的存在意味着如果货币存量不变，收入会以一个稳定的速度增长或下降。

60 序列的单位是百万英镑。

61 包含常数项和不含常数项的方程的可决系数不可以直接比较。

表 G

方程（7）的一阶差分估计形式

货币序列	常数项	ΔM₀	ΔM₋₁	ΔM₋₂	ΔM₋₃	ΔM₋₄	ΔM₋₅	ΔM₋₆	ΔM₋₇	估计的货币乘数	可决系数	估计标准差	D.W.统计量
						估计系数							
因变量——GDP													
M_1	77.1		0.42 (0.15)	-0.38 (0.16)	0.40 (0.15)		0.33 (0.15)	-0.27 (0.15)		0.50	0.216	70.6	2.69
(1957:2 – 1969:3)	suppressed	0.35 (0.17)	0.28 (0.18)		0.49 (0.15)		0.63 (0.17)	-0.39 (0.20)	0.45 (0.18)	1.81	0.565	83.7	2.17
M_2	64.6	0.25 (0.14)					0.37 (0.17)	-0.29 (0.16)		0.33	0.086	76.1	2.72
(1957:2 – 1969:3)	suppressed	0.34 (0.12)			0.27 (0.15)		0.49 (0.16)	-0.45 (0.19)	0.27 (0.16)	0.92	0.629	77.3	2.47
M_3	91.7			0.19 (0.13)	-0.36 (0.13)	0.27 (0.13)		b	b	0.10	0.343	73.9	2.79
(1964:3 – 1969:3)	suppressed			0.28 (0.11)	-0.31 (0.12)	0.32 (0.12)	0.20 (0.11)	b	b	0.49	0.742	74.4	2.54
因变量——工业产出													
M_1	21.9	0.11 (0.05)	0.17 (0.05)	0.15 (0.06)	0.12 (0.06)	0.12 (0.06)				0.55	0.276	37.0	1.82
(1953:3 – 1969:3)	suppressed	0.14 (0.06)	0.22 (0.06)	0.18 (0.06)	0.12 (0.06)	0.15 (0.06)	0.09 (0.06)			0.90	0.588	39.0	1.64

续表

货币序列	常数项	估计系数								估计的货币乘数	可决系数	估计标准差	D.W. 统计量
		ΔM_0	ΔM_{-1}	ΔM_{-2}	ΔM_{-3}	ΔM_{-4}	ΔM_{-5}	ΔM_{-6}	ΔM_{-7}				
M_2 (1953：2 – 1969：3)	14.9	—	0.22 (0.06)		0.10 (0.07)					0.32	0.212	38.6	1.53
	suppressed	0.09 (0.07)	0.22 (0.07)		0.14 (0.06)					0.45	0.585	39.1	1.49
M_3 (1964：3 – 1969：3)	−57.0	0.08 (0.06)	0.09 (0.05)	0.23 (0.06)		0.12 (0.06)		b	b	0.53	0.516	34.2	1.46
	suppressed		0.07 (0.05)	0.20 (0.05)				b	b	0.27	0.772	36.3	1.51

注：括号中的数值为估计系数的标准差。

a. ΔM_0 至 ΔM_{-7} 估计系数之和，度量的是从初始到前 8 个季度货币存量变化的预期影响。

b. 方程式的估计中不包括这些变量。

政治经济学[*]

1. 导论

本文的目的是，借助于统计技术来分析近年来影响英国政党和政党领袖在民意测验中受欢迎程度变化的因素。一般认为，民意调查可以提供有关选民态度的指标，这类指标具有合理准确性，因此民意调查结果受到政治家的高度重视。更多地了解这些民意调查的特点和决定因素，至少具有某种价值，因为民意调查在政治过程中发挥着非常重要的作用。

民意调查的样本观察值确实可以提供对选民态度的无偏和准确的估计，所以从这一角度讲，分析影响调查结果的因素，也可以说明影响选民支持或反对当期政府、政党和政党领袖的因素。因此，对这些调查时间序列变化决定因素的研究，可以使人们大体上得出一个社会政治偏好的函数。

过去这类分析的一个主要问题是，选民只有少数机会（即在选举时）来表达其对执政党和反对党的业绩及承诺的判断。因此，只有社会偏好表示的少量观察值。另外，每个政党的执政业绩和承诺涉及许多目标，因此几乎不可能——由于缺少自由度——估计出社会政治偏好函数各个不同部分的系数。最后，由于这些观察值之间具有很长的时间跨度，因此可能造成的情况是，社会的基本结构（选民对政府的恰当经济角色的观点）可能会在第一次与最后一次时间序列观察值之间发生改变，而这些时间序列只包括了 10 次大选。

政治民意调查的出现极大地改变了上述情况。民意调查可以在固定时间内和按一定频率间隔，让经过认真挑选的选民样本来表达对政党执政业绩和

* 作者非常感谢 J. Durbin 教授、D. R. Brillinger 博士、K. F. Wallis 博士、M. D. Steuer 先生、M. H. Miller 先生、A. Breton 博士、L. S. Preenell 博士、K. Clinton 先生、B. Reading 先生和 J. Douglas 先生的帮助、评论和建议；而且还要特别感谢盖洛普公司的 H. Durant 博士、R. J. Wybrow 先生，以及全国民意调查公司的 F. Teer 和 M. J. Cox 先生的热心帮助。

承诺的评价——而且可以表达对政治领袖们的看法。在英国，盖洛普公司（Gallup）自 1947 年以来和全国民意调查公司（N. O. P）自 1961 年以来，一直都在每月定期收集民意调查的样本数据。这两家公司提供具有大量观察值的时间序列，所有数据都在一个足够短的时间周期内，所以人们可以假设基本结构保持不变。

本研究的基本和简单思路是选择一组变量，如失业水平、通货膨胀率、上次大选以来的时间长度等，并使用多变量回归分析方法来检验这些被挑选的变量是否对政治声望（popularity）有显著影响（如民意调查数据所反映的）。本文第二节对这些检验的结果进行了分析。

在对检验结果进行分析（本文的主要部分）之前，比较恰当的做法是简要介绍我们所研究的两种政治民意调查（盖洛普和全国民意调查公司[1]）序列的抽样方法，并分析使用这类数据可能造成的一些问题，这是第二节的内容。值得关注和应当指出的是，在这两组民意调查结果之间确实存在系统性差异。

在讨论了民意调查机构的方法之后，下一步就是分析调查机构给出的时间序列数据的统计特征。为了进行分析，我们主要使用谱分析法（spectral analysis），这是近期比较流行的方法。谱分析可以为我们提供一种研究时间序列特征（如检验时间序列中是否存在周期性特点和估计基础形成过程的类型），以及分析时间序列之间相关性的强有力和有效的方法。但是某些读者可能会发现对该技术不熟悉，并感到很难理解部分内容。第二节的内容相当长。在阅读本文其余部分之前并不一定必须理解第二节的内容。因此我们决定将本文的这一部分放在附录中[2]，尽管从逻辑上讲这一部分应当在第二节与第三节之间。

第三节是本文的核心部分，在该节中，我们给出了多变量回归检验的结果，即在回归分析中用民意调查数据对一组独立变量进行回归。我们提出的基本问题是，经济环境在多大程度上会影响政治声望的变动。据报道，现任首相威尔逊先生曾指出，"所有政治历史都表明，政府的生存和在大选中赢

---

[1]　我们非常感谢盖洛普公司和全国民意调查公司在我们进行此研究过程中向我们提供了帮助和友善建议。但我们只使用这两家公司提供的数据的事实并不意味着我们认为它们的民意调查数据比其他政治调查数据更准确。

[2]　伦敦经济学院统计系的 R. J. Bhansali 先生主要负责撰写本文的附录；伦敦经济学院经济学系的古德哈特博士负责撰写本文的其余部分。

得选民信心的能力都取决于其经济政策的成功"。[3]

我们挑选的两个最可能影响选民对现任政府的经济政策满意度的经济变量是失业水平和通货膨胀率。最近有一些最著名的财经记者,如《旁观者》(Spectator) 的 Lawson 和《金融时报》的 Brittan,已经指出了失业率变化与政治声望之间的联系,[4] 因此失业水平显然可以作为一个备选指标。选择的第二个经济变量是通货膨胀率,用零售价格指数的年度百分比变化来表示。价格中的通货膨胀变化一般在选民的意见中都占比较重要的地位。也有一些证据表明,有很大一部分选民愿意接受失业率的显著上升,以换取通货膨胀率的下降。[5] 我们也尝试了其他经济变量,如个人收入的百分比变化,但不太成功。

---

3 摘自《金融时报》1968 年 3 月 8 日 David Watt 所报道的首相向议会工党议员的讲话。但应当指出的是,无论所有政治历史会如何表现,并不是所有实证研究都得出了如此明确的结论。例如,在 1964 年大选之前,盖洛普一般会提出在一组问题中哪一个是英国面临的最重要的问题。例如在 1962 年 8 月,得出了如下问题的顺序:

最重要的问题	1962 年 8 月	自 1959 年大选以来的范围	
		最高	最低
经济状况	30	32	9
住房	11	10	5
养老金	7	11	3
医疗	3	5	1
教育	2	6	2
劳工关系	2	9	2
道路	2	9	1
其他	6	6	1
认为国内事务应优先	63	68	30
认为外部事务应优先	32	57	29
没有特别重要的问题	5	8	3

上述回答只对选民主要关心国内经济条件的假说给予了有限支持。但必须承认,在随后几个月里——随着保守党对经济发展状况的批评越来越多——认为经济状况是最重要问题的选民比重大幅度上升。

4 他们的工作确实就是先找出决定政治声望的决定因素,而不是进行全面的分析。

5 在 1962 年 11 月的盖洛普政治指数中,需要回答下列问题:"严格从你自己的观点看,你是否希望看到通货膨胀(指价格水平上升),但身边有很多工作机会?或你是否希望看到价格稳定,但身边没有很多就业机会?"回答的结果是,通货膨胀 27%;价格稳定 53%;不知道 20%。

关注民意调查变化的敏锐的学生可能已经注意到，在两次选举之间，民意调查确实表现出了对现任政府声望的某些规律性变化。在每次选举之后，会立即出现对新当选政府支持度的大幅度上升（一种从众效应），而且这种支持会非常迅速地传播。随着新政府任职时间的持续，以后出现的情况是，政府声望逐渐稳定并缓慢下降，但在下一次大选之前的几个月里，这种声望又会出现快速和完全反转。

在本研究中，我们并不试图对这些似乎有规律性的变化给出因果解释。但我们确实使用虚拟变量来度量呈现出的这些规律性变化的显著性、强度和持续性。另外我们还试图回答如下问题：选民中是否有选择工党或保守党的固定偏好（假设其他条件不变）以及是否长期内存在从支持一个政党转向支持另一个政党的任何迹象？

我们试图（在第二节和第二节的附录中）回答的第三个基本问题是，政党领袖、首相和反对党领袖对其政党地位有多大影响？正如将看到的，我们并没有令人满意地回答这一问题。这是本文主要实证部分的最后内容。

如果经济变量可以影响政治声望，则政府行为就能够对未来经济发展产生重大影响。如果我们能够估计出：（a）经济变量如何影响政治声望；（b）政府如何对政治声望的变化作出应对；（c）政府行为如何影响经济体系等三个系数，我们就能够建立经济发展的一个完整的政治—经济模型，在此模型中经济和政治动机会对整个体系的决定发挥关键作用。在第四节，我们建立了这种模型的一个原型，该模型非常依赖 A. Downs 等人所建立的假说。[6]

根据多变量回归分析方法，使用民意调查的时间序列数据来估计社会政治偏好函数基本形式的可能性，在很大程度上取决于观察值的性质。在这方面仍然存在疑问。例如，对这些数据的性质存在疑问，因为调查设计者可以使答卷人的选项特征具有假设和无效性。民意调查可能准确代表了所有选民对同一假设问题的看法，但所有选民对假设问题（如果大选明天开始他们将如何投票）的回答是对他们实际上会如何投票的一种有偏和不准确估计，这种情况难道不可能出现吗？例如，与面临真正的大选时相比，可以假设，如果情况变得不好的话，你放弃传统政党的可能性更大（就此目的而言，一次补充选举本质上也是对整个政府信心的一种假设性投票）。结果是，政

6　Anthony Downs，"在民主社会中政府决策的一种经济理论"（斯坦福大学经济学系，斯坦福，加利福尼亚州，1956 年）。A. Breton，"公共产品需求的一种理论"《加拿大经济学和统计学报》，第 32 卷，第 4 期（1966 年 11 月），第 455～467 页。

治声望变化的弹性，如在民意调查中记录的，对诸如失业状况的反应很可能是在下一次大选之前时间周期的函数。在第二节的回归方程式中，我们确实试图在某些地方考虑这类现象，方法是包括上次大选以来的时间周期和执政后到下次大选之前的时间周期，将其作为其他变量，但我们不能确定这样做是否完全解决了这一问题。

因此，第一个问题是，在假想环境下（尽管可以完全精确地观察到），选民的反应是否是其在真实情况下反应的一个好指标？第二个，也许是更严重的问题，抽样观察值是否是选民整体反应的无偏和准确的估计。有三个不同的数据集可以帮助我们解决这一问题。第一，我们可以在某些情况下对观察到的样本结果与在样本选定后不久发生的实际结果进行比较。仍然存在的微小时间差一般来说确实会造成如下可能性：在干预时期社会偏好函数中的某一变量会发生变化（或该函数具有内在不稳定性），因此一次民意调查未能准确预测出某一非常近期的结果并不一定就表明，该民意调查当时不能正确估计整个选民的反应。同样，如果时间差非常短，最终的民意调查一直不能准确和无偏地预测选举结果，则人们就不太可能重视民意调查的结论。我们主要关注的不是分析民意调查的准确性问题，而且我们一直简单假设，盖洛普和全国民意调查公司的民意调查是有效的，这一假设得到某种因果实证主义的支持，因为从预测和结果检验的角度讲，这两种调查都是比较准确和无偏的。[7]

第二，我们可以对我们使用的抽样技术和其他技术进行比较，假设后者从理论上讲完全可以提供无偏和非常准确的样本数据。从多数标准来看，盖洛普和全国民意调查公司都选择非常大的样本（超过 1 000 个答卷人），只要样本反应是无偏的，则这类样本完全可以将抽样误差降低到很低水平。

全国民意调查公司的定期月度数据序列始于 1961 年。虽然全国民意调查公司在 1959 年选举以前和 1960 年的某些时候也进行过抽样调查，但我们必须将 1961 年 2 月作为所有月度时间序列的起点。本文使用的数据直接来源于全国民意调查公司。在包括 1963 年 9 月之前的时间周期内，该公司的全国政治调查是基于定额样本。在 1963 年 10 月，他们转为系统性地随机抽

7　民意调查准确性的检验可能需要隐含地假设，选民的反应和结果本身不受民意调查结果公布的影响，参阅 H. A. Simon，"从众效应和失败者效应与选举预测的可能性"《大众观点季刊》，第 18 卷，第 3 期（1954 年秋季刊）。但就本文我们的研究目的而言，只要假设民意调查是准确的就足够了，因为民意调查是否对选民的反应产生反馈影响并不会影响我们的研究。

样，而且此后一直定期采访选民，选民的姓名和地址都来自选民登记站。从
1963 年 10 月到 1967 年 2 月，该公司的样本构成如下：

（a）按地区分布；

（b）在一个地区内，按区和县分布；

（c）在上述分类基础上，按上一次大选中保守党与工党的得票比率分布。

从 1967 年 3 月起，样本设计变得更加复杂，即用如下分类所代替区/县分类：

（a）大城市选区；

（b）包括所有城市管辖区的选区；

（c）低于 100% 但高于 50% 的人口居住在城市管辖区的选区；

（d）主要是乡村的选区。

在绝大部分调查中，全国民意调查公司的投票意向问题几乎完全没有变化，投票意向问题目前的形式是"如果明天举行大选，你将如何投票？"[8] 但只要一宣布解散议会，则问题就变为"你认为你将在……大选中如何投票？"所有这些投票意向数据都剔除了不去投票的人、还没有确定其投票意向的人和拒绝透露任何政治倾向的人。

就关于政党领袖的问题而言，常规形式是询问答卷人对作为首相的 X 先生和作为反对党领袖的 Y 先生是否满意。如果对双方都没有明确看法，则这部分人被包含在"不知道"的样本中。同样，当某一领袖承担新工作时，全国民意调查公司一般会提出略微不同的问题，如"你认为 X 先生是否是一名好的反对党领袖？"因此，从严格意义上讲，1965 年 8 月有关希思先生的数据和有关 Alec Douglas-Home 爵士的较早数据，或以后有关希思先生自己的数据之间不具有可比性。[9]

盖洛普的月度时间序列可以追溯到 1945 年，但从足够规范的角度讲——可以满足我们构建月度时间序列的目的——我们只得到了自 1947 年 1 月以后的数据。在 1956 年以前，所得到的序列给出了有关投票意向和首相声望的数据，但没有关于反对党领袖声望的数据。后者的数据最早是从 1956 年 5 月开始。可以在 1959 年的《盖洛普选举手册》（*Gallup Election*

8　在 1964 年大选以前，该问题的形式是"如果明天举行大选，你将如何投票？"

9　对全国民意调查公司的 M. J. G. Cox 先生和 F. Teer 先生提供此信息，我表示感谢。Cox 先生也警告我，"从更一般的意义上讲，值得强调的是所有这些数据都受到相当大的样本误差的影响。"

Handbook）中找到 1945 年至 1959 年 8 月的序列；在《盖洛普政治指数》（*Gallup Political Index*）中找到 1959 年 10 月至今的序列。有关反对党领袖声望的数据，包括 1959 年 10 月以前和 1959 年 9 月的所有数据都直接从全国民意调查公司获得。

除了在大选前的几周，盖洛普公司都使用定额抽样技术。[10] 抽样点的选择是为了得到一个准确的地区、选区类型和多数构成，英国的选区按如下方式划分：

（a）大登记选区（11 组）；

（b）大登记选区内的选区类别（4 组——在大城市和其他城市区域内的选区；乡村中超过 50% 的县选区）；

（c）大选时的百分比多数。

访谈必须得到定额样本数的不同性别人的反应，而且在同性别之内，要按年龄、社会经济阶层和职业分组。访谈需要在大量访谈点进行。在大选前的几周内，盖洛普公司还会使用随机抽样技术，即从选举登记站挑选答卷人。在这些时候，盖洛普公司提供的数据结合了两个来源——在工作现场同时进行两种调查。我们的理解是，与同时进行的随机抽样相比，过去的情况证明，从结果来看，定额抽样的结论更准确。

在盖洛普公司的投票意向调查中，常规的问题形式——"如果明天举行大选，你会支持哪一个政党？"[11]——类似于全国民意调查公司的问题。盖洛普公司同时给出全样本和剔除"不知道"及未投票者样本的结果。从 1963 年 1 月以后，最初回答"不知道"的人会被问到他们倾向于哪一个政党。在确定两党之间的"倾向者"的情况后，就会给出该日期以后的剔除"不知道"和未投票者的样本。

有关两党领袖声望的问题也以基本相同的方法提出——"你对 X 先生作为首相是否满意？""你认为 Y 先生是否是该党的一名好领袖？"[12] 类似地，当首相或反对党领袖的位置发生变化 1 个或 2 个月后，也会略微调整这些问题的措辞。"不知道"会被包括在有明确观点的样本中。

10　1964 年 1 月《盖洛普政治指数》（第 48 期）介绍了当时样本抽取技术的具体情况。

11　当宣布解散议会时，盖洛普公司也会改变该问题的形式。

12　应当指出的是，全国民意调查公司是问答卷人是否对 Y 先生作为反对党领袖感到满意，而盖洛普公司是问答卷人是否认为 X 先生是该党的一名好领导人。从原则上讲，这种措辞上的变化足以导致单个答卷人作出不同回应（其他条件不变）。在实践中，在对这些序列数据处理之后——尤其是本附录采集的数据——我们不认为这仍然是一个实质性问题。

从 1961 年 2 月起，全国民意调查公司有关投票意向的月度序列是不间断的，即每个月至少有一个观察值。盖洛普公司有关投票意向的月度序列从 1959 年以后是不间断的。在 1959 年以前的年度里，只在非常少时间缺少某一月份的数据。在全国民意调查公司和盖洛普公司提供的关于政治领袖声望的序列中，都存在着少量空隙。在 1958 年以前较早年份的盖洛普公司的序列中，这些空隙更多一些。在所有情况下，我们都通过插值法填充了这些空隙。另一方面，在所有各类序列中，很多时候会出现每月不止一个观察值。在政治氛围比较紧张的时期（如大选之前），某些序列具有每周观察值。

在盖洛普提供的定期政治指数中，虽然数据形式毫无疑问非常适用于其他目的，但却可能更难解决如何对待多个观察值的问题。最近一期指数中的每一个新观察值要与前几个月的少数观察值进行比较，通常是每月一个观察值；如果前一个月中有几个观察值时，就会出现令人困惑的情况，因为现在只需要选择一个观察值作为比较基础；如果在 12 月选择 10 月的观察值进行比较，而在 10 月的指数中又没有给出这一观察值时，则问题就会更严重。另外，至少在 1964 年以前时期，每一周的新观察值一般都与前一周的数据进行平均，主要是为了表现一个比较平滑的趋势。[13]

至少在一种情况下，对表现出来的矛盾数字完全没有解释。在 1967 年 4 月的《盖洛普政治指数》（第 84 期）中，对政治领袖声望的调查发现，52% 的人对威尔逊先生作为首相表示满意（37% 不满意和 11% 不知道），而 32% 的人对希思先生表示满意（45% 不满意和 23% 不知道）。在 1967 年 5 月的《盖洛普政治指数》（第 85 期）中，给出了 1967 年 4 月的相应数据，42% 的人对威尔逊满意，45% 不满意，13% 不知道；而对希思先生来说，33% 的人表示满意，42% 不满意，25% 不知道。显然，这些数据（据说是针对相同时期）不具有可比性。我认为，这里（在其他情况下也可能出现）的问题是，在《盖洛普政治指数》（第 84 期）公布后，1967 年 4 月挑选了第二个样本，并且用该样本作为 4 月《盖洛普政治指数》（第 85 期）的可比数据。

一般来说，盖洛普公司和全国民意调查公司在大部分月份中都会报告所有序列的几个（2 个或更多）观察值。[14]当时没有任何指引来说明在建立月

13　见《盖洛普政治指数》（第 48 期）第 4 页。

14　即使在每月只有一个观察值的情况下，各个月份的时间点（第一、第二、第三或第四周）也有很大差异。

度时间序列时应当放弃哪一个观察值。因为一般来说，这些观察值在一个月当中会有很大变化，因此这一问题就显得非常严重。[15]

如果重新开始的话，人们可能会设计一个事前规则，如选择每一个月所有观察值的平均数，或选择每一个月的最近一个观察值。而实际情况是，在建立时间序列时，我们没有遵循特定规则来筛选多余的观察值。一般来说，在全国民意调查公司的数据中，在有多个数字的情况下，我们选择当月最后一个观察值；但对盖洛普公司的数据，我们一般按照盖洛普公司的方法，即使用盖洛普公司为了进行对比而选择的月度数据。[16]我们担心，缺少筛选多余观察值的方法是否会对该序列造成显著偏差。

在一次有关工党新首相威尔逊先生声望调查的数据中，似乎在很大程度上受到了 Gaitskell 先生去世后人们的同情心的影响。在 1963 年 2 月的调查中，这一点非常明显，但这一影响似乎在随后几个月中就消失了。对这种情况，我们将盖洛普公司所报告的数据从 75% 的满意度调减到 50%，将全国民意调查公司所报告的数据从 71% 的满意度调减为 54%。除此之外，我们没有对基本数据进行任何操控或调整。

因此在这段提供数据的时期，在所使用的抽样技术方面和所提问题的具体形式方面，这两家公司都不时会有一些变化，但变化基本上都很小。我们的印象是，将这些序列视为具有连续性，不会存在或只会存在很少误差。当然，如果一个政党或一名领袖丧失（或得到）权力，可以预期到其声望会出现非连续性转变，但这种转变可以通过适当的统计技术——在这种情况下可以使用虚拟变量——加以处理。确实，这种方法的目的之一是估计获得权力或相反情况可能对声望的影响。

我们这里提出的问题是，从理论上讲，两家公司使用的抽样技术是否完

15　例如，下表是来自 1966 年 11 月的《盖洛普政治指数》（第 79 期）。如果明天举行大选，你会支持哪一个政党？剔除了不知道的人，但包括了有倾向性的人。

	10 月 20 日	10 月 13 日	10 月 6 日
保守党	44	41	43.5
工党	45.5	46.5	41
自由党	9.5	11	14
工党对保守党的领先优势	1.5	5.5	-2.5

16　在 1959 年 10 月以前时期盖洛普公司的序列中没有这一问题，因为在 1959 年的《盖洛普选举手册》（是我们获得这些早期数据的来源）中，每月只提供一个观察值。在本文的早期草稿中，我们将自 1959 年以来的实际序列作为附录，我们愿意向需要此数据的读者提供该附录。

全能够为调查提供无偏和足够准确的样本数据。对这两家公司的分析表明，它们都使用了值得信赖的抽样技术，技术的开发经过了深思熟虑，应用也非常仔细。[17]

但是，如果抽样技术的差异没有造成偏差，则我们应预期两家公司的调查会得出实际上类似的结果，因为对相应的序列来说，只会受到抽样误差的影响。因此，对民意调查的可信度，还有第三类可以获得的信息，可以通过比较同一时点不同调查的观察值来获得这类信息。如果盖洛普和全国民意调查公司在所有时点都提供了整个选民反应的无偏和比较准确的估计值，则这两个几乎同时进行的调查应当报告出基本相同的结果。如果这两个调查的报告出现了系统性差异，则至少其中之一一定在某些方面存在失误。所以我们可以设想一个简单的相关方程式：

全国民意调查公司序列 $= a + b$ 盖洛普序列（反之亦然）

而且 a 不应当显著偏离 0，b 不应当显著偏离 1；相关系数应当接近于 $+1$，而且残值项之间不应当存在显著的序列相关性。

表 1 中的方程（1）至方程（4）给出了这两家公司的 4 组序列中两对观察值的这种简单相关性结果，期限是从 1961 年 2 月至 1967 年 9 月。

表 1　全国民意调查公司和盖洛普公司序列的相关性

（1）保守党：全国民意调查公司——盖洛普公司
$X =$ 全国民意调查公司：均值 40.08，标准差 3.79
$Y =$ 盖洛普公司：均值 40.20，标准差 4.11
$n = 80$
$X = 14.81 + 0.629Y$
$\quad\quad\quad\quad (0.08)$
$R^2 = 0.464$　D. W. $= 0.85$

（2）工党：全国民意调查公司——盖洛普公司
$X =$ 全国民意调查公司：均值 45.92，标准差 5.09
$Y =$ 盖洛普公司：均值 45.65，标准差 4.04
$n = 80$
$X = 4.93 + 0.898Y$
$\quad\quad\quad\quad (0.10)$
$R^2 = 0.507$　D. W. ——没有估计

17　但我们的印象是，多数统计人员会认为随机抽样方法优于定额抽样方法。

续表

（3）保守党领袖：全国民意调查公司——盖洛普公司 X = 全国民意调查公司：均值47.22，标准差6.51 Y = 盖洛普公司：均值42.28，标准差8.34 $n = 80$ $X = 20.26 + 0.638Y$ $\qquad\quad (0.05)$ $R^2 = 0.666 \quad D.W. = 1.21$
（4）工党领袖：全国民意调查公司——盖洛普公司 X = 盖洛普公司：均值54.15，标准差6.97 Y = 全国民意调查公司：均值58.74，标准差7.69 $n = 80$ $X = 14.91 + 0.668Y$ $\qquad\quad (0.07)$ $R^2 = 0.543 \quad D.W. = 0.92$
（5）保守党：全国民意调查公司——盖洛普公司 X = 全国民意调查公司 Y = 盖洛普公司 Z = 虚拟变量——1964年10月之前为0，以后为1 $n = 80$ $X = 10.00 + 0.77Y - 2.19Z$ $\qquad\quad (0.05) \quad (0.71)$ $R^2 = 0.52 \quad D.W. = 1.09$
（6）工党：全国民意调查公司——盖洛普公司 X = 全国民意调查公司 Y = 盖洛普公司 Z = 虚拟变量——1964年10月之前为0，以后为1 $n = 80$ $X = 3.86 + 0.88Y + 4.56Z$ $\qquad\quad (0.08) \qquad (0.63)$ $R^2 = 0.708 \quad D.W. = 1.67$

　　结果只能用杂乱无章来描述。4组序列中有3组的常数都不接近于零，而且b值也明显不等于1。在所有情况下，两个来源的序列之间的相关性只能用非常低来描述，而不是应当预期的非常高。另外，没有发现更高的相关性不能归咎于纯粹的随机性因素（如抽样误差），因为在所有情况下，经过检验的残值都表现出非常高的序列相关。

但最突出的结果也许是，盖洛普报告（记录了超过 80 个观察值）对政党领袖满意度百分比的均值，在两种情况下（保守党和工党）都比全国民意调查公司的序列要低 4 个百分点。假设我们有两个样本，都来自于相同的基础总体分布。我们可能会想知道，根据观察到的均值和方差，基础总体（抽样来源）分布的均值是否会相同。我们使用如下统计量：

$$z = \frac{\overline{X}_1 - \overline{X}_2}{\sqrt{\dfrac{S_1^2}{N} + \dfrac{S_2^2}{N}}}$$

其中，$\overline{X}_1$ 是样本一（盖洛普）的均值，S_1^2 是样本一的方差，下标 2 表示样本二（全国民意调查公司）。根据表 1 中方程（3）给出的保守党领袖的数值，z 大约等于 4.3。根据 60 个自由度的 t 分布，显而易见的结果是，盖洛普公司抽样的基础总体均值与全国民意调查公司抽样的基础总体均值相同的概率小于 0.005%，换句话说，他们不可能对相同总体进行抽样。[18]

下面我们分析这种显著差异是否是由于如下原因，即与全国民意调查公司相比，盖洛普公司具有较大比例的"不满意"或"不知道"群体。结果显示，大部分差异可能是由于全国民意调查公司一直比盖洛普公司具有较少的"不知道"群体[19]，如表 2 所示。

这种差异远远大于可以用抽样误差进行解释的程度。这种差异不能简单地归咎于定额抽样的内在偏差，因为更常见的批评是，定额抽样可能会导致一种倾向那些准备好接受访谈和表达更清楚的群体的偏差，因此这部分群体可能不会被包括在"不知道"群体中。

盖洛普和全国民意调查公司都记录了工党和保守党支持率的均值，这些均值非常接近［表 1，方程（1）和方程（2）］。这种显著的一致性是一个巧合。对每一个政党的声望而言，当该政党执政时，盖洛普公司都给出较低数值；而当该政党在野时，则给出较高数值。整个时期的均值之所以表现出一致性，是因为每一个政党的执政时间大约是所研究周期的一半。我们可以通过在回归方程式中加入一个虚拟变量来证明这一结论，虚拟变量在 1964

18　对此检验的有关解释，参阅 W. J. Dixon 和 F. J. Massey 的《统计分析导论》，纽约：McGraw – Hill 图书出饭公司，1957 年。

19　"不知道"群体的比例较高，而且平均地讲这部分人对不同领袖有很大差异。这种情况引发了如下问题，即完全集中于满意部分的流行做法是否是一种能够充分反映每一个英国领袖真实状况的指数，而不容易造成误解。例如，如果记者使用一种满意度而不是突出不满意的指数，则我们可能会得到一个对政治领袖们的非常不同看法。

年 10 月以前取值 0，以后则取值 1。可以看到［表 1，方程（5）和方程（6）］，该虚拟变量非常显著，提高了 R^2 值和 Durbin – Watson 统计量，在两种情况下都降低了常数项的数值，而且就保守党的情况而言，使 b 值上升到接近 1。就工党的情况［方程（6）］而言，确实在加入该虚拟变量后，方程式系数的数值几乎达到了一个令人满意的水平。

表 2　盖洛普公司与全国民意调查公司"不知道"项的比较

	全国民意调查公司	盖洛普公司
A. 按政党划分		
（1）保守党领袖	均值	均值
麦克米兰（Macmillan）	7.1	12.0
侯姆（Home）	12.2	18.9
希思（Heath）	21.0	23.9
总体	13.5	17.7
	标准差	标准差
	7.7	6.33
（2）工党领袖	均值	均值
盖特斯克（Gaitskell）	15.2	22.6
威尔逊（Wilson）	9.8	14.8
总体	11.2	17.3
B. 按首相/反对党领袖划分		
（1）政府	均值	均值
保守党	9.3	14.0
工党	7.8	10.0
总体	8.5	12.1
（2）反对党		
保守党	19	22
工党	13	24
总体	16	23

我们发现，很难将如下特点归咎于抽样技术中的偏差：与全国民意调查公司相比，盖洛普的调查一直表现为对现任政府的支持率较低。在 1961 ~ 1963 年全国民意调查公司转向随机抽样之前，两组序列之间差异平均讲确实要小一些，但这一发现——主要是由于 1962 年缺少调查结果的特殊因素——可能完全是偶然的。

我们看到（尽管我们还没有检验），对盖洛普和全国民意调查公司投票意向调查回答"不知道"的比例之间的差异明显小于对政党领袖声望调查之间的差异。我们考虑了许多其他可以解释这些结果差异的假说，并且拒绝了其中一些假说。我们还未能发现一种具有足够证据支持的假说，可以对这种差异给出令人满意的解释。无论怎样，这都是一个值得研究的问题，因为盖洛普和全国民意调查公司都非常在意其良好的声誉。两家公司间持续存在的这种系统性差异——只要这种差异得不到解释——一定会使人们对这两家公司的调查数据持有某种怀疑。

本文的附录进一步分析了这两组序列之间的联系，使用的是互谱（Cross-Spectral）分析法，并对这两组序列之间存在的弱联系进行了详细检验。

在这种情况下，既不能否定一个来源比另一个来源差的可能性，也没有令人信服的理由来确定一种偏好。在实践中，我们更多地使用了盖洛普公司的数据，这是由于两个原因。第一，我们先从这家公司获得了数据，因此用这些数据来运行我们的初步方程式。第二，盖洛普公司的序列更长，这使我们不仅可以对更长时期进行检验，而且可以对感兴趣的某些次周期的结果单独进行分析，以便对不同时间周期系数的稳定性进行检验。

2. 检验

在本节中，为了研究某些经济和其他变量对调查结果变化的影响，我们列出了所进行的各种统计检验的结果。在开始时，我们首先初步分析 1959年 10 月至 1967 年 9 月盖洛普公司调查序列变动的决定因素。根据这些初步结果，我们对一些假说进行修正，并在相关方程式中测试几个不同的独立变量。然后我们使用盖洛普公司的数据，针对三个时间周期，即 1947 年 1 月至1968 年 6 月、1956 年 7 月至 1968 年 6 月（某些相关时间序列，如反对党领袖的声望和英国国际收支中货币余额变化）和 1951 年 11 月至 1964 年 10 月（这段时期保守党持续执政），对这些经过若干修正的方程式进行检验。我们也使用全国民意调查公司的数据对 1961 年 2 月至 1968 年 6 月的情况进行了检验。

我们提出的第一个问题是，政治声望是否会受到经济状况的显著影响。正如前面指出的，从推理的角度讲，非常可能的情况是，失业水平和通货膨胀率可能是对现任政府声望产生最大影响的经济变量。本文使用的失业率序列是指英国每千人中完全失业的人数，该数据经过季节性调整，来自《劳工部公告》（*Ministry of Labor Gazette*）。在这一时期的早期，基本数据没有经过季节性调整。对这些年度，使用以后年度获得的固定调整因子。现在还不清楚是否应当对所用的失业率序列进行季节性调整。但我们发现，基本政治序列没有表现出季节性变化的迹象（见附录），因此决定使用经过季节性调整的数据。我们认为，从原则上讲，完全失业人数占总劳动力人数的百分比序列可能是一个更好的变量，但总劳动力人数的规模在很长时间内都相当稳定，所以由此产生的差异非常小。

我们采用的通货膨胀率指数是零售价格年度上涨百分比，来自《经济趋势和月度经济统计汇总》（*Economic Trends and the Monthly Digest of Statistics*）。1947 年 1 月至 1948 年 5 月的数字是通过拼接零售价格指数与生活成本指数获得的，后者来自《年度统计摘要》（*Annual Abstract of Statistics*）。[20]

在进行这类统计研究时，一个需要立即面对的问题是如何对待以后的选举。即使假定政府对经济状况负有责任（如本文的基本假设），但选举一届新的和完全不同的政府（如 1964 年 10 月的工党）意味着选民几乎不能将以前的问题归咎于新政府。即使是再次选举相同政党继续执政（如 1959 年 10 月和 1966 年 3 月），也可能对政府的声望产生短期影响（与经济事件无关）。为了处理这种选举后现象，我们使用了一个虚拟变量。我们推断，选民对一届新政府的信任期大约有 1 年时间，这种信任会在以后年度中持续下降。因此在初期研究中，我们给 1964 年 11 月的虚拟变量值是 12，而且在以后月份里每月下降 1，直到重新达到 0 的水平。根据 1966 年的实际数字，情况似乎是选举后的蜜月期并不明显，直到加入 5 月的样本，[21]而且持续期很短。因此，我们给 1966 年 5 月的虚拟变量值是 6、6 月的虚拟变量值是 4、7 月的虚拟变量值是 2。同样根据观察值，在 1959 年 10 月之后似乎不存在选举后出现异常快乐情绪的证据。在这些初步检验中，上述虚拟变量值的表现非常好。

我们分析的第一个问题是，某些时期失业水平或失业率的变化是否对政治声望产生了最大影响。我们之所以对此问题进行检验，是因为 Brittan 在其文章[22]中指出，"政府声望一般会跟随失业率而不是绝对水平变化"，而

---

20 在研究的初期，计算价格通货膨胀率时误算了大约 27 个月（从 1965 年 7 月至 1967 年 9 月）的数字，因为使用了食品价格指数的年度上涨百分比，而不是消费价格指数。我们对民意研究中心的 Humphrey Taylor 先生向我们提出这一点表示感谢。在主要研究中，我们使用修正后序列数据重新计算了所有方程式和在初期研究中的一个关键方程式。正如可以预期到的，这种修正造成了系数值的一定变化，但对分析没有产生影响。

21 我们后来发现，盖洛普公司 4 月的调查数据本身是基于在 3 月 31 日大选之前完成的一个调查，因此不可能受到选举后异常快乐情绪的影响。

22 1967 年 11 月 9 日星期四《金融时报》，第 23 页。

Lawson 在《旁观者》（*Spectator*）中撰文认为，重要的是绝对水平。因此，在检验第一个方程式时，用 U（当前失业水平）、dU（过去6个月里失业水平变化）、dP（前一年价格水平的变化）和 AE（虚拟变量，选举后取正值；其他时间取值为0）对现任政府的领先度（G）[23]进行回归。下面的方程式给出了回归的结果。系数下面括号中的数值是标准差：

$$G = 46.6 - 0.105U + 0.091dU - 3.2dP + 1.27AE$$
$$\quad\quad (0.008) \quad (0.011) \quad (0.47) \quad (0.23)$$

$R^2 = 0.676$ D. W. = 0.96 观察值数量：96

从上述方程式可以看出，如果用 R^2 值来度量，则所有变量都非常显著，而且拟合度相当好。但与近期失业水平相关的系数却出现了错误符号——失业水平的上升居然显著提高了政府声望——而且在残值项中仍然有显著的序列相关性。

dU 的系数出现错误符号——从某种意义上讲不符合标准假说——表明，失业与政府声望之间最强的联系是声望与失业的滞后水平。[24]这提出了如何估计具体滞后形式的问题。

我们尝试了几种不同的滞后形式，其中最成功的一个是6个月的简单滞后期[25]（即失业水平变化会先于政治声望变化6个月）。然后使用互谱分析法对政府领先度与失业水平之间关系进行分析，确认存在5~6个月的滞后期。

在这些检验中我们试图研究的另一个问题是，英国是否存在对保守党或工党政府有基础偏好的证据。如果失业和通货膨胀水平保持不变，则当执政党是保守党或工党时，政府的声望是否会提高？为了研究这一问题，我们引入了第二个虚拟变量，当保守党执政时变量取值为1，而当工党执政时变量取值为0。在下列方程式中，该变量用 Q 表示，该方程式[26]的结果如下所示：

---

23 这实际上是计算意向投票给执政党的百分比减去意向投票给反对党的百分比。

24 该方程式的实际表达式是 $G_t = b_1 U_t + b_2(U_t - U_{t-6})$：如果 U 与 G 之间的关系持续为负，但 G_t 与 U_{t-6} 之间的关系强于 G_t 与 U_t 之间的关系，则我们可以预期 $b_1 < 0$ 和 $b_2 > 0$。

25 这碰巧也是 Lawson 在《旁观者》中撰文所建议的数值。

26 使用修正后的价格通货膨胀序列重新计算了该方程式。结果变为：

$$G = 48.30 - 0.101U_{t-6} - 3.52dP + 1.09AE - 3.10Q$$
$$\quad\quad (0.009) \quad\quad (0.45) \quad (0.23) \quad (1.24)$$

$R^2 = 0.674$ D. W. = 0.98

失业和价格通货膨胀系数的数值几乎没有变化。但与最初计算的结果相比，这一修正后的方程式表现出了一种对工党的略高偏好。非常重要的是要认识到，这种修正意味着不需要进行太多分析，因为 Q 值为 -3 仅仅是相当于另外有 30 000 失业人员放弃工党（$30 \times -0.1 = -3$）。

$$G = 46.11 - 0.099U - 3.47dP + 1.26AE - 1.91Q$$
$$(0.009)^{t-6} \quad (0.45) \quad (0.24) \quad (1.25)$$

$R^2 = 0.669$ D. W. $= 1.00$

在这一时期的初步研究中，对以上方程式的残值和所有其他方程式的分析表明，有一种持续存在的系统性模式，即对现任政府（保守党）的支持，所用方程式对 1961 年 7 月至 1964 年 5 月时期的估计值偏高，而对 1964 年 6 月至 1964 年 10 月时期的估计值偏低。出现这种现象的一个可能原因是，在一届政府的任期内，一般会有一种反政府倾向，这种倾向在选举前几个月内会出现反转。截至 1967 年 9 月（我们初步研究的截止日期），在工党政府的任期内没有明显出现这种模式，因为自工党 1966 年 3 月选举成功以来，时间还太短，使这种长期趋势还无法变得明显。

因此从 1959 年到 1964 年中期，一直存在保守党声望持续下降的证据——以后出现迅速反转——但回归方程中已经包含的变量还不能对此现象给出充分解释。为了研究统计拟合度会有多大改进和分析引入新虚拟变量后对原有变量系数的影响，为了进行实验，我们在方程式中引入一个新的虚拟变量（作为造成保守党声望转变未知因子的代理变量），并重新运行，结果非常有价值，也比较有趣。该虚拟变量在第一时期（1959 年 10 月）取值 27.5，然后每一个时期减少 1，直到在第 56 时期（1964 年 6 月）数值变为 – 27.5，然后在第 61 时期（1964 年 10 月）回到 0，并以后保持为 0。这一新的虚拟变量（D）非常显著，而且引入该变量后大幅度提高了被检验方程式的 R^2 值。[27]

根据这些初步研究，我们可以得出如下一些尝试性结论：第一，失业水平（具有大约 4 ~ 6 个月的时滞）和通货膨胀率确实对政治声望有显著影响；第二，在选举之间，政府声望变化很可能遵循一种自然路径，即支持率会突然大幅度上升——除了在选举中实际得到的支持——并迅速传播，然后

---

27 例如，我们曾尝试了一种滞后结构，并从如下方程式中得出变量 UL：

$$U_{Lt} = U_t + 0.66U_{t-12} + 0.33U_{t-24}$$

开始时我们得到如下结果：

$$G = 64.79 - 0.077UL - 2.41dP + 1.11AE - 2.54Q$$
$$(0.007) \quad (0.40) \quad (0.24) \quad (1.25)$$

$R^2 = 0.661$ D. W. $= 0.89$

在加入前面介绍的新虚拟变量（D）后，结果变为：

$$G = 36.38 - 0.044UL - 0.86dP + 0.76AE - 3.42Q + 0.27D$$
$$(0.008) \quad (0.45) \quad (0.22) \quad (1.09) \quad (0.05)$$

$R^2 = 0.749$ D. W. $= 1.07$

声望会出现一种长期但缓慢下降的趋势，但在新选举快要进行时，声望又会出现大幅度反转。我们可以用如下方程式和三个虚拟变量对这种模式（发现这种模式是根据因果实证分析，而不是基于某种坚实的理论）进行检验。这三个虚拟变量是：

（1）EU（表示选举后的乐观情绪）在一个新政党赢得选举后一个月内取值12，以后每个月下降1，直到为0；而当一个政党在选举中保住权力时，则在其后4个月内分别取值6、6、4、2（以后为0）。

（2）TR（表示持续趋势）在一次大选后的第一个月内取值1，以后每个月上升1，直到下一次大选。

（3）BA（表示支持率变化）在每一次大选前6个月取值从1到6（其他为0）。

同时使用盖洛普公司的不同和较长时期数据，以及全国民意调查公司的数据，我们通过检验如下方程式来分析是否能够用失业水平6个月、5个月或4个月的时滞值，或用一个综合变量 U_G（通过 $U_{t-6} + U_{t-5} + U_{t-4}$ 加总得到）来获得一个更好的拟合结果。如果用 U_G 或 U_{t-6} 作为自变量，则可以获得最好的结果。在表3中我们给出了对这三个基本假设的检验结果。

表3　政治声望的基本决定因素

检验对象：
（1）盖洛普公司数据：1947年1月~1968年6月
（A）$G = 11.49 - 0.035U_{t-6} - 0.81dP$
（2.15）（0.005）　　（0.16）
$R^2 = 0.15$　D.W. $= 0.40$　　249个自由度
（D.F.）
（B）$G = 12.47 - 0.012U_G - 0.86dP$
（2.20）（0.002）　（0.17）
$R^2 = 0.17$　D.W. $= 0.40$　　249个自由度
（C）$G = 12.73 - 0.026U_{t-6} - 1.25dP + 0.75EU - 0.16TR + 1.60BA$
（1.86）（0.005）　　（0.15）（0.17）　（0.03）　（0.28）
$R^2 = 0.38$　D.W. $= 0.53$　　246个自由度
（2）盖洛普公司数据：1956年7月~1968年6月
（A）$G = 27.8 - 0.064U_{t-6} - 2.22dP$
（4.09）（0.008）　　（0.47）
$R^2 = 0.30$　D.W. $= 0.47$　　135个自由度

续表

检验对象:
（B） $G = 28.40 - 0.022U_G - 2.29dP$ 　　　　（4.13）（0.003）　（0.47） $R^2 = 0.30$　D. W. $= 0.47$　　135 个自由度
（C） $G = 25.78 - 0.016U_G - 2.42dP + 0.94EU - 0.19TR + 2.36BA$ 　　　　（3.23）（0.002）　（0.37）　（0.24）　（0.04）　（0.38） $R^2 = 0.58$　D. W. $= 0.74$　　132 个自由度
（3）盖洛普公司数据：1951 年 11 月 ~ 1964 年 10 月 （A） $G = 14.06 - 0.036U_{t-6} - 1.60dP$ 　　　　（2.85）（0.006）　　（0.28） $R^2 = 0.20$　D. W. $= 0.40$　　147 个自由度
（B） $G = 14.54 - 0.013U_G - 1.59dP$ 　　　　（2.77）（0.002）　（0.27） $R^2 = 0.22$　D. W. $= 0.39$　　147 个自由度
（C） $G = 12.02 - 0.004U_G - 1.37dP - 0.52EU - 0.28TR + 2.51BA$ 　　　　（2.30）（0.002）　（0.23）　（0.34）　（0.04）　（0.35） $R^2 = 0.47$　D. W. $= 0.57$　　144 个自由度
（4）全国民意调查公司数据：1961 年 2 月 ~ 1968 年 6 月 （A） $G = 44.74 - 0.099U_{t-6} - 1.94dP$ 　　　　（5.44）（0.009）　　（0.68） $R^2 = 0.61$　D. W. $= 0.65$　　85 个自由度
（B）我们没有使用全国民意调查公司数据计算综合变量 U_G
（C） $G = 46.05 - 0.077U_{t-6} - 3.42dP - 0.67EU - 0.24TR + 2.38BA$ 　　　　（3.78）（0.007）　　（0.50）（0.20）　（0.04）　（0.38） $R^2 = 0.81$　D. W. $= 1.52$　　82 个自由度

从上述结果中我们可以得出如下结论：

（1）与早些年相比，自 1959 年以来，选民对经济状况——至少从挑选的两个变量来看——的反应都更加显著，而且波动性也更大。经济事件对现任政府声望的影响一直在明显和稳步上升。在 1958 年以前，失业水平的影响不显著，而且系数值很小。自 1959 年以来，失业水平的影响和公众对其变化反应的波动性有很大提高。从目前情况看，根据对盖洛普公司 1959 年 10 月至 1967 年 9 月和全国民意调查公司 1961 年 2 月至 1968 年 6 月数据的检验结果，失业水平变化对政治声望的影响确实很大，以至于无法拒绝。方程式的系数值表明，失业每增加 10 000 人，政府声望就会丧失几乎一个百分点的领先水平。如果我们极端地假设，声望的这一损失完全是由于政府的原有支持者目前决定投反对党的票，则这代表至少 135 000 人投票意向（1966 年统计的总票数是 2 730 万张）因失业增加 10 000 人而发生转变。新增加一名失业人员会造成大约 13 名至 26 名实际投票人改变其对政府的忠诚度——最终结果取决于这种转向是否全部投向反对党——从这种影响本身来看似乎不太可能。自 1959 年以来，英国曾有过两个高失业率时期，选民对当时的执政党非常不满。虽然这些时期的经济状况，特别是失业水平，无疑一直是造成政治声望下降的一个最重要因素，但其重要性从未达到这么大。在将这种近年来观察到的失业水平与政治声望下降之间的明显关系推演到未来时，我们建议需要十分谨慎。

另外还有两点应当特别引起注意。第一，当对政治声望产生影响的失业系数的绝对值上升时，常数项的数值也上升。给我们留下深刻印象的规律是，常数项是与失业相关系数的 400 ~ 450 倍。这意味着，如果不存在通货膨胀（$dP = 0$），在其他条件不变的情况下，在选举前 6 个月政府使失业人数超过 45 万人（经过季节性调整），则很可能输掉选举；而如果这时政府能够将失业人数减少到 40 万人以下，则会赢得选举。

如果通货膨胀率较高，则失业水平应当较低才能维持相同水平的政治声望。需要指出的第二点是，如果失业相关系数的绝对值上升，则通货膨胀率的系数也会上升，这说明在选民看来，长期内失业与通货膨胀这两个"恶魔"之间的替代关系基本保持不变。根据这些不同数据，在多数情况下的结论是，从对政治声望的负面影响来看，失业人数增加 100 000 人与价格水平每年上升 2.5 ~ 2.75 个百分点具有相同效果。

（2）有某种统计证据表明，在一届议会的任期内，存在对政府支持转向的固定模式，早期的因果实证分析注意到了这一点。另外，在次周期之间还存在有趣的差异。首先，选举后的异常快乐情绪（euporia）似乎只是与工党成功有关的一种现象。在检验 3（C）中，获得选举成功的仅有保守党，变量 EU 不仅不够显著，而且出现错误符号。我们可以初步将这种现象归结于如下原因：选举中未投票的多数选民可能略微偏好工党。[28]在选举后接受

28　美国的研究表明，与中产阶级、老年人和男性相比，低阶层群体、年轻人和女性可能更不愿意投票，例如，参阅 W. A. Glaser 和 W. N. McPhee 的文章——大选结果的波动，《公众观点与国会选举》（*Free Press of Glencoe*：纽约，1962 年）。

访谈时，未投票选民可能会说他们本来是愿意投票的，对他们来说，这样做并不费力。另一方面，两次选举之间出现的对政府支持的转向和随后的恢复现象，与工党相比，在保守党执政时更明显——比较表3中的方程3（C）与方程2（C）就可以看出这一点。因为在1962～1963年不满意的保守党人转为了自由党，而且这一转向的规模比较大。实际上，这似乎有些像一种小资产阶级的造反（Blackpool 和 Orpington），当时许多保守党人士转投自由党可能是为了寻找一个在许多问题上像他们自己一样更加右倾的政党，尽管选择自由党作为一种抗议方式可能是基于错误的判断。关键问题是，与工党相比，执政的保守党也许更容易遭受许多其极端支持者转向其他政党的风险，这会增加保守党任期内的反政府转向人数，同时也会增加选举前（在面对主要反对党的真实选举前景时）重新支持保守党的人数。

偏离政府的平均缓慢趋势和在选举前重新支持政府两种因素都会影响现任政府在大选中的结果，综合分析这两种影响可能也非常有意思。为此，我们可以假设，一届议会的任期是55个月。[29] 分析结果如下：

从方程1（C）得到：$G = 55 \times -0.16TR + 6 \times 1.6BA$

$$= -8.8 + 9.6 = 0.8$$

从2（C）得到：$G = -10.5 + 14.2 = 3.7$

从3（C）得到：$G = -15.4 + 15.1 = -0.3$

从4（C）得到：$G = -13.2 + 14.3 = 1.1$

总之，在完整的一届议会任期内，反政府的有规律转向可能会高达10个百分点，而在接近选举时，我们可以预期这一百分比会减小，而且在选举开始时只会有很少支持和反政府的自然偏差（有关钟摆理论就讲这么多）。这种情况还意味着，随着一届政府执政期的持续，我们应当将现任政府较低的声望视为一种暂时现象，在选举临近时这种现象会出现反转。

（3）在比较近期的年度里，全国民意调查公司的结果与根据盖洛普公司数据得出的结果非常相似。例如，可以对比表3中的方程2(C) 和4(C)（根据 $U_G = U_{t-4} + U_{t-5} + U_{t-6}$，$U_G$ 的系数值永远是 U_{t-6} 系数值的约三分之一）。正如可以预期的，根据从盖洛普公司数据得到的结果，全国民意调查公司的序列（所有观察值都在1961年以后）似乎对失业水平和价格通货膨

---

29 毫无疑问，应当明确指出的是，本文用来估算一届议会周期内有规律转向影响的方法似乎意味着，在规定的最长潜在任期内，越早解散议会，则政府自动获得的好处越大，因为反政府的趋势是自上一次选举以来时间长度的一个函数，而计算重新支持政府的影响时，不是这一时间长度的函数。我们认为，在所有情况下，如果较早解散议会的话，重新支持政府的人数也会较少。

胀的变化更敏感（从绝对值上讲，这两个变量的系数值和常数项都要大于三分之一），而且更接近于我们基本假说的解释。而盖洛普公司的序列覆盖时期更长，包含更多自战后不久以来的观察值。

即使如此，方程2（C）和4（C）的基本相似点仍然很明显。另外，本文的附录表明，盖洛普和全国民意调查公司序列的基本结构非常接近。两家公司的序列都源自相同的过程，而且基本上由相同的外生因素决定。但这两组序列之间的相关性仍然表现出令人惊讶的弱，如在第二节和附录中的证据所评估的。这确实表现出某种不一致性。

正如对盖洛普序列的初步研究情况，在全国民意调查公司序列的方程式中加入虚拟变量 Q（当保守党执政时取值 1，相反则取值 0）后表明，如果有什么特点，那就是选民略微偏好工党（其他条件不变），但这一特征在统计上几乎没有显著性。[30]该方程式如下：

$$G_2 = 47.64 - 0.082U_{t-6} - 3.46dP - 0.69EU - 0.19TR + 2.18BA - 1.62Q$$
$$R^2 = 0.81 \tag{2.66}$$

在表 3 中，我们给出了包含我们假说的方程式运行的结果。下面我们再来分析某些次要问题。在使用两个来源的后期数据进行检验时，有一种弱的倾向，即如果其他条件不变，选民略微偏好工党（即 Q 是负值，但非常小，而且一般不显著）。但如果对整个周期（1947 年 1 月至 1968 年 6 月）进行检验，则结果显示出对保守党的一个更小和更不显著的偏好，见下式：

$$G = 13.30 - 0.010U_G - 1.32dP - 0.79EU - 0.17TR + 1.70BA + 0.91Q$$
$$\quad\;\;(1.93)\;(0.002)\quad\;\;(0.15)\quad\;(0.17)\quad\;(0.03)\quad\;(0.28)\quad\;(0.74)$$
$$R^2 = 0.40 \quad \text{D. W.} = 0.54 \qquad 245 \text{ 个自由度}$$

对这两个结果之间的差异，我们可以部分地用如下原因来解释：在整个周期内一直存在从对保守党的支持转向对工党的支持，但这种转向很难被感觉到，统计上也不显著，而且速度如此之慢，以至于需要 25～30 年才能形成 1% 的差别。我们将这种长期趋势称为 X，在整个周期内每月上升 1，但在保守党执政时是正数，而在工党执政时是负数，原方程式变为

$$G = 12.51 - 0.025U_{t-6} - 1.23dP - 0.73EU - 0.18TR + 1.67BA - 0.003X$$
$$\quad\;\;(1.88)\;(0.005)\quad\;\;(0.15)\quad\;(0.18)\quad\;(0.03)\quad\;(0.29)\quad\;(0.003)$$

一个更加有趣的问题是，除了失业和通货膨胀水平之外，我们能否发现

30　如果能理解对工党的这种偏好仅相当于大约 20 000 名失业人员对该党的影响（20 × 0.082 = 1.64），则可以更充分认识这种偏好不显著的意义。

其他经济变量，将其加入到方程式后可以改进拟合度？在研究中我们有两个考虑。第一，自 1959 年以来，失业水平对政治声望具有重大影响。这一发现意味着，高失业率似乎会造成许多自身没有直接受到威胁或本人并未失业的选民改变其投票习惯（在补缺选举中，与高失业率地区相比，低失业率地区选民转向反对现任政府的情况要少很多）。这表明，我们的失业序列对经济周期具有敏感性，而且可能加大了所有其他周期性经济因素（如加班机会、收入增长率等）的影响。一个似乎合理的假说是，每一个选民都会从最狭窄和最自私的角度来判断政府的经济业绩，即对其家庭收入立即产生影响的因素。因此，我们试图分析个人税前总收入（包括工资和薪金[31]）的百分比变化是否可以解释政治声望和失业率的变动。我们选择每一个季度与上年同期的百分比变化，并将该数值作为该季度 3 个月中每个月的变化率。这些数据来自《月度统计摘要》（*Monthly Digest of Statistics*），而且可以追溯到 1955 年。1956 年 7 月至 1968 年 6 月，我们的基本方程式在表 4 中表现为方程式 1，第二个方程式是用个人收入（包括工资和薪金）变化替换失业率变量（个人收入变化用 PY 表示）。当替换失业率变量时，个人收入变化率变量的表现并不好。该变量完全没有显著性，而且还有错误符号。造成这种情况的一个原因可能是，很难准确计算个人收入的季度变化。与个人收入的加总统计相比，失业率的变动可能是多数人收入周期性变化的更好指标。

我们的第二个考虑是，失业水平和通货膨胀率都是与英国国际收支状况联系不紧密的变量，尽管这两个重要的国内变量对国际收支具有重要影响。另一方面，当局和多数媒体通常直接关注的是英国国际收支的健康状况。人们可能会产生疑问，即这种关注是否降低了公众的支持度。我们试图对这一问题进行检验。除了两个基本变量——失业率和通货膨胀率之外，我们还在方程式中加入了两个指标：国际收支状况（货币变动余额）和国库券利率。货币变动余额的数据来自《月度统计摘要》，单位是百万英镑；其中季度数据从 1958 年开始，而半年度数据则从 1956 年中期开始。将这些数据等额地分到所有周期中的每一个月，+（增加）表示英国国际收支恶化，-（减少）表示改善。这些数据最初没有经过季节性调整，本文使用简单季度常数进行了调整。经过上述调整后的序列，除了非常无规则的序列之外，实际上不是反映英国国际收支状况的一个较好指标，因为不仅当季货币变动余

31　这里涉及的一个问题是，是否应当考虑所有来源的个人收入，或像我们所用的指数，即仅考虑来自工资和薪金的收入。我们选择后者并不是基于任何有说服力的理由。

额，而且该季度开始时最广义的储备头寸状况都会影响当局对当前状况的看法。我们认为，国库券利率（指每周拍卖的 91 天国库券贴现率的加权平均值，数据来自《年度统计概要》）可能是近年来英镑危机和复苏的一个更好指标，因为当局会根据外部状况来调整该利率。通过方程 3 和 4 来表示将这些变量纳入基本方程式后的效果。货币变动余额（*BMM*）显然是不显著的（尽管符号是正确的）。很难解释包括了国库券利率变量的方程式。变量（*TBR*）本身显然是显著的，但将其加入到方程式中并没有改进拟合度，因为它本身与失业水平和通货膨胀率高度相关，尤其是通货膨胀率。

表 4　其他一些方程式，盖洛普数据，1956 年 7 月 ~1968 年 6 月

1. $G = 25.78 - 0.016 U_G - 2.42 dP - 0.94 EU - 0.19 TR + 2.36 BA$
   　　(3.23) (0.002)　(0.37)　(0.24)　(0.04)　(0.38)
   $R^2 = 0.58$　D. W. $= 0.74$　　132 个自由度

2. $G = 6.84 - 0.054 PY - 1.12 dP - 0.63 EU - 0.31 TR + 2.73 BA$
   　　(2.48) (0.29)　(0.37)　(0.28)　(0.04)　(0.46)
   $R^2 = 0.43$　D. W. $= 0.54$　　132 个自由度

3. $G = 24.09 - 0.015 U_G - 2.38 dP - 1.03 EU - 0.20 TR + 2.46 BA - 0.020 BMM$
   　　(3.61) (0.003)　(0.38)　(0.26)　(0.04)　(0.40)　(0.018)
   $R^2 = 0.58$　D. W. $= 0.75$　　131 个自由度

4. $G = 29.85 - 0.013 U_G - 1.67 dP + 0.79 EU - 0.27 TR + 2.49 BA - 1.51 TBR$
   　　(3.54) (0.003)　(0.47)　(0.25)　(0.05)　(0.38)　(0.59)
   $R^2 = 0.59$　D. W. $= 0.75$　　131 个自由度

在这方面一个最有趣的问题是，政党领袖的个人声望在多大程度上可以影响其政党在选民中的地位。显然这种情况会发生，加拿大选举 Trudeau 先生领导的自由党似乎就是一个很好的例子。但政党领袖的魅力与政党之间是否有持续的关系？遗憾的是，很难对此问题进行统计分析，因为所涉及因素之间具有复杂和相互影响的关系。政党领袖和其政党的声望，两者的命运密切相关，都可能对相同因素作出不同反应。如果我们用一组同时影响政党和政党领袖的因素对政党的声望进行回归，然后将政党领袖的声望作为方程式的一个独立变量，则很可能的情况是，政党领袖的声望会对其政党产生重大影响，但这仅仅是因为它是作为影响该党地位的所有变量的一个代理变量。

政党领袖和其政党声望的变化很像两根被一起扔到大海中木头的变化。两者一起移动，受到相同风向和海浪的推动，但两者并不互相影响。即使存在因果联系，但因果方向很可能是双向的。[32] 我可能更多赞扬某一具体领袖，仅仅是因为他是某一政党的标尺，而我又非常喜欢该政党实行的政策。你可能会逐渐喜欢上某一政党，因为你喜欢该党领袖英俊和儒雅的外表。因此，即使我们找到了某一领袖的声望与其政党声望之间非常密切的相关性，我们也很难从中得出什么结论。如果存在一种规律性滞后的证据，例如政党领袖声望的变化一般是先于政党本身声望的变化，则我们可能会具有更坚实的分析基础。正如在附录中表明的，在 1959 ~ 1967 年，不存在这种明确滞后结构的证据。另外，在这段时期，与我们预期的相比，领袖的声望与其政党声望序列之间的内在关联（coherence）较弱。

尽管很难解释这两个序列一起变化的结果，但我们还是试图了解两个序列一起变化对基本方程式的影响，即将首相的声望序列作为一个独立变量加入到方程式中之后，如何解释现任政府领先度的变化。如表 5 所示，结果非常好。多重相关性系数值明显上升，新变量（PM）看上去非常显著，而且其他独立变量的系数值下降，一般变得不太显著。在本表中还加入了另一个方程式，用我们基本假说中的相同变量集对作为独立变量的首相声望进行回归分析，以解释现任政府领先度的变化。相似性也非常明显。从该表可以看出，我们得出的唯一结论是，政府和首相声望都受到相同因子的影响。

在所有经过检验的方程式中，残值都表现出很大程度的序列相关性，如可以从 Durbin – Watson 比率较低这一点得到证实。这种序列相关性是一种迹象，即非常可能还有其他变量对独立变量具有显著影响，这些变量没有被包括在被检验的方程式中。出现这种情况并不令人惊奇。如果 5 个变量（2 个经济变量和 3 个虚拟变量）的较小数据集就能够充分解释所有的社会反应，这会非常令人不安。通过进一步努力很有可能极大地改善和扩展这些初步成果。

---

32 当然，造成困难的原因是同时性（simultaneity）。在我们用经济变量对政府的声望进行回归时，我们当然预期政府会采取行动来进行回应，而这种行动经过一个滞后期才会对经济产生影响。尽管因果关系是从政府传导到经济，也会从经济传导到政府，但我们能够建立一种关系和强化每一种因果关系的联系，因为如下传导过程具有一种长期和明确的滞后结构：$G_{t-n-x} \rightarrow E_{t-n} \rightarrow G_t \rightarrow E_{t+x} \cdots\cdots$

表 5　政府领先度与首相声望之间的关系

检验对象：
（1）盖洛普数据：1947 年 1 月 ~ 1968 年 6 月
（A）$G = 13.89 - 0.010U_G - 1.31dP + 0.79EU - 0.16TR + 1.63BA$ 　　　　（1.89）（0.002）　（0.15）　（0.17）　（0.03）　（0.28） $R^2 = 0.39$　D. W. = 0.54　　246 个自由度
（B）$G = -18.06 - 0.006U_G - 0.62dP + 0.40EU - 0.03TR + 0.36BA + 0.47PM$ 　　　　（2.98）（0.001）　（0.13）　（0.14）　（0.02）　（0.24）　（0.04） $R^2 = 0.63$　D. W. = 0.76　　245 个自由度
（C）$PM = 68.69 - 0.008U_G - 1.50dP + 0.84EU - 0.27TR + 2.74BA$ 　　　　（2.53）（0.002）　（0.20）　（0.23）　（0.04）　（0.37） $R^2 = 0.38$　D. W. = 0.35　　246 个自由度
（2）盖洛普数据：1956 年 7 月 ~ 1968 年 6 月
（A）$G = 25.78 - 0.016U_G - 2.42dP + 0.94EU - 0.19TR + 2.36BA$ 　　　　（2.23）（0.002）　（0.37）　（0.24）　（0.04）　（0.38） $R^2 = 0.58$　D. W. = 0.74　　132 个自由度
（B）$G = 24.64 - 0.006U_G - 0.05dP + 0.37EU - 0.05TR + 0.73BA + 0.56PM$ 　　　　（5.13）（0.002）　（0.35）　（0.18）　（0.03）　（0.31）　（0.05） $R^2 = 0.78$　D. W. = 1.19　　131 个自由度
（C）$PM = 89.72 - 0.019U_G - 4.22dP + 1.01EU - 0.25TR + 2.90BA$ 　　　　（4.00）（0.003）　（0.46）　（0.30）　（0.05）　（0.48） $R^2 = 0.59$　D. W. = 0.67　　132 个自由度
（3）盖洛普数据：1951 年 11 月 ~ 1964 年 10 月
（A）$G = 12.02 - 0.004U_G - 1.37dP - 0.52EU - 0.28TR + 2.51BA$ 　　　　（2.30）（0.002）　（0.23）　（0.34）　（0.04）　（0.35） $R^2 = 0.47$　D. W. = 0.57　　144 个自由度
（B）$G = -24.19 - 0.003U_G - 0.30dP - 0.68EU - 0.04TR + 0.25BA + 0.50PM$ 　　　　（3.71）（0.002）　（0.19）　（0.25）　（0.04）　（0.33）　（0.05） $R^2 = 0.71$　D. W. = 0.98　　143 个自由度
（C）$PM = 72.64 - 0.001U_G - 2.15dP + 0.32EU - 0.50TR + 4.54BA$ 　　　　（3.13）（0.003）　（0.31）　（0.46）　（0.05）　（0.47） $R^2 = 0.60$　D. W. = 0.59　　144 个自由度
（4）全国民意调查公司数据：1961 年 2 月 ~ 1968 年 6 月 没有用全国民意调查公司的数据进行检验。

另一个相关事实是，所有这些政治序列都是一阶自回归的，即具有 $X_t = \rho X_{t-1} + \varepsilon_t$ 形式，其中 ρ 值大约为 $0.7 \sim 0.8$，见附录。因此，似乎有充分理由加入滞后内生变量 G_{t-1} 后重新检验我们的基本方程式。表6给出了检验结果。在使用盖洛普公司数据的情况下，拟合度有很大改善（即 R^2 值有很大提高）。加入滞后变量后并没有明显改善使用全国民意调查公司序列运行的拟合度。这种差异在很大程度上可能是出于两个原因：第一，全国民意调查公司序列只覆盖了近期年份，而与战后早期相比，在这些年份中经济问题具有更大支配性影响。因此我们基本假说为这些年份提供了一个更好的方程式。第二，正如可以从附录中看到的，与盖洛普公司的序列相比，全国民意调查公司序列的一阶自回归的系数值一直比较低。

但在每一种情况下，G_{t-1} 的系数值都非常显著，而且 Durbin – Watson 比率也上升了。相反，我们基本方程式中的其他系数值却下降了。在使用 $1951 \sim 1964$ 年（这段时间保守党执政）数据的盖洛普方程式中，当加入滞后内生变量之后，失业水平甚至变得不再显著。在整个序列中，这段时期的观察值最少。

表6　在基本方程式中加入滞后内生变量

检验对象：
（1）盖洛普数据：1947 年 1 月 ~ 1968 年 6 月
（A）$G = 13.89 - 0.010 U_G - 1.31 dP + 0.79 EU - 0.16 TR + 1.63 BA$
(1.89)　(0.002)　(0.15)　(0.17)　(0.03)　(0.28)
$R^2 = 0.39$　D. W. $= 0.54$　　246 个自由度
（B）$G = 3.88 - 0.003 U_G - 0.38 dP + 0.33 EU - 0.03 TR + 0.66 BA + 0.73 G_{t-1}$
(1.45)(0.001)　(0.12)　(0.12)　(0.02)　(0.20)　(0.04)
$R^2 = 0.71$　D. W. $= 2.10$　　243 个自由度
（2）盖洛普数据：1956 年 7 月 ~ 1968 年 6 月
（A）$G = 25.78 - 0.016 U_G - 2.42 dP + 0.94 EU - 0.19 TR + 2.36 BA$
(2.23)(0.002)　(0.37)　(0.24)　(0.04)　(0.38)
$R^2 = 0.58$　D. W. $= 0.74$　　132 个自由度
（B）$G = 10.33 - 0.007 U_G - 1.01 dP + 0.49 EU - 0.05 TR + 1.02 BA + 0.63 G_{t-1}$
(3.00)　(0.002)　(0.33)　(0.19)　(0.03)　(0.33)　(0.07)
$R^2 = 0.74$　D. W. $= 2.18$　　131 个自由度

续表

检验对象：
（3）盖洛普数据：1951 年 11 月 ~ 1964 年 10 月
（A）$G = 12.02 - 0.004U_G - 1.37dP - 0.52EU - 0.28TR + 2.51BA$ 　　　（2.30）（0.002）　（0.23）　（0.34）　（0.04）　（0.35） $R^2 = 0.47$　D. W. $= 0.57$　　　144 个自由度
（B）$G = 2.47 - 0.001U_G - 0.34dP - 0.27EU - 0.07TR + 0.87BA + 0.74G_{t-1}$ 　　　（1.73）（0.001）　（0.17）　（0.23）　（0.03）　（0.27）　（0.06） $R^2 = 0.75$　D. W. $= 2.26$　　　143 个自由度
（4）全国民意调查公司数据：1961 年 2 月 ~ 1968 年 6 月
（A）$G = 46.05 - 0.077U_{t-6} - 3.42dP + 0.67EU - 0.24TR + 2.38BA$ 　　　（3.78）（0.007）　（0.50）　（0.20）　（0.04）　（0.38） $R^2 = 0.81$　D. W. $= 1.52$　　　82 个自由度
（B）$G = 31.25 - 0.053U_{t-6} - 2.40dP + 0.57EU - 0.15TR + 1.75BA + 0.33G_{t-1}$ 　　　（5.14）（0.010）　（0.56）　（0.20）　（0.05）　（0.40）　（0.10） $R^2 = 0.83$　D. W. $= 2.22$　　　81 个自由度

到目前为止，这些检验的目的是估计政府领先度变化的决定因素，领先度的定义就是简单的百分比，指支持当前执政党的百分比减去支持反对党的百分比。我们没有说明为什么不使用类似检验来分别找出每一个政党声望变化的原因。这里有一个明显的难点。比如当工党执政时，失业水平的上升会损害其声望，但当工党是反对党时，这种上升使他们的地位得到改善。在估计造成政府领先度变化的因素时，失业水平上升永远会减小政府的领先度。我们解决这一问题的方法是，改变独立变量的基本序列：当保守党执政时，将这些序列乘以一个取值为 1 的序列，而当工党执政时则乘以一个取值为 -1 的序列。这意味着如下假设：失业（和通货膨胀）水平的一个给定变化会对每一个政党的声望产生绝对值相同的影响，无论该党是执政党还是在野党，但具有相反符号。当然，在方程式中，与保守党相比，有关工党的每一个系数的符号正好相反。

另外，我们同样在方程式中加入了虚拟变量 Q，当保守党执政时，该变量取值 1，而当工党执政时取值 0，因为这时它成了一个常数项，作为在 1951 年 11 月和 1964 年 11 月序列转变后符号非连续变化巨大影响的权重（在表 7 给出的方程式中，用 * 表示转变后序列）。

我们再次对基本假说进行检验,对两个政党的每一个序列分别使用和不使用一个滞后内生变量。表 7 给出了检验的结果。从 1956 年起,盖洛普记录了两党领袖声望的序列,全国民意调查公司从开始时也记录了相关序列。因此在这两种情况下,我们还可以在决定政党声望的方程式中加入这些序列作为解释变量(CL 表示对保守党领袖表现感到满意的百分比,LL 表示对工党领袖表现感到满意的百分比)。我们同时进行两种情况下的检验,分别使用和不使用表示政党领袖声望的这两个变量,以及使用和不使用一个滞后内生变量。我们希望通过这种方式来了解政党领袖声望变化对选民支持其政党的影响。

表 7　影响主要政党声望的决定因素

（加上 * 的变量表示该变量已经按正文中的方式进行了转变。如果某个系数的上方加上横杠,则意味着该系数可能不显著或有错误的符号）

（1）盖洛普数据:1947 年 1 月 ~ 1968 年 6 月
（A）$Cons = 35.90 - 0.0058U_G^* - 0.78dP^* + 0.46EU^* - 0.09TR^* + 1.02BA^* + 16.8Q$ 　　　　　(1.14)　(0.0010)　　(0.09)　　(0.10)　　(0.02)　　(0.16)　　(2.2) $R^2 = 0.44$　D.W. $= 0.60$　245 个自由度
（B）$Cons = 9.93 - 0.0016U_G^* - 0.22dP^* + \overline{0.10}EU^* - \overline{0.02}TR^* + 0.36BA^* + 4.18Q + 0.73Cons_{t-1}$ 　　　　　(1.82)　(0.0007)　　(0.007)　(0.07)　　(0.01)　　(0.12)　　(1.74)　(0.05) $R^2 = 0.73$　D.W. $= 2.15$　244 个自由度
（C）$Lab = 49.02 + 0.0039U_G^* + 0.54dP^* - 0.35EU^* + 0.07TR^* - 0.66BA^* - 10.46Q$ 　　　　　(1.25)　(0.0010)　　(0.10)　　(0.11)　　(0.02)　　(0.18)　　(2.42) $R^2 = 0.32$　D.W. $= 0.39$　245 个自由度
（D）$Lab = 9.48 + 0.0014U_G^* + 0.12dP^* - \overline{0.08}EU^* + \overline{0.01}TR^* - 0.28BA^* - \overline{2.86}Q + 0.81Lab_{t-1}$ 　　　　　(2.04)　(0.0006)　　(0.06)　　(0.07)　　(0.01)　　(0.11)　　(1.50)　(0.04) $R^2 = 0.76$　D.W. $= 2.29$　244 个自由度
（2）盖洛普数据:1951 年 11 月 ~ 1964 年 10 月 （由于在这段时期保守党连续执政,因此没有必要对变量进行调整和在检验中加入虚拟变量 Q）
（A）$Cons = 55.13 - 0.006U_G - 1.04dP + \overline{0.06}EU - 0.16TR + 1.88BA$ 　　　　　(1.50)　(0.001)　(0.15)　　(0.22)　　(0.03)　(0.23) $R^2 = 0.54$　D.W. $= 0.65$　144 个自由度

续表

（2）盖洛普数据：1951 年 11 月~1964 年 10 月

（B）$Cons = 13.75 - \overline{0.001}U_G - 0.24dP - \overline{0.11}EU - 0.04TR + 0.61BA + 0.74Cons_{t-1}$

$\qquad$ （3.62）（0.001）（0.12）（0.15）（0.02）（0.19）（0.06）

$R^2 = 0.77$　D. W. = 2.27　143 个自由度

（C）$Lab = 43.1 - \overline{0.002}U_G + 0.34dP + \overline{0.58}EU + 0.13TR - 0.63BA$

$\qquad$ （1.57）（0.001）（0.16）（0.23）（0.03）（0.24）

$R^2 = 0.15$　D. W. = 0.42　144 个自由度

（D）$Lab = 9.05 - \overline{0.000}U_G + \overline{0.08}dP + \overline{0.13}EU + \overline{0.03}TR - \overline{0.23}BA + 0.79Lab_{t-1}$

$\qquad$ （2.39）（0.001）（0.10）（0.14）（0.02）（0.15）（0.05）

$R^2 = 0.68$　D. W. = 2.28　143 个自由度

（3）盖洛普数据：1956 年 7 月~1968 年 6 月

（无论是执政党还是在野党，CL 表示调查样本中对保守党领袖表现满意的百分比序列；LL 表示对工党领袖的类似序列）

（A）$Cons = 27.28 - 0.0089U_G^* - 1.96dP^* + 0.46EU^* - 0.08TR^* + 1.29BA^* + 30.73Q$

$\qquad$ （2.60）（0.0018）（0.26）（0.13）（0.03）（0.23）（4.49）

$R^2 = 0.62$　D. W. = 1.03　131 个自由度

（B）$Cons = 11.01 - 0.0046U_G^* - 0.95dP^* + 0.22EU^* - \overline{0.01}TR^* + 0.58BA^* + 14.48Q + 0.57Cons_{t-1}$

$\qquad$ （3.04）（0.0016）（0.26）（0.11）（0.03）（0.21）（4.31）（0.07）

$R^2 = 0.73$　D. W. = 2.17　130 个自由度

（C）$Cons = 28.79 - 0.0091U_G^* - 1.60dP^* + 0.58EU^* + \overline{0.03}TR + 0.88BA^* + 23.48Q + 0.16CL - 0.14LL$

$\qquad$ （4.17）（0.0020）（0.25）（0.13）（0.03）（0.22）（5.02）（0.03）（0.03）

$R^2 = 0.69$　D. W. = 1.17　129 个自由度

（D）$Cons = 16.12 - 0.0050U_G^* - 0.88dP^* + 0.32EU^* + \overline{0.04}TR^* + 0.45BA^* + 11.92Q + 0.10CL - 0.10LL + 0.47Cons_{t-1}$

$\qquad$ （4.24）（0.0018）（0.25）（0.12）（0.03）（0.21）（4.83）（0.03）（0.04）（0.08）

$R^2 = 0.75$　D. W. = 2.12　128 个自由度

（E）$Lab = 55.39 + 0.0088U_G^* + 0.68dP^* - 0.49EU^* + 0.09TR^* - 0.92BA^* - 24.32Q$

$\qquad$ （3.32）（0.0022）（0.34）（0.16）（0.04）（0.29）（5.74）

$R^2 = 0.42$　D. W. = 0.46　131 个自由度

（F）$Lab = 13.56 + 0.0030U_G^* + \overline{0.22}dP^* - \overline{0.17}EU^* + \overline{0.02}TR^* - \overline{0.36}BA^* - 7.31Q + 0.77Lab_{t-1}$

$\qquad$ （3.74）（0.0015）（0.22）（0.11）（0.03）（0.19）（3.90）（0.06）

$R^2 = 0.76$　D. W. = 2.31　130 个自由度

续表

（3）盖洛普数据：1956 年 7 月 ~1968 年 6 月

（G）$Lab = 40.11 + \overline{0.0044U_G^*} + 0.32dP^* - 0.35EU^* + \overline{0.06TR^*} - 0.72BA^* - 10.72Q - \overline{0.02CL} + 0.19LL$

　　　(5.68) (0.0026) (0.34) (0.17) (0.05) (0.30) (6.84) (0.04) (0.06)

$R^2 = 0.46$　D. W. $= 0.51$　129 个自由度

（H）$Lab = 11.00 + \overline{0.0021U_G^*} + \overline{0.13dP^*} - 0.16EU^* + \overline{0.01TR^*} - \overline{0.31BA^*} - 4.22Q - 0.01CL + 0.05LL + 0.75Lab_{t-1}$

　　　(4.44) (0.0017) (0.22) (0.12) (0.03) (0.21) (4.60) (0.03) (0.04) (0.06)

$R^2 = 0.76$　D. W. $= 2.31$　128 个自由度

（4）全国民意调查公司数据：1961 年 2 月 ~1968 年 6 月

（A）$Cons = 22.56 - 0.044U_{t-6}^* - 1.93dP^* + \overline{0.70EU^*} + \overline{0.12TR^*} + 0.78BA^* + 35.58Q$

　　　　　(3.29) (0.008) (0.36) (0.37) (0.07) (0.16) (5.71)

$R^2 = 0.56$　D. W. $= 1.01$　81 个自由度

（B）$Cons = 8.28 - 0.017U_{t-6}^* - 0.85dP^* + \overline{0.26EU^*} + \overline{0.06TR^*} + 0.40BA^* + 13.84Q + 0.62Cons_{t-1}$

　　　　　(3.29) (0.007) (0.32) (0.30) (0.06) (0.14) (5.47) (0.09)

$R^2 = 0.73$　D. W. $= 2.22$　80 个自由度

（C）$Cons = 15.75 - 0.044U_{t-6}^* - 1.84dP^* + \overline{0.62EU^*} + \overline{0.18TR^*} + 0.86BA^* + 28.93Q + 0.30CL + \overline{0.08LL}$

　　　　　(6.58) (0.009) (0.33) (0.34) (0.07) (0.15) (7.50) (0.08) (0.09)

$R^2 = 0.63$　D. W. $= 1.20$　79 个自由度

（D）$Cons = \overline{8.98} - 0.019U_{t-6}^* - 0.94dP^* + \overline{0.27EU^*} + \overline{0.10TR^*} + 0.47BA^* + \overline{12.12}Q + 0.14CL - \overline{0.06LL} + 0.54Cons_{t-1}$

　　　　　(5.74) (0.009) (0.33) (0.30) (0.06) (0.15) (7.07) (0.07) (0.08) (0.10)

$R^2 = 0.73$　D. W. $= 2.08$　78 个自由度

（E）$Lab = 62.33 + 0.031U_{t-6}^* + 0.66dP^* - 1.26EU^* + 0.27TR^* - 0.27BA^* - 43.13Q$

　　　　　(2.81) (0.007) (0.31) (0.31) (0.06) (0.13) (4.87)

$R^2 = 0.78$　D. W. $= 1.13$　81 个自由度

（F）$Lab = 35.11 + 0.019U_{t-6}^* + \overline{0.41dP^*} - 0.82EU^* + 0.14TR^* - \overline{0.22BA^*} - 24.63Q + 0.44Lab_{t-1}$

　　　　　(6.37) (0.007) (0.28) (0.29) (0.06) (0.12) (5.89) (0.09)

$R^2 = 0.82$　D. W. $= 2.25$　80 个自由度

续表

（4）全国民意调查公司数据：1961 年 2 月~1968 年 6 月

（G）　$Lab = 40.42 + 0.015U^*_{t-6} + 0.58dP^* - 1.06EU^* + 0.18TR^* - \overline{0.07BA^*} - 25.48Q - \overline{0.06CL} + 0.31LL$

$\qquad$ （5.54）　（0.007）　（0.28）　（0.29）　（0.06）　　（0.12）　　（6.31）　（0.07）　（0.08）

$R^2 = 0.82$　　D.W. $= 1.23$　　79 个自由度

（H）　$Lab = 26.26 + \overline{0.010U^*_{t-6}} + \overline{0.42dP^*} - 0.79EU^* + 0.12TR^* - \overline{0.08BA^*} - 16.72Q - \overline{0.04CL} + 0.22LL + 0.33Lab_{t-1}$

$\qquad$ （6.68）（0.007）　（0.27）　　（0.28）　（0.06）　　（0.12）　　（6.47）　（0.06）　（0.08）（0.10）

$R^2 = 0.84$　　D.W. $= 2.06$　　78 个自由度

　　由于对基本假说进行了多种变体尝试，并针对不同时期分别依据两党的数据进行检验，所以表 7 的结果比较长，包含了 24 个方程式。但我们可以将主要结果概括如下：

　　（1）与以前时期相比，1959 年以后两个经济变量对两党的影响都明显增强。在所有时期内，与工党相比，保守党支持度对经济变量的敏感性更高（对保守党来说，两个经济变量系数值的大小和显著性一般都大于工党相应方程式中的系数）。这是我们没有预期到的情况。我们在事前曾想象，工党的支持度很可能随周期性失业水平的变化而起伏，但情况似乎是保守党的声望对这些变化更敏感。

　　（2）但平均地讲，两党与失业水平相关系数大小和显著性之间的差异相当小。因此，可以预期，失业水平变化对保守党声望的影响只是略大于对工党声望的影响，当然方向正好相反。另一方面，与工党相比，保守党的声望对通货膨胀率指标更敏感。在保守党的方程式中，与变量 dP 相关系数的大小和显著性明显低于工党相应的方程式中的系数。

　　这一结果是可以预测的。H. G. Johnson 教授在一篇关于"货币管理中的效率问题"[33]的文章中指出，"从某个重要角度讲，避免通货膨胀和保持充分就业可能经常被视为是资产阶级与无产阶级之间两种相互冲突的阶级利益，这种冲突只有通过社会中相对政治权力的检验来解决，而且解决方案并不涉及最重要的社会福利问题。"因此我们可以预期，通货膨胀会对保守党的支

　　33　《政治经济学期刊》（*Journal of Political Economy*），Vol. 76，No. 5（芝加哥，1968 年 9/10 月）。

持度产生较大影响：但某个人的假说得到证实，总是令人愉快的。

（3）这些结果表明，在两次选举之间政党声望呈现出的规律性转向（用三个虚拟变量 *EU*、*TR* 和 *BA* 所近似表示）是比较弱的，而且也与早期对政府领先度的检验结果不太一致。在这些方程式的很大一部分中，有一个或多个虚拟变量是不显著的，而且在很多方程式中，这些变量甚至出现错误符号。虽然从整体上讲，这些方程式的结果仍然能够揭示对政党支持度变化的假设模式，但这种模式并没有表现出明显的一致性和可靠性。

（4）通过一个序列对另一个序列的简单回归，实际上无法计算出某一政党领袖的声望对其政党声望的影响。首先是因为，政党领袖的声望序列可能仅仅是方程式中省略的所有重要独立变量的一个代理指标（例如，如果俄罗斯与美国之间宣布了在世界范围内实现和平，则当期英国政府和首相的声望会一起上升，尽管我们对这结果的影响非常小）。我们曾提出，这一因素表明首相的声望与现任政府领先度之间具有高度相关性（见表5）。同样，可能存在同时和双向的因果关系，所以很难说领袖的声望可以"独立"于其政党声望。我们应当认真对待这一问题，因为在领袖声望与政党声望的变化之间，我们没有发现（见附录）存在领先或滞后（在所有时间间隔内）的明确结构性关系。

这种相互之间的关系完全有可能使领袖声望对其政党声望的影响系数发生向上偏离。我们很难分析会向下偏离会产生什么后果。因此，与领袖对其政党地位影响有关的系数可以被视为最大可能性估计，实际关系可能会较低，至于低多少目前尚不清楚。

方程式中的系数都有正确的符号（即本党领袖为正，其他党领袖为负），而且具有预期的数值（即与反对党领袖相比，本党领袖系数的绝对值和显著性较高）。本党领袖声望的系数在一般统计上具有显著性；反对党领袖声望系数通常没有显著性。在方程式中加入这两个变量后一般会改进拟合度，如用修正后的 R^2 来度量，但幅度并不大。本党领袖声望的系数一般在 0.15 ~ 0.20，而反对党领袖声望的系数较低，一般在 −0.5 ~ −0.10。这些数值看上去比较合理并且可以说明问题，尽管我们也指出，这些数值可能存在向上的偏离。这表明，如果某一政党的领袖明显变得更受欢迎，则他所在政党会因此而在一定程度上受益。领袖声望每上升 10 个百分点，其所在政党的声望可能会上升 1.5 个百分点，而反对党的声望可能会下降 0.5 个百分点。领袖对其政党地位的影响不如国内经济条件对政党地位的影响大，但如果选举竞争激烈，则政党领袖的声望仍可能发挥决定性作用。遗憾的是，即使是这一判断，我们也认为是尝试性的，因为很难在定量分析中单独找出领袖对其政党的独立影响。我们希望今后通过进一步的努力和使用更完善的统计方法，可以显著改进本研究的这一部分内容。

3. 政治—经济的互动关系

到目前为止，我们一直都集中于经济条件变化对政治声望的影响。但为了实现通过保持声望的方式来维持对权力控制的目的，政治家过去一直，而且今后也会继续调整其政策。因此，政治声望的变化会引起随后政策的变化，而且经过一个时滞后，会影响到经济和社会条件的变化。换句话说，我们会看到一种潜在的周期性封闭系统。

在第二节中，我们给出了实证检验的结果，这些结果表明了经济变量波动对政治声望的影响。这种分析是基于纯粹的实用考虑。我们同样可以用类似的统计方法来检验政治声望变化对随后政策和经济条件变化的影响。从这样一组检验中，我们可以估计出长期内政治—经济周期变化路径的所有系数，不仅可以描述失业和价格变化的时间路径，而且可以描述政治声望的变化路径。

但是在现阶段，我们更倾向于从实证分析转向理论模型的建立。不是去估计执政党过去如何因其声望变化而作出政策调整，相反，我们简单地采用如下假说，即在民主社会里，为了在下次选举中最大限度地得到选民的支持，所有政党都会作出这类反应。[34]在第二节中我们已经估计出了社会政治偏好函数的基本形式。根据假说，执政党会为了使该函数值最大化而调整决策。对政治家来说，决策的难点是，选民既不喜欢失业也不喜欢通货膨胀，但失业率的下降（由于需求增加）一般会导致通货膨胀压力的上升。因此，执政党不得不寻求一个最佳"政治"方案，使选民观念中的通货膨胀与失业之间的边际替代率等于实际经济中的失业与通货膨胀的边际替代率。我们可以借助于图形来进行这种分析。

我们使用 1959～1967 年盖洛普公司数据计算的方程式作为该图式（见图式一）的基础：

$$G = 46.11 - 0.099U_{t-6} - 3.47dP + 1.26AE - 1.91Q$$

假设当时工党是执政党。其他方程式也可以作为本图式的基础。现在我们可以建立一个无差异政治曲线，该曲线表示在领先度保持不变情况下，政

34　Cf. A. Downs，《民主社会中政府决策的经济理论》。

府可以选择的失业和通货膨胀水平的不同组合。顺便指出，该无差异曲线也可以大体上度量政治声望。我们进一步假设（纯粹为了便于分析）——因为现在我们并不关心这一概念是否有效——在经济中存在一种稳定的函数关系，即通货膨胀率是经济中失业水平的函数，$dP = f(U)$。为了便于说明，我们假设这一关系用图式一中的虚线来表示。

如果曲线 $dP = f(U)$ 不与零无差异曲线相交，则所有政府都无法存在下去，因为从结构上讲现任政府不可能建立一种高就业与价格稳定的组合，并因此而诱导选民再次选举执政党。正如我们所画的 $dP = f(U)$ 曲线，该曲线确实与零领先度无差异曲线相交两次。图形中标出了两条曲线相交的区域，这一区域称为政治生存度（political viability）区域。这一区域越大，则政府越容易管理本国经济以达到继续执政的目的。正如我们所画的曲线 $dP = f(U)$ 所表明的，政治策略是维持 20 万~25 万人的年失业水平和约 5% 的年预期通货膨胀率，至少在选举日应当是如此。

但这里有一个潜在难点，即菲利普斯曲线 $dP = f(U)$ 是稳定的假说，这意味着货币幻觉会对工会产生影响，而且也可能对其他主要行业产生影响。[35]如果我们预期第二年价格上升 5%，而且我们关注实际收入，则与预期完全没有通货膨胀相比，我们会尽可能地争取较高增长率，而不管失业率水平和需求状况。因此，我们认为上述函数式应变为 $dP = f(U, EI)$，其中 EI 表示预期通货膨胀率。一般来说，我们假设如下方程式可以大体上决定预期的形成：

$$EI = (1 - a) \sum_{j=0}^{\alpha} a^j dP_{t-j}$$

当然这意味着，如果在 t 时点，菲利普斯曲线 $dP = f(U)$ 是在原点（如图式一所示），而且政府的目标是使其声望最大化，则我们会看到在一个时期内持续存在通货膨胀。这会造成 EI 上升，而图式一中的曲线 $dP = f(U)$ 会向上移动。从经济上讲，这会导致通货膨胀率稳步上升和政治不稳定，因为政治生存空间不断缩小。因此根据我们的模型，我们得出的政治—经济结论是，在一个所有政党都追求政治支持度最大化的纯粹民主社会中，必然会导致通货膨胀率的攀升和政治上的瓦解。

这是一个具有挑战性的结论，当然也面临真正风险。在实践中防范这些

---

35 有关这方面的内容，见 M. Friedman，"货币政策的作用"，《美国经济评论》，Vol. 58，No. 1（1968 年 3 月），第 1~17 页，尤其是第 7~10 页。

风险体现在三个方面。第一，由于过去几十年中所经历的严重通货膨胀和非民主型政府的存在，为了维持一个稳定、非爆炸式的政治和经济路径，选民的政治偏好函数可能会最终转向使通货膨胀具有足够高的权重和失业水平具有比较低的权重。近年来德国似乎就是这种情况：除非可以维持价格稳定，否则德国政府不会通过刺激需求来增加政治声望，这可以视为德国民主状况比较健康的表现。

第二，可以通过使某些重要经济权力脱离民主选举政府控制的方式来解决这一问题。简言之，这一直是呼吁保持中央银行独立于政府的理由，中央银行只负责维持币值的稳定，而不考虑这样做是否会影响政治声望。当然这不是一个最优选择，不仅是因为这违背了民主的基本原则，而且因为保持两个实际独立的经济控制中心很可能在引导未来经济发展方向上出现很大困难。

第三，只要我们的基本假说（民主社会中的所有政党都只为了获取尽可能多的选票）不成立，这一问题就可以消失。如果政党领袖关心人民的福利、未来历史的评价和社会进步，这些优先考虑可能就会使其追求不同的政策，这些政策尽管对国家有好处，但可能对政党领袖满意度的民意调查未必有好处。

4. 结论

（1）民意调查

盖洛普公司和全国民意调查公司提供了本研究所使用的调查序列，两家公司都以非常细致和统计上合理的方式收集数据。所有提供的序列都有一个强一阶自回归过程。所有序列都没有明显的周期性，也没有突出的和有规律的季节性变化。不仅盖洛普公司和全国民意调查公司序列的统计特征非常相似，而且两组序列明显都受到类似独立变量的影响，影响方式也相似。因此，当比较两者之间的结果时，如果发现存在较大差异就会非常令人惊讶。就领袖的政治声望而言，这主要是由于与全国民意调查公司相比，盖洛普公司的序列中"不知道"的比重一直比较大。而就政党声望的序列而言，盖洛普公司的序列中支持执政党的比重一直较大。对这种差异原因的解释提出了许多假说，但没有一个达到令人满意的程度。

（2）政党声望的决定因素

根据我们的初步研究，我们得出的假说是，两个政党的声望（以及现任政府的声望）可能主要取决于两组因素：国内经济条件和两次选举之间

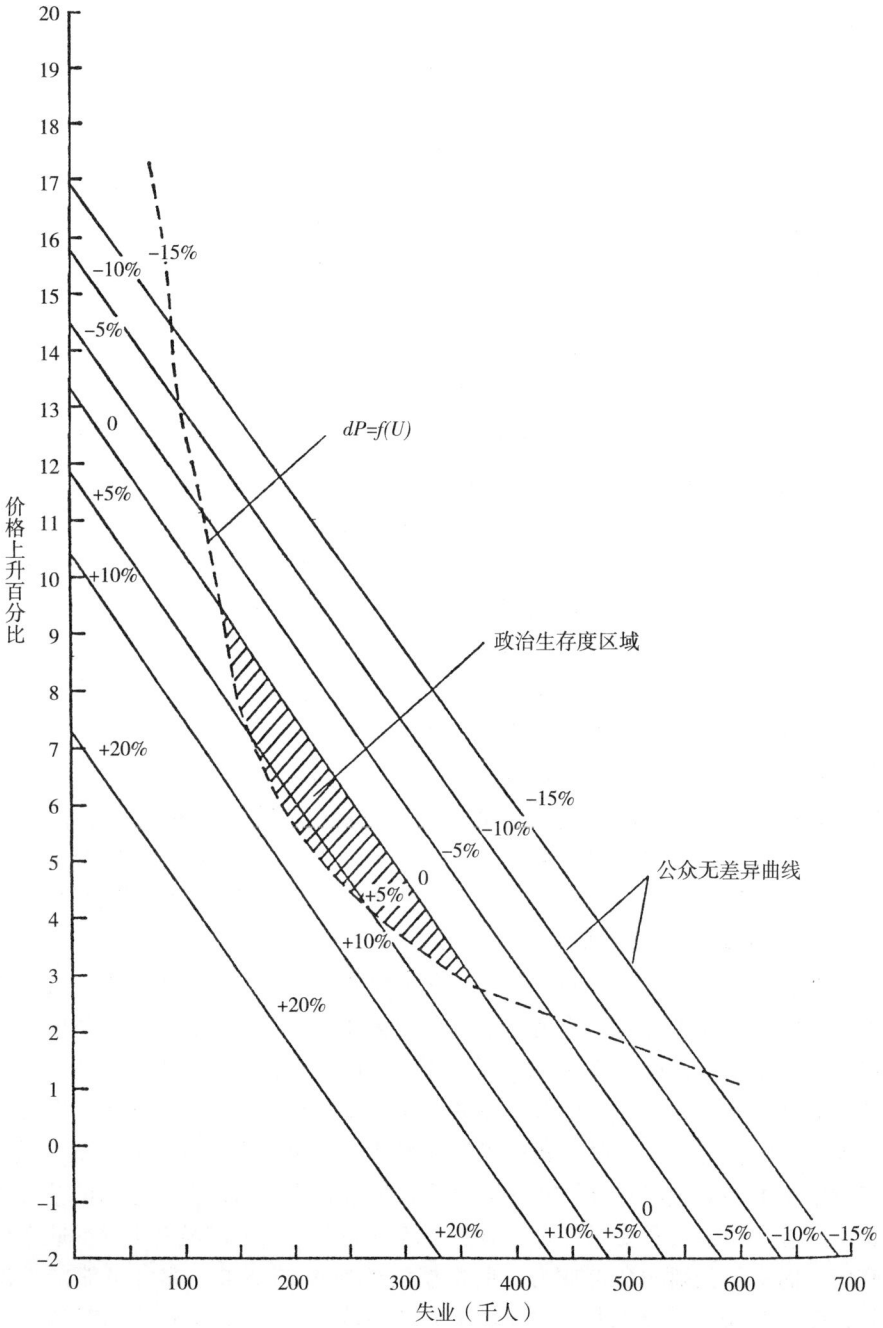

图式一

纵轴标签：价格上升百分比

横轴标签：失业（千人）

图中标注：
- −15%
- −10%
- −5%
- 0
- +5%
- +10%
- +20%
- dP=f(U)
- 政治生存度区域
- 公众无差异曲线

政党声望的规律性转变。两个主要经济变量是失业水平（其对政治声望的全部影响会在6个月时滞之后出现）和通货膨胀率。在方程式中也尝试了其他经济变量，但并不令人满意。通过因果实证分析，我们可以观察到两次选举之间所呈现出的规律性转向，包括选举后对获胜政党短期内支持的增加、然后是执政声望稳步和缓慢下降、在下一次选举前又出现反转的过程，但我们还不能给出因果分析的原因。这种现象一般很明显，而且具有很强持续性。

这两组因素可以解释两个政党声望变化的大部分原因。对战后早期的情况，方程式的拟合度比较差，因为当时政治声望显然对国内经济条件的敏感性较低。对1959年以后的情况来说，基本方程式取得了非常好的拟合度，尤其是在政治序列存在随机变化的情况下。正如方程式所给出的，政治声望对经济条件敏感性非常明显，几乎起到了决定性作用。

但方程式中的残值项确实表现出非常高的序列相关性。即使在方程式中加入一个滞后内生变量，因为政治序列具有强自回归的特点，所以基本独立变量的系数仍然比较显著，尽管程度上有很大下降——特别是在覆盖了1959年以来月份的次级周期以后。

实证检验表明，当作为执政党时，英国的政党（在任何时候都寻求选民支持的最大化）会选择菲利普斯曲线上的一个点（表示经济上可行的失业水平与通货膨胀率的组合），这一选择会导致较低的失业水平和较高的通货膨胀率。但一旦人民预期到该通货膨胀率时，菲利普斯曲线就会向上移动。这意味着，在我们的体系中，存在着一种导致如下情况的政治压力风险，即通货膨胀稳步上升，同时公众对经济条件的不满意程度不断增加。

（3）政党和政党领袖

在这方面，最有意思的问题是政党领袖的个人魅力在多大程度上会影响到其政党的公众支持度。这是一个几乎无法准确回答的问题，但媒体的报道却一直比较多。估计两者之间的关系非常困难，因为两者之间的关系很复杂，而且对两组序列（政党和领袖声望）之间的简单回归一般会得出有偏结果。尽管存在这些问题，我们仍然试图估计这两者之间有多大关系，我们同时使用了多变量回归分析和互谱分析。结果表明，与许多人想象的情况相比，两者之间的关系要弱许多。显然，政党的声望与国内经济事件的联系更密切，而不是领袖的个人魅力。但根据我们研究的结果，非常可能的情况是，政党领袖声望的重大变化（如上升或下降10%或20%）会对其所在政党的声望造成较小但却是显著的影响（2%～3%）。

附录　政治民意调查序列的统计特征

A. 导论

本节主要目的是估计和分析政治民意调查序列的统计特征，具体涉及盖洛普公司 1959 年 10 月至 1967 年 9 月的序列和全国民意调查公司 1961 年 2 月至 1967 年 9 月的序列。对这些序列进行分析有三个主要原因。第一，了解这些序列生成的方式可能有助于分析政治程序；第二，这会使我们发现在这些时间序列中是否存在有规律和持续性的周期性特点，例如是否存在有规律的季节性变化等；第三，这种分析有助于我们判断是否可能根据以往时间序列的变化来预测每一组序列的未来变化。

分析时间序列特征的最恰当——因为能提供最多信息——统计技术是近期开发的谱分析法（spectral analysis），在其他研究领域，这种方法一直非常成功。经过对这种方法的充分开发和改进，现在完全有信心可以用于社会科学研究中遇到的时间序列分析。因此，本节的基本技术就是谱分析。但这种分析并不仅限于单一事件的序列。在研究时间序列之间关系方面，使用互谱（Cross-Spectral）分析法也非常有用和具有参考价值。有许多例子可以表明，对时间序列之间关系的研究可以补充和进一步深化其他部分所作的分析。

本节也包括了这些补充研究。具体包括如下三种情况：第一，政治领袖的声望对其政党声望的影响程度一直是一个引起众多关心政治人士很大兴趣和猜想的问题。本节我们将分析这两组序列之间的相关程度，目的是揭示政党和领袖声望之间的关系。第二，在第二节中我们发现，盖洛普与全国民意调查公司序列之间的简单相关性出人意料的弱；本节我们将进一步分析这些序列之间的关系。第三，在第三节中我们发现，失业水平变化对政治声望有显著影响，这一点与预期相符。但失业水平变化对政治声望的影响存在某种时滞。因此我们使用互谱分析技术来进一步了解这种滞后关系的具体形式。

B. 序列的相关图（Correlograms）

最早使用正规技术来描述时间序列可以追溯到 20 世纪初。相关图就是这类技术早期应用的一个例子：即使到了 1943 年，Kendall 仍然认为相关图是研究振荡序列中系统性影响的最有效方法。[36] 尽管相关图技术不能提供更

36　M. G. Kendall，"英国农业的振荡性变化"，《皇家统计协会期刊》，Vol. 106, Pt. Ⅱ，1943 年，第 91～124 页。

复杂的互谱技术所揭示的信息，但一般认为首先给出这类检验的结果非常有价值，因为这种方法比较简单，许多人对此技术也更熟悉。

无论使用上述哪一种技术，都需要事先分析序列是否包含某种事件趋势，因为各种技术都是基于基础时间序列的静态稳定性[37]假设。盖洛普公司和全国民意调查公司序列的各类图形都表明完全缺乏一种趋势，确实表现出明显的静态稳定（趋势自由）。[38]

令 x_1，x_2，$\cdots$，x_n 作为某一序列的观察值，反映其均值。我们可以用下式计算序列的相关性 r_K：

$$r_K = \frac{\sum_{j=1}^{N-K} x_j x_{j+K}}{\sqrt{\left(\sum x_j^2\right)\left(\sum x_{j+K}^2\right)}}$$

r_K 的轨迹就称为 K 条件下该序列的相关图。[39]

如果原始序列是随机的，即该序列没有显示出任何系统性波动，则相关图不会表现出任何系统性影响的迹象。序列会随着 K 的变化而围绕 0 值振荡，而且在 $K=0$ 时等于 1。但是，如果该序列具有系统性变动的特点，尤其是如果该序列具有自回归性，则随着 K 值的增加，相关图的振荡幅度会越来越小，并趋向于零。为了解释相关图的结构，我们必须集中于某些特征，如明显的振幅和 r_K 趋向于零的速度。同时，如果能够比较这些观察值与某些可以直接解释的基础过程模型，则更加理想。因此，我们需要有某些标准的结构过程，其相关图可以用来对比需要解释的序列相关图。目前已经研究出了这类标准过程及相关图。[40]

37　静态稳定性的定义是指基础过程的形成规律并不随时间变化。如果序列的均值具有一种趋势，则不会出现静态稳定。我们需要剔除这种趋势，并分析可以被视为静态稳定的残值。见 Kendall 和 Stuart，《高级统计理论》（Griffin：伦敦，1966 年），Vol. 3，第 46 章。

38　但是，与本周期结束时（1967 年）相比，保守党领袖声望序列在本周期开始时（1960 年）要高很多——下跌的大部分发生在 1960～1963 年，当时麦克米兰（MacMillan）的声望出现了下降。但这种情况实际上并不是一种趋势的证据，因为本序列可能是时间的确定函数，其观察值与时间变化有关。在这种情况下，本序列的变化也许是由于随机性外部因素，而不是时间的确定函数。同样，自 1951 年以来，更长时间周期的数据有力地支持本序列基本静态稳定的假设。

39　Cf. M. G. Kendall 和 A. Stuart，《高级统计理论》（Griffin：伦敦，1966 年），Vol. 3，第 45～50 章；H. Wold，《静态稳定时间序列分析研究》（第二版）（Almquist 和 Wiksell：斯德哥尔摩，1953 年）。

40　见 Kendall 和 Stuart，《高级统计理论》（Griffin：伦敦，1966 年），Vol. 3；H. Wold，《静态稳定时间序列分析研究》（第二版）（Almquist 和 Wiksell：斯德哥尔摩，1953 年）。

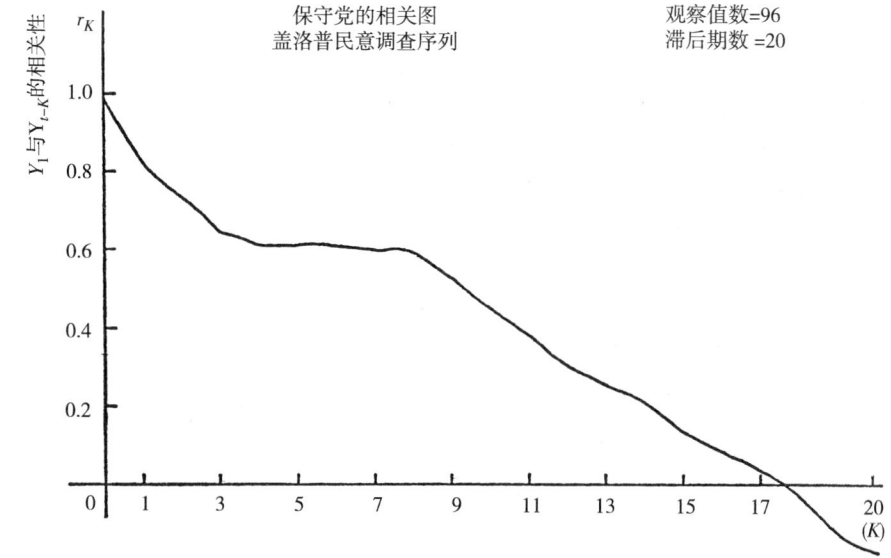

（a）盖洛普调查公司

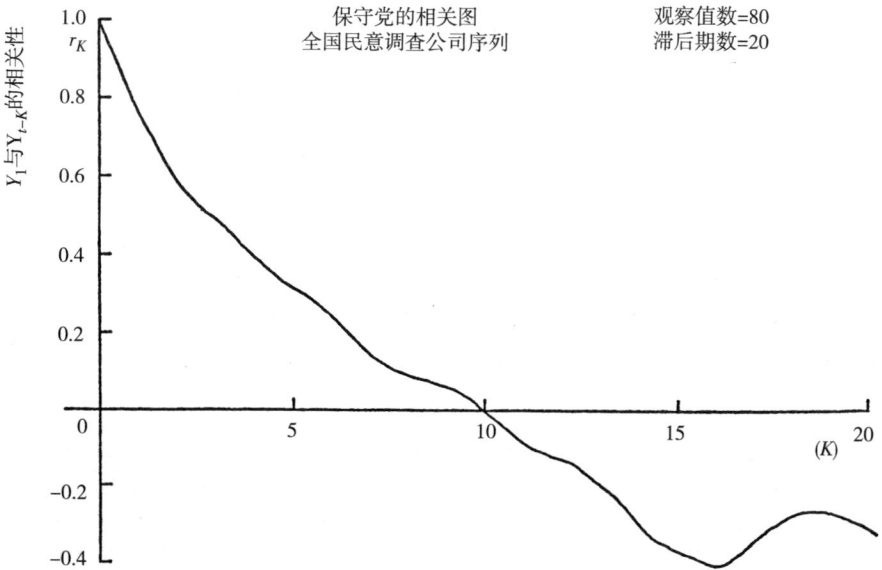

（b）全国民意调查公司

图1 保守党的相关图

　　针对所有第二节描述的 9 组序列（即全国民意调查公司和盖洛普的两党和两党领袖声望序列、盖洛普的现任政府领先度序列——领先度分别根据两个主要政党的声望序列计算得出），我们计算了前 20 个序列相关值并画出曲线图。所有 9 个相关图看上去都非常相似。图 1 给出的两个例子分别来自盖洛普和全国民意调查公司的保守党声望序列。

　　从这些相关图中可以得出如下结论：

　　（1）所有 9 组序列都表现出非常确定的系统性波动。这是因为相关图没有围绕零振荡，如果序列是纯粹随机性的，则会如此。

　　（2）随着 K 的增加，序列相关呈现出衰减趋势，这是与某种顺序的自回归过程相联系的一种特征。在相关图中也没有观察到波峰和波谷，这是一阶自回归过程的一种特征。虽然 r_K 没有随着 K 的增加而越来越趋向于零，但观察到的大部分 K 值并没有显著偏离零。[41]

　　这些结果表明，形成这些政治序列的基础过程具有一阶自回归性。我们将进一步分析这一过程的特征。

　　我们来分析满足如下关系的某一时间序列 $X(t)$：

$$X_t + a_1 X_{t-1} + \cdots + a_K X_{t-K} = \varepsilon_t$$

其中，ε_t 是一个均值为 0 和方差为 σ^2 的随机变量，而且当 $J = 0$ 时，$E(\varepsilon_t \varepsilon_{t+j}) = 0$，即各 ε 之间不相关。$X(t)$ 是第 k 阶的自回归过程。当 $K = 1$ 时，

$$X_t = \rho 1 X_{t-1} + \varepsilon_t \qquad t = \cdots -1, 0, 1, 2, 3 \cdots$$

这就是所谓的一阶自回归过程。

　　我们已经假设，形成时间序列的基础过程具有一阶自回归特征。通过分析局部相关性的数值，我们可以进一步研究这一假设。首先我们分析 X_t 与 X_{t-1} 的简单相关性，然后分析当 X_{t-1} 保持不变时，X_t 与 X_{t-2} 的局部相关系数。如果自回归过程实际上是一阶的，则可以得出局部相关系数是零。因

　　41　r_K 值没有完全趋向于零的一个原因可能是由于 r_K 的样本方差并没有趋向于零，尽管这是一个不需要在这里讨论的技术问题，参阅 E. J. Hannan，《时间序列分析》（Methuen：伦敦，1960 年）。另外，由于序列之间的不可比性，所以我们必须确保不被抽样效应所误导。目前还没有对相关图显著性的准确检验。对任何给定序列相关来说，渐进方差（asymptotic variance）都是 $1/n$，其中 n 是具有相关性序列的配对（pairs）数量（在盖洛普的保守党序列中，序列的配对数量 r_1 是 95，r_2 是 94，$\cdots$，r_{20} 是 76）。为了检验相关性是零的假说，我们可以使用正态分布表。在 5% 的显著水平，在显著偏离零时，r_1 的数值必须在 0 ~ 20 之间，而要使 r_{20} 具有显著性，数值必须在 0 ~ 225 之间。根据此项检验，所有超过 12 的序列相关都没有显著偏离零。类似结果也适用于所有其他序列。

此，可以用此方法来检验自回归的阶数。同样，如果该过程是一阶的，则我们不能预期在方程式中加入 X_{t-2} 后会显著提高 R^2（多变量相关系数）的数值。我们计算了所有这 9 个序列的相关性，结果证实，自回归过程是一阶的。[42] 表 1 给出的例子是保守党的序列。方程式中加入 X_{t-2} 后 R^2 数值的变化非常小。因此很明显，用二阶自回归过程替代一阶自回归过程没有取得显著成效。这表明，所有政治声望序列的基础过程是一阶自回归的，而且可能没有必要考虑其他更复杂的方法。

表 1 估计的保守党相关性系数（盖洛普和全国民意调查公司序列）

相关性阶数	相关性数值		多变量相关系数值 R^2		
	盖洛普	全国民意调查公司	方程式	盖洛普	全国民意调查公司
X_t 对 X_{t-1}	0.82	0.77	X_t 对 X_{t-1}	0.67	0.59
X_t 对 X_{t-2}	0.21	0.002	X_t 对 X_{t-2}		
给定 X_{t-1}			给定 X_{t-1}	0.68	0.59

下一步是估计自回归方程式的常数项 ρ。可以看到对 ρ 的估计与第一个序列相关系数的方法相同。表 2 给出了所有序列的 ρ 估计值。

表 2 政治声望自回归方程式 $X_t = \rho X_{t-1} + \varepsilon_t$ 中的 ρ 估计值[43]

序列	ρ 值
盖洛普民意调查：	
保守党	0.82
保守党领袖	0.91
工党	0.81
工党领袖	0.81
政府领先度	0.85
全国民意调查公司：	
保守党	0.77
保守党领袖	0.77
工党	0.84
工党领袖	0.77

42　Cf. M. G. Kendall 和 A. Stuart，《高级统计理论》，Vol. 3，第 45～50 章（Griffin：伦敦，1966年）；H. Wold，《静态稳定时间序列分析研究》（第二版）（Almquist 和 Wiksell：斯德哥尔摩，1953年）。

43　在所有情况下，X_t 都表示均值。

　　有趣的是，正如前面所指出的，虽然盖洛普民意调查与全国民意调查公司的序列之间有明显差异，但两者都是一阶自回归的。在全国民意调查公司的序列中，X_{t-1} 的系数值一直较低。但两者的差异非常小，而且无法从两者的差异中得出任何结论。

　　作为对本模型的最后一项检测，我们计算了残值序列 $Z_t = X_t - \rho X_{t-1}$ 的相关图，表2给出了不同 ρ 值的残值序列。残值序列的相关图轨迹应当像一个纯粹的随机序列，即围绕零振荡。

　　结果发现，残值序列的相关图 Z_t 确实像一个纯粹的随机序列。这一点和 R^2 系数的观察值足以保证很高的拟合度。图2给出了 Z_t 序列相关图的一个例子，基础是盖洛普的保守党序列。

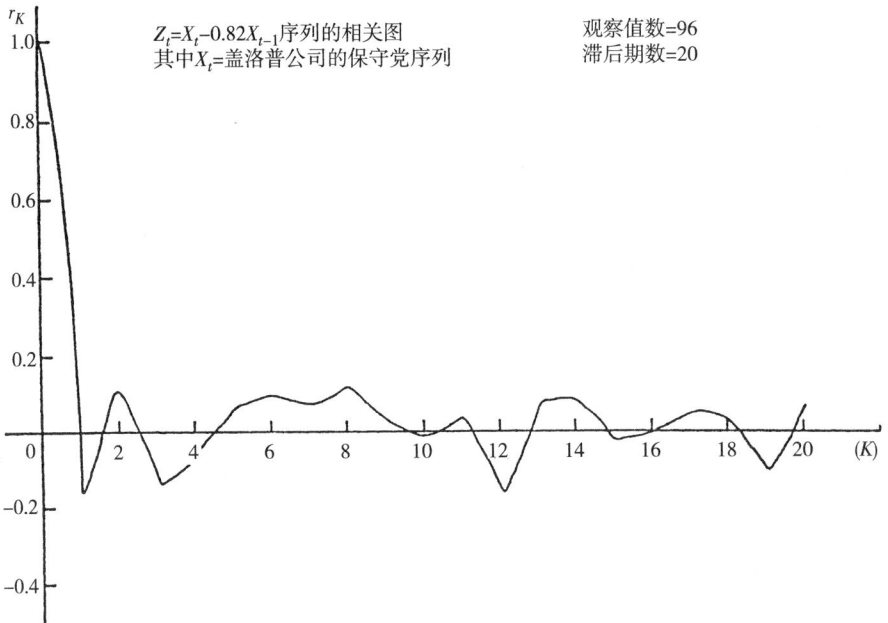

图2　序列 Z_t 的相关图；盖洛普公司的保守党序列

　　我们发现，所有政治声望序列都可以被描述为一种一阶自回归过程。这一发现具有某些有趣的行为影响。

　　（1）所有一阶自回归过程（其中 $|\rho| < 1$）都可以用下式表示

$$X_t = \sum_{j=0}^{\infty} \rho^j \varepsilon_{t-j}$$

其中，ε 是互不相关的随机变量，其均值为 0 和方差为 σ^2；ρ 是一个常数，而且 $-1 < \rho < 1$。这可以解释为政治声望由一个不变因素——相当于总体均值——加上受多个互不相关的随机因素影响的一个移动平均值构成。这些随机因素随时间变化会影响到政治声望，而且随着时间的流逝，过去事件的重要性以指数速度下降。随着历史事件从我们记忆中逐渐消失，其对政治声望的影响也越来越弱。任何政党的声望都主要取决于最近几个月的事件，而不是几年前的事件。移动平均过程的基本思想是，如果在某一系统中出现一个干扰，其影响会持续一段时间。有时影响持续的时间较长。从某种意义上来说，干扰可以是或不是随机性的，因为它们的发生遵循随机规律；但是一旦发生了，它们就成该系统历史的一个组成部分，就像所有其他要素构成一样。

（2）这也意味着，当月数据可以用来帮助预测下一个月某一政党或政党领袖的未来声望。仅仅使用简单的一阶自回归方法作为预测工具不会得出令人满意的结果。综合运用相关的经济和社会因素，我们也许能够掌握比较好的预测工具。第三节就是论述这方面的内容，即运用多变量回归技术。

C. 谱分析的应用

如果我们只想知道一个序列的形成是否是基于某一标准模型（如某种自回归过程），则使用相关图技术既简单，也足够了。但如果我们希望在观察到的数据中发现是否存在"周期性"，则相关图的价值就非常有限了。如果研究的目的是分析是否存在"周期性"，更有效的方法是使用基于"频率分析"（frequency analysis）的方法。

从本质上讲，频率域方法（frequency domain approach）可以将时间序列分解为基本频率。如果一个时间序列是静态稳定的，则该序列可以被分解为许多互不相关的部分，每一个部分具有不同的频率。然后我们可以研究一个频率对总变差的贡献。贡献强度用术语"幂"（power）表示。单个频率的幂图形就是所谓的幂谱（power spectrum）。对某一时间序列的谱估计方法类似于统计应用中的经典方差分析方法。

估计幂谱图形是分析单一序列特征的基本工具。这里需要作两点简单说明。如果谱是平直的，则说明每一个部分都有相同的数额，换句话说，该序列实际上仅仅是一组互不相关变量的一个排序，即所谓纯粹随机序列或"怀特噪声"（White Noise）序列。如果谱在某一频率上具有清晰的峰值，则表明这是具有特殊重要性的一个频率或一组频率，而且说明序列中可能存在着周期。在表明其特征频率的区域内，如果幂谱中出现峰值（高幂点）

则表示存在这种周期。周期越长，则频率越低（每月周期较少）。因此，与季节性周期相比，经济周期在幂谱中形成峰值的频率较低。

在实践中，经济时间序列的谱估计值很少出现上述基本形状，一般是在零点具有非常高或非常低的频率。随着频率的增加，数值会持续下降，除非因季节性波动出现可能的峰值。这种形状被称为"典型谱形状"（typical spectral shape），Granger 分析了这种形状的含义。[44]出现这种形状的一种可能性与自回归过程有关。

开始时，我们计算了所有 9 个序列的幂谱。得出的结果是，所有序列的幂谱形状都类似，即前面提到的"典型谱形状"。图 3 给出的例子是保守党的时间序列，数据来源是盖洛普和全国民意调查公司。在两组谱中没有明显差异。

为了突出高频率时低幂的重要性和低频率时非常高幂的不重要性，我们用半对数刻度画出本谱。也标出了上下 95% 的置信区间。置信区间的上限是在每一个频率下估计的谱对数值加上 0.60（盖洛普序列）和 0.66（全国民意调查公司序列）后得出。置信区间的下限是从估计的谱对数值减去 0.94（盖洛普序列）和 1.08（全国民意调查公司序列）后得出。[45]

我们也计算了残值序列 $Z_t = X_t - \rho X_{t-1}$ 的谱，其中 ρ 取自表 2。这样做的主要原因是分析是否会出现相关图所表明的一阶自回归性。这样做的另一个目的是"过滤"（filter）掉低频率的高幂从而使高频率的部分更加突出。如果存在任何周期，则这种过滤方法可以让 Z_t 谱中的峰值凸显出来。所有 5 个盖洛普序列的谱形状都类似，但全国民意调查公司相应序列的谱形状略有差异。图 4 给出的例子是来自盖洛普和全国民意调查公司的保守党的时间序列。

详细分析这两个谱，我们马上就可以看到，估计的谱都位于 95% 的置信区间内。在计算这些置信区间时，我们假设基础过程纯粹是随机的，因此该谱一定是一条直线，与横轴平行。这条直线应当是观察值的中心（图 4 中的"隐含中心"）。如果有观察到的峰值落在置信区间之外，则可以认为具有统计显著性，即出现不是由于抽样的波动性。一个类似结果是，所有其他序列估计的谱都在 95% 的置信区间内。这证实了存在一阶自回归的假说。

44　C. W. J. Granger，"经济变量的典型谱形状"《经济计量学》，Vol. 34，No. 1（1966 年 1 月），第 150~161 页。

45　C. W. J. Granger，《经济时间序列的谱分析》，第四章，第 62 页（普林斯顿，1964 年）。

估计的谱密度
用对数尺度表示
盖洛普公司：保守党

观察值数=96
滞后期数=20

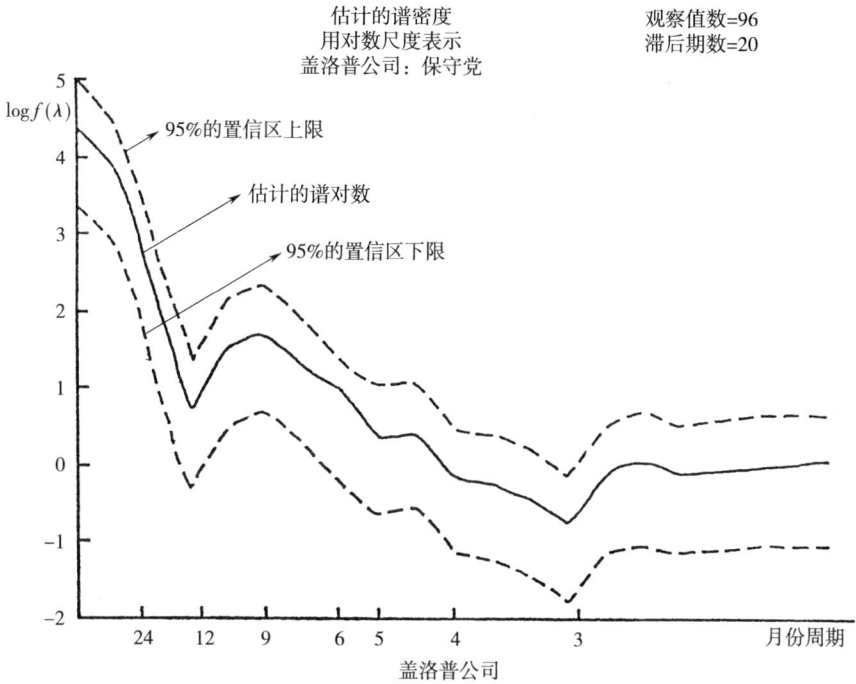

盖洛普公司

估计的谱密度
用对数尺度表示
全国民意调查公司：保守党

观察值数=80
滞后期数=20

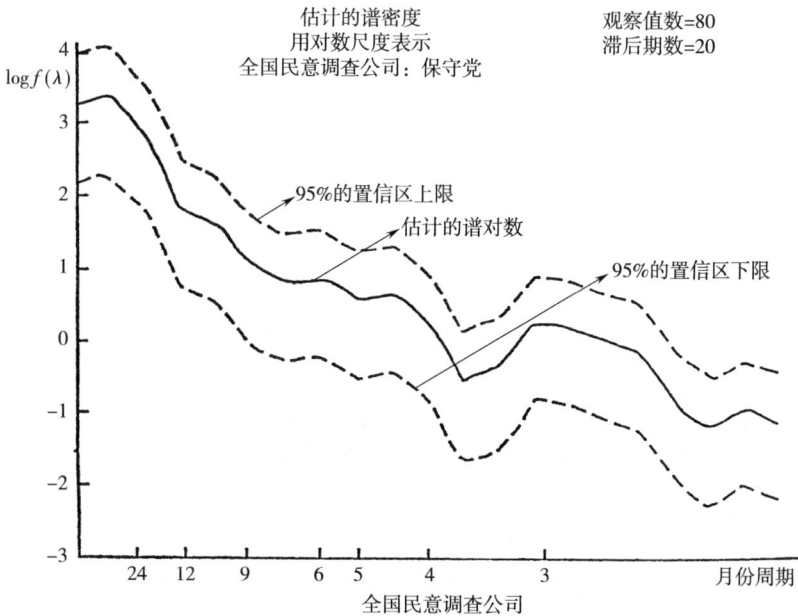

全国民意调查公司

图3 保守党：幂谱

估计的谱密度$Z_t=X_t-0.82\,X_{t-1}$
其中$X_t=$盖洛普公司的保守党序列

观察值数=96
滞后期数=20

估计的谱
$f_z(\lambda)$

95%的置信区上限

暗示中心（suggested centre）

95%的置信区下限

24　12　9　6　5　4　3　　月份周期

盖洛普公司

估计的谱
$f_z(\lambda)$

估计的谱密度$Z_t=X_t-0.77\,X_{t-1}$
其中$X_t=$全国民意调查公司的保守党序列

观察值数=80
滞后期数=20

95%的置信区上限

暗示中心

95%的置信区下限

24　12　9　6　5　4　3　2　月份周期

全国民意调查公司

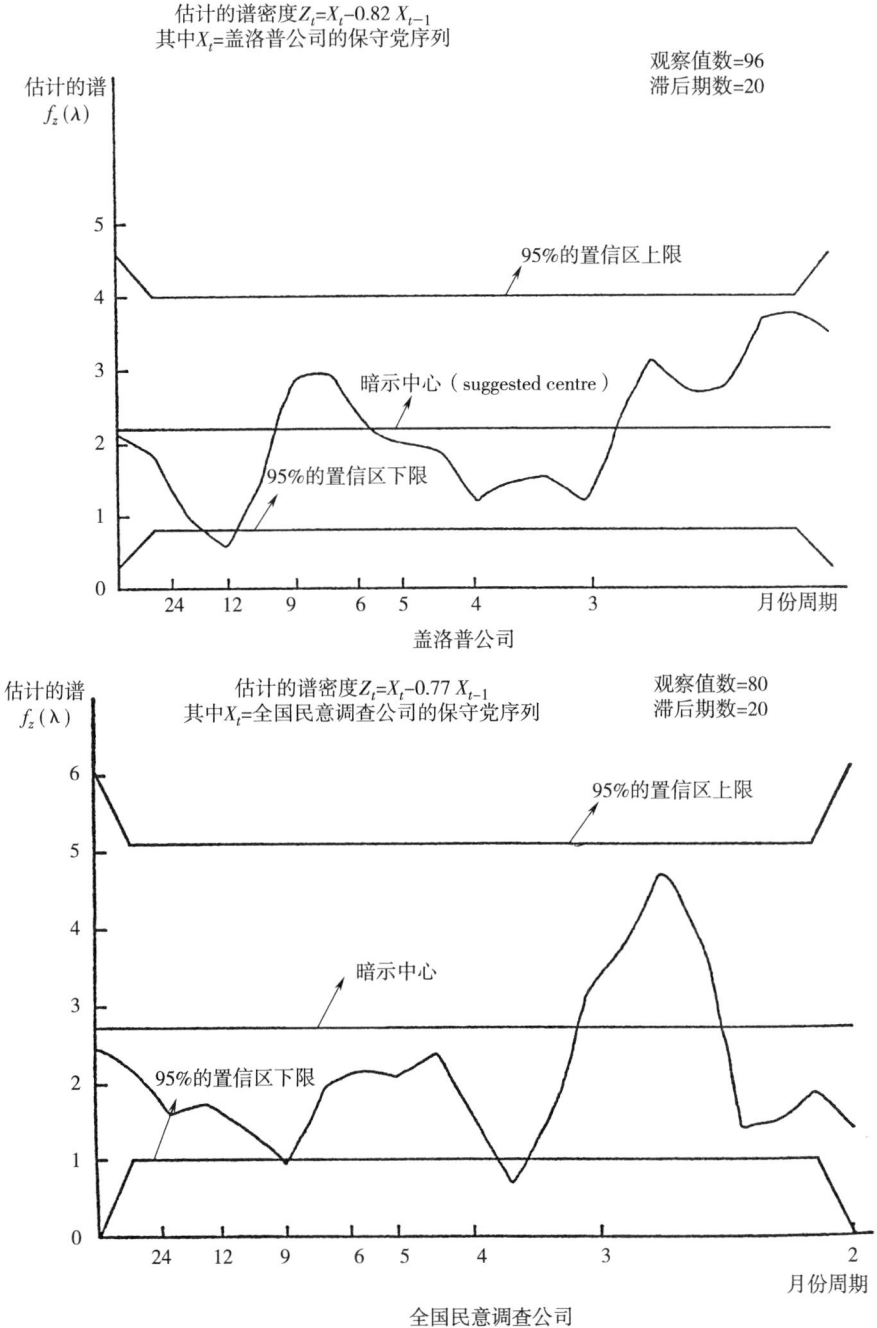

图4　保守党：过滤幂谱（Filter-Power Spectrum）

这两个谱在观察到的峰值方面略有差异。盖洛普的保守党序列峰值出现的频率是 9 个月、3.75 个月和 3.25 个月。在全国民意调查公司的保守党序列中，在 3.5 个月时有一个峰值。在 9 个月频率时没有峰值，尽管在 8 个月时有一个非常小的峰值。由于这些峰值都没有显著性，而且没有比较合理的解释，因此假设它们是抽样变差的结果（也是过滤的结果）。一般可以忽略这些峰值，除非有某种理论说明其合理性或在其调和频率点存在相应峰值。在盖洛普和全国民意调查公司的序列中，都没有出现支持原有周期的相应峰值。因此我们可以得出不存在可识别周期的结论。

在所有季节频率中都不存在峰值这一点非常重要。在所有序列中都没有明显季节性峰值的迹象。这是一种强有力的证据，即不存在政党、政党领袖和现任政府声望持续的季节性摇摆。相信这种有规律的季节性变差（如当期执政党的声望在夏季会提高）一定是政治新闻界神话的一种推断。这一发现证实了前面一项检验是否存在季节性变差的结果，第三节使用的多变量回归方程式中加入季节性虚拟变量。在这项检验（本附录没有重复进行）中，所有序列都没有明显季节性效应的证据。

运用谱分析方法已经证实，两个民意调查公司的政治声望序列（包括政党领袖和政党）的基础形成过程，可能都具有 $X_t = \rho X_{t-1} + \varepsilon_t$ 形式的自回归过程，其中 ρ 是一个常数，可以通过 X_t 对 X_{t-1} 的回归计算来确定。另外还可以看到，在这些政治声望序列中，可能不存在有规律的大周期，而且与流行的观点相反，可能根本不存在任何持续的"季节性模式"。

D. 互谱分析的应用

就像可能将一个简单序列 $X(t)$ 按频率分解成不同部分和分析每个频率的幂一样，通过计算每一种频率的相关性系数，我们也有可能将两个序列 $X(t)$ 和 $Y(t)$ 分别按频率分解为相关部分，并分析各部分之间相互关系。可以使用互谱分析法来实现这一点，互谱分析有两个主要目的：

（1）度量两组序列相关的程度；

（2）两组序列之间滞后结构的类型。

相干图（coherence diagram）提供了有关第一个问题的信息，而相位差图（phase difference diagram）提供了有关第二个问题的信息。我们应当先研究第一个问题，再研究第二个问题，因为如果两个序列不相关，则没有必要分析领先或滞后问题。一般来说，相干图提供的信息更详细和更有用，因为它告诉我们在给定频率下两个序列的周期有什么样的关系。可能的情况是，在较高频率（即具有较短周期性的周期）下两个序列没有密切关系，但在较低频率下可能有关系和在中等频率有较大关系。如果不使用分解技术，则简单的相关性系数可以表示这些结果的平均值，这时我们就无法掌握各个部分相互联系的大部分详细内容。

解释清楚相位差图并不是一件容易的事情。简单来说，如果相位差图位于零附近，则表明不存在领先或滞后现象（在给定频率下两个序列的周期处于相同阶段），但如果相位差图在某一频率范围呈现出某种线性趋势，就表明存在某种领先或滞后，可以用这条线的斜率来度量领先或滞后的程度。在有较大相干值的频率结构下，相位估计通常是非常好的估计值；但在较小相干值的频率下，相位的置信区间可能非常低。

我们计算了 6 组相干图和相位差图：

（a）两组（分别使用盖洛普和全国民意调查公司数据）是为了找出保守党领袖与保守党之间的关系；

（b）两组（分别使用盖洛普和全国民意调查公司数据）是为了找出工党领袖与工党之间的关系；

（c）一组是为了找出盖洛普公司和全国民意调查公司分别收集的数据之间的关系，保守党的序列被选为案例；

（d）一组是为了分析失业与政府领先度之间的关系。

我们对结果描述如下。

图 5 给出了对保守党与保守党领袖之间关系运用互谱分析的结果，同时使用了盖洛普和全国民意调查公司的序列。另外还给出了置信区间为 90% 的相干值。这是一个单边区间，给出了如下情况下的 K 估计值：如果基础相干值等于零，则平均在 90% 的情况下，估计的相干值都会小于 K。[46]

我们首先分析盖洛普的民意调查序列。在此情况下，90% 的置信区间是 0.67。对相干图的分析表明，估计的相干值明显小于此区间值。这可能说明，基础相干值与零的差异并不大。这意味着，根据盖洛普民意调查的数据，保守党与保守党领袖之间的关系并不强。由于两者之间并没有显示出很强的关系，所以就不能在任何置信区间下分析序列的领先或滞后的问题。因此没有必要分相位差图。根据全国民意调查公司序列得出的结果基本上与根据盖洛普序列的结果一致。90% 的置信区间是 0.6，而且估计的相干值在任何时候都没有超过这一数值。在 2～10 个月的中等频率情况下，相干值非常低。这进一步支持了如下观点，即保守党与其政党领袖之间不存在很强的关系。

46　C. W. J. Granger，《经济时间序列的谱分析》，第五章，第 79 页（普林斯顿，1964 年）。

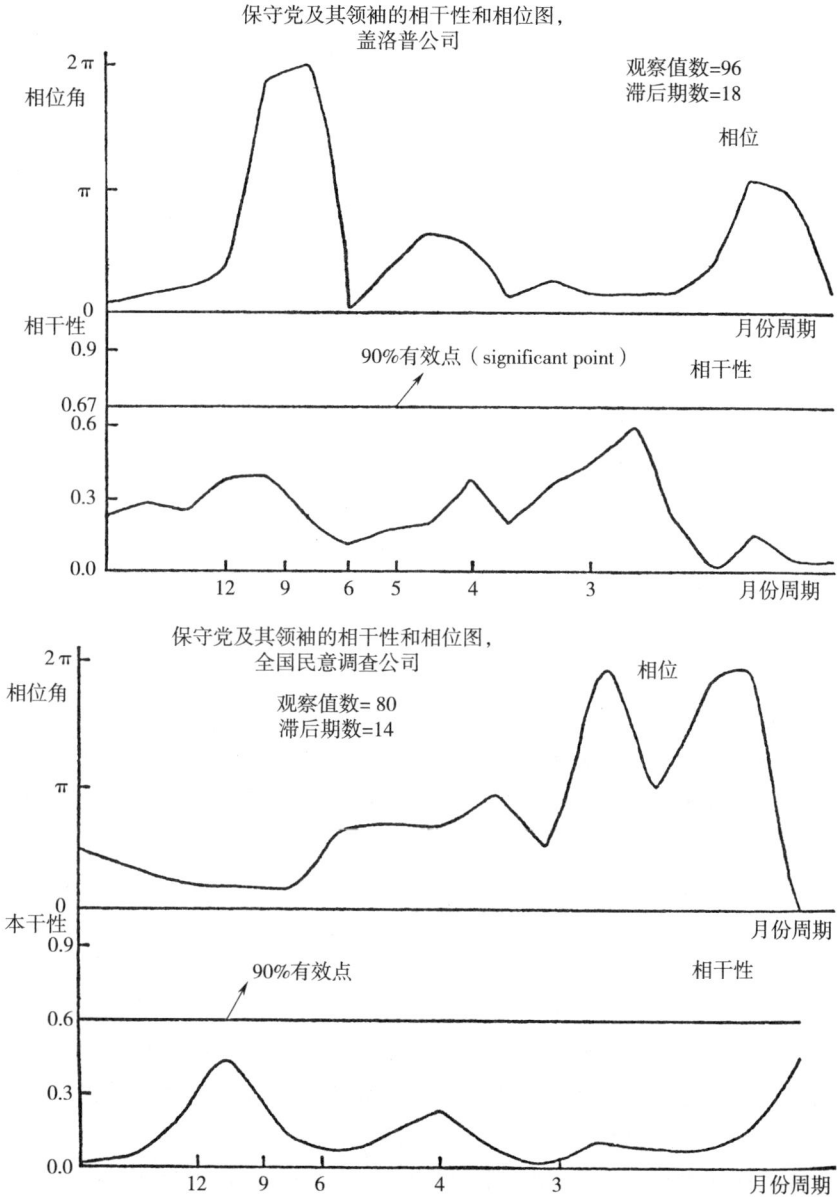

保守党及其领袖的相干性和相位图，
盖洛普公司

观察值数=96
滞后期数=18

相位

相位角

相干性

90%有效点（significant point）

相干性

月份周期

保守党及其领袖的相干性和相位图，
全国民意调查公司

相位

观察值数=80
滞后期数=14

相位角

本干性

90%有效点

相干性

月份周期

图5 互谱分析：保守党及其领袖

如果领袖声望的变差确实影响到政党的地位，则我们可能会发现，至少在某些频率下会存在非常高的相干值（即基础相干值大于零），而且相位差图会呈现某种趋势，因为我们预期在领袖声望对其政党声望产生有效影响之前会有一个滞后期。在任何频率下，保守党与其领袖之间估计的相干值都不高，同时相位差图也未能没有提供任何趋势迹象。不存在任何明显滞后期表明，即使所表现出的某种相干现象，也可能是其他因素偶然同时影响到两个序列的结果或抽样变差的结果。当然，在时间序列的次周期中，可能存在某种因果关系，即有时领袖提升了政党，而其他时候则是政党提升了领袖。所有上述结果的含义是，在我们所分析的周期内，不存在强有力和系统性因果关系。

我们重复进行完全相同的检验来分析工党与其领袖之间的关系。图6分别给出了盖洛普和全国民意调查公司序列的相干图和相位图。

根据盖洛普调查的工党及其领袖序列，相干图90%的置信区间是0.67。在较低频率范围内，估计的相干值高于该数值，如在两年或两年以上的周期内。在此范围内，与相应的保守党及其领袖的序列相比，工党的相干度较高，这表明在较长时期内存在某种确定的关系。但在相同频率下，相位图并没有呈现某种趋势，而且实际上几乎是平直的和接近于零。因此，不存在任何领先或滞后的迹象。在较高频率下，相干值并不太高；确实在3～6个月的范围内，相干值非常低。

全国民意调查公司的工党及其领袖序列的相应结果与盖洛普公司的结果一致。在这种情况下，90%的置信区间的相干值是0.6。在低频率周期内，估计的相干值同样超过这一数值。但是，相位图在这一范围内是平直的，而且没有给出任何领先或滞后的证据。

由于没有发现形成盖洛普和全国过民意调查公司政治声望的基础过程存在显著差异，而且在两种情况下政党及其领袖声望之间的关系非常相似，因此合乎逻辑的做法是继续分析盖洛普和全国民意调查公司分别估计的相同序列之间有什么关系。我们有理由事前预期一个较高相干值，尤其是在较低频率下，但也可能在较高频率下。但第二节估计的简单相关系数表明，与预期值相比，两者之间的关系非常弱。互谱检验方法可以对这种关系提供更详细证据。

分析和演示这种关系的序列保守党声望序列，分别来自相同时期的盖洛普和全国民意调查公司，即1961年2月至1967年9月。图7给出了相应的相干图和相位图。

相干图在高频率范围（如不超过4个月的周期）内表现出非常弱的相干性。因此，在较短周期内，盖洛普与全国民意调查公司序列之间的关系非

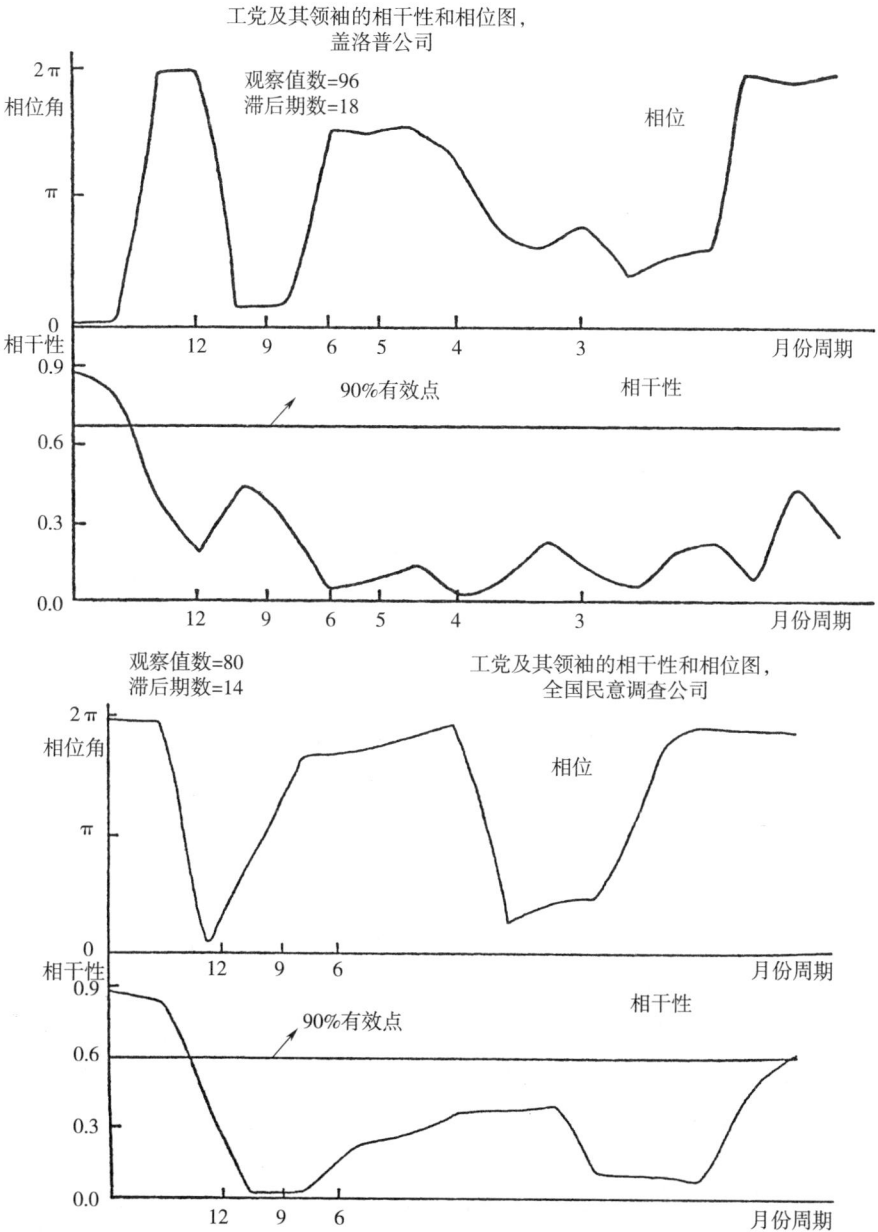

图6 互谱分析：工党及其领袖

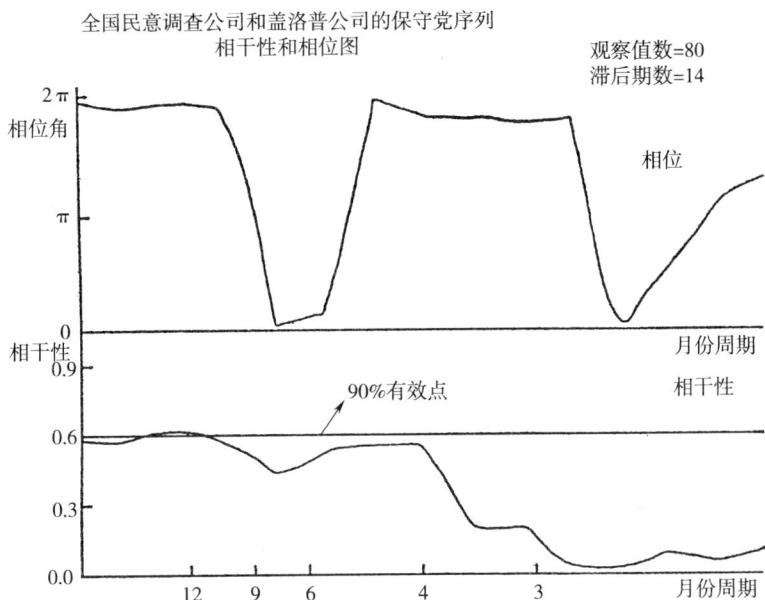

全国民意调查公司和盖洛普公司的保守党序列
相干性和相位图

观察值数=80
滞后期数=14

图 7　互谱分析：全国民意调查公司和盖洛谱公司的保守党序列

常弱。但在中等和较长周期内，相干值恰好低于 90% 的显著性水平。这种情况表明，与较短周期相比，盖洛普与全国民意调查公司序列变动之间的关系在较长周期内比较强。另外在较长周期内，存在着两个调查序列趋向于相同方向变化的某种证据，尽管这种证据可能比我们预期的要弱。

　　上述结果显示，与回归分析相比，谱分析是一种更加有力的技术，可以提供更多相关信息。在本文第二节中，运用回归分析得出的结论是盖洛普与全国民意调查公司序列之间几乎没有相关性。但该分析没有揭示出在不同周期内这两个序列之间存在什么关系，而谱分析方法可以做到这一点。正如分析结果所示，在较短周期内，这两个序列的关系非常弱，但在较长周期内两者的关系相当强。如果不使用谱分析法，则简单的相关系数代表着这些结果的平均值，遗漏了许多相关具体信息。

　　我们最后分析失业水平与现任政府声望之间的关系。从最初的回归分析中，我们知道两个序列之间具有很高相关性，而且有明显迹象表明，政府声望的变化是在失业水平变化之后。这一分析的主要目的是更清楚地表明存在滞后结构。本文使用的失业序列指英国完全失业、经过季节性调整的失业人数。图 8 给出了这两个序列的相干图和相位图。

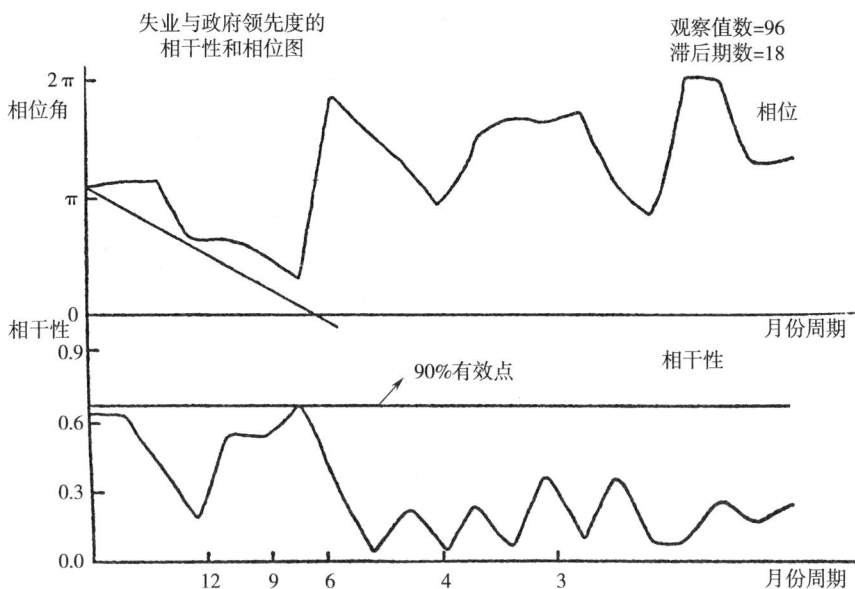

失业与政府领先度的
相干性和相位图

观察值数=96
滞后期数=18

图8 互谱分析：失业与政府领先度

在小于 6 个月频率的相干图中，相干值非常小，表明失业与政府领先度变差之间的关系非常弱。但在较长周期内，相干值较高，尽管数值恰好低于 90% 的显著性水平。在相同频率范围内的相位图中，存在一个下行趋势。这意味着，失业变动先于政府声望的变动。滞后期在 5～6 个月。对这种滞后期的可信性在一定程度上受到在较长周期内相干值不高于 90% 的显著性水平的影响。这可能部分地是因为失业只是影响政府领先度的诸多因素之一。我们之所以认可这种滞后，是因为本文第三节描述的回归方程式证实了存在某种滞后。

在本附录结束时，我们概括一下对政治声望序列运用谱分析和互谱分析所得出的主要结论。这些结论确实需要仔细解读。例如一个结论是没有观察到周期性，但这仅仅意味着在整个时间周期内，不存在一致性周期。这并不排除在某些次周期内季节性因素会产生真正和显著影响的可能性。

同样，在领袖与政党之间缺乏密切关系很可能是由于这种关系在不同时间内变化很大，例如由于领袖本身的更换。在这种情况下，我们运用的技术使我们可以认为，几乎没有强有力和一致性关系的证据，但这不等于说不存在任何关系。

总之，本文的主要结论可以概括如下：

（1）对盖洛普序列的保守党、保守党领袖、工党、工党领袖、政府领先度的谱分析，以及对全国民意调查公司序列的保守党、保守党领袖、工党、工党领袖的谱分析显示，所有 9 个序列都完全可以用一阶回归方程式来表示，如 $X_t = \rho X_{t-1} + \varepsilon_t$ 的形式。

（2）对这 9 个序列的进一步分析显示，所有序列都不存在"周期"的证据。实际上发现的一阶自回归过程本身可以对数据进行很好的拟合。

（3）对政党与领袖之间关系的互谱分析显示，相干性非常低，或最多只有中等程度，同时序列之间不存在任何领先或滞后的证据，这表明即使存在某种相干性，也很可能是由于这两个序列之间的关系在较长周期内比较强，而在较短周期内则比较弱。另外，与保守党领袖和其政党的相互关系相比，工党领袖和其政党的相互关系更加密切。两个调查序列都非常清楚地说明了这种情况。

（4）虽然盖洛普和全国民意调查公司提供的序列之间有很大差异，如第二节所描述的，但从时间序列的角度讲，两组序列的变动方式非常类似，都遵循一阶自回归过程的模式。在周期性和领袖及其政党关系方面，两个序列也表现出明显的一致性。但以保守党序列为例，对两个调查序列进行互谱分析显示，在小于 4 个月的较短周期内，两者的关系非常弱。但在较长周期内，两者之间的关系相当强，而且两个序列呈现同方向的变动，尽管两者之间不存在任何领先或滞后的证据。

货币政策的实施[*]

目前，一国的中央银行是其法定货币的唯一垄断供给者。商业银行必须保证其存款能够按照平价兑换成这种货币。所以，银行需要以现金或在中央银行存款的形式保留一定的储备。中央银行施行其政策的主要手段是买卖金融证券，如短期国库券或外汇，并以此交换对其自身的债务，这就是所谓的公开市场操作。经济学家们普遍认为，这种操作可以调节银行的储备基础，并由此影响货币存量。而随着市场供求受到干预，利率（或价格）也同时发生变化。但是，中央银行的官员们几乎一直都认为他们对于银行系统需要的储备基础无能为力，他们的工作就是制定一个利率水平，在该水平上银行的储备需求得以满足，而货币供给则同时由私人银行部门和非银行部门的资产组合偏好来决定。这种理解上的不同在本文第三节会再次论及。

无论中央银行的货币政策操作主要是被视为调控数量还是调控利率（尽管二者其实是一致的），都导致了通货膨胀和通货膨胀预期从 20 世纪 70 年代末期开始成为一种根深蒂固的现象。表 1 给出了一些先进工业国具有代表性的统计数据。

---

    * 我需要感谢以下人员在本文编纂过程中的帮助和建议：Mike Artis、Peter Bull、Victoria Chick、Jean-Claude Chouraqui、Keith Cuthbertson、Dick Davis、Hermann-Joseph Dudler、Kim Frame、Chuck Freedman、Eric Hansen、David Hendry、Richard Jackman、David Laidler、David Lindsey、Ian Macfarlane、Gordon Midgley、Mark Mullins、Peter Nicholl、Andrew Oswald、Robert Raymond、Yoshio Suzuki 和 Richard Urwin。上述人员都不应为我的观点和错误负责。

表 1

		1969 年第一季度至 1987 年第四季度	1969 年第一季度至 1978 年第四季度	1979 年第一季度至 1987 年第四季度	1979 年第一季度至 1982 年第四季度	1983 年第一季度至 1987 年第四季度
				英国		
A	($\pounds M_3$)	12.9	12.3	13.6	13.1	14.1
B	(Y)	11.9	14.0	9.6	11.6	8.0
C	(y)	2.1	2.1	2.1	0.3	3.5
D	(P)	9.8	11.9	7.6	11.4	4.5
E	(i_s)	10.7	9.4	12.2	14.1	10.6
F	(i_1)	11.7	11.6	11.8	13.6	10.3
				美国		
A	(M_1)	7.4	6.2	8.9	7.8	9.6
B	(Y)	9.0	10.0	7.9	8.0	7.8
C	(y)	2.7	3.0	2.5	−0.1	4.5
D	(P)	6.2	6.9	5.3	8.1	3.2
E	(i_s)	8.5	6.9	10.4	13.1	8.2
F	(i_1)	9.0	7.2	10.9	12.0	10.1
				西德		
A	(CBM)	7.6	9.3	5.8	4.9	6.2
B	(Y)	7.3	9.3	5.0	5.0	4.8
C	(y)	2.7	3.6	1.8	0.7	2.5
D	(P)	4.5	5.6	3.2	4.3	2.3
E	(i_s)	6.9	6.7	7.0	9.3	5.2
F	(i_1)	7.8	7.8	7.7	8.8	6.8
				日本		
A	(M_2)	12.7	16.4	8.7	8.7	8.9
B	(Y)	10.4	14.4	5.9	6.5	5.4
C	(y)	4.9	5.7	4.0	3.8	4.4
D	(P)	5.2	8.4	1.8	2.6	1.0
E	(i_s)	7.0	7.5	6.5	7.8	5.5
F	(i_1)	7.3	7.6	7.0	8.4	5.9

续表

		1969 年第一季度至 1987 年第四季度	1969 年第一季度至 1978 年第四季度	1979 年第一季度至 1987 年第四季度	1979 年第一季度至 1982 年第四季度	1983 年第一季度至 1987 年第四季度
		法国				
A	(M_2)	12.2	14.7	9.2	11.3	7.2
B	(Y)	11.8	13.4	10.0	13.1	7.4
C	(y)	3.1	4.2	1.8	1.9	1.9
D	(P)	8.5	8.9	8.0	10.9	5.4
E	(i_s)	9.7	8.4	11.1	12.6	10.0
F	(i_1)	10.3	8.7	12.1	13.5	11.0
		加拿大				
A	(M_1)	8.2	10.3	6.1	5.3	6.4
B	(Y)	11.1	12.6	9.4	10.7	8.5
C	(y)	4.0	4.8	3.1	0.5	4.9
D	(P)	6.9	7.7	6.2	10.1	3.4
E	(i_s)	9.7	7.7	11.8	14.5	9.6
F	(i_1)	10.0	8.3	11.9	13.1	11.0
		澳大利亚				
A	(M_2)	12.9	12.9	12.9	11.6	13.7
B	(Y)	13.2	14.4	11.6	12.0	11.6
C	(y)	3.5	3.2	3.7	3.1	4.6
D	(P)	9.5	11.0	7.7	8.8	6.8
E	(i_s)	9.4	6.6	12.6	11.9	13.1
F	(i_1)	10.6	8.1	13.3	12.7	13.9

A. 关键货币总量的年平均增长百分比。

B. 名义收入的年平均增长百分比。

C. 实际产出的年平均增长百分比。

D. 通货膨胀的年平均增长百分比。

E. 代表性短期（3 个月）利率的年平均水平。

F. 代表性长期（10 年）利率的年平均水平。

　　该表显示，在这些国家中，利率、通货膨胀和产出增长之间存在一种交互作用的普遍模式。从 1969～1978 年的第一个时期，其显著特点是高通货膨胀、负的实际利率和略高于平均水平的增长率；从 1979～1982 年的第二个时期，其显著特点是平均较高的名义利率和实际利率、较高的（但是有下降趋势的）通货膨胀率以及非常低的产出增长率。最后一个时期，从 1983～1987 年，其显著特点是，大幅降低的通货膨胀率、名义水平较低但实际水平较高的利率以及产出增长的复苏，在有些情况下已经超过了平均水平。相反，在这些国家中，所选择的关键货币总量指标的增长率和名义收入之间的关系却表现得很微弱（同样可见 Clinton 和 Chouraqui，1987 年，特别是第 7 页）。

　　不管是以货币总量增长率还是以"实际"利率（指经通货膨胀预期调整以后的利率）为衡量指标，20 世纪 70 年代的政策都是相当宽松的。这种宽松的政策导致了与以前年代相比较高的通货膨胀率，但并没有带来特别高的产出增长。但是，人们仍然可以对其进行辩解，就如同 70 年代的英国经常争论的一样，认为此情况是由于 1973 年和 1979 年石油供给方面的反向冲击而引起。Lucas（1976 年）对凯恩斯的宏观模型进行了批判，随后 Friedman（1968 年）和 Phelps（1968 年）通过分析认为，向下倾斜的菲利普斯曲线是不合理的，甚至可能已经消失。这些与这个时期的滞胀一起成为使凯恩斯的需求管理以及相应货币政策和策略地位降低的因素（Mankiw，1988 年）。另外，西德和瑞士首先采用了公开的准货币主义（quasi-monetarist）政策，并使其经济在 1973 年危机后获得了复苏。它们的相对成功所带来的示范效应导致了货币政策目标规则的转变。因此，在 70 年代末期，主要的工业国家都宣布其将遵守某一经过特殊定义的货币总量目标，并有时将其延伸到中等期限的长度。由于每个国家都选择了自己独立的国内目标，因此通过外汇市场所决定的各种货币的国际关系必然是浮动的。

　　然而，实行这种货币政策的权力并不一定完全集中在中央银行手中。在许多国家，例如英国、澳大利亚和法国，中央银行是作为财政部部长或财政大臣的决策执行机构；同时，财政部在这类政策的制定中发挥了与中央银行一样的作用。甚至在那些宪法规定中央银行独立于政府的国家里，如美国和西德，中央银行的决策也不能或很难不受政治因素的影响。Havrilesky（1988 年）提供了一项有关美国近期情况的研究（以及关于此问题的一份很好的参考文献清单），该研究检验了美联储的决定在多大程度上受到来自政府或国会的压力。两本更深入地讨论政治经济关系问题的著作分别是，Wooley（1984 年）对美国情况的研究和 Moran（1984 年）对英国情况的研究。Greider（1988 年）写了一本更流行的关于美联储的著作；关于英国的情况，见 Fay（1987 年）；关于西德的情况，见 Willms（1983 年）和 Filc 等人（1988 年）；关于法国的情况，见 Aftalion（1983 年）；关于对多国进行的更广泛的研究，见 Hodgman（1983 年）。

在实践中，货币政策的决定权在政治领袖、财政部以及中央银行之间的平衡，依国家和时间的不同而变化。各国的具体情况既取决于大的政治环境，也取决于中央银行具体的法律地位——如意大利银行和西班牙银行具有相对较大的权力。时间因素则主要取决于不同的人格特性。然而，研究如下问题十分有趣：中央银行对政治压力的承受程度是否是一个决定其管理效果——如反通货膨胀——的因素，有关研究可参见 Mayer（1987 年）、Burdekin（1986 年）、Frey 和 Schneider（1981 年）。鉴于本文的目的不在于此，我将不作深入讨论，相反，我将着重考察货币当局的整体行动而不对中央银行与财政部的内部平衡多着笔墨。

自 20 世纪 70 年代遏制通货膨胀失败以来，人们开始重新考虑，中央银行是否如大部分凯恩斯主义理论所暗含的一样，在为公众利益无私工作，或也可能被其他官僚机构的政治目标所左右。公共选择理论涉及了影响当局决策程序的动机，这是许多货币主义者（Friedman，1984 年 a）偏好"规则"而不是"相机抉择"的理论根据。

再晚一些，出现了对相机抉择这一政策的更严谨和更具说服力的批判。这包含在主要由 Kydland 和 Prescott（1977 年）以及 Calvo（1978 年）编撰的一系列名为"规则与相机抉择"的著作中，并由 Barro 和 Gordon（1983 年 a、b）、Barro（1986 年）、McCallum（1987 年、1988 年），以及 Isard 和 Rojas-Suarez（1986 年）等学者将其在大众中推广开来。在这类模型中，货币当局或者（不正确地）假设预期是相对稳定的，或者对短期因素施加了过高权重，如由于临近大选，他们被迫制定了扩张性（通货膨胀）的政策，而违反了之前反通货膨胀的承诺（时间不一致性）。除非当局由于顾及将来可能会遭到名誉的毁坏而避免实行此措施（即达到一个名誉均衡点），相机抉择的政策将比钉住某一货币规则的政策造成更高的通货膨胀率和相同的失业率（时间一致性）。那些货币政策的负责人在多大程度上能够遵循此分析中较好的均衡点，是值得怀疑的。但是对于信誉、承诺和遵循（简单）规则的重要性的呼吁却无疑于 20 世纪 70 年代末期在他们中间引起了共鸣。

因此在 20 世纪 80 年代，（大部分）政策制定者和（大部分）经济学者之间，从表面上看起来都是非常和谐一致的。货币政策应该以实现货币增长目标为基础，而货币增长目标是根据在长期内货币存量和名义收入之间具有稳定关系这一假设而制定的。除了制定和维持这一货币数量目标，当局还应该尽量避免市场干预，例如在外汇市场中，由于满足有效市场假设，市场参与者都根据理性预期作出决策，所以这类干预只能加剧市场的不稳定性而得不到好的结果。

然而到了20世纪80年代晚期，大部分政策制定者认为，此做法中更具技术性的（与范围更广的政治经济学相比）因素是十分失败的。在80年代早期采取的政策，允许当局自由提高利率到某一水平，以克服通货膨胀，而随之产生的对产出增长率的遏制尽管十分严重却是暂时的。然而与政策的最终目标相比，其机制中所蕴涵的重要长期关系又比预期的要脆弱得多。[1]这种长期关系包括货币存量和名义收入（流通速度）的关系以及两国之间的价格水平和名义汇率的关系（购买力平价）。外汇市场的过度波动（失衡）和1987年10月的危机等都对理性预期和有效市场假设提出了重大疑问。

大部分主流的宏观理论经济学家（主要是美国的）似乎没有注意到近几年的历史经验，而是更深地陷入了非现实的假象世界里。在他们的世界里，市场是完全出清的，货币和金融并不起作用，决定经济周期的是实际因素。这类代表人物有 Kydland 和 Prescott（1982年）、Long 和 Plosser（1983年）、King 和 Plosser（1984年）。另外，在大量这类分析研究中，如 Lucas（1972年）、Sargent 和 Wallace（1975年），货币政策能够影响实际变量的唯一原因是信息的不完全性（imperfection），而这个问题似乎是简单的，也是值得花时间去解决的。这在当代宏观理论和实际政策分析之间设下了一道鸿沟，见 Laidler（1988年a、b）。

本文的作用和目的不在于考察近期的宏观经济理论发展，对此问题有两项近期研究可以参考（Fischer，1988年；Mankiw，1988年），二者都注意到了理论和当前实践的不一致。因此，Fischer（第331页）评论道"对于理解引起宏观经济波动的实际因素和应用宏观经济学制定政策而言，理论研究并没有显著的应用价值"。本文的主要目的是论述主要政策制定者如何以及为什么果断地放弃了在20世纪80年代初采用的理论（注重实效的货币主义者）方法。

对这个问题，我将从考察历史记录中政策制定者的言行开始（第一

1　关于在这些新环境中制定目标的规则和对从基础货币转向名义收入（或对价格和产出行为的某种组合）的反馈规则的论述，可以参见 McCallum（1988年）和 Hall（1986年）。关于对这类规则的持续批判，可以参见 Summers（1988年）、Tobin（1983年）和 Lamfalussy（1981年）。

节）。在该节中，我将把最近的十年分成四个时期，虽然这种划分带有一定任意性：（1）1979年之前的向货币主义的政策转型；（2）1979～1982年，货币主义的盛行期；（3）1982～1985年，回归实用主义；（4）1985年以后，对汇率机制的关注日益增长。

由篇幅限制引起的一个重要问题是应采用哪个国家的经验证据。我们自然会主要关注英国，但是我们也必须回顾美国的发展情况，不仅因为它在经济上享有权威，而且因为美国的经验塑造了（美国）主要的货币主义理论家。[2] 尽管如此，我们也会参考许多涉及其他国家经验的文章，以为学生提供了解其他主要发达国家的可以利用的文献，但没有讨论欠发达国家的货币政策。

货币当局放弃了对公众承诺一个预先设定好的货币目标的主要原因在于，这类目标是以货币增长和（随之产生的）名义收入增长之间存在一个可预测和十分稳定的关系为基础的。这个预先估计的货币存量与名义收入之间的经济关系，在20世纪80年代的发展过程中大大地削弱了。尽管在一些国家，如西德和法国[3]，这种现象不太严重；而在另一些国家则很明显，如英国、美国和加拿大。既然货币目标的目的是抑制名义收入的增长率（使其与实际收入的潜在增长率相一致，见Lawson，1986年），那么无法预知货币应以多大速率增长才能满足名义收入的理想增长路径，也就使当局选择维持某一特定货币增长数量指标失去了意义（Leigh-Pemberton，1986年）。我们将在本文第二节论述该问题的主要特点。

现存计量经济关系的瓦解（如货币需求函数的失效）是显而易见的，并且很难找到更先进、更可靠和更稳定的新关系来替代原有关系。而更困难的仅仅是解释这种瓦解如何以及为什么会发生。然而，在过去的20年中，理论经济学家们却强调，从统计上看，理论估计的方程式（如货币的需求函数）是不正确的，而"深入的"结构性方程式却以制度结构和政策体制以及由其诱发的行动和预期为条件。过去十年经历了金融创新的潮流（Solomon，1981年），盎格鲁—萨克逊国家在此方面又一次超过了欧洲大陆。部

---

2 美国经济学家的大陆本位观念是十分明显的。仅仅作为一个例子，而无意打击这篇原本出色的论文。B. Friedman's（1988年b）引用的约100篇文献中，没有一篇涉及北美洲以外的国家的经验。而引用的经济学家中，据我统计，只有少数几个不是北美居民。

3 "随着时间的推移，法国的货币流通速度相对稳定，足以使我们按照其趋势而得到准确的预期值。"Bordes和Strauss-Kahn（1988年）。

分原因是，早期政策体系在转向货币目标和"实用货币主义"（如 Richardson，1978 年，所描写的那样）的过程中，对金融系统施加了多方面压力。这将在本文第二节中的第二部分讨论。

这类金融创新中较重要的一个是，银行开始普遍对以前不付利息的存款（指活期存款）或利率被政府控制的存款支付与市场相关的利率。规模日渐扩大的负债管理，使政府通过改变短期利率水平而控制银行存款规模的能力受到了限制。因为政府已无法控制存款和非货币资产的相对利率水平。在20 世纪 80 年代早期，政府通过传统方法（利率调整）控制货币存量的能力成为一个备受争议的话题，而控制基础货币的替代政策则得到了强烈支持，尤其在美国还得到了一定程度的施行。我们将在第三节讨论这类调控问题。随着政策制定者对货币目标的实现与否越来越不重视，公众对于货币控制技术的关注程度也减少了。即便如此，依赖利率调整（或者由当局直接制定，或者通过控制基础货币而由市场间接决定）以稳定货币增长的办法引起了利率水平的剧烈波动。因此，人们仍在考虑是否有其他可行的货币调控办法，值得注意的是英国的"过度融资"（over-funding）政策。

然而，尤其是在消除了外汇管制（英国于 1979 年 10 月废除了外汇管制，关于其基本原理，见 Lawson，1980 年）和其他限制资本自由流动的障碍之后，人们普遍开始认为，对短期利率的整体水平进行调整几乎成了唯一有效的货币政策工具。英国情况，见 Leigh-Pemberton（1987 年）和 Lawson（1986 年、1988 年）；法国情况，见 Conseil National Du Credit（1987 年）和法兰西银行（1987 年）；日本情况，见 Suzuki（1988 年）和日本银行（1985 年）。随着货币目标不再是受人青睐的关键中介目标，人们开始关心一个更传统的问题，即利率调整可能对名义收入和通货膨胀造成什么影响，而不是可能对货币总量造成什么影响。

后者将在本文的第四节作进一步论述，但仅限于对主要参考文献进行一个简短回顾。货币政策的传导机制这个论题过于庞大，并涉及许多基本宏观经济理论，所以这里无法作出足够详尽的阐述。即便如此，我们仍认为对此问题作以下区分是十分重要的，即标准凯恩斯主义的 IS/LM 分析方法与货币主义及新凯恩斯主义的分析方法。标准凯恩斯主义者认为，传导机制仅限于一个有限途径，即从短期利率到长期利率和股票价格，以致支出水平。货币主义及新凯恩斯主义则认为，货币/信用的冲击能够直接影响支出水平，如通过改善市场的不完全性。尽管大部分经济学家可能会认可后者的某些方面，但关于信用和货币冲击的相对重要性仍然存在极大不确定性。

综上所述，本文的结构如下：第一节，历史回顾；第二节，货币需求；第三节，货币供给；第四节，传导机制；第五节，结论。

本文是面向非专业的大众读者。虽然在第一节中掺杂了一些关于当代经济学方法论的技术性问题，但文字描述旨在帮助每一个人理解一些有关情况。

如同第一节所证明的那样，随着 20 世纪 80 年代的发展，政策制定者们变得越发重视外汇市场的过度波动，并希望建立和运行新的汇率制度，不管是地区性（欧洲货币体系）还是国际性（如在 G7 成员国财政部长会议）机制，以恢复国际体系的某些"秩序"。尽管对于目前货币政策的操作有着重大关系和日益增长的重要性，但是很遗憾，因篇幅所限本文无法对此更广泛的问题作详尽阐述。

1. 历史回顾

（1）20 世纪 70 年代——政策转型

70 年代中期，越来越多的国家货币当局采取的政策是，公开宣布货币目标。这一潮流从 1974 年年末的西德开始，随后美国很快效仿其做法，1975 年波及瑞士和加拿大，1976 年波及英国、法国和澳大利亚（见 Chouraqui 等人，1988 年；Hoskins，1985 年；Foot，1981 年）。然而，当局的承诺在许多上述国家中受到了评论者们的怀疑。确实，"仅仅依据目标是否被实现来判断，（早期）结果确实差强人意"（Foot，1981 年）。在早期的美国，当局经常将目标期缩短至一个季度，这种做法一直持续到 1978 年年底，而根据当年的《亨弗瑞—霍金斯法案》（*Humphrey-Hawkins Act*），每次制定的目标期限要持续一整年。早期的方法确实证实存在着易于滋生"基准浮动"的土壤，建立新目标的做法不是基于先前拟定的合意水平，而是基于每个季度末都会面临的实际（较高的）货币存量（Friedman，1982 年；Broaddus 和 Goodfriend，1984 年；Wang，1980 年）。日本银行直到 1978 年才公开宣布 M_2 的未来增长率，而即便在那时，这也仅仅被称为"预测"而不是目标（Tamura，1987 年）。英国货币当局在对付 1976 年的汇率危机时，被国际货币基金组织要求必须制定国内信贷扩张（Domestic Credit Expansion）的上限：尽管公开宣布的货币目标制是英国政府独立决策的结果，但如果没有外界的压力，这一政策是否仍会实行是令人怀疑的。另外，尽管首相（Callaghan）（1976 年）和财政大臣（Healey）确实认为在超过均衡水平的程度上刺激就业或产出增长将会引起通货膨胀加速和无法接受的增长，但工党作为一个集团会在多大程度上接受这种观点是令人怀疑的，或者他们仍然相信一些翻新的收入政策将使名义目标和实际目标相吻合。英格兰银行对于平衡货币政策目标和收入政策的摇摆不定的态度在 Lord Richardson 的 Mais 演讲（1978 年）中尽显无余。

尽管如此，在 70 年代的后半期，通货膨胀的降低只取得了有限进展，并且是在 1973 年发生了通货紧缩之后。在许多国家，名义利率仍然低于同期的通货膨胀率。而在 1977 年秋，英国的名义利率竟然降低到了 5% 的水平，这是当局力图通过维持 1976 年危机时的低汇率水平而保持其制造业比较优势的结果。同样的情景在 1987 年和 1988 年再一次上演。通货膨胀预期仍然根深蒂固。

1979 年，伊朗国王被推翻，这引起了市场对于石油短缺的恐慌，并引发了 1979 年的第二次石油危机。在 1980 年年初，石油价格上涨一倍多，达到每桶 29 美元的水平。除此因素对价格水平的直接影响外，卡特总统的明显弱势导致了对美国政治以及长期通货膨胀的普遍担忧。1978 年美元急剧走弱，而尽管存在官方支持，其在 1979 年仍继续走弱。另外，在 1979 年，金银等贵金属的价格出现了明显上涨，而且随着俄罗斯对阿富汗的干预，其价格在 1980 年早期达到了顶点。

这些是新上任的美联储主席保罗·沃尔克 1979 年 10 月 6 日宣布货币调控新方法的背景。之前，美联储的操作主要是控制联邦基金利率。尽管他们能够对所选利率进行精确调整，但来自各方面的压力，如在不确定条件下尽量减少变化的自然偏好，以及调高利率在政治上的不受欢迎等，缩小了美联储对利率的操作空间。从 10 月 6 日开始，美联储转向了控制非借入准备金——修正的基础货币调控形式，见后面的第三节——这种方法允许利率受市场力量的支配，在一个宽泛和非公开的区间之内波动。单是这一步就改变了全世界的货币条件，随之而来的是其他主要国家向通货紧缩政策的转变，这使得世界从 70 年代普遍的通货膨胀转向了 80 年代普遍的通货紧缩。

同时，在英国 1979 年 5 月的大选中，保守党赢得了胜利。新的保守党领袖终止了 1974~1975 年的通货膨胀上涨势头，这是广义货币存量 M_3 在 1972~1973 年大幅增长的直接结果。在财政大臣 Geoffrey Howe 任职之初，他就在 1979 年 6 月 12 日的第一笔财政预算中，重新强调了政府控制货币总量增长的承诺是货币政策的核心（Howe，1979 年）。然而，他同时采取的措施使该调控手段问题重重。首先，他大幅提高了增值税水平（从 8% 到 15%），这样他一方面增加了价格上涨率和名义支出增长率之间的差距，另一方面又提高了货币的目标增长率。其次，他在 1979 年 10 月完全解除了外汇管制；这明显会导致金融脱媒的可能性，并使得直接控制货币增长成为不可能，而在操作上则如同"穿了一件紧身衣"（原文为 Corset，意指货币供应限制——译者注）——有关情况见英格兰银行（1982 年 a）——这里没有别的选择，只能尽早放弃，如 1980 年 6 月发生的情形，事实确实如此。

"当前和过去对 1979～1982 年政策的分析表明，此时在其他国家也存在向更加严格的货币控制的政策转型（见国际清算银行，1983 年；有关意大利的情况见 Barbato，1987 年）。这些声称朝着更加严格的货币管制的进一步转型，部分原因是美国货币政策对世界造成的影响，但也有部分原因仅仅是作为一种新思潮的时代已经来临的结果"，Laney（1985 年）。

（2）1979～1982 年：国家货币主义的高潮

面对着 1979 年价格和名义收入的上涨，以及 1980 年 5 月零售物价指数年度环比达到了 21.9% 的峰值，英格兰银行很难立即将 M_3 控制在重新确定的目标区间（7%～11%）之内。11 月银行借贷利率涨到了 17%。尽管遇到了这样的操作问题，财政大臣仍推行了一个中期财务战略，并在 1980 年 3 月的预算中公布。其中预先设定了一个 M_3 逐渐走低的目标路径，这是政府策略的核心部分，而财政政策关于预算赤字和公共部门借贷需求的决定，则从属于达到货币目标对可接受的利率水平的要求。[4] 因此，"应该毫不迟疑地从货币供给的政策出发，它对任何反通货膨胀的策略都是至关重要的"。见《财务报表和预算报告》（*Financial Statement and Budget Report*），1980/

4　货币政策和财政政策的联系可以从信用的双重分析法中得到最好解释。假设在浮动汇率制下，银行的外国净资产的预期变动为零，并且忽略银行非存款负债的任何可能变动。那么下列等式将成立：$\Delta D = \Delta A$；$\Delta A = \Delta BLPub + \Delta BLPS$；$\Delta BLPub = PSBR - DS, NBPS$；这里 D 是 M_3，是银行持有的国内资产，$BLPub$ 是银行对公共部门的借贷，$BLPS$ 是银行对私人部门的借贷，$DS, NBPS$ 是非银行私人部门持有的公共部门的（净）债务。由于 $BLPS$ 和 $DS, NBPS$ 都是利率和其他资产向量的函数，所以 $\Delta BLPS = F(i, X)$，如果给定 X，$PSBR$ 的规模就受制于 ΔD 的目标和 i 的最优水平。"过高的 $PSBR$ 或者要求政府大量从银行借贷——这将直接导致货币供给的增加；或者该办法行不通，则要求它向个人和机构借债，但这又会导致利率水平进一步上涨，并且对私人部门造成难以接受的"挤出效应"。从以上两个方面能够得出一个、而且是唯一的结论，即 $PSBR$ 太高了。"（Lawson，1980 年）。另参阅《财务报表和预算报告》（红皮书），1980～81 年，第 16 页，第 4 段。对于涉及的有关"行为关系的力量"的更具体的观点，见财政和市政服务委员会（1981 年），以及 Dow 和 Saville（1988 年）。确实，尽管有这些数量等式，但是当进行数据检验时，经常会得出公共部门赤字与利率之间以及公共部门赤字与货币总量增长之间的关系很弱这样的结论，见 Dwyer（1985 年）。这一发现使得中期财务战略受到了来自英国凯恩斯主义者和来自美国货币主义者的共同批判。前者如 Kaldor（1982 年），后者如 Friedman。

81 年，第 19 页，第 16 段。

对英国货币需求进行的研究显示出其已具有明显的不稳定性（Hacche，1974 年），因此诱发了如下考虑：（任何特别定义下的）货币增长和名义收入之间的关系是否变得过于脆弱而无法对其作出这种长期承诺。许多评论者，如财政和市政服务委员会（the Treasury and Civil Service Committee，1981 年）就表达过这种疑虑。也许由于对现存的证据存在不同观点；或者更有可能是因为存在这样一种观点，即为了建立一个有信誉的政府形象是值得冒风险的；这种担忧被政府置之不理了。许多有影响的评论员（如 Brittan，1980 年）相信，如果能够使通货膨胀降低，同时又不大幅增加失业，就会改变预期；因此他们十分欢迎履行这种承诺义务。当时的财政大臣 Lawson 被称为中期财务战略的总设计师。他于 1981 年 1 月 14 日在苏黎世做了一次演讲，这被认为是关于当局战略的第一次权威概括。

在 1980 年 6 月，"紧身衣"式的控制结束了。人们预期银行存款和贷款将会立即增长，因为资金的再中介化（reintermediation）成为可能。实际的涨幅超过了预期两倍以上，而且 M_3 的增长已经超过了其上限，这将政府带入了极大的尴尬境地，并造成对其（主要是对银行的）不满之情，尤其是这种情况在它刚刚向公众作出承诺之后就发生了。利率保持在 16% 的高水平，并且产生了转向对基础货币调控的强烈要求。

但与此同时（1980 年），下述一系列因素的组合——英国确立了新主要产油国的地位、高水平的利率、撒切尔夫人反通货膨胀承诺的可信——使英镑的名义汇率出现了极大幅度上涨，而实际汇率的涨幅甚至更大，[5] 见 Buiter 和 Miller（1982 年、1983 年）。

尽管在实行中期财务战略的第一年，人们接受了过度调整的尴尬局面；然而，未来以提高利率为表现形式的更紧缩的货币政策却是难以接受的。事实上，利率在 1980 年 11 月降到了 14% 的水平。[6] 即便如此，由实际汇率上涨导致的通货紧缩压力仍然严重，同时工业生产降低了 10%（1980 年第四季度较上年同期），失业人数增长超过了 50%，在 1980 年从 130 万增长到了 220 万（1 月／1 月）。

　　5　如何确定各影响因素的不同重要程度被证明是十分困难的，而没有一种尝试被认为确实具有说服力，见 Bean（1987 年）和 Niehans（1981 年）。

　　6　英格兰银行的最低中期贷款利率（Minimum Lending Rate，MLR）于 1981 年 8 月被废止：此后，除非特别说明，英国的利率水平指的是伦敦清算银行的基础利率（London Clearing Bank base rates）。

此外，在 1980 年秋季，Alan Walters 成为首相的经济顾问。他怀疑，从技术的角度，M_3 是否是最合意的货币总量目标，并且注意到当以一个更小的总量指标 M_1 或 M_0 来衡量时，货币政策的紧缩程度表现得更明显（Walters，1986 年）。一位来自约翰霍普金斯大学的同事，J. Niehans 教授对该问题作了一个学术研究。他的论文（Niehans，1981 年）尽管没有发表，却被广泛传阅，并产生了较大影响。

然而，如果将货币和名义收入增长从政策目标中剔除，而没有进一步防止利率和汇率之间联动关系的措施，那么公共部门债务必须得到严格控制。财政大臣不断重申对中期财务战略的承诺，并且即使在一个严重的经济下滑周期中，他也拒绝增加政府支出以发挥自动稳定器的作用。这使得他在主张稳定经济的英国凯恩斯主义者中声望甚微，如同那封著名的发表在《泰晤士报》（The Times，1981 年 3 月 31 日）上 364 个经济学家的联合声明所表明的一样（由 Hahn 和 Nield 组织，另参阅 Healy，1987 年）。这封信的发表时间恰好和周期的最低点一致。世界范围内的通货紧缩与英镑的汇率上涨结合在一起使得进口价格大幅下跌[7]，并进一步表现为零售物价指数的下跌和名义工资的上涨。另外，名义工资对（短期）失业的波动表现出一定的敏感性（Hall 和 Henry，1987 年；Layard 和 Nickell，1986 年）。同时，1981 年的预算决策在中期财务战略的框架中是否必要也引起了争论；这显著表明政府策略从凯恩斯的需求管理转向了反通货膨胀的义务承诺；并因此帮助打破了当时根深蒂固的通货膨胀预期。

在 1981 年的上半个财政年度，一个关于市政服务的大罢工延迟了某些税收收入，所以货币增长的路径被扭曲了。随着名义收入增长率的显著下降，以及货币增长仍维持较高水平（在 1981 ~ 1982 年，M_3 的增长率将近 14.5%），对中期财务战略体系施加的压力有所缓和，而为了缓解英镑贬值的压力，利率在 1981 年秋已升高到一个显著高位，但从 1982 年开始稳步降低，11 月达到了 9% 的低位。

同时，美国的货币当局制定了修正的操作程序，据此，其允许利率随市场力量自由调整，而力图使非借入储备金达到一个目标水平（第三节对此作出进一步阐述）。但此过程并不一帆风顺，利率（同时包括短期利率和长

7　有一些文章的观点认为，20 世纪 80 年代通胀水平的下降，在很大程度上是由于商品价格的下跌，而不是受货币紧缩的（直接）影响（Beckerman，1985 年）。这种观点从目前看来是具有误导性的，因为这种通胀下降本身就是银根收紧的间接结果（见 Lawson，1986 年）。

期利率）的波动性同 1979 年 10 月之前的水平相比增长了 5 至 8 倍（Dickens，1987 年；Walsh，1982 年；Evans，1984 年：合格的操作程序见 Rosenblum 和 Storin，1983 年）。这不完全是操作程序改变的结果，因为在 1980 年春对个人信贷施加了直接管制而随后又将其撤销，这导致了货币增长和利率的大幅波动。

短期利率波动性的显著增长一直都被视为转向基础货币控制的附带产物。维持货币增长不变的规则容易导致剧烈的利率波动，如 Anderson 和 Enzler（1987 年）。更令人感到惊奇的是，这还伴随着货币供给的月度和季度（短期）增长率波动性以及长期利率波动性的增加（详见第三节）。尽管具有这些显著的短期波动，美联储确实一步步朝着其制定的货币增长（M_1）年度目标贴近。

当然，美联储从整体上，特别是通过其主席保罗·沃尔克，确立了自身反通货膨胀的信誉。这种信誉更可能是建立在其被证实的意愿上，即愿意接受一个痛苦的高（实际）利率水平和显著的产出下滑，而不大可能建立在实现某一货币目标的基础之上。瑞士（Bomhoff，1983 年、1985 年）和英国的情况可能同样如此。尽管如此，中央银行行长们还是对货币目标的作用称赞有加，因为它为规避不成熟的扩张政策提供了一个"立足点"（Bouey，1982 年 a）。同样，Fforde（1983 年）评论道"如果不是货币目标最初所具有的'政治经济'特性，很难在这许多年中实现如此坚定不移的反通货膨胀政策而不诉诸各种直接管制"。

然而，大部分通货紧缩的痛苦都由原材料的生产者来承担——除了受到保护的领域，如欧洲的农业——对于他们来说，产出价格的下跌加上利率的大幅上涨就意味着灾难。1982 年夏，经历了欠发达国家的债务危机、本国（美国）反通货膨胀的胜利以及对 M_1 越发任意的波动路径进行预测（控制）的难度加深。结果是，钉住非借入储备的操作程序被（悄无声息地）束之高阁，取而代之的是钉住借入储备的操作程序（见第三节），它更加能够适应货币需求难以预测的变动，并且使当局能够重新确立利率变动的稳定性（见 Axilrod，1985 年）。

至于当时的中央银行行长们是如何看待货币目标的，可以参考 Meek（1983 年）的论述，其中不仅包括了美国、英国，还包括了其他主要国家的情况。关于日本银行的政策和经验的详细讨论，见 Suzuki（1986 年）、Hamada 和 Hayashi（1985 年）；关于德国中央银行实践和经验的讨论，见 Dudler（1984 年）；一个关于意大利货币政策的有价值的年代表和货币政策的评论，见 Barbato（1987 年）；关于法国的情况，见 Conseil National Du Credit 的年度报告。关于对许多国家的一般研究，见 Argy（1988 年）、Hoskins（1985 年）和 Johnson（1983 年）。

（3）1982~1985 年：转向实用主义

除了 1972 年和 1973 年以外，这段时期经历了 Barber 的繁荣期及货币供给的增长，英国 M_3 的流通速度保持稳步上涨，即名义收入的增长快于 M_3 的增长，这种情况从 60 年代开始一直持续到 1979 年。这一历史趋势，很自然地为 1979 年 6 月和 1980 年 3 月选择 M_3 的目标增长率奠定了基础。最初，从 1980/81 年到 1981/82 年的超调，使人们产生了这样一种忧虑，即过度的货币供给会使通货膨胀卷土重来。

另一方面，对通货膨胀压力更加直接的度量指标，如汇率、资产价格、工资上涨和通货膨胀本身的各种度量方法，如零售物价指数或 GDP 平减指数，更不用说如产出和失业等实际变量，都预示了持续的通货紧缩迹象。到 1982 年 3 月，达成了一个来之不易的妥协。基于这样的假设，即货币流通速度的历史趋势将重建，对 M_3 的目标期限扩展了，但是并没有作出努力以弥补先前的超调，尽管最初的希望或目的如此（Lawson，1982 年和 FSBR，1981/82 年，第 16 页，第 11 段）。同时，英格兰银行在达成目标增长率方面仍存在压力，但是却不能够为达到这一目标而允许利率无限度的波动。

但是随着时间的发展，当局越来越不相信他们能够完全理解或预测货币流通速度的变动路径及/或货币需求（见第二节）。他们对其先前确定的主要目标和指标 M_3 所发出信号的理解能力的信心受到了侵蚀。这使得当局扩大了货币总量的涵盖范围，并增加了其他的政策变量，尤其是包含了汇率，这是在评估政策立场[8] 时所参考的指标，并由此确定如何改变利率。因此，在 1982 年 3 月的预算报告中（见 FSBR，1982/83 年），增加了两个新的货币总量指标：M_1，一个狭义定义和 PSL2（Private Sector Liquidity，Second Definition 私人部门流动性，第二定义），一个比 M_3 范围更广的总量指标。

8　随之产生了一些关于政府在多大程度上将自己限制在单一货币目标 M_3 之上的新观点（Lawson，1982 年）。同样还包括这样一个带有欺骗性的概念（在后来的关于政策博弈的学术文献中被正式提出，如 Persson，1988 年和 Driffill，1988 年），即当局在表面上越是承诺遵循货币主义的措施，在实际中就越倾向于相机抉择的政策。所以，"从另一个角度，如果当局对货币政策和将维持财政纪律置于一切之上的承诺完全可信，但同时却执行着相机抉择的政策；那么就没有理由顾虑重重了"，Lawson（1982 年），第 5 页。

关于英国货币统计的说明，见英格兰银行（1982 年 b、1987 年）。外部评论员抱怨这会给当局一个较大的几率使其至少达到一个目标，内部人士却担心，市场只会关注当前做得最差的那个指示指标或目标。

同时，私人部门对银行贷款的需求继续顽固地在高位增长，主要是由于各行业在 1980/81 年对克服资金困难（financial squeeze）的需要。然后是私人部门对抵押贷款融资的需求（目前几乎是无止境的）激增。偶然的证据和计量经济证据（Goodhart，1984 年；Moore 和 Threadgold，1985 年）似乎都表明，对银行信贷的需求对利率是高度无弹性的。即使早在 1980 年秋，政府就从抬高利率（以及高到什么程度？）以直接断绝这种信贷的计划退缩了。那么，为了防止银行信贷的快速增长引起银行存款的增长，当局不得不减少银行对公共部门的贷款（见脚注 4）；这通过向非银行私人部门出售更多不必要的公债来实现，即所谓的"过度融资"。他们之所以能实现这个策略，部分由于一系列的创新使得公共部门的债务对私人部门更有吸引力，如部分支付、可转换、指数化等；部分由于充分把握现有市场条件以最大化销售量的勤勉努力。当局从没有强制市场接受某一预定数量的金边债券。另外，尽管过度融资会导致收益率曲线在一定程度的扭转（尽管还没有获得这一影响的严格证据），但这不是当局为了该目的直接操纵收益率曲线的结果。

事实上，英格兰银行在这一操作中取得了显著成功。但是由于银行信贷仍然以一个很快的速度持续增长，一些评论员怀疑，通过大量出售政府金边债券或公共部门债券以缓和银行存款的增长，并使货币增长贴近其目标水平的方法，是否显得过于做作甚至还有些虚假。由于对 M_3 的主要关系越来越难以确定，而且在 1982～1985 年对它的调控更多地受制于"过度融资"而不是利率变动的影响，就留下了这样一个问题，即这一期间是什么因素决定了短期利率的水平。这愈发转向实用主义，包括了一系列货币指标的组合，如本国通货膨胀的直接度量，甚至有时还检验一下实际变量，但是实际中对汇率波动投入了与日俱增的关注。从 1981 年到 1986 年，利率上涨的主要时机（1981 年 10 月、1983 年 1 月、1984 年 7 月、1985 年 1 月和 1986 年 1 月）和英镑在外汇市场走弱的期间重合并非巧合。

然而，这种情况的某些方面是英国特有的现象，如使用"过度融资"策略以达到一个宽泛的货币目标，而另一些方面则可以在国外找到类似的现象。特别是在关键的货币总量指标（M_1）的增长趋势中时间和规模的变化，美国、加拿大的经验和英国非常相似，尽管其货币总量的定义有一定的区别。这一现象的可能原因将在第二节进行深入讨论。

不出所料，其在美国、加拿大的后果和反应与英国也很相似。直到1982 年（见 Lindsey，1986 年），美国当局一直将 M_1 保持在主要目标水平上，并且将对货币需求函数的扰动因素尽量视为短期的，或将其归结为暂时的扰动，如 1981 年在美国全国范围内推广的 NOW 账户（见 Wenninger 和他的助手在 20 世纪 80 年代的一系列论文，如 Radecki 和 Wenninger，1985 年）。然而，随着货币流通速度变得愈发难以预测（以及反通货膨胀取得了显著的胜利和声誉），美联储转向了更广泛的货币目标/指标，并且货币市场利率的决定模式变得更具任意性和实用性。其政策转变的速度和英国大致相同。在加拿大，从货币目标制到相机抉择的利率调控的转变显得更加突然（见 Bouey，1982 年 b；Freedman，1983 年）；澳大利亚也如此（Keating，1985 年；Johnston，1985 年）。

另外，在同一时期的其他一些国家中，货币流通速度开始下降，尽管程度并不十分显著，而且存在（未预期的）货币需求的增加；例如，日本（见日本银行，1988 年 a，图 15）和澳大利亚（Stevens 等人，1987 年）。

然而，货币流通速度不稳定的这种经验现象并不是全世界普遍存在的：尤其是在西德和法国，在这一时期，没有明显的证据表明流通速度变化趋势的任何偏离。结果是，尽管采用了更加灵活的操作方法，德国中央银行仍比其他中央银行更有效地维持了货币目标（见 Schlesinger，1984 年、1988 年；德意志联邦银行，1985 年）。

在除了西德以外的其他地方，如日本和澳大利亚，货币中间目标的成就并没有被提升到货币政策的中心地位。因此，随即向更加相机抉择的政策模式的回归，也并没有引起公众的强烈反响。

（4）1985 年以后：对汇率机制日渐增长的关注

1980～1982 年，英镑汇率的失调对英国制造业部门产生了破坏性的影响，但是并没有对西方世界产生广泛的冲击。然而随后的美元汇率失衡却在1985 年早期对所有主要国家产生了范围深远的影响。这一经历使政策制定者们疑虑愈甚——外汇市场是否真的能够有效调整价格（或者至少比政策制定者们的调整效率高），并且能够迅速地趋向于"基本平衡"。"政府不得不考虑外汇市场的肆意行径，如果完全任其发展，我们已经看到这种行为在某些时候是多么地具有扰动性和破坏性"（Lawson，1988 年）。

对国内货币流通速度是否可预测的疑虑，加上日渐增长的对中期外汇失衡的重视，使中等规模的国家，如瑞典、加拿大、英国和澳大利亚，产生了一种趋势，即在其货币政策实践中[9]更多地关注汇率的稳定性，在有些情况下，将其汇率钉住规模较大的邻国，如美国或西德（见 Crow，1988 年），在有些情况下，钉住一篮子货币（关于澳大利亚的情况，见 Hogan，1986年；有关一般性评论，见 Atkinson 和 Chouraqui，1986 年）。

这些选择并不适用于三大经济体——美国、日本和西德。对于这些国家，学术界考虑是否具有（在这三大经济体之间）进行货币政策合作的可能，以联合实现稳定国际汇率和世界通货膨胀的目标。许多学者，包括 Williamson（1983 年），Edison 等人（1987 年），McKinnon（1984 年）、McKinnon 和 Ohno（1988 年），为该目标提出了建议。相关的评论和批判可见 Frenkel 和 Goldstein（1988 年）。1985 年 9 月在纽约广场举办了一系列财长会议，以讨论是否有提高国际合作的可能。但这些会议对各国领导者独立进行的政策决定究竟产生了多大的影响却颇有争议（见 Feldstein，1988 年）。这不应被解读为，在德国和日本，汇率波动对国内的货币政策决定没有任何影响；显然，德国和日本当局根据外部发展来调整追求本国货币目标的热情，但是这种调整是自行决定的，而不是为了维持国际合作和友善关系。

在 1985 年，对 M_3 核心地位的怀疑以及关于"过度融资"政策是否人为地导致相关利率和总量增长的扭曲的忧虑，使财政大臣转向"充分融资"（full-funding）的政策——但不对公共部门过度融资——并且调低了 M_3 作为目标变量的地位（Lawson，1985 年）。在 1979 年和 1980 年采用的核心政策变量到 1985 年已经被完全抛弃，这意味着一个重大转变。然而对于财政大臣来说这却过于突兀，他在 1980 年和 1981 年还反对任何对英镑升值的实质干预，而现在却要作出使货币政策正式地和汇率变动相挂钩的进一步决定（见 Lawson，1986 年、1988 年），同时在首相正反对英国加入欧洲货币体系的汇率机制之时，这在政治上也有相当大的难度。

在英国的任何金融创新，如果它导致了各种货币总量与名义收入或利率之间的统计关系不复存在（见第二节和 Leigh-Pemberton，1986 年），那么其扰乱基础货币（M_0）与名义收入之间关系的能力就相对较弱（Johnston，1984 年）。然而，技术和社会的改变，如 ATM、电子转账、EFT-POS（销售终端或工作地点等）、家庭银行等，也导致了潜在的不稳定性（Hall 等人，1988 年）。这种不稳定性在近期的西德表现得更加明显，导致德国中央银行

9　然而，在实践中，这些国家的一部分，如英国、法国，仍将本国货币目标维持在其正式宣布的中级目标之上。

的目标从早先的中央银行货币（Central Bank Money）转向了 M_3（德意志联邦银行，1988 年；Holtham 等人，1988 年）。

另外，M_0 的绝大部分（99%）由流通中现金组成，包括公众手中持有的（84%）和银行库存现金（15%）。这类现金由英格兰银行根据需求自动提供。然而确实有一些原因使人相信［见第四节（2）］，货币/信用冲击会对经济产生相应的影响，英国大部分的外部评论家，认为 M_0 的变动仅仅是消费者支出的一个带有额外扰动的一致度量。财政大臣却不这么认为，他强调说 M_0 是名义 GDP 的"先行指标"（Lawson，1986 年，第 12 页）；这一说法的经济计量基础是不确定的（而且是无法找到的，见 Johnston，1984 年）。

但是，也许是出于对其显著经济意义的信仰，也许是出于对钉住某一货币总量目标的象征意义的追求（该目标即使在发生技术/社会的变化时，仍会维持相对较低的增长数据），财政部及其大臣因此保持了一个 M_0 的年度目标[10]作为其执行货币政策的目标。然而在实践中，1986 年期间的利率调整似乎同样依赖于相机抉择的实用主义倾向，利率的调整要视货币的变化情况而定（不仅包括 M_0），还包括本国的通货膨胀指标和如前所述的汇率波动状况。

然后，在 1987 年的早春（3 月?），政策似乎开始转变，或许部分地由于 2 月卢浮宫会议使财政大臣之间达成了相互谅解，尽管没有任何正式的公开声明——预算红皮书（1987 年）中设定的货币目标仍继续以 M_0 的增长率来表示。然而，从 1987 年 3 月到 1988 年 3 月，英镑对德国马克的价值始终维持在一个狭窄的交易区间内，而且一旦英镑将要升值到 1 英镑/3 德国马克[11]的时候，明显的政策举措，不管是以干预的形式，还是以降低利率的形式，就要开始发挥作用以防止其超过这个上限。利率调整仍然有操作空间，如 1987 年 8 月由于对通货膨胀的普遍担忧而造成的利率上扬以及 10 月冲击之后的（国际协定的）利率降低。即便如此，这类相机抉择政策能够操作的指标范围，似乎通过这项与德国马克"如影随形"的政策而更加严格地受到外汇市场的制约。

早在 1988 年，这导致了一个问题。英国的繁荣境况导致了对通货膨胀加剧的苗头的担忧，因此，较高的利率水平从国内角度来看是比较谨慎的。但是只要钉住德国马克的预期仍然存在，与德国利率之间的收益率差异就会使

10　然而，没有证据表明，在这个后期阶段当局应该改变他们的控制机制，并采用基础货币目标。确实后面这个选项被公开解除了（Lawson，1983 年）。

11　因为英镑在这一时期普遍走强，相关的（未公开的）下限将不会很容易被探知。

资本流入有利可图。资本流入的规模产生了英镑升值的压力，并使英格兰银行大举采取干预措施以维持钉住汇率，而这反过来促使货币存量更快地增长。

这导致了一个政策困境，Walters（1986 年）曾警示说，这种政策困境在该情况下将是地方性的，是保持外部的钉住政策而忍受短期内加重的通货膨胀压力，还是放弃钉住汇率以及维持德国马克钉住汇率的（反通货膨胀的）中期支持。报纸上刊登有关高层部长之间关于如何选择的冲突的报道，最终采取了第二个选择。此后，在经过三个半月左右的时间之后，政策似乎开始转向了一个新的方针，即斟酌汇率和利率之间的平衡以维持对名义收入的持续压力。财政部的预测模型发现（一个计量经济学的结果），每当先令升值4%，例如从 3.00 德国马克到 3.12 德国马克，将会产生通货紧缩的影响，使名义收入减少1%，如从 9.5% 到 8.5%。这为短期利率的降低找到了说法。无论如何，这个报告是准确的，从 1988 年 3 月到 7 月，在英镑/马克的即期汇率中，注意到，每升值（贬值）5/7 芬尼，将伴随利率降低（升高）1~2 个百分点。

7 月初，该时期平衡利率调整和汇率调整以达到对名义收入的持续（需求方面的）压力这种政策似乎结束了。一系列指标表现出持续强劲的产出增长，通货膨胀压力加剧，收支状况恶化。当局随后升高利率（尽管初期每次加息幅度只有 1~2 个百分点），整个夏天加息的幅度相当大，美元的强势和英国骇人听闻的贸易数据使得当局没有进一步使英镑升值，而任其日益走弱。

随着 20 世纪 80 年代头五年国内货币主义和浮动汇率的崩溃，财政大臣似乎开始寻找一个替代的（协调的）政策以促成国际货币合作和协调，包括地区之间或多或少的正式关系，如欧洲汇率机制和 G3 国家更加紧密的合作（三国集团包括美国、德国和日本）。在 1988 年年初的事件中，政府的过度承诺和维持国内通货膨胀水平之间的客观冲突导致了这个政策困境。后一个目标占了上风（和西德的情况一样），但是在现行情况下，货币政策的操作应如何校正才能最好地实现这个目标，仍然是一个有待讨论的问题。

2. 货币和名义收入之间的不稳定关系

（1）货币需求

对货币需求的理论研究通常建立在这样一个假设前提上，即在私人部门的货币需求和其他某些宏观经济总量，例如价格水平、实际收入（或支出）、（某些）利率水平，又或者财富和通货膨胀率，之间存在一个长期的均衡关系。在这种长期均衡关系中的相关变量，最初在名义上是基于某一先验理论而选择的，如凯恩斯的货币需求动机理论（即交易需求、预防需求和投机需求），托宾—鲍莫尔的存货理论，或弗里德曼的更加一般化的资产组合选择理论（Friedman，1956 年）。在大部分早期的研究中，这些被认为与长期均衡关系有关的变量也被应用在了短期的货币需求方程中（尤其是通过一些短期调整机制），并且直接使用数据对其检验。实际上，这在美国仍是最普遍的研究方法，关于近期的调查见 Roley（1985 年）以及 Judd 和 Scadding（1982 年）。

更近一些时候，计量经济学家已经开始直接对变量之间的这一长期均衡关系进行检验（在将其应用在考察短期动态调整的方程中之前），其方法则是检验这些变量是否协整。如果在变量 X 和 Y 之间确实存在这样一个长期关系，它有可能既不是平稳的，又是在水平上有趋势的，但在差分的形式下可能是平稳的，即它们都是一阶协整数列 [I（1）]，于是在水平值序列之间的简单线性关系 $Z_t = X_t - aY_t$ 中，Z_t（X 对 Y 的普通最小二乘回归的残值）将是平稳的 [即 I（0）序列]，而且这可以很容易地被检验，见 Engle 和 Granger（1987 年），尽管仍然会出现问题，因为协整向量不一定是唯一的。然而，这却是认定 X 和 Y 之间是协整关系所需的最少信息量。我们不知道为什么以及显示了什么关系；在方程组中，我们甚至不知道哪些协整变量的哪些线性组合构成了利率的长期关系。因此，如 Hendry（1985 年、1988 年）所论证的一样，有必要采取将长期和短期联合考虑的模型，以确定在哪个方程中误差纠正机制出现了，并将其识别出来。

从行为的角度来说，如果在变量 X 和 Y 之间存在一个长期均衡关系，比如一个线性形式 $X = aY$，那么，任何与这一关系的背离都会使 X 或者 Y，或二者同时受到向均衡关系回归的压力。这意味着，检验短期调整的方程应该包含一个误差修正机制，这正是 Granger（1981 年）在其更具理论性的著作中所阐述的，同时可见 Hendry 的一系列实践研究（1979 年、1985 年和 1988 年）。

这种方法不涉及假设前提，不管是关于扰乱长期均衡的冲击的性质，还是关于在均衡的重新恢复过程中，是 X 还是 Y 先调整，又或是二者同时调整。因此，在货币需求和名义收入之间的关系中，长期均衡的存在（也就是一个可预测的、稳定的货币流通速度）并不需要任何前提，或者是有关扰乱均衡关系的冲击是先对货币供给施加影响还是先对名义收入施加影响；或者是有关随之向均衡的回归是通过货币供给的调整还是名义收入的调整。尤其是货币存量可能在很大程度上是内生的，如经济学家 Moore（1988 年 a、b）和 Kaldor（1982 年）所论证的一样，而对货币存量以及长期均衡关系的扰动因素，可能导致相应的名义收入的调整。后者是一个经验问题，并不依赖于货币存量对名义收入的外生性。

在协整/误差纠正机制与货币分析中的缓冲储备法（buffer stock approach）之间存在一个紧密的关系，尽管并不被广泛地认识到（见 Laidler，1983 年 b、1986 年）。如同前者一样，后者依赖于货币需求和名义收入之间存在一个长期的稳定关系。各种冲击，尤其是影响银行信贷扩张的因素，如在违反规定的情况下，则会使实际货币余额偏离其长期均衡水平，而这种偏离人们是愿意暂时忍受的，因为货币余额可以很好地充当这类冲击的缓冲器。但是这种（与长期均衡之间的）偏离则会产生同时影响货币变量（指对贷款和存款的需求）和名义支出的力量。关于该问题的模型产生于 1976 年澳大利亚储备银行（Jonson 等人，1977 年），从此许多（更小型的）模型被构造以应用于其他国家，包括美国（Laidler 和 Bentley，1983 年）、荷兰（Knoester 和 Van Sinderen，1982 年）和英国（Davidson，1987 年；Davidson 和 Ireland，1987 年）。目前关于缓冲储备货币的文献已经汗牛充栋：关于近期的贡献，见 Cuthbertson 和 Taylor（1987 年）以及 Muscatelli（1988 年）。同样，这种方法也没有在美国被广泛采用，除了一些特例，如 Carr 和 Darby（1981 年）以及 Judd 和 Scadding（1981 年）。部分原因是如 Milbourne（1987 年）的批判中对其微观基础所提出的质疑，部分是由于经济部门能够暂时允许自身偏离其需求函数的概念与美国占主导地位的（相对）完全市场出清模型不相容。

如同可能的那样，早期的经验研究（美国的情况见 Goldfield，1973 年；英国的情况见 Laidler 和 Parkin，1970 年；Goodhart 和 Crockett，1970 年）很快确定货币需求向长期均衡关系的调整似乎十分缓慢，即存在较长的时滞。在大部分美国的文献中，这种时滞建立在对实际或名义货币余额采用了部分调整机制的模型中（见 Roley，1985 年；以及 Hafer 对此的评论，1985 年）。在英国，又是由于受到 David Hendry 的影响，计量经济文献最近的趋势是尽量少地以动态调整模型的形式施加前提条件的限制，但是使用限制条件，如数据相容的排斥变量等，从普遍的模型出发进行检验以达到更加简洁的等式。所以在 Granger/Engle/Hendry 的方法（即从检验时间序列的平稳性开始，其次检验协整性，然后将得到的误差修正变量应用到一个检验极简形式的普遍短期调整模型中），与更加普通的单一方程、部分调整和标准的货币需求函数之间存在一个显著的差异。

然而，无论哪一种方法都倾向于留下一个"偏好的"方程，包括了作为因变量的货币总量的滞后，以及其他可能的滞后变量，预示了一个较长的调整时期。这受到了多方面的批评。第一，它似乎表示如果存在对货币存量的"外生"冲击，某些其他变量，如利率，就会进行超调。第二，调整的时期似乎太长而难以通过调整成本进行估算，见 Laidler（1985 年）和 Goodfriend（1985 年）。第三，这些滞后和误差修正反馈机制是否和理性预期相吻合，并不十分清楚。Cuthbertson（1988 年 a）；Cuthbertson 和 Taylor（1987 年）；Lane（1984 年）；Dutkowsky 和 Foote（1988 年），以及其他一些作者研发了一个两阶段方法，其中第一阶段建立了预期的"模型—致性"估计，而且那些前瞻型变量（forward-looking variables）则与追溯型变量（backward-looking variables）（其中包括误差修正机制）—起被应用到货币需求函数中。

Hendry（1988 年）指出，如果在数据期（data period）预期生成过程（expectations generating process）发生了转变，那么就能够在反馈（feedback）和"前馈"（feedforward）机制之间进行区分（见 Hendry 和 Neale，1988 年）。尽管他明确论证了利率和实际产出的运动趋势十分难以预测，几乎接近随机游走，所以前馈机制的能量十分有限，甚至他还对数据明显地表明经济部门"在调整其 M_1 余额时忽视了通货膨胀的可预测性"（第 146 页）表示惊讶。Cuthbertson（1988 年 b）回应道，Hendry 的估计和对 Lucas 批判的驳斥，由于如下事实而受到削弱，即在一个有限样本中，对前瞻型变量的边际模型可能十分无效，但是如果这类边际模型，在此例中还包括 Cuthbertson 自己的方程真的如此无效，那么如何进行任何有置信度的预测呢？

但是，这不是对货币需求理论的研究，尽管缺少计量经济技术性。政策制定者们通常不关心学术上的细节，而更加关心这个未知的关系是否足够强大从而能够作为货币政策操作的基础。正如已经论述过的，关于这类关系的早期研究，直到 1973 年之前，尤其大约在 20 世纪 60 年代末期，仍然主要是在证明货币需求是一个包含有限变量的可预测函数。然而在混乱的 70 年代中期，这种可预测性受到了—系列冲击，尤其以美国的"货币消失"（the missing money）案例而著名（Goldfeld，1976 年）。

然而，没有任何地方的（短期）货币需求函数的稳定性，如 1972～1973 年英国的 M_3 —样表现出如此明显的动摇。银行对私人部门借贷的增加（以及庞大的公共部门借款需要）由银行大额存款的显著增加来融资，因为银行对资金的出价颇高。这使得 M_3 大大超过了依此前计算的方程而得出的估测值。即使考虑到了银行新的负债管理操作，修改后的方程仍然不能完全解释 1972～73 年的货币增长（Taylor，1987 年是一个例外）。主流意见仍然认为 M_3 的货币需求函数在 1972～73 年瓦解了，而且从此之后就一直维持了不稳定的状态（货币需求函数的瓦解在企业部门的 M_3 持有量中表现得最明显；事实上，Lubrano 等人（1986 年）得出的结论是个人部门的长期关系仍然维持稳定（至少在 1981 年之前如此）。Grice 等人（1981 年）的研究曾经提出 M_3 的稳定函数可以通过将 M_3 与一个度量金融财富的总量指标及金边债券（即政府债券）的预期收益率联系在一起而得出，但是这个方程不仅包含一些固有的问题（如将银行贷款视做外生的），而且其样本外预测（out-of-sample forecasting）的特性也很快让人失望。关于近期的调查，见 Holtham 等人（1988 年）。

这可能会引出一个问题，为什么需求函数的瓦解并没有使英国的政策制定者们放弃对 M_3 的依赖呢？关键原因是随后在 1974～75 年的价格和名义收入的上涨，似乎更加巩固了货币主义者历史/政治的主张，即主要的货币冲击导致后发的名义收入的改变。因此英国（短期）货币需求函数的瓦解给许多货币主义经济学家（和政策制定者）发出了信号，即我们对衰退的分析一直采取了错误的方法，而并非长期的货币/名义收入之间的联结关系是脆弱和不可靠的。

Artis 和 Lewis（1976 年）作了最初努力，首先转换方程以将 M_3 变成独立的自变量，但是最初他们将利率水平而不是名义收入作为了因变量（见 Andersen，1985 年）。后来，Mills（1983 年 b）检验了一旦名义收入的自回归模式被纳入考虑范围，英国各种货币存量在多大程度上能够预测名义收入的变动，并得出 M_3 是最佳指导变量的结论；有关对西德进行的相似研究，见 Geisler（1986 年）。

然而，20 世纪 70 年代中期英国的经历却是不寻常的。在许多其他国家，之前使用的方程在 70 年代中期确有些问题，但是相比较英国的冲击而言是很微不足道的，而且正常的计量经济学修正也使主要国家的中央银行将其对货币存量目标数字的技术选择基于他们偏爱的货币需求函数。

如第一节所述，1979 年末期政策转向了更加通货紧缩的方针，这主要是由美国货币管制制度的变化而引起。从此，货币流通速度的趋势开始变化，而货币总量相对于名义收入的增长速度则越来越快。大部分西方国家和日本几乎同时经历了这一过程，只是程度有所不同（Ueda，1988 年）。Lucas（1976 年）曾证明过，为什么制度变化会引起之前预测的"结构化"方程的不稳定和参数的改变。美国于 1979 年 10 月 6 日采取的新操作程序代表了政策制度的显著变化。美国经济学家很快注意到货币需求函数的预测误差可能是源于这种制度变化（Judd 和 Scadding，1982 年）。而 Gordon（1984 年）呼吁放弃预测短期货币需求函数的努力，因为如基础货币、货币存量、利率和名义收入之间的短期关系，其适当的形式更多地依赖于（变化的）政策制度形式而不是私人部门（变化）的行为反应特性。

即使许多经济学家，尤其是美国的学者，一直在论证说（至少在某些定义下，尤其是基础货币），从货币存量的表现中，仍能够展现出一个很好的货币需求函数，[12] 而随之预测失败的程度已经超越了大部分经济学家的解释能力。在美国，问题是如何解释制度变化，在英国，问题是如何解释对货币冲击的缓冲储备（非均衡）反映。这些方法固有的问题是它们寻求并且只能解释短期流通速度的偏离。因此，比如当英国在 1980 年放弃了"紧身衣"政策而引起货币增长时，导致了流通速度的暂时性下降；又或者当美国 1979 年改变货币制度时，会导致人们预期相对目标而言将出现一个货币超调，并随着当局的干预引起未来的利率上涨，因此这会使私人部门出于投机动机希望持有更多的货币余额（见 Vaciago，1985 年）。

因此，存在许多（有一定关系的）方法解释流通速度的短期波动，以及短期货币需求函数的不稳定性。但是，这类方法（尤其包括缓冲储备/非均衡模型），通常包含了一个假设，即在货币需求和名义收入之间存在一个长期的均衡关系。确实，是短期（由信贷对手方决定）货币存量和稳定的长期需求水平之间的差距促使了这些模型的发展。从更加政策导向的角度来说，英国的经济顾问们战战兢兢地等候着，已经高涨的货币余额在 1981 年、1982 年、1983 年或 1984 年将导致更高的支出。最终，他们失去了耐心，并承认占基础地位的长期货币需求关系发生了变化（关于其早期稳定性的图解，见 Artis 和 Lewis，1984 年；Budd 和 Holly，1986 年）。同样，在美国和加拿大，从 1979 年开始的趋势变化已经持续了太长时间，而不能将其解释成一个纯粹的短期现象。对于本文涉及的不同国家的货币流通速度在长期内的变化趋势，见图 1 至图 7。

12　关于近期的例子，见 Rasche（1988 年）的论述"这里引用的研究强烈表明一个非常简单的特定需求函数能够解释大量观察到的所有（货币）总量的波动，并且除了仅有的两个例外，这个方程在整个快速调整的时期都是显著有效的。这两个例外是，基础货币和 M_1，在 1981 年年初，二者的一阶差分中的常数项出现了显著的变化"。第 58 页，同样见 Hamburger（1983 年）和 Baba 等人（1987 年）。

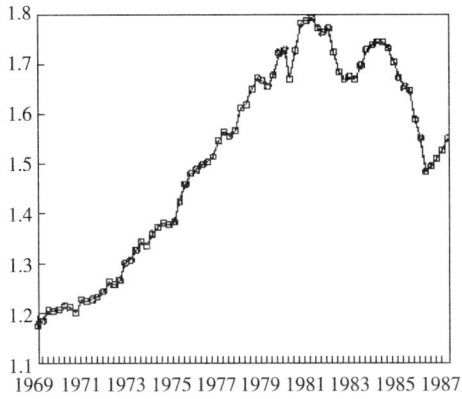

图1　美国：M_1 的流通速度

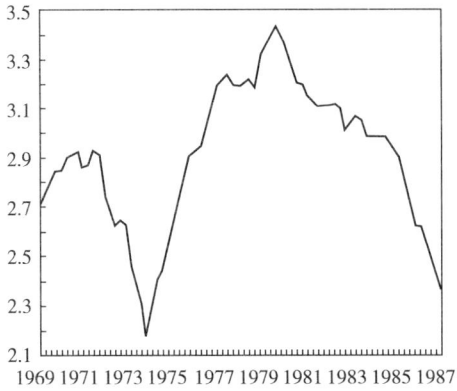

图2　英国：M_3 的流通速度

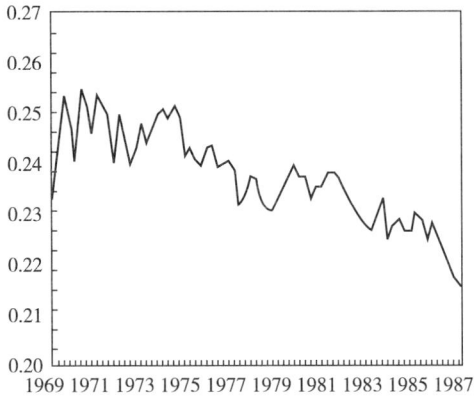

图3　西德：CBM 的流通速度

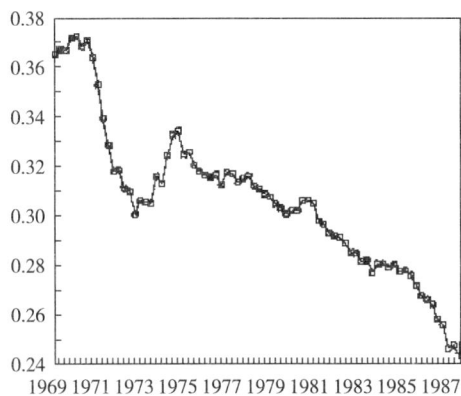

图 4 日本：M_2 的流通速度

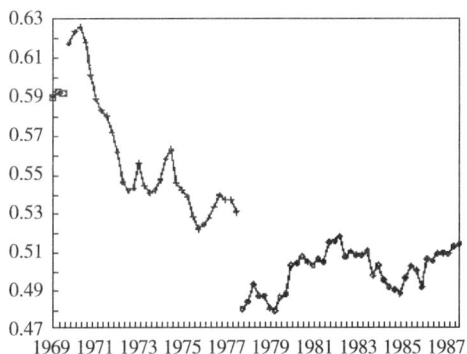

注：⊓，1969 年未调整；◇，1977 年第四季度～1987 年 M_2 +1970～1977 年第三季度 $M_2 R$。

图 5 法国：M_2 的流通速度

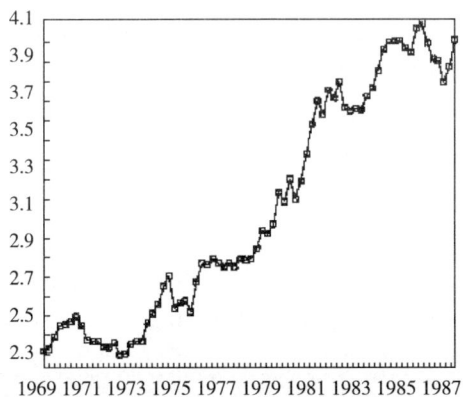

图 6 加拿大：M_1 的流通速度

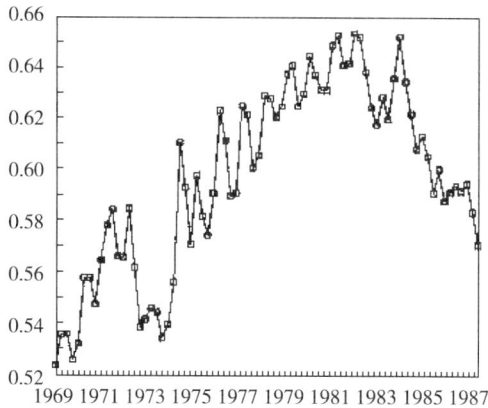

图7　澳大利亚：M$_2$ 的流通速度

Engle 和 Granger（1987 年）以及 Miller（1988 年）都从更正规的角度证明了，在美国过去的几十年中，各种货币总量和名义收入之间并不存在协整关系，只有 M$_2$ 可能是一个例外，即货币流通速度通常是不稳定的。美国联邦储备局最近的经验研究也表明 M$_2$ 比 M$_1$ 更适合作为货币目标（Moore 等人，1988 年）；加拿大目前也有相同的偏好（Crow，1988 年）。B. Friedman（1988 年 a）对美国 M$_1$ 的流通速度与之前趋势的长期偏离作了精彩解释，同样可见 Wenninger（1988 年）。

在这种情况下，许多美国经济学家提倡对货币需求函数采取一阶差分的形式（不包括误差修正机制），见 Cover 和 Keeler（1987 年），尽管这种方法使精确的短期预测成为可能，但是它却允许货币流通速度随时间任意波动。Roley（1985 年），第 620～621 页，回顾了哪些经济学家提议使用这种方程的一阶差分的特殊形式。

目前正在进行对最近几十年内英国的货币总量和名义收入之间的协整关系的 Engle-Granger 检验（Ireland 和 Wren-Lewis，1988 年；Hall 等人，1988 年）。关于较早长期数据的检验，见 Hendry 和 Ericsson（1983 年）。尽管这些结果仍是临时的，但是在英国得出的普遍结论是目前货币总量和名义收入之间并不存在简单的协整关系。然而，增加其他的变量，如财富，可以使协整关系成立。货币流通速度的趋势变化于 20 世纪 80 年代在许多国家都有所体现，并且常常是被选作名义中间变量的那个总量指标的货币流通速度，而且被证明是难以解释的，尽管 Mayer（1988 年）论证到这种"崩溃"的程度经常被夸大了。

（2）对于货币流通速度变化路径的一些解释

那么，为什么趋势会发生变化呢？对此有许多种解释，尽管每一种解释都有一定合理性，但没有一种是完全令人满意的。第一，计量经济学家们事先没能正确地预测到利率相关性的影响。如前所述，美国在 1979～1982 年这段时期以利率的大幅波动为明显特征。人们可能会预期，在给定均值水平上，关键资产价格的方差会上涨，从而导致了货币（投机性和预防性）需求的上涨（Tobin，1958 年；Buiter 和 Armstrong，1978 年；Walsh，1984年）。这种影响有一些计量经济学的证据，如 Baba 等人（1987 年）、Ueda（1988 年），但是货币流通速度的下降在 1982 年之后仍在继续，尽管此时利率的波动性已经降到了较低的水平。

第二，20 世纪 80 年代是一段通货膨胀水平较低的时期，而且名义利率水平也呈（十分缓慢的）下降趋势。可能的情况是早期的研究低估了合意的货币余额对通货膨胀和/或名义利率的弹性。在这种情况下，金融创新导致了支付的利率水平或者是固定的，或者是相对某一货币总量有一个上限——如 1986 年 1 月之前美国的可转让支付命令（NOW）账户——可能使这种货币余额对市场利率的弹性有所增长（Heller，1988 年；Simpson，1984年）。关于金融创新是否导致了利率弹性上涨的问题在美国引发了大量的研究文献，见 Hafer 和 Hein（1984 年）、Brayton 等人（1983 年）、Akhtar（1983 年）、Wenninger（1986 年）、Darby 等人（1987 年）。Greenspan（1988 年）非常自信地说"货币总量在 80 年代对利率变化已经变得十分敏感"。同样的情况在日本也非常明显（日本银行，1988 年 b、c）。

如果这种弹性果真很高，并且高于之前的预测，那么这将使货币目标的问题更加严重，通常被称为"再进入问题"（"the re-entry problem"，见Simpson，1984 年；Blundell-Wignall 和 Thorp，1987 年；Budd 和 Holly，1986年）。问题是成功的反通货膨胀政策本身就暗含了较低的通货膨胀率和名义利率，这将使货币需求上涨，从而或者导致目标变量看似松懈，或者如果持续保持目标数值，则会使中间目标显得过分严格。

第三，80 年代，金融系统内银行之间以及银行和其他金融中介机构之间竞争压力的加剧，导致了存贷利差的明显缩小——存款利率更加具有吸引力，而私人部门的借款成本，如抵押贷款利息，却在许多国家都有所降低，在英国尤其明显。私人部门，包括企业和个人在内，对银行部门的债权和债务都有显著增长。尽管微观数据难以预测借款人和存款人是否为同一实体（然而应该注意到对银行借款便利可得性的增强将会使预防性存款的数额降

低），但是银行媒介规模的扩大却是毋庸置疑的，见 R. B. Johnston（1985
年），关于英国企业部门的情况，见 Chowdhury 等人（1986 年）。对通过金
融系统（的某一部分）进行借贷的成本最好的度量指标是其收取的利差
（见 Miller 和 Sprenkle，1980 年；Johnston，1983 年）。如 Miller 和 Sprenkle
所论证的，金融媒介的规模对利差的降低可能极具弹性。

可能进一步引起流动性资产需求升高的因素通常是在 80 年代早期牛市
中非人力财富，如股权和房产价值的上涨（直到 1987 年或 1988 年），以及
由此导致的金融交易量的增长，见 Ueda（1988 年）；Grice 和 Bennett（1984
年），尽管 Wenninger 和 Radecki（1986 年）对美国金融交易量的增长是否
对 M_1 的增长有如此显著的影响有所怀疑。

第一套建议全都指向了一种可能性，即合意的货币余额对相关利率的反
应可能会被低估。第二套建议和第一套建议并没有任何冲突，它强调了这种
可能性，即银行负债和资产的特点经过金融创新被升级了，从而使其更愿意
被持有（Hester，1981 年；Akhtar，1983 年；Artus，1987 年；Tamura，1987
年；Leigh-Pemberton，1986 年；de Cecco，1987 年）。金融创新这种说法使
大部分人联想到新奇的金融工具，如期权、期货、期货期权、远期利率合
约、掉期等。然而金融创新对货币政策操作的重要性却被看得平淡。当局施
加的控制，包括"谨慎的"和直接的信贷控制，以及在某些国家的银行垄
断特性，对私人部门的零售消费者可得的借贷便利和存款利息的范围及种类
都有所控制（金融革命对货币总量增长的影响在最近的日本银行已经成了
一个常规题目，如 1988 年 a、b），而批发消费者则从 60 年代开始受益于欧
洲货币市场的基准竞争。

总之，抵押贷款形式中利率水平的扩展使得英国私人部门借款人能够以
更低的成本获得信贷。80 年代，大部分国家的银行对私人部门信贷的迅速
扩张，部分地构成了一个供给方面的冲击，要求银行的经营更加激进从而为
增加的贷款需求融资并继续允许其监管脱离过程。这种对资金的需求，行业
中日渐激烈的竞争，以及监管放松的趋势[13]等因素共同促成了银行对以前根
据惯例或制度不付息的存款，如支票存款、活期存款或制度固定利率的存
款，支付更高的、市场化的利率水平。

对特定支票存款支付市场化的利率水平自然会使其更具吸引力。在资产

13　在 1984/85 年，新西兰发生了一次剧烈转变，见 Spencer 和 Carey（1988 年）；新西兰储备
银行（1986 年）。

组合中联合持有的资产将会在边际意义上提供相同的效用。如果一种资产和另一种安全的、非货币性的资产提供相同的利率，但同时又另外提供了流动性或交易服务，那么两种资产只有当第一种资产的交易或流动性服务的需求被完全满足之后才会同时持有。所以对更广泛的银行存款种类提供市场化的利率将导致对其需求的增加，直到对其额外的流动性服务的需求几乎完全被满足之后，这种存款在边际意义上才只是以生息的安全资产而不是"货币"来持有。

在这种情况下，货币总量的增长率，将可能会明显高于真实"货币"的增长率，因为生息存款的货币特性已经减轻了。这就是那些提倡使用"divisia"指数的经济学家所偏爱的论证和分析方法，这里，一种存款的"货币性"由其自身利率和非货币的安全资产的利率之间的差距来衡量。目前关于这一题目有很多的研究文献，见 Barnett 等人（1984 年）；Barnett（1982 年）；关于英国的情况见 Mills（1983 年 a）。使用"Divisia"指数来衡量货币的方法能够在一定程度上解释近期流通速度的变化趋势，只要创新过程反映在了相关利率的变化中。尽管在理论上，这种方法应该在存款特性快速转变的时期使用，然而在实际中，这种货币指数的使用对 80 年代美国的"货币需求方程或简化方程的功效都没有明显的改善"，Lindsey 和 Spindt（1986 年）。而且，尽管大量对此的理论研究都是在中央银行的支持下进行的，高级官员们迟迟不肯对这一概念赋予显著的公众影响力或政策角色。

竞争也许可以使银行对存款提供完全市场化的利率，但是同时却对其支付和交易服务收取全额的经济成本。果真如此，上述分析将表明存款持有额将一直增长直到对流动性的需求得到满足为止，并且能够完全被相同期限的非货币资产所代替。这样的话，货币和其他相似期限的资产之间的差别（如果有的话）又是什么呢？货币的一个特性，如托宾（1963）所指出的那样，是其可得的利率水平是不是由外部限制的？而货币与非货币资产之间的差别是否会由于能够货币化的资产种类的扩展，和/或金融机构借助电子科技的支持提供支付服务的范围扩展，而进一步变得界限模糊？似乎随着更多的存款支付市场化的利率水平，唯一的、根本的"货币"可能只剩下通货或基础货币了（见 Solomon，1981 年）。但是对这种货币的需求受到跨境持有（如东欧国家对德国马克的需求，以及全世界对美元的需求，见 Greens-pan，1988 年；美联储理事会关于货币基础的附录，1988 年）和"黑色经济"（Thomas，1988 年）的影响；因此通货持有的研究只能涵盖实际余额的一小部分，见 Avery 等人（1987 年）；Porter 和 Bayer（1983 年）；尽管对英国（Johnston，1984 年）和美国（Dotsey，1988 年）的计量经济研究已经持续表明通货需求函数的稳定性，这与西德不同，其通货需求函数近期变得愈发不稳定（见德意志联邦银行，1988 年；Holtham 等人，1988 年）。另外，目前对通货支付利息，在技术上也是可行的（McCulloch，1986 年），尽管这种方法不大可能被采用，因为铸币税是一项诱人而普遍的税收来源。尽管这种收入在大部分发达的、非通货膨胀国家是微不足道的（Buiter，1985年），但是在许多南欧国家却是不容忽视的，并在合并为一个统一和非通货膨胀的欧洲货币体系的过程中造成了一定问题（如 Grilli，1988 年）。

3. 货币调控方法

负债管理的出现削弱了当局使用其传统机制，即调整利率以控制货币增长的能力，因为银行将会和中央银行在资金方面进行竞争，只要它们能够继续获利经营，即在边际水平上以高于（批发）存款利率的水平将资金放给借款人（Moore，1989 年），就会导致利率的螺旋上升。而对银行贷款的需求已经被证明是利率无弹性的。另外，在使用这种方法的过程中总会有一定其他的困难。

即使在采用负债管理之前，银行存款的利率需求弹性也是非常不确定的，所以当局根本无法校准究竟需要将利率水平改变多少以达到一个合意的货币存量水平。另外，当局只是偶尔对货币存量进行统计，在大部分国家是一个月或一个季度一次，这将经常受到临时扰动的影响，如一项大规模的新增发行，或一项并购出价，一次罢工，甚至是坏天气对正常的银行清算过程的干扰；因此要区分暂时的和持久的货币变化经常是很困难的。考虑到这种不确定性和提高利率在"政治上"容易引起的不满——有趣的是这种不满在美联储与政府互相独立的美国反倒比中央银行从属于政府的英国表现得更加明显——利率调整自然会倾向于（或被认为）"太少且太迟"，并且在《货币调控》（1980 年）这篇绿皮书中被承认，同样见 Friedman（1982 年、1984 年 b）。

因此，对中央银行调整利率的传统方法能否实现足够的货币调控自然有了固有的怀疑理由，而且这种不足在严重的通货膨胀压力下尤其明显，此时，利率调整过程中的时滞将导致当局暂时使每一次通货膨胀的冲击适应于货币需求，直到他们能够认识到并决定克服它为止。20 世纪 70 年代末期，货币控制成为许多政府政策的核心，这就不可避免地会出现对替代政策方法的考虑，这种方法被称为基础货币调控。

银行需要持有高能现金储备（R）从而维持其存款（D）可兑换成现金（C）的承诺。如果其持有的储备对存款的比率是稳定的，而且公众也维持一个稳定的现金/存款比率，那么连接货币存量（M）和高能储备基础（H）的乘数通过这个等式 $M = H \times \dfrac{C/D + 1}{C/D + R/D}$ 也将是稳定的。经验研究似乎表明美国的这些比率通常是稳定的，而且能够较精确地加以预测［Johannes 和 Rasche（1979 年、1981 年）；Balbach（1981 年）；Hafer 等人（1983 年）；Rasche 和 Johannes（1987 年）；Dewald 和 Lai（1987 年）］；西德也是同样的情况（van Hagen，1988 年）；但是近些年的英国（Capie 和 Wood，1986 年）和澳大利亚（Macfarlane，1984 年）却不是这样。因此该论点是直截了当的。中央银行可以通过公开市场操作控制 H，它代表了其自身的负债。给定两个关键比率的预测值（它们可能确实对利率具有敏感性，但是我们可以试图度量这种敏感性），当局可以设定 H 的值从而达到任何希望的 M 值。当然，M 数值的决定预示着一个双重决定：短期内，由于普遍价格水平是缓慢调整的，这将反映在富有弹性的资产价格变化上，尤其是名义利率的变化。但是极其迟缓的名义利率调整正是传统机制的问题的一部分，而更加多变的短期利率将是为实现更好的货币控制而可以接受的成本，尤其是长期资产价格由于固定了的通货膨胀预期而比过去表现得更加稳定。

经过英格兰银行对这些意见（Foot 等人，1979 年）进行了一轮先发制人的反攻，政府建立了一个银行/财政工作组来研究这个问题，他们的研究成果发表在《货币调控》（*Monetary Control*，1980 年）绿皮书上。其中，工作组接受了许多反对基础货币控制的案例情景。它的要点如下，银行储备率在历史上表现出的稳定性依赖于当局在选定的利率水平上经常倾向于提供超过需求的多余现金的意愿。如果当局转变了该系统的操作模式，不允许银行在任何价格水平上任意地获得现金，那么银行合意的储备率可能会发生一个巨大的改变，并且会变得更加多变。从一种制度到另一种制度，将会存在一个较长的过渡期，在此期间选择一个合适的基础货币水平的难度是较高的，而银行储备/存款在新系统内的易变性可能如此之大以至于阻止货币调控取得进步，而与此同时却失去了对利率的掌控。

以上论述提及的系统是一个对基础货币进行调控操作而不对银行储备施加任何强制限制的系统。然而，如果银行被强制要求必须维持一个储备率，那么将会存在一个更加坚固的支点及更加稳定的储备/存款比率。但是这种方法遇到了一个技术问题，即如何计量规定储备的基础，这在实践中给美国人带来了困扰。如果规定储备是基于一个前期的、已知的存款基础，即一个滞后的计量规则，那么银行将无法通过自身行为，如降低目前的资产来减少他们对储备的需求。在这种情况下，当局实在没有其他的选择，只能向银行提供其所需的储备，就像在西德的情况一样（Kloten，1987 年），他们只能对提供法定储备制定利率或处罚（关于 Bundesbank 操作实践的官方评论，见 The Deutsche Bundesbank，1987 年）。但这将仅仅是对传统体系的一个回归（M. Friedman，1982 年）。由于预测存款水平的难度（除了停业的时刻之外），操作滞后等原因，转向即期计量基础（current accounting basis）并不能够真正避免上述困难。

有一些人（Laurent，1979 年；Kopecky 和 Laurent，1984 年）提倡一种更激进的解决办法，即转向使用远期计量（forward accounting）的系统，其中在未来 $t+x$ 时刻可允许的存款规模将依赖于 t 时刻持有的储备规模。这种方法固有的一个问题和另外一种更激进的建议（Duck 和 Sheppard，1978 年）——出售商业银行许可证以扩大存款规模——一样，即在严格的压力下它将人为地提高银行的中介成本（相对于其他金融渠道而言），从而引发大规模"形式上的"（cosmetic）金融脱媒现象。

由于这些赞成和反对的意见在很大程度上依赖于银行和金融系统的其他机构在转向（某一类型的）基础货币制度的假设条件下将如何行动，因此要证明哪一种建议更优越确实是不可能的。1980 年 9 月 29 日，在官方资助下，各方领军人物在英国一个不可思议的地点——威斯敏斯特大教堂，会聚一堂进行讨论，但他们大都固执己见。但有一种观点确实对一些掌权者造成了一定的影响，这种观点就是，要想在过渡学习期内清楚地驾驭这个体系是很困难的，因此"如果我们转向基础货币控制的系统，那么我们对于英国的银行希望持有多少现金余额将是十分不明了的"（Lawson，1981 年）；另外，M_3 对基础货币的比率是不稳定的，也是无法预测的，因此"试图使用基础货币调控体系来调节 M_3 将是没有道理的"（Walters，1986 年）。这些考虑和英格兰银行、商业银行及伦敦城深信的反对基础货币控制的理由一起，说服了货币主义者不再强烈地推行基础货币调控，尽管仍存在一些没被说服的相反案例，如在中期财务战略早期的 1980～1982 年。此后，从货币目标制的逐步退回，已经将相关的/补充的基础货币调控问题投向了政策的火炉。

在美国，对传统利率调控政策的灵活使用所施加的限制甚至比英国更加严格。相应地，当局确实在 1979 年 10 月 6 日决定将其操作程序转变为具有大量基础货币控制特征的模式。而所采取的方法——控制非借入准备金——则是具有独创性的。尽管计量体系仍然基于一个滞后的基础，所以银行必须维持一个规定的总储备规模，给定非借入储备的规模，它们可以通过向美联储借入储备而做到这一点。美国通过贴现窗口的借款系统是这样的，额外的借款将通过贴现率和市场利率之间的边际差额增长而受到刺激，尽管这种关系涉及一些时间交互的复杂问题（Goodfriend，1983 年）。因此一个扩张的货币冲击与一个不变的非借入储备总额联系在一起，将导致市场利率几乎自动地上涨，直到引起额外的借款从而使银行满足其所要求达到的比率（Axilrod 和 Lindsey，1981 年；美联储工作人员研究报告（Federal Reserve Staff Studies，1981 年）。因此面对货币冲击，利率将更快和更灵活地进行调整，但也不是毫无限制的，正如美联储设定的一系列（非公开的）利率区间以作为进一步的安全标准，一旦到达了上限（下限），它将直接进行干预，注入（回收）储备，以防止利率的大幅波动。

然而，事实是这些区间设置得非常宽泛，并且经常随市场波动而进行调节，所以他们很少采取干预措施（Sternlight 和 Axilrod，1982 年）。政策的变化迅速而剧烈地提升了市场利率的水平，并加剧了其波动性，在1979～1982 年，波动性是 1979 年之前的 4 到 5 倍（Evans，1981 年、1984 年；Walsh，1982 年；Mascaro 和 Meltzer，1983 年）。如此高水平和高波动性的利率以及 Paul Volcker 决定继续使用这一政策所带来的影响，无疑在美国和世界经济普遍从通货膨胀向通货紧缩方针的转变过程中以及阻止通货膨胀预期和心理的方面发挥了重要作用。

然而，却产生了许多技术操作方面的问题（见在会议中的论文，"美国货币政策操作的当前问题"，后重新出版于《货币、信用和银行期刊》，1982 年 11 月）。第一，尽管美联储确实广泛地实现了其 M_1 的年度目标，但是 M_1 短期的、季度环比的时间路径却比 1979 年以前更加不稳定。第二，尽管对短期利率更强的波动性有所预期（尽管没有人能够事先确定增长的幅度，关于与早期研究的结果对比，见 Walsh，1982 年），但是较长期限的债券收益率的增长却没有被预测到（Volcker，1978 年；Spindt 和 Tarhan，1987 年）。货币主义者将两点过失都归咎于美联储缺少热诚，以及对前述的完全基础货币控制的修改，并且提倡以下措施，如改为使用即期计量（于1984 年采取），关闭贴现窗口或对使用贴现窗口采取更大的惩罚措施，并且/或者将操作目标从非借入储备改变为总储备或基础货币，见 Poole（1982 年）、Friedman（1982 年，1984 年 a、b）、Mascaro 和 Meltzer（1983 年）、

McCallum（1985 年）、Rasche（1985 年）、Brunner 和 Meltzer（1983 年）、Rasche 和 Meltzer（1982 年）。美联储经常对 M_1 的每一次短期增长或下跌提前作出解释（见 Wenninger 及其助手从 1981 年开始的研究，如 Radecki 和 Wenninger，1985 年），而 Bryant（1982 年）却提供了计量证据以支持这种说法，即改变操作基础，如采用总储备目标，对于改善货币控制而言收效甚微，见 Lindsey 等人（1984 年）；Tinsley 等人（1982 年）。其他人将这种波动视为（过分努力地）试图对短期货币体系施加控制的必然结果，因为货币体系中存在存款和预付款随利率调整的长期时滞（工具不稳定性）［如 White，1976 年；Radecki，1982 年；Cosimano 和 Jansen，1987 年，但是关于跃跃欲试的反对观点见 Lane（1984 年）和 McCallum（1985 年）］。

如同可能的那样，采用这种操作程序导致了 1979～1982 年[14]一段颠簸不平的旅程。在 1982 年夏，美国下降的通货膨胀和发展中国家债务危机的开始（很大程度上是由美国货币政策的转变而引发，见 Congdon，1988 年）共同导致美联储放弃了基础货币控制。它采取了从非借入储备目标转向借入储备目标的形式（见 Wallich，1984 年 a）。从表面上看，这似乎仍然是一种储备基础目标。然而，如上所述，对借入储备的需求是市场利率和贴现率之差的函数，所以借入储备目标隐含地代表了利率目标，并且也预示在给定借入储备/利率水平的情况下，货币冲击将通过伴随的非借入储备的变动而进行调整。如在英国及其他地方一样，美国撤销货币目标制意味着这个备受争议的领域在那里已经变得安静起来，尽管不像这里一样死气沉沉。另外，日本（Dotsey，1986 年）和德国尽管仍然使用银行间同业市场利率作为其政策工具，但其取得了（比美国）更加稳定的货币总量及名义收入的增长，这意味着并不是操作程序区分了货币政策的宏观经济效果。

关于这一程序的近期评论，日本的情况可见 Suzuki 等人（1988 年）；西德的情况可见 Willms 和 Dudler（1983 年）、Kloten（1987 年）；法国的情况可见 Conseil National Du Credit（1986 年）；澳大利亚的情况可见 Dotsey（1987 年）、Macfarlane（1984 年）以及澳大利亚储备银行（1985 年）。

英国的后续情况

尽管英国政府在 1980～1981 年并没有试图施加银行界深表反感的基础

14　关于对更严重的利率波动性的后果进行的分析，对美国资本市场的影响，见 B. Friedman（1982 年）；对产出和价格的影响，见 Enzler 和 Johnson（1981 年）；对汇率的影响，见 Black（1982 年）；对货币需求的影响，见 Walsh（1984 年）。

货币调控政策，但是基础货币调控吸引政府的一个特征是它从当局手中剥夺了决定名义利率的特权，并把它交还给了市场。在当时，这是保守党政府（conservative government）的信条之一，即通过市场产生的价格比通过一些政策制定者集团决定的价格更加有效。所以，即使政府并没有坚持实行基础货币调控政策，他们也想引进一个系统以赋予市场设置利率更大的余地，并相应地减少英格兰银行在此方面的权力。

之前，英格兰银行主导了每周的国库券发行方式，从而使市场略微地缺少其所需的现金储备水平（英格兰银行，1984 年 b，第六章）。因为市场届时将会有规律地向英格兰银行出售债券以获得现金，它将会协助英格兰银行控制市场对出售这类债券所接受的价格，即名义利率。在 1981 年中期，政府和英格兰银行同意这种操作此后将终止。英格兰银行将关注其每周的国库券招标，而放任市场均衡。在那段时间——应该是大部分时间——市场大致地达到了均衡，英格兰银行可以退出市场，由市场自由决定利率。然而，当局仍然顾虑不能允许自由无限发展，因此声明他们将会设置（非公开的）利率边界，当利率在市场力量的驱使下超过边界水平时，政府将会进行干预，以防止其进一步发展。

然而，结果却是这个系统从没有付诸实践，而在非公开的边界之内的市场自由这一概念则被证明是一种空想。在 1981～1985 年，当局继续将 M_3 设定为政策目标。但同时当局失去了其能够通过（在可接受的范围内）调整名义利率水平而达到这一预设目标的信誉，并开始根据对货币条件、本国通货膨胀指标和如前所述的对汇率的综合（实效性的）考虑而改变利率水平。同时，由于利率由此确定，银行对私人部门的信贷继续以每年将近 20% 的幅度增长，而 M_3 的目标水平的年增长率则达到 10%。当局和英格兰银行率先采取行动，通过降低银行对公共部门的信贷而抵消银行对私人部门信贷的快速增长。他们通过向非银行私人部门出售更多的超过需求的公共部门债务而做到这一点，因此使银行部门在通过英格兰银行与政府进行的交易中出现系统性的现金短缺。商业银行则通过允许其滚动（run-off）短期公共部门债务，或出售长期公共部门债务而缓解其现金短缺。但是，这有效地迫使英格兰银行再次决定在哪一利率水平上买进银行的债券而解决系统性现金短缺问题（见英格兰银行，1984 年 a）。

这一政策在缓和持续迅速增长的信贷创造和较低的货币目标之间的矛盾上取得了显著成功。然而到 1981 年，一个技术性问题产生了，商业银行极度缺少用于出售的公共部门债务。这个问题后来通过英格兰银行向商业银行购买私人部门商业票据而得到了解决。但其效果却是短暂的，只能维持到票据到期为止，而届时整个过程又将再次滚动。因此，在每一种过度融资的情况下，"票据大山"（bill mountain）稳健增长，时间久了，便导致了一个荒诞的局面——每一天都有大量的票据到期，银行系统中随即产生大量的现金短缺，而英格兰银行则需要从市场上购买满满"一手推车"的更长期限的商业票据以维持账面平衡。这导致了大量的问题。当局在出售较长期限的证券，并购回短期证券。这符合商业原理吗？[15] 为了筹集这一手推车他们需要购买（以结清账目）的商业票据[16]的利率被降到了其他替代资产的利率水平之下，并因此导致了一些套利机会。确实，当局打算引导借款人使用商业票据而不是贷款来融资。但是这种筹集大量额外商业票据的需要不时地引起票据利率降到一个较低的水平，并足以鼓励各种非意愿形式的"硬"（hard）套利，而这种行为将使银行贷款和存款同时膨胀。更普遍的是，这种出售长期债务、购买短期票据的方案是否会扭曲收益率曲线，而使私人部门借款人更愿意从银行而不是资本市场获得资金吗？这正是引发该初始问题的一个因素。然而更基础的问题是，这种一方面允许银行信贷持续扩张，另一方面又控制了银行存款增长率的技术是否达成了任何正当的目标，或者仅仅是又一个掩饰的工具？

回答这些问题从来都不是一件简单的事情，而且它们总是时不时地产生絮絮叨叨的疑问。随着对控制 M_3 的强调逐渐放松（而且这种控制也通过过度融资策略而大体实现了），财政大臣在 1985 年中期解除了过度融资政策，而转向采取在银行系统外对（快速下跌的）公共部门借贷足额融资（full funding）的政策（Lawson，1985 年）；澳大利亚（Johnston，1985 年）和新西兰（储备银行，1987 年 a）也采取了相似的足额融资政策。当前，在公共部门已经开始持续出现盈余[17]的情况下，这种足额融资政策如何能够操作

15　事实上，收益率曲线在该时期的大部分都是向下倾斜的，而当局则很可能从这类实践中获得了商业利润。

16　在当时，当局有效的货币市场交易几乎完全是利用商业票据。国库券已被完全淘汰。继续保持残余的国库券市场并每周进行招标的唯一目的是教育做市商，使其熟悉这项金融工具，在未来的某一天，它也许会重新回到舞台中央。

17　在导论中，我们描述了中期财务战略的采取如何使对公共部门债务规模的财务决策从属于货币政策的要求。随着对货币目标的抛弃，这类货币考虑对财务决策的影响削弱了。事实上，目前影响英国对公共部门赤字/盈余的选择受到或应该考虑哪些因素的影响并不明确，是凯恩斯主义、货币主义或长期结构性因素，还是其他什么概念或思想都不得而知。但是如何进一步纠缠于这个难题则将使我们离本文的主题太远。

仍然有待观察。结果，抛弃过度融资政策的结果确实和预计的一样，导致了 M_3 增长率的跳跃性升高，大致和银行贷款增长率相符合，在 1987～1988 年大约达到年增长率 20%，而名义收入的增长率只有其一半水平。

尽管政府曾在 1980～1981 年宣称 M_3 绝对是政策的核心，但其对这种扩张却明显表现得漠不关心，而英格兰银行却仍有忧虑，虽然广义货币总量传递的信息很难解读，但是完全对其置之不理也是错误的。

4. 货币传导机制

（1）利率对国内经济的影响

金融市场的统一，尤其是在废除外汇管制之后，减少了对那个（国际）市场的某一部分直接施加信贷控制或对金融中介的其他限制的功效。在任何情况下，传统智慧都认为这类对金融市场的直接控制是不合意的。这使当局对（短期）市场利率的任意决定成为主要的，实际上是唯一的，货币政策工具[18]（leigh-pemberton，1987 年）。

利率调整的主要效果也许通过它对外部资本流动和汇率的影响而产生出来，但是篇幅限制使我们无法在此考察这一点。而在这一章的剩余部分，我们将简要地考虑利率调整是如何影响国内名义支出和收入的。然而，这个题目也许更多的是一个应用广泛的宏观经济问题；尽管它对货币政策制定者来说是一个备受关注的议题，但他们却宁愿将其留给经济学家，而不愿自己承担探索结论并为之辩护的责任。相应地，我应该简要地提及一些普遍的调查研究而不是更加专业化的论文。

一个合适的起点是经合组织的论文，作者为 Chouraqui 等人（1988 年），题目为"货币政策对实体部门的影响：对若干经合组织经济体经验证据的一个回顾"。这篇论文考察了来自 30 个大规模国际和国内宏观模型的证据。关于近期对英国宏观经济模型中利率变化的影响的研究，见 Easton（1985 年），而关于这类影响在美国的情况，见 Akhtar 和 Harris（1987 年）。

Chouraqui 等人起初注意到利率的下降，伴随着基础货币的增长，将导

18　一些经济学家担忧这样的问题，中央银行是否能够以及应该如何设定利率，如 Dow 和 Saville（1988 年）。在实践中，在日复一日的基础上，中央银行对高能基础货币的垄断控制，使其能够调控价格以及短期利率，它将在该短期利率的水平上向银行系统提供其所需要的现金（见英格兰银行，1984 年 b，第六章）。然而，在中期或更长的期限内，中央银行制定名义利率，尤其是实际利率的能力由于一系列广泛的政治和经济因素考虑而受到了限制。

致通货膨胀预期和价格的灵活调整，以致任何系统的或预期的货币政策对实际产出的影响都将是无效的，这沿袭了新古典经济学的观点，其中 Sargent 和 Wallace（1975 年）代表了这一原型。然后他们检验了在实践中理性预期、结构中性的条件是否成立。在 Barro（1977 年、1978 年）之后，其中的一个检验是实际产出是否对非预期到的货币变化产生反应，而对预期到的货币变动却没有反应。他们调查了对该问题的 70 个经验研究，涵盖 7 个国家，并且注意到"声称反对只有非预期到的货币政策事件才重要的研究数量要超过实证研究的数量"（第 27 页）。鉴于这个和其他的原因，如"当前价格水平对其历史数值的显而易见的独立性"（第 24 页），及"对预期的调查数据表明预期并非是理性的"（指 Holden 等人，于 1985 年对预期数据调查的广泛研究），他们得出这样的结论，"总体来看，结合了市场出清和理性预期的模型的证据对现实环境的相关性方面并不令人满意。市场出清和理性预期几乎没有实证基础，大量证据更支持宏观经济框架中价格调整是缓慢的"。

也许是——试图得出进一步的宣判并不是这个调查的作用——政策制定者据以衡量利率变化的数量影响的主要宏观经济模型确实包含了缓慢的价格调整和对未来的通货膨胀预期。尽管这确实表明有管理的利率调整，不管是否被预期到，都不会是无效的，这种变化对各种（本国）支出，如商业固定投资、住宅投资、消费、存货投资的影响随着国家以及模型的不同而变化，而后者引起的变化则更为显著。虽然如此，Chouraqui 等人评论道，"从近期证据中产生的一件与早期研究不同的事情是发现了利率（对本国支出）影响的重要性"（第 13 页），也许因为最近的高实际利率使经济部门对利息成本更加注意，也许因为更具竞争性和更接近完美的金融市场将其影响传播得更加广泛。虽然如此，"报告乘数大小的差异性，以及模型（其参数经常受到较大的修改）广泛变化的结构，表明实际部门变量对金融条件变化的短期影响实在无法确切得知"。

尽管利率对国内支出影响的力度及涉及的时滞都是不确定的，但至少其影响的方向是毋庸置疑的。

但是在短期内，利率上涨和价格水平之间的关系可以是不确定的，部分是由于利率代表了一种商业成本，而定价可能采用的是成本加成方式；部分是由于在英国抵押贷款利率进入到零售物价指数的奇特方式（见新西兰储备银行，1987 年 a）。然而，如上所述，利率变化的主要影响是对国际资本流动，以及由此引起的汇率产生影响。"利率变化对需求的影响更加快速和有力，并导致实际竞争因素的变化"（Miles 和 Wilcox，1988 年）。如果后一种渠道被允许自由发挥作用，则较高的利率对通货膨胀的任何短期方向国内影响因素将会更多地通过汇率的升值得到补偿。

（2）其他可能渠道

中央银行操作在理论上和现实上不尽如人意的分离，通过凯恩斯通论（1936 年）中的 IS/LM 分析方法引入了宏观经济学的理论殿堂，而后又通过弗里德曼（1970 年、1971 年）等人发扬光大。当这两位伟大的经济学家讨论关于短期利率水平的实际政策问题时，他们对短期利率在名义上是由货币当局决定并且可以由其更改，而非由市场自由决定（美国 1979~82 年的经验除外）这一点都不曾怀疑。这是否是最合适的操作程序是另外一个问题，而这确实是实践中的做法。

但是他们在自己的学术论文中，却经常转向如下的假设，即中央银行设置名义货币存量，或者制定基础货币水平。如果商品和劳务市场带有某种程度的黏性，以至于普遍价格水平不能迅速调整，则在这种理论框架中，货币需求和供给在短期内通过市场主导的名义利率调整而达到均衡。随着名义利率的调整使货币供给和需求重新达到平衡，对名义收入/支出的相应影响将完全通过这种利率波动而产生（例如 Crow 在 1988 年对这种主流观点的重新陈述），除非作出这种辅助性的假设，如使用调节性库存/非均衡货币方法，即在货币市场达到的均衡是不够完美的。

所有这些都有待进一步的讨论。然而，如果设定现实中当局制定名义利率水平，则关于对经济额外影响的问题、超过经由利率调整而产生作用，及货币和信贷冲击的问题就会更容易理解。给定一个相机决定的短期利率水平，当然会有各种信贷和货币冲击，并导致货币总量发生变化，而对短期货币市场利率却没有（必然的）影响。而总量变化有多大影响呢？另外，在第三部分，我们注意到"过度融资"政策将如何使银行信贷冲击和货币变化相分离。尽管货币和（银行）信贷经常一起变化，他们并不一定需要如此，并且正如 Brunner 和 Meltzer（1972 年 a、b，1988 年）持续论证的一样，它们不是一回事：关于这一主题还可见 Greenfield 和 Yeager（1986 年）；Kohn（1988 年）。哪个因素是最重要的？

在一个以完美市场为特征的世界中，支出决定将由以人力和非人力财富的现值及目前和预期的价格水平等因素构成的预算约束来决定。货币或各种信贷总量为什么应该成为具有战略意义的角色是不清楚的。因此，Gertler（1988 年）评论道，"绝大部分宏观经济理论假设金融体系平稳地运行——

并且平稳到足以证明从金融角度考虑问题是合理的……当前流行的真实经济周期范式建立在金融结构是无关紧要的[19]这样一个假设之上。确实在一个具有完美市场的世界里，大概意味着信息可以无成本地获得，完全的诚信等，货币作为交换媒介的功能是否有存在的必要是值得怀疑的（没有不完美概念的引入，如现金的事先限制，将会与允许完美市场存在的条件不相符），尽管仍将存在对国际价值储藏的需求，关于所有这些的研究文献当然是汗牛充栋，其中一个正式的文献处理见 Gale（1982 年、1983 年）。

相应地，在给定利率水平下，信贷/货币扩张的关键作用也许是允许一定的市场不完美，由于存在不完美或不对称的信息以待克服（Kohn 和 Tsiang，1988 年）。对于当金融系统处在"均衡"的状态时是否可能存在信贷配给这个问题，理论界给予了极大的兴趣，如 Jaffee 和 Russell（1976 年），Stiglitz 和 Weiss（1981 年），Gale 和 Hellwig（1985 年）（以及当这类配给由于缓慢或受限制的利率调整而产生时（见 Fry，1988 年；McKinnon，1973 年；Shaw，1973 年）。这类研究已经延伸到对信贷条件如何影响经济进行的理论和实证分析，其中 Stiglitz 是一个主要的贡献者（Blinder，1987 年；Gertler，1988 年；Gertler 和 Hubbard，1988 年；Bernanke 和 Gertler，1987 年；Greenwald 和 Stiglitz，1988 年；Woodford、Kohn 和 Tsiang，1988 年等）。

目前在英国与此相关的一个实际例子是银行经营抵押贷款业务的趋势，[20]银行和住房贷款协会在个人（抵押）贷款方面愈发激烈的竞争，以及在住房贷款协会联盟结束后随之产生的这类贷款的高涨（Meen，1985 年）。其影响可参见表 2。这引发了这种供给方面的冲击对实体经济产生何种影响的问题，如消费需求，房屋建筑，房屋价格等（Drayson，1985 年）。

在 20 世纪 80 年代早期，信贷高涨对广义货币供给的影响经由过度融资政策被抵消了。如本文第一部分所述，这涉及了金边债券的发行条件，它将使财富持有人将银行存款转换成金边债券。然而体察到一定的市场不完美性可以通过信贷市场条件的放松而得到缓解（或通过施加信贷控制而得到相反效果）是相对容易的。而体察到支出为什么应该直接对货币性存款和其

19　在同一篇论文的第 10 页，Gertler 评论道，"20 世纪 70 年代宏观经济学在方法论方面的改革，促使注意力以一种不够直接但也许更具实质性的方式，从金融因素方面转移了。随即对发展中的从个人最优化出发的宏观经济模型的强调设置了一个障碍。当时，适用这种方法的唯一可得的和易于驾驭的模型——随机竞争均衡增长模型，由 Brock 和 Mirman（1972 年）以及其他人共同研发——实际上是一个 Arrow-Debreu 模型，因此具有金融结构是无关的这样的性质"。

20　关于美国的实际案例，见 Wojnilower（1980 年）。

他资产之间的转换作出反应则比较困难。对财富及其获得的利率形式的转换作出的反应除外。既然限制条款具有当然的核心重要性。弗里德曼论证到（某种定义下的）货币总量和名义收入以及支出之间的关系已经足够稳定和牢固，以至于考虑受信方对该扩张的反应的性质并不会获得显著的额外的解释能力。例如，在政策主导的对过度融资政策的讨论中，有一种可争辩的观点，即如果该政策在 1985 年之后持续存在，并且伴随相应较低的 M_3 值，那么将会有较少的货币投向英国房地产、产权权和股票市场，所以非人力财富、支出和名义收入都将会较低。

表 2

年份	1976	1977	1978	1979	1980	1981	1982	1983	1984	1985	1986	1987
个人贷款的增长（%）	15.9	17.7	19.6	20.1	17.8	21.1	24.1	21.1	18.6	17.8	18.7	18.2
（10 亿英镑）	4.1	5.3	6.9	8.5	9.0	12.6	18.0	19.5	20.7	24.8	29.4	33.8
其中 住房贷款 协会（10 亿英镑）	3.6	4.1	5.1	5.3	5.7	6.3	8.1	10.9	14.5	14.6	19.4	15.3
银行（10 亿英镑）	0.5	1.2	1.8	3.2	3.3	6.3	9.8	8.6	6.2	10.2	10.0	18.5
其中 银行的抵押贷款（10 亿英镑）	0.1	0.1	0.3	0.6	0.5	2.3	5.1	3.5	2.0	4.2	4.7	10.0

目前这是一个在理论中和实践中都存在争议的问题。在这个调查报告中，Gertler（1988 年）注意到早期的"流动性偏好理论以及弗里德曼和施瓦茨的时间序列分析工作（1963 年和 1982 年）提供了货币作为当务之急的动机"。另外"在时间序列分析中对向量自回归的广泛应用使注意力重新转移到了作为关键金融总量指标的货币上"，如 Sims（1972 年）。但是现在，Gertler 宣称，存在一股对金融尤其是与信贷相关的商业周期的研究兴趣的复苏，不论是在理论层面，如 Williamson（1987 年），还是在经验层面，如 Bernanke（1983 年）、Gertler 和 Hubbard（1988 年）、Hamilton（1987 年）（但是关于对信用观点的经验相关性的怀疑，见 King（1986 年）。

尽管 B. 弗里德曼曾经报告（1980 年 a，1982 年），在美国可能找到一个信用总量，其与名义收入之间的关系具有稳定性，比如就像 M_1 在 20 世纪 70 年代的情况，当时论据的充足性促使大多数中央银行相信，确实应该将（适当定义的）货币总量作为政策的中心，而不是一个更加实际的对利率、货币和信贷扩张以及资产价格等变量的混合体。当然，早先（具有一定脆弱性的）对于货币流通速度的稳定性和可预测性的信心，现在已经消失殆尽了。中央银行家对信贷（而不是货币，或至少和货币同等程度）的传统关注（见 M. Friedman，1982 年），现在又重新浮出水面了，尽管信贷总量关系的稳定性并没有得到进一步的计量经济学的证实（B. Friedman，1988 年 a）。

但是除了名义（和实际）利率水平以外，政策制定者们究竟还应该关注什么，以及人们应依据什么对政策进行评论；仍存在（学术方面的）争论。[21]

总体来看，（纯粹凯恩斯主义）使用 IS/LM 分析范式评定货币对实体经济的方法经常得出如下结论：货币市场利率是由对（高能）基础货币的需求和（由中央银行决定的）供给的交互作用而决定的，而短期利率影响长期利率和股权收益率等因素，然后通过托宾 Q 的作用和标准利率弹性，影响到了支出，并进一步影响名义支出。这种方法忽视了在特定利率水平下，信贷和货币冲击对缓和一定的市场不完美的影响。即使从前最坚定的凯恩斯主义者，现在也接受了这种观点，如 Dow 和 Saville（1988 年）。相反，货币主义的方法在考虑货币和名义收入之间的直接（计量）关系时，涵盖了各种可能的影响渠道。对这类关系的可预测性的减弱，使政策制定者们对于将政策建立在任何进一步修改的和重新流行的计量经济发现上的做法，颇为怀疑。

相反，政策制定者们倾向于直接考察本国名义收入和通货膨胀的指示指标，以及以此为依据的各种名义利率，而同时紧张地关注信贷和货币总量，以及资产价格（主要是股票和房地产）。有时候，这被正式地称为"考察清单"方法（Johnston，1985 年；新西兰储备银行，1987 年 b），中央银行家将清单上所列明的指标作为制定政策的标准。支持者将其称为明智的实用主义；批评者们，作为混乱的相机抉择政策的反对者，认为这再一次地给当局

21　关于这种不确定性的一个好例子可以从政策制定者们对 1987 年 10 月 19 日危机的反应中找到。首先，它可能导致银行破产和金融系统内传染性的崩溃；其次，和第一点相关，它可能引起"信心"的削弱并由此造成企业和个人支出的减少；再次，通过财富效应，它将导致消费者支出出现一定程度的减少。受益于事后聪明，最后一个因素（相当微弱的）影响被模型很好地捕捉了。但是前两个影响的缺失，应该归咎于当局在那时采取的（正确的）货币政策吗？还是因为恐惧总是会成倍放大？

赋予了太多的权力，从而对他们和我们都不利。

5. 结论

在 20 世纪 70 年代，经济学家和政策制定者们认为经济体系是建立在一系列长期均衡条件上的。其中最重要的几个条件是：（1）产出和失业的自然（均衡）水平；（2）货币存量和名义收入之间的长期关系，即一个可预测的长期货币流通速度；（3）在两国可贸易商品价格及其双边汇率之间的长期关系，即购买力平价。

由自然因素或人为因素引起的一系列对需求方和供给方的冲击，能够使经济暂时脱离长期均衡状态，但是市场力量倾向于促使经济重新回到均衡点。市场力量促使经济回归均衡的速度依赖于市场不完美程度以及由此产生的价格黏性，而且对于这类不完美程度究竟有多大还存在不小争议。然而，既然经济部门能够将其长期预期锁定在这类基本均衡点上，再依据对短期内的价格黏性的估计，所以经济部门原则上应该可以描绘出经济对当前冲击的未来（理性预期下的）反映路径。在这种情况下，很难看到当局的任何作用，除了对货币增长制定中期目标（和规则），以锁定对通货膨胀的长期预期和消除当期的市场不完美（供给学派）。

对经济系统的这种观点的主要问题在于，20 世纪 80 年代的经验已经证明，根本察觉不到经济向特定均衡的任何回归。20 世纪 80 年代初，英国失业率激增，而且保持较高水平，直到 1987/1988 年才显著下降，而对工资和物价也没有产生持续的下调压力。对我们更重要的是，之前在货币存量和名义收入之间可预测的长期关系，似乎瓦解了，而汇率也可以长期地、大幅度地偏离购买力平价。

在这样的背景下，长期均衡条件，或在 20 世纪 80 年代早期货币当局（暂时）采取的货币目标，并未对远期预期赋予稳固的锚。在 20 世纪最后一个十年，建立在货币流通速度或汇率将迅速回归其之前正常值的这种预期之上的投机，在财务上并没有广泛获利；而且这类建立在长期基本面上的投机，也实在罕见。

如果在实践中，驱使经济体回归（特定）均衡的自然力量，比先前预期的要微弱得多——甚至，在某些时候根本不存在，或被其他市场条件所抵消了——那么政府干预的存在就有了更多的余地，而且对当局相机抉择的需要则大大加强，因为他们无法将事情留给有效市场中的理性主体而静观其变。

概括地说，政策制定者们，即使那些深受早期观点影响的人（如 Lawson），均已经接受了这个实际的教训。在我们生活的世界里，人们并不能自信地依赖市场力量以重获经济的稳定均衡，即使当局本身并没有对经济进行干扰。在这种情况下，当局转向了相机抉择式的干预。他们目前的主要问题是，如何操作才能平衡（有时互相矛盾的）外部目标和内部价格稳定，但是这是另外一个仍在进行中的事情。

许多宏观经济理论家，十分憎恶对其早先得出的经济体认知形象作任何改动，部分是因为这引起了对其模型恰当性以及被广泛接受的理性预期概念意义的怀疑。正如在概述部分提到的一样，这导致了宏观经济理论的技术水平和实践政策分析之间分歧的持续增大。对此，我深切地同情政策制定者，他们必须应对现实情况，却又不能驳倒理论家们更加精致和易于驾驭的模型。

参考文献

Aftalion, Florin (1983). "The political economy of French monetary policy." In *The Political Economy of Monetary Policy: National and International Aspects* (ed. D. Hodgman). Boston: Federal Reserve Bank of Boston, pp. 7–25, and 'Discussion' of above by Robert Raymond, pp. 26–33.

Akhtar, M. Akbar (1983). 'Financial innovations and their implications for monetary policy: an international perspective.' *Bank for International Settlements Economic Papers*, no. 9.

—— and Harris, Ethan S. (1987). 'Monetary policy influence on the economy – an empirical analysis.'
Federal Reserve Bank of New York Quarterly Review, Winter, pp. 19–32.

Andersen, Palle S. (1985). 'The stability of money demand functions: an alternative approach.' BIS Economic Papers, no. 14.

Anderson, Robert and Enzler, Jared J. (1987). 'Toward realistic policy design: policy reaction functions that rely on economic forecasts.' Chapter 10 In *Macroeconomics and Finance*. (ed. R. Dornbusch, S. Fischer and J. Bossons), pp. 291–330. MIT Press: Cambridge, Mass.

Argy, Victor (1988). 'Money growth targeting – the international experience.' Centre for Studies in Money, Banking and Finance, Macquarie University, Working Paper No. 8806A (August).

Artis, Michael J. and Lewis, Mervyn, K. (1976). 'The demand for money in the United Kingdom, 1963–73.' *Manchester School*, vol. 44, no. 2, pp. 147–81.

—— and —— (1984). 'How unstable is the demand for money in the United Kingdom?' *Economica*, vol. 51, pp. 473–6.

Artus, Patrick (1987). 'La politique monetaire en France dans un contexte d'innovation financière de dereglementation et de plus grande mobilité des capitaux.' Banque de France, Direction Generale des Etudes, Working Paper 87–36/2, (March).

Atkinson, Paul and Chouraqui, Jean-Claude (1987). 'Implications of financial innovation and exchange rate variability on the conduct of monetary policy.' *Journal of Foreign Exchange and International Finance*, vol. 1, no. 1, pp. 64–84.

Avery, Robert B. *et al.* (1987). 'Changes in the use of transaction accounts and cash from 1984 to 1986.' *Federal Reserve Bulletin*, vol. 73, pp. 179–96.

Axilrod, Stephen H. (1985). 'US monetary policy in recent years: an overview.' *Federal Reserve Bulletin*, vol. 71, no. 1, pp. 14–24.

—— and Lindsey, David, E. (1981). 'Federal Reserve System implementation of monetary policy: analytical foundations of the new approach.' *American Economic Review*, vol. 71, no. 2, pp. 246–52.

Baba, Yoshihisa, Hendry, David F. and Starr, Ross M. (1987). 'U.S. money demand, 1960–1984.' Nuffield College Oxford, Discussion Paper, no. 27.

Balbach, Anatol B. (1981). 'How controllable is money growth.' *Federal Reserve Bank of St Louis Review*, vol. 63 (April) pp. 3–12.

Bank of England (1982a). 'The supplementary special deposits scheme.' *Bank of England Quarterly Bulletin*, vol. 22, no. 1, pp. 74–85.

—— (1982b). 'Composition of monetary and liquidity aggregates, and associated statistics.' *Bank of England Quarterly Bulletin*, vol. 22, no. 4, pp. 530–7.

—— (1984a). 'Funding the public sector borrowing requirement: 1952–83.' *Bank of England Quarterly Bulletin*, vol. 24, no. 4, pp. 482–92.

—— (1984b). *The Development and Operation of Monetary Policy, 1960–1983*. Oxford: Clarendon Press.

—— (1987). 'Measures of broad money.' *Bank of England Quarterly Bulletin*, vol. 27, no. 2, pp. 212–9.

—— (1988). 'Bank of England operations in the sterling money market.' *Bank of England Quarterly Bulletin*, vol. 28, no. 3, pp. 391–409.

Bank for International Settlements (1983). *Fifty-third annual Report*. Basle, pp. 68–78.

—— (1986). *Recent Innovations in International Banking*. Report of a Committee of Central Bankers chaired by Samuel Cross, Basle: BIS.

Bank of Japan, Research and Statistics Department (1985). 'Characteristics of interest rate fluctuations amidst deregulation and internationalization of financing.' Special Paper no. 126, (October).

—— (1988a). *Quarterly Economic Outlook*, Special Paper, no. 163, (Spring).

—— (1988b). 'On the recent behaviour of the money supply.' (in Japanese), *Monthly Review*.

—— (1988c). *Annual Review of Monetary and Economic Developments in Fiscal 1987*, (June).

Banque de France, Direction Generale des Etudes (1987). 'L'evolution des instruments de la politique monetaire en France et la nouveau dispositif de controle monetaire.' Note No. 87. 24/2 (March).

Barbato, Michele (1987). 'The evolution of monetary policy and its impact on banks.' *Review of Economic Conditions in Italy*, no. 2, pp. 165–208.

Barnett, William A. (1982). 'The optimal level of monetary aggregation.'

Journal of Money, Credit and Banking, vol. 14, no. 4, part 2, pp. 687–710.

——, Offenbacher, Edward K. and Spindt, Paul A. (1984). 'The new Divisia monetary aggregates.' *Journal of Political Economy*, vol. 92, no. 6, pp. 1049–85.

Barro, Robert J. (1977). 'Unanticipated money growth and unemployment in the United States.' *American Economic Review*, vol. 67, no. 2, pp. 101–15.

—— (1978). 'Unanticipated money, output and the price level in the United States.' *Journal of Political Economy*, vol. 86, no. 4, pp. 549–80.

—— (1986). 'Recent developments in the theory of rules versus discretion.' ECONOMIC JOURNAL, vol. 96, Supplement, pp. 23–37.

—— and Gordon, David B. (1983a). 'Rules, discretion and reputation in a model of monetary policy.' *Journal of Monetary Economics*, vol. 12, no. 1, pp. 101–21.

—— and —— (1983b). 'A positive theory of monetary policy in a natural rate model.' *Journal of Political Economy*, vol. 91, no. 4, pp. 589–610.

Bean, Charles (1987). 'The impact of North Sea oil.' Chapter 3. In *The Performance of the British Economy*, (ed.R. Dornbusch and R. Layard). Oxford: Clarendon Press.

Beckerman, Wilfred (1985). 'How the battle against inflation was really won.' *Lloyds Bank Review*, January, pp. 1–12.

Bernanke, Ben S. (1983). 'Non-monetary effects of the financial crisis in the propagation of the Great Depression.' *American Economic Review*, vol. 73, (June), pp. 257–76.

—— and Gertler, Mark ed. (1987). 'Banking and macroeconomic equilibrium.' In *New Approaches to Monetary Economics*, (ed. W. A. Barnett and K. Singleton). New York: Cambridge University Press.

Black, Stanley, W. (1982). 'The effects of alternative monetary control procedures on exchange rates and output.' *Journal of Money, Credit and Banking*, vol. 14, no. 4, part 2, pp. 746–60.

Blinder, Alan S. (1987). 'Credit rationing and effective supply failures.' ECONOMIC JOURNAL, vol. 97, no. 386, pp. 327–52.

Blundell-Wignall, Adrian and Thorp, Susan (1987). 'Money demand, own interest rates and deregulation', Reserve Bank of Australia Research Discussion Paper, no. 8703 (May).

Board of Governors of the Federal Reserve System (1988). 'Monetary policy report to Congress pursuant to the full employment and balanced growth [Humphrey-Hawkins] Act of 1978.' Federal Reserve Board Press Release, July 13.

Bomhoff, Edward J., (1983). *Monetary Uncertainty*, Amsterdam: North Holland

—— (1985). 'Monetary targeting in West Germany, Holland and Switzerland.' *Contemporary Policy Issues*, vol. II, (Fall), pp. 85–98.

Bordes, Christian and Strauss-Kahn, Marc-Olivier (1988). 'Dispositifs de controle monetaire en France et chocs sur la vitesse dans un environment en mutation.' *Economies et Sociétés*, no. 1, pp. 105–54.

Bouey, Gerald K. (1982a). 'Monetary policy – finding a place to stand.'

Paper presented at the Per Jacobbson Lecture, September 5th, mimeo, Bank of Canada.

—— (1982 b). 'Recovering from inflation.' Notes for Remarks to the Canadian Club, Toronto, Ontario, November 29, reprinted in the *Bank of Canada Review*, December.

Brayton, Flint, Farr, Terry and Porter, Richard, (1983). 'Alternative money demand specifications and recent growth in M1.' Processed, Board of Governors of the Federal Reserve System, (May).

Brittan, Samuel, (1980). 'A coherent budget at last.' *Financial Times*, March 27th, p. 24.

Broaddus, Alfred and Goodfriend, Marvin (1984). 'Base drift and the longer run growth of M1: experience from a decade of monetary targeting.' *Federal Reserve Bank of Richmond Economic Review*, vol. 70, no. 6, pp. 3–14.

Brock, William, A. and Mirman, Leonard J. (1972). 'Optimal economic growth and uncertainty: the discounted cases.' *Journal of Economic Theory*, vol. 4, pp. 479–513.

Brunner, Karl and Meltzer, Allan H. (1972 a). 'Money, debt, and economic activity.' *Journal of Political Economy*, vol. 80, no. 5, pp. 951–77.

—— and —— (1972 b). 'A monetarist framework for aggregative analysis.' *Proceedings of the First Konstanzer Seminar, Kredit und Kapital*, Beideft 1, Berlin.

—— and —— (1983). 'Strategies and tactics for monetary control.' In *Money, Monetary Policy, and Financial Institutions*, (eds. K. Brunner and A. H. Meltzer), Carnegie-Rochester Conference Series on Public Policy, vol. 19, Amsterdam: North Holland.

—— and —— (1988). 'Money and credit in the monetary transmission process', *American Economic Review*, vol. 78, no. 2, pp. 446–51.

Bryant, Ralph C. (1982). 'Federal Reserve control of the money stock.' *Journal of Money, Credit and Banking*, vol. 14, no. 4, part 2, pp. 597–625.

Budd, Alan and Holly, Sean (1986).'Does broad money matter?'from *The London Business School Economic Outlook*, vol. 10, no. 9, pp. 16–22.

Buiter, Willem H. (1985). 'A guide to public sector debt and deficits.' *Economic Policy*, vol. 1, (November, pp. 14–79.

—— and Armstrong, Clive A. (1978).'A didactic note on the transaction demand for money and behavior towards risk.' *Journal of Money, Credit and Banking*, vol. 10 (November), pp. 529–38.

—— and Miller, Marcus H. (1982). 'Real exchange-rate overshooting and the output cost of bringing down inflation', *European Economic Review*, vol. 18, no. (1–2), pp. 85–123.

—— and —— (1983). 'Changing the rules – economic consequences of the Thatcher regime.' *Brookings Papers on Economic Activity*, no. 2, pp. 305–79.

Burdekin, Richard C. K. (1986). 'Cross-country evidence on the relationship between central banks and governments.' Federal Reserve Bank of Dallas Research Paper, no. 8603.

Burger, Albert E., Kalish Lionel III, Babb Christopher T. (1971). 'Money stock control and its implications for monetary policy.' *Federal Reserve Bank of St Louis Review*, vol. 33, pp. 6–22.

Callaghan, James, (1976). Speech to Labour Party Conference, September 28th, as reported in *The Times*, September 29th p. 1.

Calvo, Guillermo A. (1978). 'On the time consistency of optimal policy in a monetary economy.' *Econometrica*, vol. 46, (November), pp. 1411–28.

Capie, Forrest, H. and Wood, Geoffrey E. (1986). 'The long run behaviour of velocity in the UK.' Centre for Banking and International Finance, Centre for the Study of Monetary History, The City University, Discussion Paper no. 23, (May).

Carr, Jack and Darby, Michael, (1981). 'The role of money supply shocks in the short-run demand for money.' *Journal of Monetary Economics*, vol. 8 (September), pp. 183–200.

Cecco, Marcello de (ed.) (1987). *Changing Money: Financial Innovation in Developed Countries*. Oxford: Basil Blackwell.

Chouraqui, Jean-Claude, Driscoll, Michael and Strauss-Kahn, Marc-Olivier, (1988). 'The effects of monetary policy on the real sector: an overview of empirical evidence for selected OECD economies.' *OECD Working Papers*, no. 51, (April).

Chowdhury, Gopa, Green, Christopher J. and Miles, David, K. (1986). 'An empirical model of company short-term financial decisions: evidence from company accounts data.' *Bank of England Discussion Paper*, no. 26.

Clinton, Kevin and Chouraqui, Jean-Claude (1987). 'Monetary policy in the second half of the 1980s: how much room for manoeuvre?' OCED Department of Economics and Statistics, Working Papers, no. 39 (February).

Congdon, Tim (1988). *The Debt Threat*. Oxford: Basil Blackwell.

Conseil National du Credit, (1986). *Rapport Annuel*, Paris: Banque de France.

—— (1987). *Rapport Annuel*, Edition provisoire, Paris: Banque de France.

Cosimano, Thomas F. and Jansen Dennis W. (1987). 'The relation between money growth variability and the variability of money about target.' *Economics Letters*, vol. 25, pp. 355–8.

Cover, James P. and Keeler, James P. (1987). 'Estimating money demand in log-first-difference form.' *Southern Economic Journal*, vol. 53, no. 3, pp. 751–67.

Crow, John, W. (1988). 'The work of Canadian monetary policy.' Paper presented at the Eric S. Hanson Lecture, University of Alberta, January 18, mimeo, Bank of Canada.

Cuthbertson, Keith (1988a). 'The demand for M1: a forward-looking buffer stock model.' *Oxford Economic Papers*, vol. 40, pp. 110–81.

—— (1988b). 'The encompassing implications of feedforward versus feedback mechanisms: a comment.' Mimeo, Newcastle University (July).

—— and Taylor, Mark P. (1987). 'Buffer-stock money: an appraisal.' Chapter 5 In *The Operation and Regulation of Financial Markets*, (ed. C. Goodhart, D. Currie and D. Llewellyn), London: Macmillan.

Darby, Michael, *et al.* (1987). 'Recent behavior of the velocity of money.' *Contemporary Policy Issues*, vol. 5 (January), pp. 1–32.

Davidson, James E. H. (1987). 'Disequilibrium money: some further results with a monetary model of the UK.' Chapter 6 In *The Operation and Regulation of Financial Markets*. (ed. C. Goodhart, D. Currie and D. Llewellyn), London: Macmillan.

—— and Ireland Jonathan, (1987). 'Buffer stock models of the monetary sector.' *National Institute Economic Review* no. 121, (August), pp. 67–71.

Deutsche Bundesbank, (1985). 'The longer-term trend and control of the money stock.' *Monthly Report* vol. 37, no. 1, (January), pp. 13–26.

—— (1987). *The Deutsche Bundesbank: its monetary policy instruments and functions*. Special Series, no. 7.

—— (1988). 'Methodological notes on the monetary target variable "M3".' *Monthly Report*. vol. 40, no. 3, pp. 18–21.

Dewald William G. and Lai Tsung-Hui, (1987). 'Factors affecting monetary growth: ARIMA forecasts of monetary base and multiplier.' *Kredit und Kapital*, vol. 20, no. 3, pp. 303–16.

Dickens, Rodney R. (1987). 'International comparison of asset market volatility: a further application of the ARCH model.' *Bank of England Technical Paper*, no. 15 (February).

Dotsey, Michael (1986). 'Japanese monetary policy: a comparative analysis.' *Bank of Japan Monetary and Economic Studies*, vol. 4, no. 2, pp. 105–27.

—— (1987). 'The Australian money market and the operations of the Reserve Bank of Australia: a comparative analysis.' *Federal Reserve Bank of Richmond Economic Review* (September/October) pp. 19–31.

—— (1988). 'The demand for currency in the United States.' *Journal of Money, Credit and Banking*, vol. 20, no. 1, pp. 22–40.

Dow Christopher and Saville Iain (1988). *A Critique of Monetary Policy*. Oxford: Clarendon Press.

Drayson, Stephen J. (1985). 'The housing finance market: recent growth in perspective.' *Bank of England Quarterly Bulletin*, vol. 25, no. 1, pp. 80–91.

Driffill, John (1988). 'Macroeconomic policy games with incomplete information.' *European Economic Review*, vol. 32, pp. 533–41.

Duck, Nigel W. and Sheppard, David K. (1978). 'A proposal for the control of the UK money supply.' ECONOMIC JOURNAL, vol. 88, no. 349, pp. 1–17.

Dudler, Hermann-Josef, (1984). *Geldpolitik und ihre Theoretischen Grundlagen*, Frankfurt am Main: Fritz Knapp Verlag.

—— (1986). 'Geldmengenpolitik und Finanzinnovationen.' *Kredit und Kapital*, Heft 4, pp. 472–95.

—— (1987). 'Financial innovation in Germany.' Chapter 7 In *Changing Money*. (ed. de Cecco). Oxford: Basil Blackwell.

Dutkowsky, Donald H. and Foote, William G. (1988). 'The demand for money: a rational expectations approach.' *Review of Economics and Statistics*, vol. 70, no. 1, pp. 83–92.

Dwyer, Gerald P. Jr. (1985). 'Federal Deficits, Interest Rates and Monetary Policy.' *Journal of Money, Credit and Banking*, vol. 17, no. 4, part 2, pp. 655–81.

Easton, W. W. (1985). 'The importance of interest rates in five macroeconomic models.' *Bank of England Discussion Papers*, no. 24 (October).

Edison, Hali J., Miller, Marcus, H. and Williamson, John (1987). 'On evaluating and extending the target zone proposal.' *Journal of Policy Modelling*, vol. 9, no. 1, pp. 199–224.

Engle, Robert F. and Granger, Clive, W. J. (1987). 'Cointegration and error correction: representation, estimation and testing.' *Econometrica*, vol. 55, no. 2, pp. 251–76.

Enzler, Jared J. and Johnson, Lewis (1981). 'Cycles resulting from money stock targeting.' In *New Monetary Control Procedures*, Federal Reserve Staff Study, vol. 1, Board of Governors of the Federal Reserve System: Washington D.C.

Evans, Paul (1981). 'Why have interest rates been so volatile?' *Federal Reserve Bank of San Francisco Economic Review*, (Summer), pp. 7–20.

—— (1984). 'The effects on output of money growth and interest rate volatility in the United States.' *Journal of Political Economy*, vol. 92, no. 2, pp. 204–20.

Fay, Stephen (1987). *Portrait of an Old Lady*. Harmondsworth: Viking.

Federal Reserve Staff Studies (1981). *New Monetary Control Procedures*. (2 vols), Washington: Board of Governors of the Federal Reserve System.

Feldstein, Martin (1988). 'Rethinking international economic coordination.' *Oxford Economic Papers*, vol. 40, no. 2, pp. 205–19.

Fforde, John S. (1983). 'Setting monetary objectives.' In *Central Bank Views on Monetary Targetting*. (ed. P. Meek). Federal Reserve Bank of New York, 1983; also reprinted in (Bank of England, (ed.)) *The Development and Operation of Monetary Policy*. Oxford: Clarendon Press.

Filc, Wolfgang; Hubl Lothar and Pohl Rudiger (eds.), (1988). *Herausforderungen der Wirtschaftspolitik*. Berlin: Duncker and Humblot.

Financial Secretary of H.M. Treasury, *Financial Statement and Budget Report*. Otherwise known as FSBR or Budget Redbook which accompanies present UK Budgets. London: HMSO (annually).

Fischer, Stanley (1988). 'Recent developments in macroeconomics.' Economic Journal, vol. 98, no. 391, pp. 294–339.

Foot, Michael D. K. W. (1981). 'Monetary targets: their nature and record in the major economies.' In *Monetary Targets*, (ed. B. Griffiths and G. E. Wood), London: Macmillan.

——, Goodhart, Charles A. E. and Hotson, Anthony C. (1979). 'Monetary base control.' *Bank of England Quarterly Bulletin*, vol. 19, no. 2, pp. 149–59.

Freedman, Charles (1983). 'Financial innovation in Canada: causes and consequences.' *American Economic Review*, vol. 73, no. 2, pp. 101–6.

Frenkel, Jacob, A. and Goldstein, Morris (1988). 'Exchange rate volatility and misalignment: evaluating some proposals for reform.' Paper presented at Federal Reserve Bank of Kansas City Conference on Financial Market Volatility.' August 17–9.

Frey, Bruno and Schneider Friedric (1981). 'Central bank behavior: a positive empirical analysis.' *Journal of Monetary Economics*, vol. 7. pp. 291–316.

Friedman, Benjamin M.(1980a).'Debt and economic activity in the United States.' In *The Changing Roles of Debt and Equity in Financing U.S. Capital Formation.* (ed. B. M. Friedman), Chicago: University of Chicago Press, pp. 91–110.

—— (1980b). 'Postwar changes in the American financial markets.' In *The American Economy in Transition.* (ed. M. Feldstein). Chicago : University of Chicago Press, pp. 9–78.

—— (1982). 'Federal Reserve policy, interest rate volatility, and the U.S. capital raising mechanism.' *Journal of Money, Credit and Banking.* vol. 14, no. 4, part 2, pp. 721–45.

—— (1988a). 'Monetary policy without quantity variables.' *American Economic Review Proceedings*, vol. 78, no. 2, pp. 440–5.

—— (1988b). 'Targets and instruments of monetary policy', National Bureau of Economic Research Working Paper, No. 2668, (July).

Friedman, Milton (1956). 'The quantity theory of money – a restatement.' In *Studies in the Quantity Theory of Money* (ed. M. Friedman). Chicago: University of Chicago Press.

—— (1968). 'The role of monetary policy', *American Economic Review*, vol. 58, (March), pp. 1–17.

—— (1970). 'A theoretical framework for monetary analysis', *Journal of Political Economy*, vol. 78, (March/April), pp. 193–228.

—— (1971).'A monetary theory of nominal income', *Journal of Political Economy*, vol. 79, (March/April), pp. 323–37.

—— (1982). 'Monetary theory: policy and practice.' *Journal of Money, Credit and Banking*, vol. 14, no. 1, pp. 98–118.

—— (1984a). 'Monetary policy of the 1980s.' Chapter 2. In *To Promote Prosperity*, (ed. J. Moore). Stanford, Hoover Institute Press.

—— (1984b). 'Lessons from the 1979–82 monetary policy experiment.' *American Economic Review*, vol. 74, no. 2, pp. 397–400.

—— and Schwartz, Anna J. (1963). *A Monetary History of the United States, 1867–1960.* Princeton: Princeton University Press for NBER.

—— and —— (1982). *Monetary Trends in the United States and the United Kingdom.* Chicago: University of Chicago Press.

Fry, Maxwell J. (1988). *Money, Interest, and Banking in Economic Development.* Baltimore: Johns Hopkins University Press.

Fukui, Toshihiko, (1986). 'Recent developments of the short-term money market in Japan and changes in monetary control techniques and procedures by the Bank of Japan.' Bank of Japan, Research and Statistics Department, Special Paper, no. 130, (January).

Gale, Douglas (1982). *Money: In Equilibrium.* Cambridge University Press.

—— (1983). *Money: In Disequilibrium.* Cambridge: Cambridge University Press.

—— and Hellwig, Martin (1985). 'Incentive-compatible debt contracts: the one-period problem.' *The Review of Economic Studies*, vol. 52, no. 4, pp. 647–64.

Geisler, Klaus-Dieter (1986). 'Sur "Kausalitat". von Geldmenge und Sozialprodukt.' *Kredit und Kapital*, Heft 3, pp. 325–39.

Germany J. David and Morton, John E. (1985). 'Financial innovation and deregulation in foreign industrial countries.' *Federal Reserve Bulletin*, vol. 71, no. 10, pp. 743–53.

Gertler, Mark (1988). 'Financial structure and aggregate economic activity: an overview.' NBER Working Paper, No. 2559, (April), subsequently published in the *Journal of Money, Credit and Banking*, vol. 20, no. 3, part 2, (August), pp. 559–89.

—— and Hubbard, Glenn R. (1988). 'Financial factors and business fluctuations.' Paper presented at Federal Reserve Bank of Kansas City Conference on Financial Volatility, Jackson Hole, Wyoming, August 17–9.

Goldfeld, Stephen, M. (1973). 'The demand for money revisited.' *Brookings Papers on Economic Activity*, no. 13, pp. 577–638.

—— (1976). 'The case of the missing money.' *Brookings Papers on Economic Activity*, no. 3, pp. 683–730.

Goodfriend, Marvin (1983). 'Discount window borrowing, monetary policy, and the post-October 6, 1979, Federal Reserve operating procedure.' *Journal of Monetary Economics*, vol. 12, pp. 343–56.

—— (1985). 'Reinterpreting money demand regressions.' In *Understanding Monetary Regimes*, (ed. K. Brunner and A. H. Meltzer). Carnegie-Rochester Conference Series on Public Policy, vol. 22, Amsterdam: North Holland.

Goodhart, Charles (1984). *Monetary Theory and Practice*. London: Macmillan.

—— and Crockett, Andrew D. (1970). 'The importance of money', *Bank of England Quarterly Bulletin*, vol. 10, no. 2, pp. 159–98.

Gordon, Robert J. (1984). 'The short run demand for money: a reconsideration.' *Journal of Money, Credit and Banking*, vol. 16, part 1, pp. 403–34.

Granger, Clive, W. J. (1981). 'Some properties of time series data and their use in econometric model specification.' *Journal of Econometrics*, vol. 16, no. 1.

Greenfield, Robert L. and Yeager, Leland, B. (1986). 'Money and credit confused: an appraisal of economic doctrine and Federal Reserve procedure.' *Southern Economic Journal*, vol. 53, no. 2, pp. 364–73.

Greenspan, Alan (1988). 'Statement before the US Senate Committee on Banking, Housing and Urban Affairs', Press Release, Federal Reserve Board, July 13.

Greenwald, Bruce C. and Stiglitz, Joseph E. (1988). 'Imperfect information, finance constraints, and business fluctuations' and 'Money, imperfect information, and economic fluctuations.' Chapters 7 and 8. In *Finance Constraints, Expectations, and Macroeconomics*. (ed. M. Kohn and S-C. Tsiang). Oxford: Clarendon Press.

Greider, William (1988). *Secrets of the Temple*. New York: Simon and Schuster.

Grice, Joe, Bennett, Alan and Cumming, Norman (1981). 'The demand for sterling £M3 and other aggregates in the United Kingdom.' *Treasury Working Paper*, no. 20 (August).

—— and —— (1984). 'Wealth and the demand for £M3 in the United Kingdom, 1963–1978.' *Manchester School*, vol. 52, no. 3, pp. 239–71.

Grilli, Vittorio (1988). 'Exchange rates and seignorage.' Unpublished manuscript.

Hacche, Graham (1974). 'The demand for money in the United Kingdom: expe rience since 1971'. *Bank of England Quarterly Bulletin*, vol. 14, no. 3, pp. 284–305.

Hafer, R. W. (1985). 'Comment on "Money Demand Predictability".' *Journal of Money, Credit, and Banking*, vol. 17, no. 4, part 2, pp. 642–6.

—— and Hein, Scott E. (1984). 'Financial innovations and the interest elasticity of money demand: some historical evidence.' *Journal of Money, Credit and Banking*, vol. 16, no. 2, pp. 247–52.

——, —— and Kool, Clemens J. M. (1983). 'Forecasting the money multiplier: implications for money stock control and economic activity.' *Federal Reserve Bank of St Louis Review*. (October), pp. 22–33.

van Hagen, Jurgen, (1988). 'Alternative operating regimes for money stock control in West Germany: an empirical evaluation.' *Weltwirtschaftsliches Archiv*. vol. 124, no. 1, pp. 89–107.

Hall, Steven and Henry, Brian (1987). 'Wage models.' *National Institute Economic Review*, no. 119, (February), pp.

——, —— and Wilcox, Joe, (1988). 'The long run determination of the UK monetary aggregates.' Bank of England, mimeo, (April).

Hall, Robert E. (1986). 'Optimal monetary institutions and policy.' Chapter 6. In *Alternative Monetary Regimes*. (ed. C. D. Campbell and W. R. Dougan). Baltimore: Johns Hopkins University Press.

Hamada, Koichi and Hayashi, Fumio (1985). 'Monetary policy in postwar Japan', In *Monetary Policy in Our Times*. (ed. A. Ando, H. Eguchi, R. Farmer and Y. Suzuki). Cambridge, Mass.: MIT Press.

Hamburger, Michael J. (1983). 'Recent velocity behavior, the demand for money and monetary policy.' Conference on Monetary Targetting and Velocity, Federal Reserve Bank of San Francisco.

Hamilton, James (1987). 'Monetary factors in the Great Depression.' *Journal of Monetary Economics*, vol. 19, no. 2, pp. 145–70.

Havrilesky, Thomas (1988). 'Monetary policy signalling from the administration to the Federal Reserve.' *Journal of Money, Credit and Banking*, vol. 20, no. 1, pp. 83–101.

Healy, Nigel M. (1987). 'The UK 1979–82 "Monetarist Experiment": why economists will still disagree.' *Banca Nazionale del Lavoro Quarterly Review*, no. 163, (December), pp. 471–99.

Heller, H. Robert (1988). 'Implementing Monetary Policy.' *Federal Reserve Bulletin*, vol. 74, no. 7, pp. 419–29.

Hendry, David, F. (1979). 'Predictive failure and econometric modelling in macroeconomics: the transactions demand for money.' Chapter 9 In *Economic Modelling*. (ed. P. Ormerod). London: Heinemann.

—— (1985). 'Monetary economic myth and econometric reality.' *Oxford Review of Economic Policy*, vol. 1, no. 1, pp. 72–84.

—— (1988). 'The encompassing implications of feedback versus feedforward mechanisms in econometrics.' *Oxford Economic Papers*, vol. 40, pp. 132–49.

—— and Ericsson Neil R. (1983). 'Assertion without empirical basis: an econometric appraisal of "Monetary Trends in...the United Kingdom" by Milton Friedman and Anna Schwartz.' Bank of England Panel of Academic Consultants, Panel Paper, no. 22, (October).

—— and Neale, Adrian J. (1988). 'Interpreting long-run equilibrium solutions in conventional macro models: a comment.' ECONOMIC JOURNAL, vol. 98, no. 392, pp. 808–17.

Hester, Donald D. (1981). 'Innovations and monetary control.' *Brookings Papers on Economic Activity*, no. 1, pp. 141–89.

Hodgman, Donald R. (1983). *The Political Economy of Monetary Policy: National and International Aspects*. Federal Reserve Bank of Boston.

Hogan, Lindsay I. (1986). 'A comparison of alternative exchange rate forecasting models.' *Economic Record*, vol. 62, no. 177, pp. 215–23.

Holden, K., Peel, D. and Thompson, J. (1985). *Expectations: Theory and Evidence*. London: Macmillan.

Holtham, Gerald, Keating, Giles and Spencer, Peter (1988). 'Developments in the demand for liquid assets in Germany and the UK.' Paper presented at the Conference on Monetary Aggregates and Financial Sector Behavior in In terdependent Economies, Board or Governors of the Federal Reserve System, Washington D.C., May 26–7.

Hoskins, W. Lee (1985). 'Foreign experiences with monetary targeting: a practitioner's perspective.' *Contemporary Policy Issues*, vol. III, pages 71–83.

Howe, Sir Geoffrey (1979). 'Budget Statement.' *Hansard*, vol. 968, London: H-MSO, pp. 241–4.

—— (1981). 'The fight against inflation.' The Third Mais Lecture, City U-niversity Business School pamphlet (May).

Ireland, Jonathan and Wren-Lewis, Simon, (1988). 'Buffer stock money and the company sector.' Paper presented at the Money Study Group Conference, Oxford, September 23rd.

Isard, Peter and Rojas-Suarez, Liliana (1986). 'Velocity of money and the pract-ice of monetary targeting: experience, theory, and the policy debate.' Chap-ter 3 in *Staff Studies for the World Economic Outlook*, International Monetary Fund: Washington, D.C. (July), pp. 73–112.

Jaffee, Dwight M. and Russell, Thomas (1976). 'Imperfect information and credit rationing.' *Quarterly Journal of Economics*, vol. 90, no. 4, pp. 651–66.

Johannes, James, M. and Rasche, Robert H. (1979). 'Predicting the money mul-tiplier.' *Journal of Monetary Economics*, vol. 5, pp. 301–25.

—— (1981). 'Can the reserves approach to monetary control really work.' *Journal of Money, Credit and Banking*, vol. 13, (August), pp. 298–313.

Johnson, Karen H., (1983). 'Foreign experience with targets for monetary grow-th.' *Federal Reserve Bulletin*, vol. 69, (October), pp. 745–54.

Johnston, Robert A. (1985). 'Monetary policy – the changing environment.' T. A. Coghlan Memorial Lecture, University of NSW (May), reprinted in *Reserve Bank of Australia Bulletin*, (June).

Johnston, R. Barry (1983). *The Economics of the Euro-Market*, London: Macmillan.

—— (1984). 'The demand for non interest bearing money in the United Kingdo m.' *Treasury Working Paper*, no. 28.

—— (1985). 'The demand for liquidity aggregates by the UK personal sector.' *Treasury Working Paper*, no. 36.

Jonson, Peter D., Moses, E. R. and Wymer, Cliff R. (1977). 'The RBA76 model of the Australian economy.' In *Conference in Applied Economic Research*, Reserve Bank of Australia, (December).

—— and Rankin, R. W., (1986). 'On some recent developments in monetary economics.' *Economic Record*, vol. 62, no. 179, pp. 257–267.

Judd, John P. and Scadding, John, L. (1981). 'The search for a stable money demand function: a survey of the post-1973 literature.' *Journal of Economic Literature*, vol. 20 (September), pp. 993–1023.

—— and —— (1982). 'Liability management, bank loans, and deposit "market" disequilibrium.' *San Francisco Federal Reserve Bank Review*, (Summer), pp. 21–44.

—— and Motly, Brian (1984). 'The "Great Velocity Decline" of 1982–83: a comparative analysis of M1 and M2.' *Federal Reserye Bank of San Francisco Economic Review*, (Summer), pp. 56–74.

Kaldor, Nicholas (1982). *The Scourge of Monetarism*, Oxford: Oxford University Press.

Keating, Paul (1985). 'Statement by the Treasurer, The Hon. Paul Keating, M.P.', Press Release, Canberra (January), reprinted in *Reserve Bank of Australia Bulletin* (February) pp. 507–9.

Keynes, J. Maynard (1936). *The General Theory of Employment Interest and Money*, reprinted 1973 for the Royal Economic Society. London: Macmillan.

King, Robert G. and Plosser, Charles I. (1984). 'Money, credit and prices in a real business cycle.' *American Economic Review*, vol. 74, (June), pp. 363–80.

King, Stephen R. (1986). 'Monetary transmission: through bank loans and bank liabilities?' *Journal of Money, Credit and Banking*, vol. 18, no. 3, pp. 290–303.

Kloten, Norbert (1987). 'The control of monetary aggregates in West Germany under changing conditions: the impact of innovations, the internationalisation of financial markets and the EMS.' Paper presented at the Second Surrey Monetary Conference on Financial Innovation, Deregulation and the Control of Monetary Aggregates, University of Surrey, Guildford, 8–10 April.

Knoester, Arthonic and van Sinderen, Jarig (1982). 'Economic policy and unemployment.' In *Unemployment: a Dutch Perspective*, (ed. A. Maddison and B. S. Wilpstra). The Hague.

Kohn, Meir (1988). 'The finance constraint theory of money: a progress report.' Dartmouth College Working Paper, (August).

—— and Tsiang Sho-Chieh (1988). *Financial Constraints, Expectations, and Macroeconomics*. Oxford: Clarendon Press.

Kopecky, Kenneth J. (1984). 'Monetary control under reverse lag and contemporaneous reserve accounting: a comparison' and 'A reply.' by Robert D. Laurent, *Journal of Money, Credit and Banking*, vol. 16, no. 1, pp. 81–92.

Kydland, Finn E, and Prescott, Edward C. (1977). 'Rules rather than discretion: the inconsistency of optimal plans.' *Journal of Political Economy*, vol. 85 (June), pp. 473–91.

—— and —— (1982). 'Time to build and aggregate fluctuations.' *Econometrica*, vol. 50 (November), pp. 1345–70.

Laidler, David E. W. (1983 a). *Monetarist Perspectives*. Oxford: Philip Allan.

——(1983 b).'The buffer stock notion in monetary economics.' ECONOMIC JOURNAL, *Supplement*, vol. 94, pp. 17–34.

——(1985). 'Comment on "Money Demand Predictability"', *Journal of Money, Credit and Banking*, vol. 17., no. 4, part 2, pp. 647–53.

——(1986). 'What do we really know about monetary policy?' *Australian Economic Papers*, vol. 25, no. 46, pp. 1–16.

——(1988 a). 'Taking money seriously.' University of Western Ontario Department of Economics Research Report, no. 9904.

——(1988 b). 'Monetarism, microfoundations and the theory of monetary policy.' Working Paper, Centre for the Study of International Economic Relations, Working Paper, no. 8807c. Paper presented at a Conference on Monetary Policy at the Free University of Berlin, August 31–Sept. 2.

—— and Bently, Brian (1983). 'A small macro-model of the post-war United States 1953–72.' *Manchester School*, vol. 51 (December), pp. 317–40.

—— and Parkin, Michael J. (1970). 'The demand for money in the United Kingdom, 1956–1967: some preliminary estimates', *Manchester School*, vol. 38, no. 3, pp. 187–208.

Lamfalussy, Alexandre (1981). '"Rules vs. Discretion": an essay on monetary policy in an inflationary environment.' BIS Economic Papers, no. 3.

Lane, Timothy, D. (1984). 'Instrument instability and short-term monetary control.' *Journal of Monetary Economics*, vol. 14, pp. 209–24.

Laney, Leroy O. (1985). 'An international comparison of experiences with monetary targeting: a reaction function approach.' *Contemporary Policy Issues*, vol. III, (Fall), pp. 99–112.

Laurent, Robert D. (1979). 'Reserve requirements: are they lagged in the wrong direction?' *Journal of Money, Credit and Banking*, vol. 11, (August), pp. 301–10.

Lawson, Nigel (1980). 'Britain's policy and Britain's place in the international financial community.' Speech at the Financial Times 1980 Euromarket Conference, 21st January, H.M. Treasury Press Release.

——(1981).'Thatcherism in practice: a progress report.' Speech to the Zurich Society of Economics, 14 January, H.M. Treasury Press Release.

——(1982). 'Financial discipline restored.' Conservative Political Centre Pamphlet. (May).

——(1983). 'Mansion House Speech.' H.M. Treasury Press Release, October.

——(1984). 'The British Experiment.' The Fifth Mais Lecture, City University Business School pamphlet, (June).

——(1985). 'Mansion House Speech.' H.M. Treasury Press release, Oct. 17.

——(1986). 'Monetary policy.' Lombard Association Speech, H.M. Treasury Press Release, April 16.

——(1988). 'The State of the Market.' Speech to the Institute of Economic Affairs, H.M. Treasury Press Release, 21 July.

Layard, Richard and Nickell, Stephen, (1986). 'Unemployment in Britain.' *Economica*, vol. 33, supplement, pp. 121–70.

Leigh-Pemberton, Robin (1986). 'Financial change and broad money.' Loughborough University Banking Centre Lecture in Finance, *Bank of England Quarterly Bulletin*, vol. 26, no. 4, pp. 499–507.

—— (1987). 'The instruments of monetary policy.' Seventh Mais Lecture at the City University Business School, May 13th *Bank of England Quarterly Bulletin*, vol 27, no. 3, pp. 365–70.

Lewis, Mervyn, K. and Davis, Kevin T. (1987). *Domestic International Banking*, Oxford: Philip Allan.

Lindsey, David E. (1986). 'The monetary regime of the Federal Reserve System.' Chapter 5. In *Alternative Monetary Regimes*. (ed. C. D. Campbell and W. R. Dougan). Baltimore: Johns Hopkins University Press.

——, Farr, Helen T. Gillum, Gary P. Kopecky, Kenneth J. and Porter, Richard D. (1984). 'Short-run monetary control.' *Journal of Monetary Economics*, vol. 13, pp. 87–111.

—— and Spindt, Paul (1986). 'An evaluation of monetary indices.' Federal Reserve Board, Division of Research and Statistics, Special Studies Paper, no. 195.

Long, John B, Jr. and Plosser, Charles I. (1983). 'Real business cycles.' *Journal of Political Economy*, vol. 91, (February), pp. 39–69.

Lubrano, M., Pierse, R. G. and Richard, J. F. (1986). 'Stability of a UK money demand equation: a Bayesian approach to testing exogeneity.' *Review of Economic Studies*, vol. 53, pp. 603–34.

Lucas, Robert E., Jr. (1972). 'Expectations and the neutrality of money.' *Journal of Economic Theory*, vol. 4 (April), pp. 103–24.

—— (1976). 'Econometric policy evaluation: a critique', In *The Phillips Curve and Labor Markets*, (ed. K. Brunner and A. H. Meltzer). Carnegie-Rochester Conference Series on Public Policy, vol. 1, Amsterdam: North Holland, pp. 19–46.

McCallum, Bennett, T. (1985). 'On consequences and criticisms of monetary targeting.' *Journal of Money, Credit and Banking*, vol. 17, no. 4, part 2, pp. 570–97.

—— (1987). 'The case for rules in the conduct of monetary policy: a concrete example.' *Weltwirtschaftliches Archiv*, Bd. 123, pp. 415–28.

—— (1988). 'Postwar developments in business cycle theory: a moderately classical perspective', *Journal of Money, Credit and Banking*, vol. 20, no. 3, part 2, pp. 459–71.

McCulloch J. Huston (1986). 'Beyond the historical gold standard.' In *Alternative Monetary Regimes*. (ed. C. D. Campbell and W. R. Dougan). Baltimore: Johns Hopkins University Press, pp. 73–81.

McKinnon, Ronald, I. (1973). *Money and Capital in Economic Development*. Washington, D.C.: Brookings Institute.

—— (1984). *An International Standard for Monetary Stabilisation*, Washington: Institute for International Economics.

—— and Ohno, Kenichi (1988). 'Purchasing Power Parity as a Monetary Standard,' Paper presented at a Conference on the Future of the International Monetary System, Toronto: York University.

Macfarlane, Ian J. (1984). 'Methods of monetary control in Australia.' Paper presented at the New Zealand Association of Economists Annual Conference, Massey University (August).

Mankiw, N. Gregory (1988). 'Recent developments in macroeconomics: a very quick refresher course', *Journal of Money, Credit and Banking*, vol. 20, no. 3, part 2, pp. 436–49.

Mascaro, Angelo and Meltzer, Allan, H. (1983). 'Long-and short-term interest rates in a risky world.' *Journal of Monetary Economics*, vol. 12, (November), pp. 485–518.

Mayer, Thomas (1987). 'The debate about monetarist policy recommendations.' *Kredit and Kapital*, vol. 20, pp. 281–302.

—— (1988). 'Monetarism in a world without "money".' University of California, Davis, Research Program in Applied Macroeconomics and Macro Policy, Working Paper, no. 56.

Meek, Paul, (ed.) (1983). *Central Bank Views on Monetary Targeting*. Federal Reserve Bank of New York.

Meen, Geoffrey P.(1985). 'An econometric analysis of mortgage rationing.' U.K. Government Economic Service Working Paper, no. 79.

Milbourne, Ross (1987). 'Re-examining the buffer-stock model of money.' Economic Journal, *Conference Supplement*, vol. 97, pp. 130–42.

Miles, David K. and Wilcox, Joseph B. (1988). 'The transmission mechanism.' Bank of England, mimeo.

Miller, Marcus H. and Sprenkle, Case M. (1980). 'The precautionary demand for narrow and broad money.' *Economica*, vol. 47, no. 188, pp. 407–22.

Miller, Stephen M. (1988). 'Long-run and short-run money demands: an application of co-integration and error-correction modelling.' mimeo, (June).

Mills, Terry, C. (1983a). 'Composite monetary indicators for the United Kingdom; construction and empirical analyses.' *Bank of England Discussion Papers, Technical Series*, no. 3.

—— (1983b). 'The information content of the UK monetary components and aggregates.' *Bulletin of Economic Research*, vol. 35, no. 1, pp. 25–46.

Moore, George, R., Porter, Richard D.and Small, David H.(1988). 'Modeling the disaggregated demands for M2 and M1 in the 1980's: the US experience.' Paper presented on May 26 to the Federal Reserve Board Conference on Monetary Aggregates and Financial Sector Behavior in Interdependent Economies.

Moore, Basil, J. (1988a). 'The endogenous money supply.'*Journal of Post Keynesian Economics*, vol. 10, no. 3, pp. 372–85.

—— (1988b). *Horizontalists and Verticalists: The Macroeconomics of Credit Money*. Cambridge: Cambridge University Press.

—— (1989). 'A simple model of bank intermediation.' *Journal of Post Keynesian Economics*, forthcoming.

—— and Threadgold, Andrew (1985). 'Corporate bank borrowing in the U.K., 1965–1981, *Economica*, vol. 52, (February), pp. 65–78.

Moran, Michael (1984). *The Politics of Banking*. London: Macmillan.

Muscatelli, V.A. (1988). 'Alternative models of buffer stock money: an empirical investigation.' *Scottish Journal of Political Economy*, vol. 35, no. 1, pp. 1–21.

Niehans, Jurg (1981). 'The appreciation of sterling – causes, effects, policies.' Money Study Group Discussion Paper, mimeo (February).

Pavel, C. (1986). 'Securitization.' *Federal Reserve Bank of Chicago Economic Perspectives*, vol. 10, no. 4, pp. 16–31.

Persson, Torsten (1988). 'Credibility of macroeconomic policy: an introduction and a broad survey.' *European Economic Review*, vol. 32, pp. 519–32.

Phelps, Edmund S. (1968). 'Money wage dynamics and labor market equilibrium', *Journal of Political Economy*, vol. 76, (August), pp. 678–711.

Poole, William (1982). 'Federal Reserve operating procedures: a survey and evaluation of the historical record since October 1979.' *Journal of Money, Credit and Banking*, vol. 14, no 4, part 2, pp. 576–96.

Porter, Richard D. and Amanda Bayer (1983). 'A monetary perspective on underground economic activity in the United States.' *Federal Reserve Bulletin*, vol. 70, pp. 177–89.

Radecki, Lawrence (1982). 'Short-run monetary control: an analysis of some possible dangers.' *Federal Reserve Bank of New York Quarterly Review*. vol. 7, (Spring), pp. 1–10.

—— and Wenninger, John (1985). 'Recent instability in M1's velocity.' *Federal Reserve Bank of New York Quarterly Review*, (Autumn), pp. 16–22.

Rasche, Robert H. (1985). 'Interest rate volatility and alternative monetary control procedures.' *Federal Reserve Bank of San Francisco, Economic Review*. (Summer), pp. 46–63.

—— (1988). 'Demand functions for U.S. money and credit measures.' Paper presented at the Conference on 'Monetary Aggregates and Financial Sector Behavior in Interdependent Economies,' mimeo, Federal Reserve Board, Washington D.C., May 26/27.

—— and Meltzer Allan H. (1982). 'Is the Federal Reserve's monetary control policy misdirected?' arguing for the affirmative in the JMCB Debate, April 30, 1981, reprinted in the *Journal of Money, Credit and Banking*, vol. 14, no. 1, pp. 119–47.

—— and Johannes, James M. (1987). *Controlling the Growth of Monetary Aggregates*. Kluwer Academic Publishers.

Reserve Bank of Australia (1985). 'The Reserve Bank's domestic market operations.' mimeo, Sydney (May).

Reserve Bank of New Zealand (1986). *Financial Policy Reform*. Wellington, New Zealand: RBNZ.

—— (1987a). 'A layman's guide to monetary policy in the New Zealand context.' *Reserve Bank Bulletin*, vol. 50 (June), pp. 104–10.

—— (1987b). 'Post-election briefing paper to the Minister of Finance.' Special Paper, Wellington (August).

Richardson, Gordon (1978). 'Reflections on the conduct of monetary policy.' *Bank of England Quarterly Bulletin*, vol. 18, no. 1, pp. 51–8.

Roley, V. Vance (1985). 'Money demand predictability.' *Journal of Money, Credit and Banking*, vol. 17, no. 4, part 2, pp. 615–41.

—— (1986). 'Market perceptions of U.S. monetary policy since 1982.' *Federal*

Reserve Bank of Kansas City Economic Review, (May), pp. 27–40.

Rosenblum, Harvey and Storin, Steven (1983). 'Interest rate volatility in historical perspective.' *Federal Reserve Bank of Chicago, Economic Review*, vol. 7 (January, February) pp. 10–9.

Roth, Howard L. (1986). 'Leading indicators of inflation.' *Federal Reserve Bank of Kansas City Economic Review*, (November), pp. 3–20.

Sargent, Thomas J. and Wallace, Neil (1975). '"Rational" expectations, the optimal monetary instrument, and the optimal money supply rule.' *Journal of Political Economy*, vol. 83, no. 2, pp. 241–54.

Schlesinger, Helmut, (1984). 'Zehn Jahre Geldpolitik mit einem Geldmengenziel.' In *Offentliche Finanzen und Monetare Okonomie*. (ed. W. Gebauer). Frankfurt am Main: Fritz Knapp Verlag, pp. 123–47.

—— (1988). 'Kontinuitat in den Zielen, Wandel in der Methoden.' *Herausforderungen der Wirtschaftspolitik*. (eds. W. Filc, L. Hubl and R. Pohl), Berlin: Duncker & Humblot, pp. 197–210.

Shaw, Edward S. (1973). *Financial Deepening in Economic Development*, New York: Oxford University Press.

Simpson, Thomas, D. (1984). 'Changes in the financial system: implications for monetary policy.' *Brookings Papers on Economic Activity*, no. 1, pp. 249–65.

Sims, Christopher A. (1972). 'Money, income and causality.' *American Economic Review*, vol. 62, no. 4, pp. 540–52.

Smith, David (1978). 'The demand for alternative monies in the UK, 1924–77', *National Westminster Bank Quarterly Review*, November 1978, pp. 35–49.

—— (1980). 'The monetary conundrum', *London Business School Economic Outlook*, vol. 5, no. 2, pp. 1–2.

Solomon, Anthony M. (1981). 'Financial innovation and monetary policy.' Paper presented before the joint luncheon of the American Economic and American Finance Associations, December 28, mimeo, (Federal Reserve Bank of New York).

—— (1984). 'Some problems and prospects for monetary policy in 1985', Remarks before the Money Marketeers of New York University, November 20th, mimeo, Federal Reserve Bank of New York.

Spencer, Grant and Carey, David (1988). 'Financial policy reform: the New Zealand experience.' Reserve Bank of New Zealand Discussion Paper, no. G88/1 (April).

Spindt, Paul A. and Tarhan, Vefa (1987). 'The Federal Reserve's new operating procedures: a post mortem.' *Journal of Monetary Economics*, vol. 19, pp. 107–23.

Sternlight, Peter, D. and Axilrod, Stephen, H. (1982). 'Is the Federal Reserve's monetary control policy misdirected?' arguing for the negative in the JMCB Debate, April 30, 1981, reprinted in the *Journal of Money, Credit and Banking*, vol. 14, no. 1 pp. 119–47.

Stevens, Glenn, Thorp, Susan and Anderson, John (1987). 'The Australian demand function for money: another look at stability.' Reserve Bank of Australia Research Discussion Paper, no, 8701.

Stiglitz, Joseph, E. and Weiss, Andrew (1981). 'Credit rationing in markets with imperfect information.' *American Economic Review*, vol 71, no. 3, pp. 393–410.

Summers, Lawrence H. (1986). 'Do we really know that financial markets are efficient?' In *Recent Developments in Corporate Finance*. (ed. J. Edwards *et al*). Cambridge: Cambridge University Press.

—— (1988). 'Comment' on B. T. McCallum (1988). *Journal of Money, Credit and Banking*, vol. 20, no. 3,   part 2, pp. 472–6.

Suzuki, Yoshio (1986). *Money, Finance and Macroeconomic Performance in Contemporary Japan*. New Haven: Yale   University Press.

—— (1988). 'Monetary policy in Japan-price stability and stable growth under the floating exchange rate regime.' Paper presented at the PACE/FMG Conference on Japanese Financial Growth in London, October.

Suzuki, Yoshio, Kuroda, Akio and Shirankawa, Hiroimichi (1988). 'Monetary control mechanism in Japan.' Paper presented at the Conference on Monetary Aggregates and Financial Sector Behavior in Interdependent Economies, at the Federal Reserve Board, Washington, D.C. (May).

Tamura, Tatsuya (1987). 'Monetary control in Japan.' Paper presented at the Second Surrey Monetary Conference on Financial Innovation, Deregulation and the Control of Monetary Aggregates, University of Surrey, Guildford, April 8–10.

Taylor, Mark P. (1987). 'Financial innovation, inflation and the stability of the demand for broad money in the United Kingdom.' *Bulletin of Economic Research*, vol. 39, no. 3, pp. 225–33.

Thatcher, Margaret (1988). Parliamentary answers at Question Time on March 10th, as reported in *The Times*, March 11, 1988, p. 2.

Thomas, James, J. (1988). 'The politics of the black economy.' *Work, Employment and Society*, vol. 2, (June), pp. 169–90.

Tinsley, Peter A., Farr, Helen, T., Fries, Gerhard, Garrett, Bonnie and Muehlen, Peter Von Zur (1982). 'Policy robustness: specification and simulation of a monthly money market model.' *Journal of Money, Credit and Banking*, vol. 14, no. 4, part 2, pp. 829–56.

Tobin, James (1958). 'Liquidity preference as behavior towards risk.' *Review of Economic Studies*, vol. 25 (February), pp. 65–86.

—— (1963). 'Commercial banks as creators of 'money'.' Chapter 22 In *Banking and Monetary Studies*. (ed. D. Carson). Homewood, Illinois: Richard Irwin Inc.

—— (1983). 'Monetary policy: rules, targets and shocks.' *Journal of Money, Credit and Banking*, vol. 15, no. 4, pp. 506–18.

Treasury, Her Majesty's *Financial Statement and Budget Report*, (FSBR Redbook), various years.

—— and Bank of England (1980). *Monetary Control*. London: HMSO, Cmnd. 7858.

Treasury and Civil Service Committee (1981). *Monetary Policy: Report*. London: HMSO.

Trehan, Bharat (1988). 'The practice of monetary targeting: a case study of the West German experience.' *Federal Reserve Bank of San Francisco, Economic Review*, pp. 30–44.

Ueda, Kazuo (1988). 'Financial deregulation and the demand for money in Japan.'

Paper presented at the Conference on Monetary Aggregates and Financial Sector Behavior in Interdependent Economics, at the Federal Reserve Board, Washington D.C., May 26/27.

Vaciago, Giacomo (1985). 'Financial innovation and monetary policy: Italy *versus* the United States.' *Banca Nazionale del Lavoro Quarterly Review*, no. 155, pp. 309–26.

Volcker, Paul A. (1978). 'The role of monetary targets in an age of inflation.' *Journal of Monetary Economics*, vol. 4, pp. 329–39.

Wallich, Henry, C. (1984a). 'Recent techniques of monetary policy.' *Federal Reserve Bank of Kansas City Economic Review*, (May) pp. 21–30.

—— (1984b). 'A broad view of deregulation.' Remarks at the Conference on Pacific Basin Financial Reform organised by the Federal Reserve Bank of San Franc isco, Dec 2nd, mimeo.

Walsh, Carl E. (1982). 'The Federal Reserve's operating procedures and interest rate fluctuations.' *Federal Reserve Bank of Kansas City Economic Review*, pp. 8–18.

— (1984). 'Interest rate volatility and monetary policy.' *Journal of Money, Credit and Banking*, vol. 16, no. 2, pp. 133–50.

Walters, Alan (1986). *Britain's Economic Renaissance*, New York: Oxford University Press.

Wang, Richard W. (1980). 'The FOMC in 1979: introducing reserve targetting.' *Federal Reserve Bank of St. Louis Review*, vol. 62, no. 3, pp. 2–25.

Wenninger, John (1986). 'Responsiveness of interest rate spreads and deposit flows to changes in market rates.' *Federal Reserve Bank of New York Quarterly Review*, (Autumn), pp. 1–10.

—— (1988). 'Money demand – some long-run properties.' *Federal Reserve Bank of New York Quarterly Review*, (Spring), pp. 23–40.

—— and Radecki, Lawrence J. (1986). 'Financial transactions and the demand for M1.' *Federal Reserve Bank of New York Quarterly Review*, Summer, pp. 24–9.

White, Lawrence H. (1984). *Free Banking In Britain*, New York: Cambridge University Press.

White, William, R. (1976). 'The demand for money in Canada and the control of monetary aggregates.' Bank of Canada, mimeo.

Williamson, John, (1983). *The Exchange Rate System*, Washington: Institute for International Economics (revised).

Williamson, Stephen D. (1987). 'Financial intermediation, business failures, and real business cycles. *Journal of Political Economy*, vol. 95, no. 6, pp. 1196–216.

Willms, Manfred, (1983). 'The monetary decision process in the Federal Republic of Germany.' In *The Political Economy of Monetary Policy: National and International Aspects*. (ed. D. R. Hodgman). Federal Reserve Bank of Boston, pp. 34–58, also the 'Discussion' by H-J. Dudler, pp. 59–64.

Wojnilower, Albert M. (1980). 'The central role of credit crunches in recent financial history.' *Brookings Papers on Economic Activity*, no. 2, pp. 277–339.

Woodford, Michael (1988). 'Expectations, finance and aggregate instability.' Chapter 12. In *Finance Constraints, Expectations, and Macroeconomics*. (ed. M. Kohn and S-C. Tsiang). Oxford: Clarendon Press, pp. 230–61.

Wooley, John (1984). *Monetary Politics: The Federal Reserve and the Politics of Monetary Policy*, New York: Cambridge University Press.

中央银行应该做什么

中央银行的宏观经济目标应该是什么以及该如何操作[*]

一、中央银行能做什么

在回答中央银行应该做什么这个常规问题之前，我们首先需要搞清楚中央银行在货币控制领域能够做什么这个有争议的问题。也许有人会认为这是一个毫无争议的事实。然而，对于这个问题，经济学家和中央银行工作者之间存在着鸿沟，他们之间的误解已经持续了几十年，而且这种误解使这个问题更混乱不清。

事实上，每一位货币经济学家都相信中央银行能够控制基础货币（以下简称 M_0）和更广义的货币总量（该货币总量易受到货币乘数预测错误的影响）。毕竟，M_0（剔除相对不重要的硬币）代表了中央银行的负债，中央银行可以通过公开市场操作控制自身的负债。因此一般假定 M_0 的可控性较强。如果中央银行未能控制基础货币，一定是因为中央银行选择了其他规则进行公开市场操作，如保持利率不变，这些规则经常被认定为次优的。正是基于中央银行能够很大程度上控制 M_0 的这个假设，经济学家针对如何建立最优规则构建了多种模拟方案。McCallum（1993 年 a、b）提供了很多很好的近期案例。

几乎所有中央银行都认为上述的观点是完全错误的，因为该观点忽略了现代商业银行体系中具有决定性的某些制度特点所导致的影响。一方面，商业银行需要保证存款能够百分之百地兑换成货币，另一方面，商业银行在中央银行的准备金利率为零，远低于市场水平。第一方面是指商业银行必须满足公众对现金的需求，这种需求具有较大的波动性和周期性并且很难预测。第二个方面的含义是，在货币市场已经闭市，或者交易惨淡的情况下，商业银行在每日末不会自愿持有超出其所需的自由准备金，以满足其后的现金需求的波动（假设商业银行每日都需要保持一定的准备金率，而非在一段时间内维持一个平均水平，比如几周内）。只有在利率下降到非常低的水平，

---

* 我非常感谢 Norbert Schnadt 和 Dirk Schoenmaker 的建议。

如 20 世纪 30 年代的情况，或者利率变动风险加大，或者上文中提及的现金需求增加等情况下，商业银行才会增加它们所需的自由准备金。因此，鉴于现金流不可预测的波动性，比如每日末之后的政府对收支的调整，如果中央银行试图在每一天都使 M_0 达到某一特定水平或比率，那么这种行为必然导致商业银行的自由准备金过多或者不足。

由于中央银行对准备金支付的利率为零，因此任何隔夜的收益对于商业银行来说都是聊胜于无。所以当 M_0 目标导致银行持有过多的准备金时，隔夜利率就会下降到接近于零的水平。反之，在自由准备金需求降低的情况下，准备金不足导致商业银行无法满足法定的准备金要求。在每日末，这种不足会使利率上升到某一具有惩罚性的水平，然而商业银行为了补充准备金必须接受这种利率（由中央银行决定），或者事后接受监管部门对其的惩罚（以利率形式），商业银行可以选择这两者中比较低的利率。

如果允许准备金率在某一段时期保持平均水平，正如德国那样，这种做法会降低由于每日随机现金流导致的利率波动。但是当准备金计算期接近期末时，中央银行仍然发现多余的准备金使利率趋近于零，或者准备金不足时利率由中央银行确定，除非商业银行愿意违反法定要求。因此，准备金平均计量方式使当局可以降低公开市场操作的频率（与特定的利率波动水平目标相一致），但是这种方式无法严格控制 M_0（Schnadt，1994 年）。

如果中央银行意图控制基础货币，这种方式必然导致其无法成功。当 M_0 目标低于银行体系所需的准备金时，中央银行需要耗费大量精力根据其自身的选择制定惩罚性利率，以调节银行体系对准备金的日常需求。否则，当基础货币目标高于体系所需时，隔夜利率就会降至零。某些经济学家也许偏好这种利率的不连贯模式，但是从实践的角度讲，这种方式是不明智的。

当然，中央银行可以将 M_0 作为信息变量，以此来决定是否调整利率以及调整的程度。这种方式也要遵循某种规则，比如公式：

$$di = f(M_{0t-1} - M_{0t-1}^*)$$

其中，括号中的项目表示实际 M_0 与所需 M_0 的偏差。美国从 1979 年 10 月至 1982 年夏，非借入准备金基础体系的运作正是基于上述的规则。

然而，运用 M_0 规则调整利率与运用基础货币规则调整利率并不相同（如果根据 M_0 规则所需调整的利率幅度较大，那么这两种规则的结果是相似的），而且 M_0 规则也会引起人们的质疑——为什么利率应该根据 M_0 的偏差而调整，而不是其他的信息变量。

由于准备金的收益率远低于市场水平，趋近于零，导致在每日末所需的准备金量很低，因此中央银行无法运用基础货币规则。尽管对法定准备金支付利息会降低对银行业的扭曲性课税，然而即使根据市场利率对准备金支付利息，也无法解决 M_0 规则运作中的问题。尽管上述的付息行为会鼓励商业银行自愿持有更多的准备金，然而随着准备金利率和货币市场利率之间利差的波动，银行对准备金的需求也随之变动，这一点中央银行是无法严格控制的。因此准备金与存款比率的波动会加剧，即使中央银行对基础货币的控制力加强了，其对更广义的货币总量的控制力并没有随之改进。而且，确定准备金利率的水平和调整幅度将成为中央银行另外一个重要的（主观的）的利率选择。[1]

因此，中央银行通常并不将基础货币作为首要考虑因素。他们经常运用并且能够控制的工具是货币市场短期利率。他们完全知道保持名义利率不变会导致不稳定，正如货币经济学家批评的那样。但是，他们仍然不断寻找最优的反应方程，以便根据经济的发展状况确定短期利率的调整幅度和频率。

批评者们，尤其是货币经济学家，通常认为即使是中央银行也无法获取必要的信息，从而设计出一套满意的（具有前瞻性的）利率决定机制（Brunner 和 Meltzer，1993 年）。然而，他们反复强调对某些货币规则的偏好。中央银行回应说，这种规则在操作上是不可行的，最多也只能像德国中央银行那样，在调整利率时参考某些货币总量作为信息变量。双方互相质疑，任何一方都认为对方没有领会一些简单的问题。McCallum（1993 年 b）的言论和 Okina（1993 年）的反驳如实地反映了这个问题。

同时，利率变动和不同的货币总量之间的关系是不确定的，而且还存在着较长期的不稳定时滞；同样，货币总量和名义收入以及通货膨胀之间的关系也存在上述问题。这导致货币总量作为中间目标的问题更棘手。

然而，除去以上的不确定性问题，人们往往更偏好宽松的金融政策，这可能会导致错误。从政治的角度说，提高利率是不受欢迎的，降低利率则恰恰相反。即使不考虑政治方面的因素，决策者在决定提高利率之前，也会参考目前状况下的诸多信息，从而导致生息的时滞。政治家往往在选举时不会对较高的通货膨胀率进行评价，相反，他们出于选举的需要，往往建议推延生息的时间，甚至加速降息。但最终的结果都是一样的。

---

1 而且，影响商业银行准备金需求的制度安排也在迅速变化。这些包括支付体系的形式，货币市场开市和闭市的时间，寻求中央银行帮助的时机和条件，资金拆借的最短期间是一天，以及银行准备金头寸官方计算和复查的唯一时间是营业结束之后等事实。在国际支付体系调整的影响下，上述这些机构数据都可能发生变化。

　　这种对利率以及货币总量（间接地）的政治操纵招致了大量批评，人们质疑政治家是否会履行他们抵制通货膨胀的诺言。社会各界，包括政治家都了解时间不一致行为的弊端。这有助于中央银行在决定利率时被赋予更多的自主权（即独立性），中央银行会按照它们认为正确的方式来调整利率，而非政府所强加的目标，如物价稳定等。正如 Fischer（1994 年）所阐述的操作独立性，而非目标独立性。接下来我们会讨论这个问题，并描述它是如何调节货币经济学家和中央银行之间的不同意见的。

二、中央银行寻求控制的宏观变量是什么

　　如果委托人要求代理人完成一项单一的，可以计量的，容易识别、测量和理解的目标，这是相对容易的。因为这种要求有助于监管和问责。然而如果委托人要求代理人完成多项目标，尤其是这些目标之间可能存在着内在冲突（如存在着此消彼长的关系）的情况下，则委托人不愿意为代理人作出目标选择的决定。那么代理人需要更多的控制和监管。因此，政府希望通过公共事业来限制价格，建立更有效的服务供给体系，以及为投资者提供足够的回报等。

　　如果通货膨胀率和失业率之间存在着某种程度的替代关系，如菲利普斯曲线所描述的那样，那么最优选择实际上是一种政治决定。因此，当货币政策存在多重目标[2]，并且需要在这些目标中寻找一种平衡时，货币政策就更易受到政治决策的影响，中央银行也更易丧失独立性。只有单一的宏观目标才有利于中央银行获得更大的独立性，比如 1914 年之前维持金本位的目标，以及目前物价稳定的目标。

　　因此，目前热衷于中央银行独立性的学者普遍认为，从长期看，菲利普斯曲线是垂直的，也就是说从长期来看，通货膨胀率和失业率之间不存在替代关系，即货币政策所能实现的最优长期目标仅仅是物价稳定。

　　某些学者对这种观点不以为然，他们认为短期菲利普斯曲线非常重要，即菲利普斯曲线是向下倾斜的。然而，赞同上述观点的学者认为，如果中央银行的货币政策目标是单一的，可计量的，那么中央银行的独立性有助于改进中央银行的民主问责制（democratically accountable）（Roll Report, 1993

　　2　欧洲中央银行和德国中央银行都将物价稳定作为首要目标。同时他们也拥有次要目标，以支持政府的其他经济政策，但是如果次要目标与物价稳定的目标不一致，他们仍然坚持首要目标，即两种目标具有一定次序。

年）。因为在这种情况下，政策目标和执行情况都非常清晰。

某些国家，比如加拿大、新西兰和英国，常常量化物价稳定目标。这些国家的中央银行常常将目标设定为在二至四年内使零售（消费）物价指数达到某个范围，比如新西兰中央银行设定的范围是 0 ~ 2%。然而，如何选择一种最优方式来量化这一单一目标，还存在很多问题。其中最重要的一点在于上述目标应该是物价通货膨胀率，还是名义收入。Meade（1994 年）提出了以下几点原因来支持名义收入作为目标。首先，名义收入目标计量的是实际产出与均衡产出的偏差。因为当出现不利的攻击冲击时（如 1973 年和 1979 年的石油冲击），政策制定者不应该采取相应措施，这样会加剧经济的滑坡。其次，在实践中，上述目标无须理会诸多因素对零售物价指数的影响，比如间接税收增加、贸易条件的严重冲击、能源和食品价格上涨，以及利率上升等；以名义 GDP 为目标的问题在于获取数据的时滞，以及时序数据的误差和修正等。而且，估计实际产量趋势是比较困难和有争议的。此外，由于零售物价指数或消费物价指数目标存在较长期限，这一点为政策制定者在短期内调节周期性波动提供了一定的余地，同时又可以在中长期坚持单一的物价通货膨胀率目标。因此，很多采取量化最终目标的国家往往选择物价通货膨胀率目标，而放弃了名义收入目标。

第二个问题在于目标应该以物价水平表示，还是以物价变化率表示。从事前的角度说，两者是没有本质区别的；某种预定的目标水平等价于一定的变化率，反过来也是一样的。区别往往出现在事后，对于以物价水平表示的目标，如果 $t-1$ 期未达标的话，t 期时会进行修正；然而对于以物价变化率表示的目标，过去的事情就过去了，这样会导致物价水平呈现出随机游走的情况。因此在以价格水平为目标的情况下，未来物价水平的方差和不确定性要低很多。此外，如果这种体制具有较强的可信度，物价水平目标制的自我稳定机制更好；此时意外的通货紧缩（通货膨胀）会引导未来通货膨胀（通货紧缩）预期回归到目标水平；同时也会维持事前的真实利率在某种均衡水平。Scarth（1994 年）、Fillion 和 Tetlow（1994 年），以及 Duguay（1994 年）对物价水平目标制的理论优点进行了非常详细的研究。

然而，目前所选取的所有量化目标都是以零售（消费）物价指数的增长率表示的。而且，对于那些未设定定量目标的国家来说，中央银行的高级官员认为价格稳定应该意味着一个较低的通货膨胀率，该比率不会引起居民的察觉和考虑（Greenspan，1998 年）。原因之一在于事前最优价格变动率不是零，而是非常低的正数，这也许由于商品质量变化导致的零售物价指数存在正的偏差，但 Crawford（1993 年）和 Fischer（1994 年）计算的该偏差仅为 0.5%。也有人认为名义工资下降存在着一定刚性，以及轻微的通货膨胀是经济体系的润滑剂，尽管这种说法的证据不足（见 Crawford 和 Dupasquier，1994 年）。也许这些观点都不足以解决物价水平目标制和变动率目标制争论的问题，因为事前的目标可以设定为一种逐渐上升的水平。也许，对于物价水平目标制（假设设定范围为 105～107），三年期间从 100 变为 106.1，这种政策目标听起来没有通货膨胀率目标制（相同期限内通货膨胀率维持在 1%～3%）更让人印象深刻。

当然，因为物价水平目标制要求修正未达标值，所以这种目标制的要求更高。鉴于这种方法处于初始阶段；量化的价格目标制和"独立的"中央银行也刚刚推出；持续的低通货膨胀率还没有实现，更不用说零通货膨胀率；在很多情况下对这种体制的政治和公共支持还不稳固；因此在过渡阶段，我们还无须对此过多评判。如果这种新体制被证实有效，并且能够实现很低的甚至是零通货膨胀率，我们也许可以进一步从理论上研究物价水平目标制的基础。

第三个问题是关于指数的选择。我们已经讨论了零售（消费）物价指数优于 GDP 平减指数的原因。后者是季度数据，存在一定时滞；通常需要有一定程度的修正；公众也不易理解。然而，零售（消费）物价指数仅仅计量即期商品和服务价格的变动，而没有考虑未来商品价格的即期变动，比如忽略了资产价格，房屋、土地、产权等价格的调整。一些经济学家认为，从理论上讲，生活成本指数应该包含上述资产价格的变化（Alchian 和 Klein，1973 年；Goodhart，1993 年）。然而，上述观点的理论基础是有争议的，因为资产价格是不稳定的，易受到冲击。假设资本市场出现了一时的投机性繁荣，我们会因此紧缩经济吗？反过来说，在有效市场中资产价格更有弹性，会比黏性的现货商品和服务价格更快地对货币政策冲击作出反应。因此，目前所达成的一致意见是资产价格包含在有用信息变量集中，而不包含于计量通货膨胀的指数中。

也许对于较小的开放经济体来说，最重要的资产价格是汇率。汇率代表了最常用的中间目标。在货币兑换体系中的很多小国，常常将本国的货币钉住较大邻国的货币，这些大国往往拥有良好的反通货膨胀信誉；但也有很多其他例子。本文并不是讨论汇率机制。此处的含义在于汇率通常同时被作为最终目标和中间目标使用，但只有其中之一占主要地位，并成为决定利率变化的主要信息变量。欧洲货币兑换体系中的国家将此作为实现价格稳定的最优战略；尽管汇率作为中间目标无法量化，但是欧洲货币兑换体系规定的浮动区间可以量化，也是影响利率调整的主要因素。相反，在新西兰，零售物价指数目标是最主要的定量目标，但是在实践层面上，新西兰储备银行也建立了非官方的汇率区间，一旦打破这个区间，利率就会相应调整。因此汇率可以作为一种最终目标的信息变量，反映政策调整的过程。

这种汇率中间目标制的方式具有多样性，比如通过货币局机制（如阿根廷、中国香港和爱沙尼亚实行的），或者通过某种可调整的钉住机制（如欧洲货币兑换体系的情况）。该制度的重要问题是如何设定相应钉住目标区间以实现价格稳定。而对于那些大国来说，比如德国，最主要的问题在于选择——零售物价指数变化率的最终目标还是某种货币总量的中间目标。

越来越多的观点支持将最终目标作为占主导地位的量化目标。如果最终目标和中间目标都可以非常清晰地量化，在其他因素相同的情况下，直接实现最终目标有着明显优势。从定义上说，最终目标才是我们真正关心的，也是更易理解的；与控制货币总量的政策相比，用于控制通货膨胀的政策更容易为人们所接受。在大多数情况下，中间目标和最终目标之间的关系对于非专业人士来说非常复杂和不清晰。随着货币需求、货币流通速度，以及货币供给方程的稳定性的失衡，甚至破裂，它们的应用对于专业人士来说也变得十分不确定。Persson 和 Tabellini（1994 年）指出，通货膨胀目标制合约更直接，也更易执行……因此，从委托人的角度讲，基于中间货币目标的合约比通货膨胀目标制合约更麻烦……通常来说，委托人认为监管结果比监管政策工具更容易，因为最优工具选择取决于非常详尽的信息，而这些信息对于委托人来说往往不可得。

但是，其他因素都相同这个条件并不成立。最重要的一点是，中间目标可以更快和更容易地实现。因此 Persson 和 Tabellini 提出"为什么我们常常要求中央银行行长们对汇率目标或者货币总量目标负责，而非对通货膨胀率目标负责？原因之一关系到委托人可用的委托技术。政策实施对资产价格或者货币供给的影响是可以较快地观察的。[3] 但我们需要一段时间才能观察到其对商品价格的影响。因此社会公众很难对中央银行六个月或一年前的行为进行惩罚。只有中央银行偏离了某种金融目标，社会才能根据政策的执行情

---

3 与许多其他货币经济学家一样，Persson 和 Tabellini 夸大了实现货币目标的速度和容易程度。正如正文中解释的那样，中央银行官员认为从实践的角度讲，短期利率才是最主要的工具。利率调整对货币总量的影响既不容易观察，也没有快速实行的必要，更不易理解和预测。

况对中央银行进行惩罚。因此中间货币目标与通货膨胀率目标相比，更容易实施对中央银行的惩罚。"

货币主义者认为上述两位学者对实现中间货币目标的速度和容易程度过于乐观，他们强调预测通货膨胀的难度（在政策不变的基础上），而且依据设定的通货膨胀率决定利率水平也是比较难的。事实上，Brunner 和 Meltzer（1993 年）认为这一点非常困难，以至于设定利率以实现物价稳定的目标很可能导致不稳定。

毫无疑问，这种预测是非常困难的，也存在着相当大的错误。在中央银行，负责通货膨胀目标制的主要预测官员的任务是很艰难的，责任也是显而易见的。然而，我认为大多数官员、实际工作者，甚至中央银行的经济学家都认为实现最终零售物价指数目标的难度和速度远小于实现中间货币目标的难度。在中期财务战略（MTFS）期间，基本上实现了预计的通货膨胀率下降的目标（1980～1985 年），但是却未实现货币总量目标。迄今为止，加拿大和新西兰都完成或者超额完成（即通货膨胀率低于目标区间的下限）了其通货膨胀率目标。从 1992 年秋至今，英国中央银行也实现了相应目标，但如果预定通货膨胀区间（1%～4%）一旦被打破，英格兰银行调整利率的自主权还有待于进一步观察。

事实上，在某些方面，最终通货膨胀率目标制的实践非常成功（至少新西兰的情况是这样的），通货膨胀率区间宽度一直能维持在 2% 的范围内。这种成绩使公众相信这个区间是很容易维持的，然而如果区间过窄，意外的冲击很可能导致频繁的失误。最优区间宽度的问题涉及信誉问题、冲击的规模问题和预测能力问题。

既然中央银行官员都更喜欢最终价格目标而不是中间货币目标，那为什么不让他们试试呢？货币主义者认为会失败，但合适的激励机制可以促使中央银行从内部控制失败的成本，那么实施这种战略对社会来说就没什么损失。也许加拿大和新西兰实施通货膨胀率目标制的成功源于中央银行官员强烈的动机和激励。

上述内容引出了最后一个问题，即何种中央银行激励机制才能够实现价格稳定的目标。目前，最主要的激励机制是如果价格稳定目标没有达到，那么中央银行官员就会失去连任的机会。加拿大自由党政府不愿意再次任命 John Crow 的原因可能是他们关注之前的失败，以及维持通货膨胀率接近甚至低于目标区间下限的通货紧缩程度。如果价格目标以通货膨胀率表示，在任期末年，希望连任的中央银行官员会争取提前一年使通货膨胀率接近或者低于必要通货膨胀率，从而尽可能地实现最终目标。

连任的激励机制应该是非常有效的，然而很多人对这种观点有些理想化。1989 年新西兰相关法律出台之前，我作为新西兰储备银行的外部顾问，曾主张将高级官员的工资与目标实现情况挂钩。很多人认为这种机制已经实施，但是有人认为该机制会引发某些报纸头条，比如"行长通过使 50 万人失业而获得了 50 万美元的收入"。这些表象论点导致机制并未真正实施。

无论怎样，中央银行官员并不希望他们的工资与目标完成情况挂钩，即使这种做法在很大程度上会提高他们的期望平均工资。也许他们认为这种做法会降低身份；或许，如 Persson 和 Tabellini（1994 年）提出的那样，他们是极度风险规避者。一种不准确的论点认为目标实施情况会受到不可预见的冲击的影响。当然，商业利润也是同样的情况，但是很少有人主张商人的报酬不与利润部分挂钩。这使我认为中央银行官员的报酬与目标完成情况挂钩是非常合理的。

在第一节结束时，我建议中央银行可以采取价格稳定目标制来减少货币主义者和中央银行官员之间关于操作技术的争论。如果中央银行的目标是实现价格稳定，同时相关的激励机制也十分完善，能够做到奖惩分明，那么中央银行官员就会努力完成相关的目标。如果中央银行官员认为实现目标的最好办法是调整利率，这就是他们的责任了，如果他们犯错，他们也会有所损失。

三、中央银行为什么要努力实现物价稳定的目标

在过去几十年里，中央银行官员一直表示他们有决心战胜通货膨胀。然而，由于各种各样的原因，20 世纪 70 年代以后通货膨胀急剧上升，尽管如今通货膨胀有所缓和，但仍然很难消除。公众很容易想到那些可以再次引起通货膨胀的政治和经济事件。在这种背景下，这些制度创新，包括中央银行获得了自主权、激励机制，以及正式和合法的职责目标，都有助于中央银行的业绩超过以往，并成功实现设定的目标。

然而，这些制度改革是否成功还有待于进一步观察。不论中央银行的专业技术能力强弱，如果中央银行无法维持公众和政党的支持，那么这种机制就无法证明是可持续的。

自由银行学派（有关定义，见 Laidler，1992 年，Schuler 和 White，1992 年；White，1984 年）中的一些货币经济学家认为，借助于中央银行独

立性的这种方法并不是实现价格稳定的唯一方式，也不是最好的方式。政府往往发行法定货币，然后通过中央银行（相机抉择式）的操作维持本币的稳定，为什么政府不按照一篮子商品来确定货币的单位以及价值标准，然后让私人商业银行自主维持存款与银行券（可由商业银行自主发行）、一篮子商品之间的自由兑换呢？通过界定基础货币来实现价格稳定；同时抛开中央银行；并允许商业银行自主发行银行票据和存款负债，同时保持合理竞争。如果仅仅将货币发行制度转换成基于一篮子商品的货币体系，而仍然保留中央银行，政策变动的拥护者担心阿谀奉承的中央银行还会再一次劝诱政府实施信用发行制，以及伴之而来的法定货币。因此自由银行制中的制度变化，包括货币基础、废除中央银行和自由银行业务，通常是一个整体。

在他们看来，金本位制的主要问题在于基础货币是根据一种单一商品的兑换而确定的，这会导致世界货币状况易受到特定冲击的影响。如果将货币基础扩展为一篮子有代表性的商品和服务，我们就可以实现稳定的价格水平，这种做法是从定义的层面提出的。当然，对这个问题存在着不同的观点，比如一篮子的成分应该有哪些，标准是否应该按照商品和服务还是基于劳动（Thompson，1986 年）来确定，但这些都是第二层次的问题了。[4]

首要的问题在于我们应该推行怎样的兑换率。有些人质疑单一银行，甚至整个银行体系的偿付能力，他们不可能去银行兑换一篮子商品、服务，或者劳动时间。Greenfield 和 Yeager（1989 年）认为可以实施一种间接的兑换制度，即要求银行持有黄金储备，同时保证该行的债权人所持有的票据和存款能够无限制地兑换黄金，并维持黄金对一篮子商品、服务和劳动的兑换数量。

显然，随着金价相对于一篮子商品价格的变化，支付预定数量的商品所需的黄金数量也发生变化。这种观点与欧文·费雪（Irving Fisher）的美元补偿的观点相似。然而问题是，银行在履行兑换承诺时，设定的黄金与一篮子商品的比价也许和市场价格不同。这会诱发大量的套利行为，从而引起银行黄金储备的不稳定和利率的波动（Schnadt 和 Whittaker，1993 年）。如果中央银行的独立性无法实现物价稳定的目标，那么这个问题就与政策有关了（目前或许只是令人有些费解的学术问题）。

4　Hayek 主张允许银行自主决定黄金与任何价值标的进行兑换，通过这种方式鼓励竞争。然而，从规模经济的角度来说，政府决定货币标准更有效率。

如果上述间接兑换体系可行的话，那么该体系的相对优势和劣势分别是什么呢？如果中央银行的独立性可以实现价格稳定的目标，那么引入这个新的（因此存在很大的不确定性）机制很可能响应寥寥。同时是否转换成这种完全不同的货币体系取决于目前制度改革的成效如何，然而对于这一点我们还不十分清楚。

为了进一步的讨论，我们假设中央银行没有实现既定的目标。那么支持和反对的观点又有哪些呢？还存在几点小问题。银行持有黄金储备的资源成本会增加。而且银行发行货币时也存在着较大的信息问题和资源成本。然而，货币发行中的激烈竞争会改善产品，也可能有利于寻求支付利息的有效手段。

更重要的是，政府会失去铸币税。在那些低通货膨胀而无高准备金规定的国家，铸币税代表了政府收入的一部分（Rovelli，1994 年），但是所占比例不高。对于政府来说，这种收入来源相对容易，等同于对黑市经济（使用大量现金的用户）征税，并有助于降低其他扭曲性税收。尽管这种做法的目的在于消除通货膨胀税，但如果税收稽征链条以及债券市场出现问题，那么这种收入就是绝望中政府的最后来源了。对于那些正经历战争、革命，或者国内秩序崩溃的国家，它们必然需要求助于印钞机。这就是为什么货币创造必须与国家主权紧密相连的原因（Glasner，1989 年）。

然而，主要问题在于抛开了中央银行的自由银行体系能否经受银行危机和恐慌的考验，即该体系是否是内在稳定的。这个微观层面的问题是学者们争论的焦点（这是一个很大的问题，George Selgin 在他的相关论文中详细地讨论了该问题）。

银行挤兑并非起因于大量随机的普通私人储户从银行取现的需求（Diamond 和 Dybvig，1983 年），而是在信息不对称的背景下，大量的商业机构和同业银行担心它们的存款银行在资产组合投资方面会损失惨重，尽管它们对此也不是很确定（Jacklin 和 Bhattacharya，1988 年）。如果银行资产的市场价值可以随时计量（不一定是常数），那么如果银行资本受损，相应的银行挤兑就应该停止（《联邦存款保险公司改进法》就是为此出台的）。相关监管机构可以限制银行的行为，直至执行破产清算，或者强迫银行加入共同基金银行体系。在该体系中，银行负债的价值随资产的价值变动。这种共同基金银行体系在美国的发展很快。

在支付体系逐渐完善，共同基金银行体系不断发展，以及银行资产按市价调整等多重背景下，我们可以预见，未来中央银行作为最后贷款人和监管者的角色会逐渐淡化。但是那一天还没有到来，而且我们有充分的理由相信银行的危机和恐慌仍会发生。即使在那之后，部分金融系统也会受到流动性危机的影响，因此我们还是需要有最后贷款人。

诸多国家银行倒闭的案例（如斯堪的纳维亚和新西兰），以及其他地方银行不健全的案例（如日本和澳大利亚的维多利亚），这些都说明系统性不稳定仍会发生。一些自由银行业的主张者认为上述问题起因于中央银行保险（定价错误）导致的道德风险。如果中央银行不对商业银行提供保护，那么银行就会持有大量的准备金和资本，从而系统性不稳定自然会下降。

在 1988 年《巴塞尔资本充足率规定》出台之前，银行的资本充足率出现了明显下降趋势，普遍认为这种趋势归咎于中央银行对银行体系的保护。但另一方面，几乎没有证据表明中央银行（中央银行与联邦存款保险公司和联邦储蓄贷款保险公司不同，后两个机构提供100％的存款保险，这种机制在储蓄贷款银行危机中发挥了非常重要的作用）应该为近几十年来的银行危机负责，比如 1973 年的英国边缘银行危机（边缘银行是指不在英格兰银行庇护下的银行），或为 1982 年欠发达国家的危机，以及 1990 年至 1992 年的资产危机负责。

此外，在中央银行出现之前，存在大量的银行危机和恐慌（Sprague，1910 年；澳大利亚 1893 年危机；Dowd，1992 年）。的确，建立中央银行的主要目的之一就在于降低银行危机的发生概率。在有些情况下，比如 1929 年至 1933 年的美国大萧条，正是中央银行的政策加剧了那场危机。但只要危机和恐慌的可能性还存在，公众和政府出于担心，仍然会保持某些干预机制，以预防系统性不稳定，而这种机制仍是中央银行。

参考文献

Alchian, A. A. and Klein, B. (1973). 'On a correct measure of inflation.' *Journal of Money, Credit and Banking*, vol. 5, pp. 183–191.

Brunner, K. and Meltzer, A. H. (1993). *Money and the Economy: Issues in Monetary Analysis*. Cambridge: Cambridge University Press.

Crawford, A. (1993). 'Measurement biases in the Canadian CPI.' Bank of Canada, Technical Report No. 64.

Crawford, A. and Dupasquier, C. (1994) . 'Can inflation serve as a lubricant for market equilibrium?.' In *Economic Behaviour and Policy Choice under Price Stability*, pp. 49–80. Ottawa: Bank of Canada.

Diamond, D. W. and Dybvig, P. H. (1983). 'Bank runs, deposit insurance and liquidity. *Journal of Political Economy*, vol. 91, pp. 401–419.

Dowd, K. (ed.) (1992). *The Experience of Free Banking*. London and New York: Routledge.

Duguay, P. (1994). 'Some thoughts on price stability versus zero inflation.' Paper presented at 'Paolo Baffi' Centre for Monetary and Financial Economics, Conference, 4 March, on *Central Bank Independence and Accountability*. Milan: Università Commerciale Luigi Bocconi (forthcoming).

Fillion, J.-F. and Tetlow, R. (1994). 'Zero inflation or price stability'. In *Economic Behaviour and Policy Choice under Price Stability*, pp. 129–166. Ottawa: Bank of Canada.

Fischer, S. (1994). 'Modern central banking.' Paper prepared for the tercentenary of the Bank of England Central Banking Symposium, 9 June. London: Bank of England (forthcoming).

Glasner, D. (1989). *Free Banking and Monetary Reform*. Cambridge: Cambridge University Press.

Goodhart, C. A. E. (1993). 'Price stability and financial fragility.' Paper presented at Bank of Japan Conference, Tokyo. 28/29 October, on *Financial Stability in a Changing Environment*. London: Macmillan (conference proceedings forthcoming).

Greenfield, R. L. and Yeager, L. B. (1989). 'Can monetary disequilibrium be eliminated?' *Cato Journal*, vol. 9, pp. 405–21.

Jacklin, C. J. and Bhattacharya, S. (1988). 'Distinguishing panics and information-based bank runs: Welfare and policy implications.' *Journal of Political Economy*, vol. 96, pp. 568–592.

Laidler, D. E. W. (1992). 'Free banking theory.' In *The New Palgrave Dictionary of Money and Finance* (ed. P. Newman, M. Milgate and J. Eatwell), vol. 2, pp. 196–197. London: Macmillan.

McCallum, B. T. (1993a). 'Specification and analysis of a monetary policy rule for Japan.' *Bank of Japan Monetary and Economic Studies*, vol. 11, pp. 1–45.

McCallum, B. T. (1993b). 'Monetary policy rules and financial stability.' Paper presented at Bank of Japan Conference, Tokyo, 28/29 October, on *Financial Stability in a Changing Environment*. London: Macmillan (conference proceedings forthcoming).

Meade, J. E. (1994). *Full Employment without Inflation*. London: Social Market Foundation.

Okina, K. (1993). 'Comments on "Specification and analysis of monetary policy rule for Japan": a central banker's view.' *Bank of Japan Monetary and Economic Studies*, vol. 11, pp. 47–54.

Persson, T. and Tabellini, G. (1994). 'Credibility and accountability in monetary policy.' Paper presented at 'Poalo Baffi' Centre for Monetary and Financial Economics, Conference, 4 March, on *Central Bank Independence and Accountability*. Milan: Università Commerciale Luigi Bocconi (forthcoming).

Roll Report, a report of an independent panel chaired by Eric Roll. (1993). *Independent and Accountable: A New Mandate for the Bank of England*. London: The Centre for Economic Policy Research.

Rovelli, R. (1994). 'Central banking, seignorage and the financing of the government.' Paper presented at the 'Paolo Baffi' Centre for Monetary and Financial Economics, Conference, 4 March, on *Central Bank Independence and Accountability*. Milan: Università Commerciale Luigi Bocconi (forthcoming).

Scarth, W. (1994). 'Zero inflation vs. price stability.' In *Economic Behaviour and Policy Choice under Price Stability*, pp. 89–119. Ottawa: Bank of Canada.

Schnadt, N. (1994). *The Domestic Money Markets of the UK, France, Germany and the US*. Subject Report VII, Paper 1, City Research Project. London: London Business School.

Schnadt, N. and Whittaker, J. (1993). 'Inflation-proof currency? The feasibility of variable commodity standards.' *Journal of Money Credit and Banking*, vol. 25, pp. 214–221.

Schuler, K. and White, L. H. (1992). 'Free banking history.' In *The New Palgrave Dictionary of Money and Finance* (ed. P. Newman, M. Milgate and J. Eatwell), vol. 2, pp. 198–199. London: Macmillan.

Sprague, O. M. W. (1977 [1910]). *History of Crises under the National Banking System*. Fairfield, N. J.: Augustus M. Kelley. Original edn., US National Monetary Commission (61st Congress, 2nd session, Senate doc. no. 538), Washington, DC: Government Printing Office.

Thompson, E. A. (1986). 'A perfect monetary system.' Paper presented at the Liberty Fund/Manhattan Institute Conference on Competitive Monetary Regimes, New York.

White, L. H. (1984). *Free Banking in Britain: Theory, Experience and Debate (1800–1845)*. Cambridge: Cambridge University Press.

货币的两种定义：对最优货币区分析的影响

摘　　要

　　建立欧洲货币联盟（EMU）的大部分经济学分析都建立在最优货币区理论的框架之内。它是当前占主导地位的关于货币性质和演化的模型在空间上/地理上的扩展，这里把它称做 M 理论。该理论认为货币是在私人部门使交易成本最小化的过程中产生的。这里我提出两点不同见解。首先，存在另一种货币名目论者（Cartalist），其理论或称为 C 理论，该理论在经验上更具说服力。其次，我认为这种方法能够比最优货币区模型更准确地预测所观察到的各主权国家与其货币之间的关系。

1. 导论

　　对欧洲实行单一货币区（即欧元区）的利弊所进行的大部分经济分析和评价，都是以最优货币区理论为框架的。该理论是目前占主导地位的关于货币性质及其演化的理论模型在空间上/地理上的扩展。后者认为货币是私人部门在进行贸易的过程中为了使交易成本最小化而产生的。在本文中我将论证，首先，对货币性质及其演化的分析存在另一种方法，从历史和经验的角度来看，该方法更具有说服力。其次，这第二种方法能够比最优货币区模型更有效地预测和解释所观察到的各主权国家与其货币之间的关系。

　　事实上，一直存在两种不同学派之间的争论。一方认为，货币的使用主要基于货币发行当局的权力（货币名目论者，Cartalists）。也就是说，流通手段之所以最终演变成货币，根本上是由于硬币（或更广泛地说，货币工具）是和君主的地位联系在一起的，而不是由于它们恰巧由金、银和铜（或者后来的纸）所制成。另一方认为，通货的价值主要或完全取决于其背后支撑金属的内在价值（金属货币论者，Metallists）。[1] 同时存在与此相关的

---

[1]　见古德哈特（1989 年）（第二章，第 34 页）。对转向法币制度所带来的问题进行的 M 形式的理论分析，见本文第二节。

另一论题。一方认为，货币的演进是以市场为导向的，私人部门为克服物物交换所固有的交易成本而自发产生的反应（我们称其为门格尔主义 Mengerians）。[2] 同样地，另一方认为，在货币的使用和演进上，通常是国家[3] 起了核心作用（货币名目论者）。

毋庸置疑，M 学派里更多地集中了一批杰出经济学家［而且得到亚里士多德[4] 和洛克（1960 年）[5] 的认可］，其分析以更加正式和优雅的形式表述出来，从早期的经济学家，如 Jevons（1875 年）、Menger（1892 年）[6]、von Mises（1912 年）、Brunner（1971 年）、Alchian（1977 年 b），到近期的 Kiyotaki 和 Wright（1989 年、1993 年），以及其他大量优秀学者。与此相比，C 学派里混杂了各色边缘经济学家，如德国的 Knapp（1905 年）、法国的 Mireaux（1930 年）[7] 以及英国和美国的（大部分）后凯恩斯主义者。[8] 然而，正如 Melitz（1974 年）和 Redish（1992 年）所指出的，C 学派的研究方法得到了大量（很可能是绝大多数）的其他领域里关注货币起源的学者们（如人类学家、钱币学家和历史学家）的支持。[9] 然而 M 学派虽然拥有更严谨的理论框架，但是在内容构成上却缺少制度细节和历史经验。据我所知，Melitz 是唯一一试图对 C 学派提出的有关人类学和历史学上的问题进行阐述的当代 M 学派经济学家。

在第二节中我会将进一步扩展这方面的讨论，并试图证明 M 学派的模型存在的主要缺点，以及为 C 学派的方法提供更多历史和理论支持。

以蒙代尔、麦金农和坎南（Kenen）为代表人物的最优货币区理论（OCA）是 M 理论在空间和地理范围上的自然扩展。如果货币的起源被视

2　出自 Menger（1892 年）的论文。

3　宗教性权力机构也起到了主要作用，见注释 13、18。

4　《政治学》，第一卷（约公元前 340 年），也可见 Grierson 的评论（1977 年）（第 9 页）和注释 11。

5　《政府论两篇》，第二篇，第 318～320 页。相同论调还可见 Pufendorf（1744 年），第五部，第一章。

6　在其 1892 年发表在《经济学期刊》（*Economic Journal*）上的论文中，Menger 归纳了几乎所有存在于 M 理论核心中的直觉性分析因素。持有相似观点的后继学者们对同一过程开发了更具技术性和数学上更严谨的模型，而对其核心思想却未作较大的改动。

7　见 Fontana（1996 年）。

8　凯恩斯（1935 年）（第 3 页、第 4 页）认为，法币制度必须在货币名目论的基础上进行解释，但是关于他对早期货币起源的观点却无从找寻。

9　这个领域里的一个杰出贡献者是 Grierson（1977 年）。他的一本名为《货币起源》的小册子尤其具有价值。同样见 Einzig（1949 年）和 Polanyi（1957 年）。

为私人部门市场进化的结果，货币的作用是为了降低交易成本；那么类似地，多个不同地区的独立货币的演化也应该从私人部门市场进化的角度进行分析，货币的作用是为了降低交易成本（微观层面）和调整成本（宏观层面）。与此相反，C学派认为，各种货币的空间范围决定与经济成本最小化之间几乎没有任何关系，而起决定性作用的是政治主权。在第三节，我将论证C学派的理论假说在解释和预测历史现实上比M学派的模型（OCA）更具说服力。事实上，二者的差距是如此明显，但M模型（OCA）仍然长期受到经济学者的追捧，这表明经济学家们对精致的模型具有多么强烈的认同感而不顾事实可能是何种情况（相信中央银行不仅有能力而且有意愿控制经济体的基础货币是另一个典型例子）。M学派的模型（OCA）在分析范式上相对成功，同样反映了经济学者们对由私人部门成本最小化所决定的标准化系统的青睐，而对较凌乱的政治因素却不感兴趣。

大量有关成本/收益平衡以及单一货币的合适边界（如欧盟地区对欧元）的分析都涵盖在M模型（OCA）的内容中。如果我们反对这个模型而赞成C模型，就像这里论证的一样，由此带来的许多问题就需要重新考虑。

C模型中的关键点是围绕着政治主权或财政当局对货币供给、铸币厂以及中央银行的主要关联而展开的。欧元系统的一个重要特点是上述关联被弱化到了一个前所未有的程度。欧洲中央银行（ECB）的一个重要体制特点是它对政府（在任何层面上）的绝对独立。而各种欧盟机构（如欧洲议会、欧洲委员会等）的政治、财政权力在联盟的水平上都要弱得多（与过去其他联邦相比）。这本身产生了宪法上和政治上的一些问题，例如，如果社会通过其各种（民主的）机构表达的意愿和欧洲中央银行系统的目标或操作不相符时，会发生什么情况？

在欧元区内，主要政治和财政权力仍然保留在主权国家层面上。历史上，这些主权国家能够在极端情况下（处于战争过程或其他——通常是由自身引起的——危机之中）向货币供给机构求助，无论是铸币厂（通过降低货币成色），还是国债发行机构，或者中央银行。无论何时，只要州（如在美国或澳大利亚）、省（如在加拿大）、行政区或邦等结合在一起，成为一个更大的联邦制整体，主要政治、财政以及货币发行的权力和资格就通常会转移到联邦层面上。而欧元区却不是这样。

尤其是欧盟成员国仍然保有主要的财政职能，但在货币领域，它们的地位却下降到附属水平。因为，在紧急关头，它们不再能向货币当局求助，通过发行货币为国内政府债务融资。这将成为一个史无前例的货币当局和财政权力相分离的情况。

M 学派的理论分析认为这种分离只具有好的影响；事实上，在很大程度上，这也正是此项实践的目的所在。通过时间不一致性的分析，学者们对近期通货膨胀的指责多集中在政府的短视，以及政治、财政当局扭曲和滥用货币权力以达到其短期目标之上。虽然这种分析具有很大的现实性，但是 C 学派的学者却担心这种分裂会导致一些无法预见的副作用。

2. 货币的性质及起源

许多经济学家和历史学家都注意到物物交换中显著的交易成本，以及贵金属作为交换媒介的优良特性（如持久性、可分性、便携性等），Clower（1969 年）就是一个很好的例子。这种关联导致大量经济学家创建模型以展示私人部门如何为了使交易成本最小化而朝着货币经济的方向发展演化，并且这个过程被完全置于私人部门系统内部，而无须政府参与。Kiyotaki 和 Wright（1989 年、1993 年）的最新模型就是这种模型的一个例子。Menger 于 1892 年在《经济学期刊》（*Economic Journal*）上发表的论文也许是被引用得最多的早期模型之一。

这类模型除了缺少历史性支持以外（不是只有一点历史证据就可以被视为足够必要），还存在一个主要弱点，即它们没有认识到使用贵金属作为货币的信息问题（即如何鉴别成色——译者注）。正如我在之前所论述的（古德哈特，1989 年）（第 34 页）：

贵金属没有经过加工就被用做交换中的支付手段的情况很少，只有在特殊环境中才会出现——如，加利福尼亚和克朗代克（Klondike）的淘金热时期——甚至如在查理·卓别林著名的电影中所演示的，商人和酒吧侍从在接受支付之前需要称量和检查砂金。这表明，未经加工的贵金属作为支付手段的情况在物物交换中比在货币经济中更为普遍。

当一个普通人走进一家珠宝商店，他（或她）很难鉴别眼前的黄金或白银首饰的纯度或重量。我们通常相信珠宝商所告知的克拉数目，并认为这种告知是客观的，并且是可以得到独立鉴别的，因为珠宝商的信用即建立在此之上。

然而，花费在这种鉴别过程中的时间和成本却不可忽视。Alchian 的论文（1977 年 b）的核心思想是，货币的产生是因为存在一种鉴别成本很低的货品，[10]但是对普通人来说，无论是鉴定未加工还是伪造的贵金属的成色，都需要花费很高的成本。当然，普通百姓可以向专业货币兑换商咨询意见，但这同样要花费成本。所以，这种成本很可能会比鉴定日常生活中经常使用的商品，比如盐、谷物、钉子甚至是牲畜（大多数生活在农村地区的人通常会鉴别牛的价值）[11]所花费的成本更高。类似地，这种成本也要高于评估由于具有一定社会内部作用（如宗教或赔偿）而被接受的物品所花费的成本；Grierson（1977 年）是后一种观点的典型代表（见附录 A）；同样的观点可见 Einzig（1949 年）。

上述观点似乎有点儿强词夺理，很少有人认为贵金属只有在鉴别问题解决了以后才能充当交换媒介。这种鉴别问题后来在很大程度上被铸币过程中的技术革新所攻克了，从而鉴别成本通过在硬币上刻有代表质量担保的印章而被大大降低（见附录 B）。因此，最后的结论是，贵金属的特性加上鉴别成本的降低共同使私人部门得以向货币体系演化。

然而，这个论述却不符合历史事实。尽管表明上看起来，一旦铸造货币的技术方法被发明和传播，铸币就可以像其他金属加工行业一样由私人部门来进行，但事实是，绝大部分的货币铸造活动都由政府或公共部门来操纵。[12]铸币发展史领域的专家有 MacDonald（1916 年）、Grierson（1977 年、1979 年）和 Craig（1953 年）。这些权威人士又相继提及了许多更早期的学者。在那些铸币由私人部门经营的案例中，大多数情况是政府不仅制订了铸币的成色标准，还从中收取租金或铸币税，而这集中了绝大部分可得收

10　现在，如果有一种商品，其鉴别成本不仅低，而且对每个人都很低，那么将会允许公众从专业的媒介专家处购买廉价的产品鉴别信息。如果专家鉴别那个给定的（货币）商品的成本低于由使用关于基础商品的专业信息所节省的成本，那么，总的鉴别成本就能够减少（第117 页）。

鉴别一种商品质量的成本是关键的。如果某些商品的成本较低，而且在社会成员中普遍较低，则这种商品将被作为交换媒介。通过它，信息成本能够降低，而交换会变得更加经济（第121～122页）。

页码数依据《经济力量的作用》（Alchian，1977 年 a）的再版。

11　Burns（1927 年）论述道，煤块、横木或铜制器具在早期的文明中，如埃及、巴比伦和中国，都是交换中被人们接受的媒介物，但是在放弃使用牲畜作为准货币的过程中时常存在一些迟疑。

（罗马的）牲畜单位很难消亡，在 20 年后（大约公元前 430 年）有必要颁布法律（lex Papiria），规定在支付中将使用铜替代牲畜（第 17 页）。

12　"除了国王以外其他任何人不得拥有铸币工人"，是出自埃塞尔雷德（古代英格兰国王）法典的句子（Wantage，1002）（见 Craig，1953 年）。

益。在政府支持下，铸币集中的趋势不是偶然的。这主要有两点相关的原因。

首先，铸币厂需要有一定的贵金属存货。因此，它常常成为机会主义盗贼猎取的目标。这样它就需要保护，而保护者（拥有武力，并且其规模足够维持经济系统的法律和秩序）将从中榨取大部分的租金收益。

其次，鉴别铸币中所含贵金属的实际价值所花的成本导致了时间不一致性。铸币厂主必然要宣称其铸币的质量会永远保持，但在实际操作中，他总有降低铸币成色的动机，因为这样会快速地大发横财。[13]Olson（1996 年）曾描述过一个可靠王朝政权的发展如何降低统治者的时间不一致性[14]（见McGuire 和 Olson，1996 年）。

很少有发明创造是由政府部门作出的（也许除了军事领域，如曼哈顿计划）。这种情况在货币领域内也如此。在中国和西方，冶金学的发展以及银行券的发明，都是私人部门主导的。但是货币的主要角色，作为支付手段和财政根基的辅助，却都与政府有关。支付首先产生于罪行赔偿、婚嫁聘金、宗教集会等，这也许比货币作为交换媒介产生的更早。财政辅助的含义是，政府通过确定铸币成色和硬币重量将货币发行变成了国家主权的重要支柱。[15]

Grierson 作出了进一步论述，其结论是相同的。当暴力横行时，社会无法运行。总有一些人会行使暴行。暴力的首要后果是激起报复以及无止境的争斗。而斗争则可以毁灭社会。早期货币的一个重要作用是罪行赔偿，人们限定一个金额，侵犯者（或其家属）将补偿遭损害的一方。这个实践行为传播到其他人际关系之中（婚嫁聘金和奴隶买卖等），有些情况下要早于正

13　Craig（1953 年）（第 27～28 页）这样叙述道：

温彻斯特编年史记载道，目前这个国家的硬币价值已经远远降低，以至于它不但在国外市场上而且在本国市场上都不能流通。这是由于在各个城市建立了大量的铸币厂，而其经营者似乎在争相通过剥削公众而使自己富裕起来。

14　关于君主的时间跨度的重要性，最有趣的证据也许来自于，从历史角度考察的君主的寿命，以及曾经广泛流传的对于王朝社会需求的信奉。有许多方法向国王祝福，但是如前所述，当人们说"国王万岁"的时候，他也许最希望其成为现实。如果国王将王朝的继承考虑在内，就会延长其统治的时间，并且有利于他的目标。历史上流行的王朝继承的法则也许是由于，根据直觉，当统治者采用一个长远眼光时，在领地内的每一个人，包括现任君主，都会从中受益。尽管，国王的长子是适合这个位置的最有天赋的人，这种情况发生的概率几近于零（第二章，第 25 页）。

15　关于这一点，见 Gerloff（1952 年）和 Laum（1924 年）。

式市场的形成和货币在贸易中的兴起。[16]同样可见《出埃及记》21：32，35；《申命记》22：13～19，28～29；Kleiman（1987年b）（第261～287页）也对此类补偿作过描述。

我认为存在这样一个隐含假设，即法律和规则的制定涉及并需要统治机构的参与。另外一些人，如Benson（1990年），并不这样认为。这确实是一个重要的隐含论点。如果法律和规则这种确保合同执行的强制力量，以及使市场（和货币）正常运行的一整套维护合同行为的基础设施，确实与我们社会的统治机构无关；那么M学派的方法就更具有说服力——如果政府对这些必需的基础设施存有抵触的话，就愈发如此。但在我看来，所谓法律和规则与政府无关的概念只是（无政府主义者）纯粹的憧憬。

当回顾各种铸币和通货的历史时，一个显著的特点是强大国王（如查理大帝和爱德华一世）和成功的通货改革之间的关系。然而很自然地，当（外部）压力威胁到政府的存续时，削减货币价值的诱惑力就会增加。因此，亨利八世时期的货币贬值与对法国和苏格兰的战争有关，当时英国的"财政部已空虚至极……"Craig（1953年）（第108页）。关于通货贬值的过程在实践中是如何进行的，可以参见Sargent和Smith（1995年）的精彩论述。Glasner（1989年）（以及Glasner即将问世的著作，1998年）则强调了在面对（军事）危机时，控制货币供给对政府的重要价值。

C学派对于货币创造的理论认为，强大的政府倒台后，会导致铸币的停止或质量下降，以及向易货贸易的倒退。[17]M学派认为，私人部门一旦形成了货币均衡，就会大大降低交易成本，这样在模型内部就不存在一个具有说

16　Melitz（1974年）（第39～42页），承认货币作为社会成员间转移支付的手段，要早于其作为普遍的市场交换媒介。然而在第77页，他将货币定义为人们持有的交换媒介，"以降低多种商品贸易的交易成本"。我认为，支付手段的职能产生的时间（通常）较早，然后帮助和促进了随之而来的更加普遍的交换媒介的职能。然而，货币的各种不同功能的产生在时间上的先后顺序，仍然是一个有争议的问题。圣经中创世纪的23：16和37：25，28显示，银在很早的时候就被作为（大规模）的交换媒介。在早期历史中，货币和宗教的关联程度通常与其和国家的关联程度一样密切，有时候前者甚至会超过后者。教堂是古代社会的主要经济中心。它们提供了一个进行贸易的机会，尤其是在标志着农耕季节已经结束的节日期间，并从信徒们的礼品中积聚了大量财富，它们常常成为放贷者，或更大规模的"银行家"，因此，它们对于货币标准的需要经常要早于国家。我要感谢Kleiman教授，是他将我引导到了这个方向。同样的论点，可参见Kramer（1963年）（第75～86页）。

17　然而在最近几个世纪，私人部门作出了另一种选择，即停止使用贬值的本国货币而转向使用更加稳定的其他国家的货币，见Bernholz（1989年）。这种替代货币的存在为潜在的通货膨胀税的额度制定了一个（较高的）上限。

服力的机制使其回到易货贸易。让我们回顾以下历史。以日本为例：

当政府于公元 958 年停止铸造货币以后，大米和布匹曾被广泛用做交换媒介……（Seno'o，1996 年）并且在 10 世纪末，货币停止了循环，经济倒退回了物物交换的时代（Cargill 等人，1997 年）。

在罗马时代的欧洲，所有的货币都由国家统一铸造，依照 Crawford（1970 年）的说法，国家的财政需求决定了铸币厂输出的流通硬币的成色。正如 Redish（1992 年）所述：

Howgego（1990 年）近期的研究增强了这种观点，即在政府开支和新的硬币铸造之间不存在一个完全对应的关系。如果国家获得了新的金银条块，它也许会在政府并没有财政支出需求的时候就将其铸成硬币。另外，政府开支的需要可以由其他更古老的方法来满足，如税收等。

无论哪种情况，当物物交换席卷了罗马的时候，强大的政府瓦解了。政府和铸币厂部分裂成了更小、更弱的单位。MacDonald（1916 年）描述了这个过程（见附录 C），Craig（1953 年）也作了同样的描述，并且他注意到，在这个时期，铸造货币是所有的皇家统治活动的灵魂，但也是短暂的。[18] 随着政府变得软弱而不可靠，他们的通货质量开始下降，十分可能被削减成色，并且在商业中［大部分铸币都不是为了贸易融资而铸造，而是为了税赋以及权力中心之间（军事）关系的其他方面］逐渐不被人接受。同时，大部分（但不是全部）商业关系都退回到物物交换。这种倒退由查理大帝及其继任者虔诚的路易斯所终止。

只有当一个强大政府确立时，执政当局才能够提供一个足够长的时间跨度并且有必要对铸币质量进行控制以保证其质量。同时，货币创造极大地改善了当局的财政状况，同时也大大降低了公众部门的交易成本。表面上看起来，铸币制度是非常均衡的，正如 Redish（1992 年）所述（也见 Grierson，1977 年）：

钱币学者认为，最早的铸币产生于公元前 7 世纪中期的吕底亚（Lydia，现在的土耳其西部）。硬币由一种自然的金银合金铸造而成。它们在其中一

18　因此，Craig（1953 年）（第 12 页）写道：

另一方面，由教会经营的铸币厂是私人所有的。目前只知道有两家从早期的远古时代存续至今。坎特伯雷大主教拥有两个铸币厂……圣奥古斯丁修士的唯一一个铸币厂被其合并了，合并的时间为其资助人 Goldsmiths 和 St. Dunstan 掌管的任期之前或之内。圣徒的三个铸币工都是农奴。他是一个难以对付的角色，曾经因拖延复活节的集会直到对伪造其铸币的罪犯施以绞刑而使他的圣会震惊。后来人们将行刑推迟到星期一以示对节日的尊敬。

面有设计的样式，并且有统一重量，但含金量却变化很大。在一篇有影响力的文章中，Cook（1958 年）认为，铸造这些货币是用来支付雇佣兵的。Kraay（1964 年）在一篇文章中修改到，政府之所以铸造货币并支付给雇佣兵是为了创造一种税收的支付手段。两种观点都强调政府在铸币中的作用。[19]

货币创造和税收之间的联系是多方面的，[20]而且这个课题本身就值得重点研究（很大程度上是因为占主流地位的 M 理论否定了这种联系对货币供给的重要性和必要性，所以目前为止该领域还没有被系统研究过）。首先，如果没有货币，那么征税的范围就很难扩大到货物的生产、运输和交易以外，因为只有货物（或劳动时间）可以被征税。而一旦存在货币，则人头税、所得税和支出税，甚至针对提供服务的税种，都比较容易征收。若税收以货物或劳务的形式被征收，则所得的货物（和劳务）并不一定是公共部门的支出所需要的。所以，货币减少了政府部门的交易成本，同时也减少了私人部门的交易成本。出于同样原因，以货币形式支付税收，引起了对基础货币的需求。既然政府能够从货币创造中获得铸币税，那么它将对财政状况有双重的改善作用。政府不仅征税，而且由税收导致的货币需求还为政府带来了铸币税。这正如 Lerner（1954 年）所述，在美国内战期间，南部联邦之所以发行联邦货币的一个主要原因是，

Memminger 部长意识到，课征以政府票据支付的税收具有两个直接的、不可或缺的好处。首先，税收创造了对政府发行的票据的需求，并为其赋予了价值。因为所有纳税人都需要这种票据，所以他们愿意用商品与其交换，而票据则随之循环并成为货币。其次，在税收导致政府收入增加的程度上，它减少了必须发行的新票据的数量。Memminger 在战争期间大量的公开讲话

---

19 这种观点也不是没有受到挑战，正如 Redish 再一次论述道：

最近，Price（1983 年）注意到早期的金银合金硬币是由私人而不是由政府发行的。他进一步论证到，这种合金货币虽然重量一致，但其含金量却有很大波动，所以如果在交易中按照统一的价值交换，就可能被高估。因此，他断言雇佣兵们很可能不会接受它。Price 的解释是，早期硬币产生在馈赠/交换的经济环境中，并且为标准的礼金支付提供了一种手段，而铸币上的烙印只是为了标记出发行人，而不是为了保证硬币的价值。按照 Price 的说法，仅仅在以后，当出现了金币或银币的时候，硬币才变成了一种标准的支付手段。然而，Price 并没有解释个人为什么要接受高估的货币作为礼物。确实，这些硬币是否有一个标准的价值，以及在什么程度上，烙有印记的金属不再是奖章而变成了硬币，我们并不很清楚。

20 Selgin 和 White（1996 年）论述道，"政府对货币发行权的垄断可以被认为是税收系统的一部分"。这无疑是货币和政府之间关系的一个重要方面。

表明，他清楚地意识到如果货币存量的增长快于实际收入的增长，就会很快导致价格失控。而且他认为，强大的税收制度，减轻了通货膨胀的可能性（第508页）。

确实，强制规定税收只能由货币（而不能由货物）缴纳，在殖民时代曾被大量使用，其主要目的是强迫纳税人从仅能维持生存的（非货币）经济转向货币经济，并为在世界市场上销售产品而进行生产。多余的财政收入在某些情况下，只是一种辅助动机。许多学者如 Ake（1981年）、Rodney（1981年）、Amin 和 Pearce（1976年）均持这种观点。

确实有许多文献论述了以货币形式缴纳税收的作用，它是驱使农民进入资本主义经济货币关系的一个途径。不仅在关于殖民地发展的文献中，而且在关于欧洲早期资本主义发展的文献中，都可以找到此类观点，如 Hoope 和 Langton（1994年）。

一旦货币创造和税收之间（以及二者和政府的潜在结构及稳定性）的关联被充分理解，那么从金属铸币到法币或纸币的转变就变得直白得多。即使接受了 M 理论关于金属硬币演化发展的观点，当应用这一理论的纯粹[21]形式去解释下面的问题时，也会存在问题。即为什么所有的经济部门会突然愿意从使用代表对贵金属最终索取权的纸币（意思是，私人或公共部门发行的银行券可以兑换成贵金属）转向使用没有任何特定资产支撑的纸币。[22]反之，这些纸币由政府权力（如关于法币的法律）及其强制规定能够（常常只能支付）使用法币支付税款（以及在国境之内的所有其他支付）的能力

21　纯粹的含义是指，向法定纸币的转变也能够解释成私人部门成本最小化的过程。当然，如果 M 学派的理论家准备好接受政府在当时已经夺取了对基础货币的控制权的观点，剩下的问题就显而易见了（从历史的角度看得很清楚），放弃对真正的贵金属的兑换是一种政府的（不太愉快的）行为。在 M 学派和 C 学派之间，剩下的问题是对法币的接受在多大程度上是源于政府权力，如强制征税（C 理论），或网络因素及惯性力量促使人们即使在没有政府促进的情况下也会维持使用现存的货币（M 理论）。我十分感激 Kevin Dowd 教授，他向我提出了这个问题，并寄给我由他和 Selgin 合著的论文（Dowd 和 Selgin，1995年）。有相当一部分经济学家将这两种理论联合起来，认为 M 形式的寻求成本最小化的理论解释了货币最初的发展，但是在近期，国家显然夺取了法币的供给权。所以，不管他们是否喜欢这个结果，他们接受了 C 理论，认为它在当代更具有现实性（见 Congdon，1981年）。

22　Ritter（1995年）认为，如果发行人能够承诺将基础货币的增长率限定到一定程度之内，社会是可以从转向法币经济中获益的。确实如此，但是正如 Selgin（1997年）所述，社会内部存在一个不可克服的协调问题，除非当局能强迫居民同时转换货币（如2002年正式开始使用的欧元）。此外，法币事实上毫无例外地都是在战争或其他危机期间产生的，此时基础货币的增长率很高，以致"过剩"，从而使任何限制性的承诺都失去了约束力。

来担保。

因此，M 理论对于解释法币的产生和应用存在一定的困难。而 C 理论则不存在这种困难。[23] 转变的过程实际上是很自然的。有趣的问题与决定转变的历史时间因素有关。国家权力的增长以及若提早推行法币可以获得的额外的铸币税（尤其是为了战争的需要），推进了对法币的采用。历史惯性、信用影响（时间不一致的问题总是可以被提前预知，并且法币总是由于其潜在的低质量而臭名昭著）以及有时候对伪造的担心，都会倾向于延迟转变的发生。

现在我来对这一部分进行一个总结，M 理论发现它很难在一般均衡的模型中解释货币的角色或存在。从使用角度，或在现金先行模型（cash-in-advance model）中，货币的产生不需要太多强制力。如果意识到这类模型仍然是从存在政府作用的现实中抽象出来的，那么这个难题就不难理解了。因为，正是 C 理论强调的税收和货币需求之间的关系、法律和制度的存在、合同形式和强制力等社会规则的一系列基础设施，才使（有组织的）（私人部门的）市场作为一个附带产物得以实现。

然而，反对意见还是需要的。这一部分的目的是论证，首先，货币在社会成员之间及其与政府之间发挥支付手段的职能往往要早于其在主要市场交易中的交换媒介的职能。其次，国家、政体和货币的一切职能之间的关系一直都是紧密和直接的。但我并不是说，私人部门不能，而且不曾在没有政府参与的情况下创造出自己的货币体系。也许，历史上最早的纯粹由私人部门创造的货币系统是太茨（Aztec）帝国的可可豆货币（Melitz，1974 年）（第129~130 页），但是，更近一点的解释将纳粹战俘营中的香烟货币（Radford，1945 年，第189~201 页），以及在外汇交易中的周转货币（Swoboda，1969 年；Hartmann，1994 年 a、b）也包括在内了。在历史发展过程中，有许多国家的货币在国际上被广泛接受，如拜占庭金币（Byzantine Hperpyron，或 "Bezant"）、佛罗伦萨的弗洛林（Guilder）、威尼斯的达克特（Ducat）

23　毫不意外地，Smith（1904 年）即使在法币被广泛使用之前就已经了解了税收和法币的关系。因此，Gettysburg 大学的 M. Forstater 教授将其观点拿给我参考：

下面的句子出自目前流行的 Cannan 版本的《国富论》第 322 页：

一个王子，可以颁布法律规定向他缴纳的税收的一部分需要用某一特定的纸币支付，这将会给这种纸币带来一定的价值，即使最后的偿付需全部依赖王子的意愿。

Cannan 对这一段的"注释条"（他在页边对每一段的总结）写道：

要求以特定纸币来支付税收的规定会给纸币以价值，即使它是不可兑现的。

和更近的英镑、美元以及在一些国家中流行的德国马克。在有些情况下，与意料相反，这种广泛接受与发行国的政府干预毫无关系。确实，许多经济体自愿持有其他国家发行的货币，如美元几乎在世界各地都被接受，德国马克在东欧被接受等（见 Cohen，1996 年）。还有一些其他例子。此外，如果现在的国家权力机构自觉放弃他们的货币发行权，那么这个空白一定会被商业机构所填补。

3. M 理论的空间扩展，或最优货币区理论

如果货币的使用能够在追求成本最小化的过程中自动地发展演化，而不需要任何必要的政府干预，那么基于同样原因，任何一种货币在空间上的流通范围，[24] 也能够在这种追求成本最小化的过程中确定。最优货币区理论的分析确实遵循了这种方法。它对在更广泛地区使用单一货币带来的收益与成本进行了比较。收益是从交易成本最小化的角度而言，成本是从调整难度（Krugman，1993 年）而言。成本部分地产生于市场的不完美性，这里指劳动力市场不存在完全弹性［或者指空间上的因素，如移民；或指（名义）工资］。对于影响最优货币区的因素的标准陈述包括以下几点，如规模、开放程度、劳动力市场弹性、生产集中度或分散度、冲击的本质和具体特点（对称的或非对称的）等。

然而，我们注意到，依照 M 学派的这一理论，政府的作用和角色既是不必要的，也是不常出现的。（纯粹的）最优货币区理论（Mundell，1961年）没有解释为什么货币流通的区域需要与主权国家的疆域相吻合，并且随主权国家共同产生和消亡。为什么一个主权国家不应该同时存在任何数量

24　Dowd 和 Greenaway（1933 年）（第 1180 ~ 1189 页）曾经描述过"网络外部性"将如何倾向于限制任何地区的货币在通常的零售交易的使用中发展成为单一种类的货币（当然在该种货币中，也会存在各种面值的硬币/纸币，并按照一定的比率兑换）。当一个地区货币的质量大幅下降时（降低货币成色，通货膨胀），当地居民或将转向使用一种具有更高质量的货币（美元化）。克服这类网络外部性的成本或许使这种转变不可避免。单一货币对单一地区的统治，并不能排除在边界地区持有多种货币的情况，也不能排除居民为了贸易、旅游和投资组合多样化而持有外国货币；关于后一种观点，见 Cohen（1996 年）。从 1999 ~ 2002 年的欧洲货币联盟的转换过渡时期，对于共同使用本国货币和欧元的提议，并不能视为一个反例，因为欧元和本国货币的兑换比率是严格固定而不可更改的。然而，令人感到新奇的是，这一固定比率对使用者却是极不方便的（如 1 欧元 = 0.876534 本国货币单位；协议规定兑换比率将取 6 位有效数字），而不是标准的利于使用者的货币价值级数，如 1，2，5，10，20，50……因此，在交易中将会有严重的附加信息成本和熟悉过程的成本。应注意到，实际上之前所有的货币改革都涉及将原先货币中的 0 去掉，如，1 新法郎 = 100 旧法郎。它们总是给居民带来了某种程度的不便，而向欧元的转换将更是如此。

（从 0 到 n）的货币？反过来，为什么一个最优货币区在理论上不应该包括任何数量（从 0 到 n）的独立国家？这些问题，该理论并未作出回答。依据 M 学派的最优货币区理论，在货币区和主权国家的边界之间应该不存在任何联系。然而，大多数应用最优货币区理论进行的后续研究，都将主权政府与货币之间最初的和谐状态视为当然，然后应用最优货币区理论的标准原则来阐述主权国家之间的货币联盟问题。但这种方法首先忽略了使货币区和国境重合的"政治经济"因素，然后又倾向于忽视决定这种联盟（包括欧洲货币联盟在内）成败的关键政治经济因素。

C 学派却不存在这种忽视政治经济因素的问题。因为在这个理论下，任何区域内的货币都和政府的稳定性及其财政功能有着密切的关系，所以该地区的主权政府被认为将在其国境内部维持一种单一货币。

哪一种理论的解释力和预测力更强呢？"要找他的纪念碑，就要放眼四周！"（Si monumentum requiris, circumspice！）在最近一篇论文中，Eichengreen（1996 年）写道：

> Michael Mussa 每次走向国际货币基金组织的餐厅时，都会通过陈列着各成员国货币样本的走廊，这时他总是喜欢描述他是怎样重新发现了货币经济学中最强的一条规律之一，即国家与货币一一对应的特性。如果欧洲的货币统一带来了政治统一，那将是史无前例的（第 12 页）。

然而，经济领域的专家们在对（国内的或国际的）货币理论的阐释中并没有过多注意到这个"最强规律"，而是坚持 M 学派关于私人部门演化发展的观点。另外，有一些大国，如解体前的苏联、巴西、澳大利亚、加拿大甚至美国，包含了十分广阔的区域，地理上这些区域是独立的，有时各地区之间处于大相径庭的发展阶段，并且其生产经常带有区域性集中的特点。这类大国如何能够满足最优货币区的要求则不得而知。

那么又有多少国家同时使用多种货币呢？我预期，在 1997 年后将只有一个国家——中国，其香港特别行政区将（在未来 50 年内）继续使用自己独立的货币。考虑到这项安排的政治因素，这将是证实这个准则成立的一个例外。[25]在某些遭遇恶性通货膨胀的国家，发生了"美元化"的现象，如阿根廷和秘鲁，以及某种程度上也在发生同类现象的俄罗斯。另外，南斯拉夫也使用德国马克替代本国货币（见 Petrovic 和 Vujosevic 的论文《20 世纪 90

25　同样可见 Kleiman（1994 年）（第 365～369 页）关于巴勒斯坦自治区的货币使用协议的论述。另外安道尔公国和纳米比亚同样拥有一种以上的法币。

年代南斯拉夫的恶性通货膨胀》，1996 年）。这些案例的一个显著特点是，在公众转向使用外币替代本币之前，本国货币的通货膨胀税均已达到了很高程度。虽然这种转换一旦发生以后，它将不会轻易反转，而且当公众确实决定抛弃贬值的本国纸币时，私人选择的优质替代货币将驱逐劣质的本国法币（Bernholz，1989 年）。

然而，历史上还有一些各种国家的货币被平等接受的事例。这包括，拉丁货币（银）联盟（1865～1914 年）[26]和斯堪的纳维亚货币联盟（1873～1914 年）。[27,28] Cohen（1993 年）对这种货币联盟的历史进行了研究，[29]并得出结论，标准的最优货币区理论中的经济因素对于各个货币联盟的可维持性几乎没有解释力和预测力，而政治因素却具有更优越的解释力。

只有在一个方面，M 学派的最优货币区理论在统计上有显著的解释力，即小国（如列支敦士登、圣马力诺、摩纳哥、安道尔公国等公国）通常不会拥有自己的货币；较大国家（在统计上）有采用更具有弹性的汇率制度的倾向，而较小国家则喜欢钉住汇率（如见 Al-Marhubi 和 Willett，1996年）。但是，这看上去在很大程度上是由于小的公国只有非常有限的主权力量，而在许多情况下，它们都成为周边大国的附庸。例如，考虑这两个使用美元的小国——巴拿马和利比里亚。这符合最优货币区的模型吗？例如，受到与美国相似的冲击以及与其统一的劳动力市场？或者对于这种货币使用的原理能够找到政治历史的先例吗？

当然，主权国家有时候会通过承诺维持其货币对贵金属或另一国货币保持固定比价而主动放松其权力。金本位或许就是最好和最成功的例子，但是

26　这个货币联盟一直持续到第一次世界大战，当时各国的货币联系普遍被打破。而当 1926 年瑞士决定退出以后，拉丁货币联盟于 1927 年正式解体了（Cohen，1993 年，第 191 页）。

27　在 19 世纪结束之前，斯堪的纳维亚货币联盟都发挥了良好的作用，满足了成员国的支付目的。直到第一次世界大战开始时，各种货币的兑换出现了延迟，并且各成员国的货币开始单独浮动，这导致了货币联盟的关系受到破坏。虽然在战争期间及战后，人们努力使联盟，或至少其中的一些因素恢复稳定，尤其是当 20 世纪 20 年代中期一些成员国恢复金本位制时。但是在 1931 年全球金融危机之后，联盟终于被抛弃了（Cohen，1993 年，第 191 页）。

28　金本位并不是这样的一个货币联盟的例子。尽管国外机构能够以相对低廉的交易成本通过运输硬币或条块形式的黄金来获得本国货币，但是在每一个国家内部，货币循环的模式和现在一样，纯粹是国内性质的（而且国内货币的黄金价值能够并且确实，在随时间变化的自然套利点中波动）。

29　在目前的货币联盟中，Cohen 还研究了非洲法郎区和东加勒比海货币区。非洲法郎区由法国的金融、政治甚至军事力量来支持，而东加勒比海货币区的人口数量太少，以至于整个地区只能被看成一个货币局。

正如 Panic（1992 年）所强调的，实行金本位的国家是通过独立的、自愿的选择而加入国际货币体系的，而每一个成员国又都保持了退出的权力，并确实在特殊情况下行使了这项权力。另外，如 Glasner（1989 年）（第 39 页）曾强调的，对于一个主权国家来说，预先承诺加入一个有利于保证价格稳定的体系是明智的（只要该体系继续存在），但是只有当其保留了在危急时刻创造货币的独立权力时才如此。[30]

也许，对 C 理论的相对解释力和预测力最清楚的说明来自于现有联邦解体成许多独立小国或小国联合成一个较大的联合国家的时候。前者如苏联、20 世纪 90 年代的捷克斯洛伐克和南斯拉夫以及第一次世界大战以后的奥匈帝国。后者如成立之初的美国[31]、德国[32]和意大利[33]等。C 理论预言，主权国家的分裂会导致货币的分裂；反之，联合国家的成立会使之前独立的各种货币统一。

M 理论对此毫无建树。如果苏联在它解体之前是一个最优货币区，那

30　一个有用的和具有启发意义的思考欧洲货币联盟的方法是，将其看做北欧两个最大的国家，德国和法国的政治合约的货币象征，即在未来两国的双边关系中，不能也必须不能存在严重的危机，更不要说战争了。这种思考角度对 C 学派的理论家和政治家，如 Kohl 而言是自然而然的。当然，对于 M 学派的理论家而言，它是没有道理的。M 学派理论家在货币和政治的关系中看不到任何必要的和合意的关联。

31　"当第一届大陆会议于 1775 年在费城召开的时候，制定的第一项商业制度就是确立一个国家货币" Kohn（1991 年）（第 70 页）；但是州政府票据（States' note）的发行当时并没有被禁止，再加上在独立战争期间利用大陆币的发行来为战争融资，共同导致了显著的通货膨胀。这使得立宪大会确立了 1789 年宪法的第一条，即国会而不是州 "应该享有铸造硬币的权力，并应对其价值及外国硬币的价值进行管制"，而且 "任何州不得制造硬币，发行信用票据，或制造在债务支付中的金银法币。"（Davies，1994 年）（第 466 页）

32　在德国国家银行于 1900 年为其 25 周年纪念而发表的题为《德国国家银行》的小册子中，开头的段落这样写道：

新建立的德意志帝国发现对货币铸造、纸币、银行券系统的组织管理是一个紧迫和艰难的任务。也许在整个国家经济系统的任何其他部门中，政治分裂的不利影响都没有如在这一部门中表现得如此清晰明了；而期望从政治统一得到的好处，在任何其他部门中也都不如在这一部门中那样显著。尽管关税同盟（Zollverein）已经愉快地使德国的绝大部分成为一个统一的商业联盟，然而在货币事务上相似的尝试只取得了有限的进展，而在银行领域则是毫无建树。抱怨声最多的是关于不同省份的不同铸币系统（总共是 7 个）由于多样性和易变性所导致的不便，以及对一个充足的、规范的金币发行体系的渴望（德国国家银行，1900 年）。

33　如 Canovai（1911 年）（第 26 页）所论述的那样：

早先意大利的政治分裂，使其国家在 19 世纪 70 年代初期经历了这样的情况，"因为存在不同发行机构的混杂，发行机构和纸币变得异常和无组织；并且导致了杂乱无章的货币发行状况——不同的性质和特权，一部分私有化，一部分国有化——而这确实无法服务于国家的经济和货币环境"。

么此后它仍应该是一个货币区。如果普鲁士和巴伐利亚在德国统一之前是一个最优货币区，那么统一之后也理应如此。

但是对于之前的论述有一个限制条件，即主权国家的存在和行为有可能使这个地区成为一个最优货币区，而当此前几个政府在同一地区并存时，它却不能成为一个最优货币区。例如，如果统一的政府财政体系能够减轻影响该地区的冲击的不对称性，它就更有可能成为一个最优货币区。同样，一个主权政府很可能颁布法律（如只许使用一种语言）来鼓励各国在合并之后其（劳动力）市场变得更具灵活性。类似地，这些政府行动可以被视为特殊的冲击。基于这些理由，可以认为一些决定最优货币区的因素是与主权国家相伴而生的。Cesarano（1997 年）建议，将国家的边界作为对均衡货币区的界定。然而，当考虑到货币与政权分裂或跨地域的政权联盟之间的联系时，快速和显著的政治干预，使得我们很难将其视为私人部门自发演化的过程或结果。

当然，在转向欧洲货币联盟和欧元区的过程中，具有标志性意义的是成员国的政府及其财政职能并没有随之结合成一个统一体。这种货币（在联邦层面）集权化和政府在国家层面的非集权化——尤其是主要的财政功能仍然保留在那个较低的主权国家的水平上——并存的现象，是这一体系潜在威慑力量的来源。在马斯特里赫特财政标准和随后 Waigel《增长和稳定公约》中，部分地提到了这种威慑力量。

我们应该仔细考虑一下，为什么 M 理论（和 C 理论相比）在大多数经济思想中保持了如此大的影响力。根据本节和上一节列出的理由，应该不会是因为 M 理论对观察到的事件提供了一个实际的解释。与 C 理论的成功之处相比，M 理论的解释或预测能力是欠缺的。正如 Cesarano（1997 年）的论述，"实证证据对标准的最优货币区理论进行了证伪"。

一个可能的原因是，M 理论从来也不希望成为一个实际的、具有解释力的理论，而是希望成为一个标准化理论，正如理论所应该成为的那样。就如同一位评论员所说，"最优货币区理论是一个标准化的，而不是一个具有实际解释力的理论"。比较温和一点的评价可能是，在实践中，货币当局天生和政治权力有本质上的联系，但是，M 形式的最优货币区理论的一个辅助性的作用是评估由此可能导致的纯经济意义上的收益和成本。这里的问题是，从历史记录来看，货币创造和稳定的主权政府的建立及维持之间的关系是如此显著（规模极小的以及由此导致政治上软弱的国家除外），以至于由建立最优货币区所带来的纯经济意义上的成本和收益必然只具有第二位的重要性。

C 理论暗含的一点是，法币的价值将取决于人们对于现任政府在未来的存续期，以及继任政府将如何对待该货币的预期。这意味着，一种货币的价值应该同时受战争"消息"和关于战败国在战后如何对待该货币的消息有关，而与过去和预期的货币供给的增长率无关。这种思想已经被诸如 Mitchell（1903 年）和 Dacy（1984 年）等经济学家所发展，但是他们所应用的方法仍有改进的余地。

这一正规理论更强势的观点是，认可政府（在历史上和传统上）几乎无一例外地掌管了（侵占了）货币创造的主要权力，但应用 M 理论论证这一点既不是必要的，也不是合意的。政府经常使用货币创造的权力来支持并造福自身（通过降低成色和通货膨胀税），尽管这种做法常常发生在它们力弱并/或受到威胁时，尤其是战争时期。显然，对通货膨胀税的使用权力可以使政府受益。而它是否能够使公众受益则依情况而不同，例如，继续支持现任政府对于公众的相对价值。所以该理论论证到，一个适当组织的由私人部门决定的货币创造体系，可以提供一个相对质量较高的货币供给。这是由诸如哈耶克和许多（但不是全部）货币主义者和自由银行学派的经济学家所采用的方法。既然目前尚缺乏朝这一方向发展的任何实质性行动，那么由独立的中央银行掌管货币创造的权力（在《马斯特里赫特条约》中，要求中央银行不受政府的管辖）则至少可以视为朝 M 理论家认为正确方向所前进的一大步。更普遍地，M 理论家中有一部分相信政府对经济的干预是过度的、（大部分情况下是）不必要的并应将其减少。因此，在 M 理论中有一个（经过修饰但并不避讳的）政策建议，即要求降低政府在经济事务中的作用。相比而言，C 理论家则倾向于相信政府干预在我们（政治）系统的运行和组织中是不可避免的，而且许多人担心，被寄予厚望的欧洲中央银行（ECB）是否能避免"民主赤字"的问题——这个更大范围的论题我们在此不作深入讨论。

4. 结论

最优货币区理论只有极少或完全没有预测及解释能力。不像 C 理论，它无法解释主权国家与货币区之间的密切关系——而这一关系在联邦国家的整个产生和消亡的过程中都顽强地存在着。最优货币区理论，即 M 理论在空间上的扩展和在经验解释上的弱点，使人们对 M 理论在解释货币的发展与属性的能力和价值上产生进一步怀疑，而 C 理论却能够做到这一点。M

理论的主要优点似乎在技术性和意识形态方面。前者指它能够创建更精确的数学模型，而后者则指它的理论基础是建立在私人部门追求成本最小化的过程中，而不是建立在更加凌乱的政治经济过程中。然而，认为货币经济更多的是由纯粹技术和意识形态因素驱动发展，而不是由经验和具有预测能力的因素，则是令人遗憾的。

如果确实如此，则最关键的因素是货币控制和主权之间的（政治）关系，我们需要仔细思考这预示着将来单一欧元区将会遇到什么样问题。在欧元区，历史上传统的货币创造和主权的关系将会被削弱到一个前所未有的程度。货币创造将会是欧洲中央银行系统——一个联合机构——的责任，而这个机构是通过《马斯特里赫特条约》人为创建的，对其他欧洲政府完全独立，而大部分财政和其他权力将保留在成员国政府手中。

鸣谢

我需要感谢 Philip Arestis、Peter Bernholz、Jerry Cohen、Tim Congdon、Kevin Dowd、Mathew Forstater、Arye Hillman、Ephraim Kleiman、Jacques Mélitz、Allan Meltzer、Warren Mosler、Morris Perlman、George Selgin、Christopher Waller 和其他三位期刊的匿名评阅人。

附录 A　Grierson 关于货币的社会起源的观点

在他的那本名为《货币起源》（Grierson，1977 年，第 19 ~ 21 页）的小册子中，他写道：

在任何情况下，货币定价在商品中的广泛应用都不会早于市场经济的产生，而且货币定价在 John Hicks 阁下所恰当命名的"惯例"和"命令"的前市场社会中就已经存在［见《经济史理论》（*A Theory of Economic History*）伦敦，1969 年，第 2 页 ff. _ Hicks，1969 年，《市场的崛起》（*Rise of the Market*），第 63 ~ 68 页_《货币起源》（*Origins of Money*）］。他在某种程度上概括了货币和铸币制度的产生，而且我认为，他过分夸大了早期货币的"价值储藏"功能。如果我的观点是正确的，即货币的诞生早于市场的发展，那么对于货币的标准阐述"应该是经常被交换的某样东西"也是错误的。在这种社会中，有一种机构提供一种评估个人所受伤害的尺度，盎格鲁—萨克逊人称之为"赎罪金"（Wergeld，译者注：盎格鲁—萨克逊和日耳曼民族国家法律规定，为防止世代血仇而付给被谋杀者家属的赔偿金）。而且我认为，正是在这种机构中货币首先作为价值尺度诞生了。在实践中，

"赎罪金"制度要求向被杀害的人提供一笔赔偿金额，但是在印欧语系中，我们更熟悉这个词的广义含义，即对某人或其家庭造成的损伤而需要的赔偿……这些法律的目的很简单，即为赔偿制定一个价格限定，这样任何人在任何情况下考虑到这一点时，会尽量避免采取暴力措施，以及随之而来的一系列麻烦的社会后果……这个法律的目的是防止采取武力手段进行报复，定价背后的原则更多地考虑受害人发泄不满的需要以及补偿他的名誉损害，而较少考虑了身体上的损伤和痛苦。刮掉一个俄国人的小胡须所需要的赔偿是切掉他的一个手指的四分之一……Karl Menger 在许多年以前发表了一篇令人印象深刻的论述货币起源的论文，他精明地论述到，我们应该预测货币标准首先产生于那些最经常而且最容易在市场上被交换的商品，因为这种商品最有可被出售的能力。法律条款表明尽管这对于货币替代物是正确的，而对于被当成标准的商品来说却不是，或至少不必须是正确的（详见原文）。

附录 B　早期铸币厂确保硬币质量的局限性

尽管铸币厂的发展为确保硬币的质量和重量提供了很大帮助，但仍有许多问题存在。在找到对硬币铣边的办法之前，硬币都存在被刮边从而削减重量的情况。同样，如 Mélitz（1974 年，第 71 页）所述：

在中世纪的大部分时期，同一铸币厂发行的各硬币之间在重量和成色上都有很大区别。确实，在 13 世纪之前，铸币方法很难做到同一地方铸造的货币在重量上波动低于 5%～10%。因此，同一铸币厂发行的相同面值不同货币之间的计价经常不同。重量和成色方面的不同，以及其他因素，如合金比例、正常磨损、削边和受潮等，继续使同一铸币厂发行的相同面值货币具有不同的计量价格，此种状况直到 17 或 18 世纪才有所改变。

对于具有不同重量但是相同成色的硬币，交易者需要作出一个困难的决定，是对其称重还是不称重而一律平等接受，前者是一个耗费时间的事情（或需要找到有关方面的专家来评估它们），而根据传说，后者则需承担一定风险，因为有些（重量不足的）货币有可能在将来无法被他人接受（详见 Sargent 和 Smith，1995 年）。

Kleiman（1987 年 a）注意到，当损失过重时，被欺骗的一方可以在一定时间内退出交易。

因此确定某物"正确"的价格被认为至多需要花费几个小时的时间。唯一例外是不足值硬币的情况，这被描述为：到什么时候为止交易的一方都可以被允许退出交易？在城市，直到一方可以将硬币出示给货币兑换商之前；而在乡村，则可以直到下一个安息日之前。为了理解这一点，我们需要记住，在公元 1 世纪和 2 世纪的罗马，硬币流通的情况是复杂多样的。

另外，有时检查货币成色是否如所宣称的一样是十分困难的，它常常需要进行复杂的、破坏性的金属检测。在日本的德川幕府时代，不仅货币的成色从未对外公布过，而且：

尽管经过一系列的硬币重铸，Koban（一种古代日本货币——译者注）的成色有着巨大的差别，但是其表面的颜色并没有退化许多，并且通常闪着金色的光泽。低纯度的 Koban 被称为 Genroku Koban 和 Gembun Koban，它们从表面看起来是要比其他种类的 Koban 更劣质一些，但是在文政时代期间或之后铸造的其他种类的交番，具有与 Keicho 时代和 Kyoho 时代高纯度的 Koban 一样美丽的黄金光泽，尽管它们的成色要更低。这种现象由铸造 Koban 的最后一道工序，被称为"颜色修饰"（改进颜色或上色）的工序所造成。这道工序通过对覆盖了一层化学物质的表面进行加热，而驱散了银元素的特质。在铸币史中，这个过程似乎是日本独有的，我们没有听说其他国家有类似的情况发生……

附录 C MacDonald 对于罗马帝国衰落后货币混乱的描写

MacDonald 在他的著作《铸币制度的演化》（1916 年）中描述了罗马帝国的衰落过程对货币制度造成的后果（第 29 ~ 31 页）。

当罗马帝国崩溃时，胜利的入侵者从原来的统治者手中强占了铸币机构。新国家最早的货币完全由对原帝国货币进行直接且并不娴熟的伪造而构成。这部分是由于野蛮人的领袖们有时选择维持他们仅仅是皇帝在东部的封臣的假象；部分是由于他们认识到，若要使他们自己的统治更容易被接受，就应在表面上顺从大部分国民在几代人的时间里养成的习惯。甚至在经过了一定程度的独立发展之后，罗马帝国存续的混淆观念仍未消失。相反，一旦中央集权的控制手段被消除，不幸就开始蔓延。以各色人等的名义来铸造的货币成倍地增长……政权当局是整个权力系统的核心，而成倍增长的铸币则是其赖以发展的力量，因此这并没有打破任何基本原理——至少在理论上如此——即创造货币的权力是政治主权的一部分。事实上，那个时代对于违规者的惩罚比历史上任何其他时代都要严酷得多……封建领主们大都有自作主张的愿望，但是在绝大部分情况下，有一个更基本的动机。如果一个人选择铤而走险，并对掌握铸币权所赋予他的责任置之不理，那么，铸造货币这个行当就是可以盈利的。通常的做法是不时地召集目前的货币发行者，或收集邻近社区使用的货币，然后对金属掺假，或降低硬币重量，这样就可以发行出比最初收到的货币数量更多的货币，每一枚硬币的名义价值都是一样的，但其内在价值却大大降低了。人们必然要继续使用这种货币，除非由于交易的距离非常远，而采用物物交换的形式，这种做法在一定程度上是存在的。许多同时代的观察者证实了随之而带来的不良后果，并且有不同程度的恶化。铸币当局经常以应收费用的名义榨取大量收益，随后，从国外输入了比国内劣质货币更差的货币。最后，还出现了"削边"的情况，这是一种货币欺诈的手段，人们通过将流通中货币的边切削掉一定分量来收集白银。

参考文献

Aethelred, 1002. Ordinances of (Wantage).

Ake, C., 1981. A political economy of Africa. Longman, Harlow.

Al-Marhubi, F., Willett, T.D., 1996. Determinants of the choice of exchange rate regime, Manuscript. Claremont Graduate School, Claremont, CA, April.

Alchian, A., 1977a. Economic Forces at Work. Liberty Press, Indianapolis.

Alchian, A., 1977b. Why money? Journal of Money, Credit and Banking 9, 133–140.

Amin, S., Pearce, B., 1976. Unequal development: an essay on the social formations of peripheral capitalism (B. Pearce, Trans.). Harvester Press, Hassocks.

Aristotle, circa BC 340. The Politics, Vol. 1. Clarendon Press, Oxford, 1887 (reprinted in English and edited by W. Newman).

Benson, B.L., 1990. The enterprise of law. Pacific Research Institute for Public Policy, San Francisco.

Bernholz, P., 1989. Currency competition, inflation, Gresham's law and exchange rate. Journal of Institutional and Theoretical Economics, Zeitschrift für die gesamte Staatswissenschaft 145, 465–488.

Bible, King James Translation, 1611, (i) Genesis 23,37; (ii) Exodus 21; (iii) Deuteronomy 22.

Brunner, K., 1971. The uses of money: money in the theory of an exchange economy. American Economic Review 61, 784–805.

Burns, A.R., 1927. Money and Monetary Policy in Early Times. Alfred A. Knopf, New York.

Canovai, T., 1911. The banks of issue in Italy, Banking in Italy, Russia, Austro-Hungary and Japan. National Monetary Commission, XVIII, Washington, D.C.

Cargill, T., Hutchison, M., Ito, T., 1997. The Political Economy of Japanese Monetary Policy. MIT Press, Cambridge, Massachussetts.

Cesarano, F., 1997. Currency areas and equilibrium. Open Economics Review 8, 51–59.

Clower, R.W., 1969. Monetary theory: selected readings, Penguin modern economics readings. Harmondsworth.

Cohen, B.J., 1993. Beyond EMU: the problem of sustainability. Economics and Politics 5, 187–202.

Cohen, B.J., 1996. Optimum currency area theory: bringing the market back in, Manuscript. Depart-ment of Political Science, University of California, Santa Barbara, CA.

Congdon, T., 1981. Is the provision of a sound currency a necessary function of the state?, Paper presented at a Conference on Liberty and Markets, organized by the Liberty Fund. Oxford, April 24/26 (reprinted by L. Messel and Sons Ltd. 100 Old Broad Street, London).

Cook, R.M., 1958. Speculation on the origins of coinage. Historia 7, 257–267.

Craig, J., 1953. The Mint. Cambridge Univ. Press, Cambridge.

Crawford, M., 1970. Money and exchange in the Roman world. Journal of Roman Studies 60, 40–48.

Dacy, D., 1984. The effect of confidence on income velocity in a politically unstable environment: wartime South Vietnam. Kyklos 17, 414–423.

Davies, G., 1994. A History of Money: From Ancient Times to the Present Day. Univ. of Wales Press, Cardiff.

Dowd, K., Greenaway, D., 1993. Currency competition, network externalities and switching costs: towards an alternative view of optimum currency areas. Economic Journal 103, 1180–1189.

Dowd, K., Selgin, G., 1995. On the (non) emergence of fiat money, Manuscript. Dept. of Economics, Univ. of Georgia, Athens, GA.

Eichengreen, B., 1996. A more perfect union? The logic of economic integration, Essays in International Finance, No. 198. Princeton International Finance Section, Princeton, N.J.

Einzig, P., 1949. Primitive money in its ethnological, historical and economic aspects, 2nd edn. Pergamon, New York, 1966.

Fontana, C., 1996. The credit theory of Emile Mireaux: les miracles du crédit, paper given at the Money, Macro and Finance Group Conference, London Business School, Manuscript. School of Business and Economic Studies, Leeds University, UK.

Gerloff, W., 1952. Die entstehung des geldes und die anfilnze des geldwesens. V. Klostermann, Frankfurt.

Glasner, D., 1989. Free banking and monetary reform. Cambridge Univ. Press, Cambridge.

Glasner, D., 1998. An evolutionary theory of the state monopoly over money, forthcoming. In: Timberlake, R. (Ed.), Money and the Nation State.

Goodhart, C.A.E., 1989. Money, information and uncertainty, 2nd edn. Macmillan, London.

Grierson, P., 1977. The origins of money, pamphlet. Athlone Press, Univ. of London (reprinted and revised from Creighton Lecture, Cambridge, 1970).

Grierson, P., 1979. Dark age numismatics, Variorum Reprints. London.

Hartmann, P., 1994. Vehicle currencies in the foreign exchange market, DELTA Discussion Paper, no. 94-13. DELTA, Ecole Normale Supérieure, Paris.

Hartmann, P., 1996. Monnaies véhiculaire sur le marché des change, PhD thesis. Ecole des Hautes Etudes en Sciences Sociales, Paris.

Hicks, J.R., 1969. A Theory of Economic History. Clarendon Press, Oxford.

Hoppe, G., Langton, J., 1994. Peasantry to Capitalism. Cambridge Univ. Press, Cambridge.

Howgego, C.J., 1990. Why did ancient states strike coins? Numismatic Chronicle 150, 1–25.

Jevons, W.S., 1875. Money and the Mechanism of Exchange. Henry S. King, London.

Keynes, J.M., 1935. A Treatise on Money. Macmillan, London.

Kiyotaki, N., Wright, R., 1989. On money as a medium of exchange. Journal of Political Economy 97, 927–954.

Kiyotaki, N., Wright, R., 1993. A search-theoretic approach to monetary economics. American Economic Review 83, 63–77.

Kleiman, E., 1987a. Just price in Talmudic literature. History of Political Economy 19, 23–45.

Kleiman, E., 1987b. Opportunity cost, human capital and some related economic concepts in Talmudic literature. History of Political Economy 19, 261–287.

Kleiman, E., 1994. The economic provisions of the agreement between Israel and the PLO. Israel Law Review 28, 347–373.

Knapp, G., 1905. The State Theory of Money. Macmillan, London, 1924 (a translation of the 4th German edn., 1923; 1st German edn).

Kohn, M., 1991. Money, banking and financial markets. The Dryden Press, Chicago.

Kraay, C.M., 1964. Hoards, small change and the origin of coinage. Journal of Hellenic Studies 84, 76–91.

Kramer, S.N., 1963. The Sumerians. Univ. of Chicago Press.

Krugman, P., 1993. What do we need to know about the international monetary system?, Essays in International Finance, No. 193. Princeton International Finance Section, Princeton, N.J.

Laum, B., 1924. Heiliges Geld. J.C.B. Mohr, Tübingen.

Lerner, E.M., 1954. The monetary and fiscal programs of the Confederate Government, 1861–65. Journal of Political Economy 62, 506–522.

Locke, J., 1960. In: Laslett, P. (Ed.), Two Treatises of Government. Cambridge Univ. Press, Cambridge.

MacDonald, G., 1916. The Evolution of Coinage. Cambridge Univ. Press, Cambridge.

McGuire, M.C., Olson, M. Jr., 1996. The economics of autocracy and majority rule: the invisible hand and the use of force. Journal of Economic Literature 34, 72–96.

Mélitz, J., 1974. Primitive and Modern Money: an Interdisciplinary Approach. Addison-Wesley Publishing, Reading, Massachussetts.

Menger, K., 1892. On the origin of money. Economic Journal 2, 238–255, translated from German by C.A. Foley.

Mireaux, E., 1930. Les Miracles du Crédit. Editions des Portigues, Paris.

Mises, L.V., 1912. The Theory of Money and Credit, 1st German edn. Jonathan Cape, London, 1934 (English Translation, 1934).

Mitchell, W.C., 1903. A History of the Greenbacks. Univ. of Chicago Press, Chicago.

Mundell, R.A., 1961. The theory of optimum currency areas. American Economic Review 51, 657–664.

Olson, M., 1996. Capitalism, Socialism and Democracy, draft of book. Dept. of Economics, Univ. of Maryland.

Panic, M., 1992. European Monetary Union: Lessons from the Gold Standard. Macmillan, London.

Petrović, P., Vujošević, Z., 1996. The monetary dynamics in the Yugoslav hyperinflation of 1991–1993: the Cagan money demand. European Journal of Political Economy 12, 467–483.

Polanyi, K., 1957. The semantics of money uses, Explorations, Vol. 8, 19–29, reprinted in Dalton, G. (Ed.), 1968, Primitive, Archaic, and Modern Economics: Essays of Karl Polanyi. Doubleday, New York.

Price, M., 1983. Thoughts on the beginnings of coinage. In: Brooke, C., Stewart, B., Pollard, J., Volk, T. (Eds.), Studies in Numismatic Method. Cambridge Univ. Press, Cambridge.

Pufendorf, S., 1744. In: Mascovius, G. (Ed.), On the Law of Nature and of Nations in Eight Books. Marcus-Michael Bousquet, Lausanne and Geneva.

Radford, R.A., 1945. The economic organization of a P.O.W. camp. Economica 12, 189–201.

Redish, A., 1992. Coinage, development of, New Palgrave Dictionary of Money and Finance, Vol. 1, pp. 376–378.

Reichsbank, 1900. The Reichsbank, 1876–1900, 25th anniversary pamphlet. Berlin.

Ritter, J., 1995. The transition from barter to fiat money. American Economic Review 85, 134–149.

Rodney, W., 1981. How Europe underdeveloped Africa. Howard Univ. Press, Washington, D.C.

Sargent, T.J., Smith, B., 1995. Coinage, debasement and Gresham's Laws, Unpublished Manuscript, August.

Selgin, G., 1997. Network effects, adaptive learning and the transition to fiat money. Dept. of Economics, Univ. of Georgia, Athens, GA, Work in Progress, April.

Selgin, G., White, L.H., 1996. An evolutionary fiscal theory of government monopoly in money. Dept. of Economics, Univ. of Georgia, Athens, GA, Work in Progress, Draft, August.

Seno'o, M., 1996. Yamada Hagaki and the history of paper currency in Japan, Bank of Japan, Institute for Monetary and Economic Studies, Discussion Paper 96-E-25.

Smith, A., 1904. The wealth of nations, Cannan Edition (originally published in 1904; reprinted by Methuen, London, 1961).

Swoboda, A., 1969. Vehicle currencies and the foreign exchange market: the case of the dollar. In: Aliber, R. (Ed.), The International Market for Foreign Exchange. Praeger, New York City, pp. 30–40.

Ueda, M., Taguchi, I., Saito, T., 1996. Non-destructive analysis of the fineness of kobans in the Yedo Period, Bank of Japan, Institute of Monetary and Economic Studies, Discussion Paper 96-E-26.

究竟什么是货币总量[*]

　　我的题目有意模仿了 Maurice Peston 1980 年出版的《宏观经济学究竟怎么了?》一书的名称,该书虽然很薄,但非常好。在书中收录的三篇讲稿中,Maurice 提出如下问题:在经过货币主义者的反潮流以及卢卡斯理性预期的发展后,传统的凯恩斯宏观经济学还能保留下多少? 比起更为传统的货币主义者的贡献,Maurice 对理性预期学派的新贡献更感兴趣。

　　确实,随着时间的推移,Maurice 的观点被证明是正确的。毕竟,什么形式的货币总量代表货币供给理应是货币主义者的主要议题。正如 Mike Woodford 在最近发表的论文中提到的,"如今,在多数中央银行的货币政策考量中,货币总量是微不足道的"。相反,当今新凯恩斯主义分析的核心非常重视预期及预期的形成。

　　我个人认为不应过于忽视货币总量在现今模型中的作用,以及在预测未来通货膨胀中的作用。关于这一点,我应该说明一下个人情况。我并不是一个标准的货币主义者,我不仅坚决反对弗里德曼的基础货币控制机制和其货币增长率保持在 K% 的规则,而且已经获得货币主义批评者的某种声誉,尽管还没有在很多方面获得认证,比如《泰晤士报》在《米尔顿·弗里德曼的讣告》(2006 年 11 月 17 日)中指出的。我提出,当货币需求函数作为目标时,很可能出现不稳定性,这一观点动摇了货币主义的主张。从 20 世纪 80 年代到 90 年代,连续几届保守党政府都竞相从"控制广义货币是宏观政策的核心内容"的中期财务战略转变到后来很少甚至不再关注货币总量变化,对此我感到十分震惊。同样,我也关注到,新古典(新凯恩斯)理论忽略了货币主义和真实凯恩斯主义经济学原理中的一些关键点。

　　第二个说明是,最近在法兰克福举行的欧洲中央银行会议(2006 年 11 月 9 日至 10 日)的主题是"货币的作用",我认为 Woodford 和他的支持者们(如 Uhlig 和 Gali)在该会议上有两个目的。第一是为了否认独立的货币

---

　　* 改编自 2007 年 2 月 28 日古德哈特在伦敦玛丽皇后学院为纪念 Maurice Peston 勋爵而做的演讲。

分析，即欧洲中央银行著名的两大支柱战略的益处。由于迄今为止，货币效应对进行预测和政策决定十分重要，所以在单独而全面的经济前景分析中应包括货币效应分析。我对此没有异议。争论的第二点是我们可以在货币政策实施中基本忽略货币总量的变化，而只应该把注意力集中在决定利率的关键政策上，对于这一点我表示质疑。

与 B. McCallum 的《无货币模型下的货币政策分析》（2001 年）相似，Woodford（2006 年）的出发点是新凯恩斯主义模型提出的三个基本方程式，包括 IS 模型下的总支出函数，菲利普斯曲线模型下的总供给函数以及泰勒模型下的中央银行反应函数。最后一个等式表明中央银行是如何设定利率的，现在这三个方程式已被广泛认同。

无论是在 IS 模型还是菲利普斯供给曲线中，预期的作用都是举足轻重的。而且无论是前瞻型还是追溯型，是理性还是有限理性，预期都构成了一个宏大理论的核心，但这些与本文关系不大。所以我将这些模型简化为如下形式：

$$\tilde{y} = y_t - y^* = f(E\tilde{y}, R - E\pi) + u_t \qquad 1(IS)$$

$$\pi_t = f(E\pi, \tilde{y}) + v_t \qquad 2(AS)$$

其中，$\tilde{y}$ 是产出缺口，y 是现在的实际产出，y^* 是自然、均衡或可持续的产出，R 是名义利率，E 是预期指数，π 是通货膨胀率，u 和 v 是误差项。

泰勒反应函数对此加以补充：

$$R_t = a + b_1(\pi_t - \pi^*) + b_2\tilde{y} \qquad (3)$$

其中，π^* 是目标通货膨胀率。

对此，我有两点简要评论。第一，比较奇怪的是，私人部门是对未来预期作出反应，但是在方程（3）中，中央银行只对当前事件作出反应，后者当然是错误的。所有实行通货膨胀目标制的中央银行都预测通货膨胀，并对预测作出反应。我曾在其他文章中论证，在反应函数中进行合理的前瞻性预测会较大地改变估计系数（古德哈特，2005 年）。

第二，只有在相对稳定的经济发展时期（即"晴天"模型），这三个模型才较为有效。名义利率的零约束表明，该模型在通货紧缩的境况下很难发挥作用。而且在动荡期间，不论是严重的通货膨胀还是紧缩，预期都不能固定，每个人的预期都在进行迅速和大幅度的修正。在这种情况下，没人能够估计实际利率是多少。因此，货币总量的增长率可能会成为衡量货币政策对经济影响的更好指标，而非名义利率或估计的实际利率。

即使在这种情况下（在给定目标通货膨胀目标和初始点的前提下），这三个方程式仍然可以决定利率（实际利率和名义利率）水平、产出缺口、通货膨胀和价格水平。只要中央银行能够充分有效地调整名义利率以应对通货膨胀，该系统就可以达到一个确定的均衡点。我们似乎不必关注该系统中的货币总量变化，也能使主要的宏观经济变量实现目标值，从而促进社会福利。

实际上，由于货币需求函数和上述三方程式完全一致，如等式（4）显示，所以该模型一般都存在货币因素。

$$M_t/P_t = f(y, R, \pi) + w_t \qquad (4)$$

其中 P_t 是价格水平，w_t 是另一个误差项。但需要注意的是，只要中央银行设定了利率，正如一般情况一样，货币存量就是一个内生性因变量。这正是非传统的后凯恩斯主义倡导了几十年的观点。这一观点最初由 Kaldor 提出，并经过 Vicky Chick、Basil Moore 和 Randy Wray 等人的发展。在这一问题上，我同意他们的观点。当然，如果货币供应函数正好对应，如果方程（4）可以正确反映这一点，那么关注货币要远优于关注通货膨胀、产出和利率。

这反映出与产出数据相比，我们也许可以更早获得货币存量数据或相关信息，或较少受到（初始）统计失误的影响。如果是这样，则 M 可能作为 y，或甚至是 Py 的先行指标变量。有这种指标关系的实例：在英国，至少在一段时间内，现金持有量（和 M_0）的波动似乎是先于个人消费的变动。然而，我不打算详细描述这类先行指标的特点。

与货币存量一样，产出或通货膨胀也都是内生性因变量。如果它们之间的函数关系正好成立，那么仅仅观察产出或通货膨胀不会得到比它们的函数（结构）关系更多的信息。然而，在现实情况下，分析产出或者通货膨胀的预测偏差是否源于一种或者其他冲击，比如暂时或永久的需求或供给冲击，要花费很多时间和精力。我们何不像关注这些冲击一样，关注这些货币存量对其预期价值的偏离？

中央银行将利率而非基础货币作为货币政策的中介目标，有一个比较明显的好处，就是可以自动调节对货币持有量的需求冲击。因此，如果假设所有货币冲击都来自需求方，则没有必要关注货币供给。但需要注意的是，需求方面对实体经济的冲击也相对容易应对，至少在理论上如此。

但是并不是所有货币冲击都是需求方造成的。大部分货币表现为商业银行的负债，而银行在不同时期会有非常不同的行为。银行的负债形式、它们的资本基础、市场信心、风险偏好等，会随时间变化而变化，变化可能是周期性的，也可能是永久性的。经济体中的某个部门能否获得超过其当前收入的资金，关键在于银行的行为。如果发生货币的供给冲击，某些特定的部门获取资金的渠道拓宽或者减少，比如银行在原先的条件下向更多的家庭提供抵押贷款，那么这是否会反映到 IS 曲线上？当然会。我在后面更深入地分析这一问题。

但首先我想谈一下其他两个问题。其中之一是，当各种冲击掩盖了货币与价格之间的关系时，与高频率和较短周期内观察到的情况相比，货币与价格之间的关系在长期内和低频率条件下要密切得多。在提交给法兰克福中央银行研讨会的论文中，Michael Woodford 勉强接受了我关于长期关系的论断，但认为这是一个基本稳定的长期货币需求函数导致的必然结果。因此，我们首先分析方程（4）：

$$\mu_t - \pi_t = b_1 dy_t + b_2 dR_t + dw_t \qquad (5)$$

（参考他的方程式 3.3），很容易看出来，"方程式 3.3 右边的每一项都是固定的，所以推断 $\mu_t - \pi_t$ 也是固定的"。因此在中长期内，货币存量及其价格的增长率一定存在先后变化的关系。

这当然是正确的。但是 Woodford 接着又提出，仅仅关注通货膨胀等同于或优于仅仅关注（长期）货币变化，甚至优于同时关注二者。他的模型并没有体现出这一点。因此，他反驳了 Gerlach（2003 年、2004 年）双支柱菲利普斯曲线对通货膨胀的估计。他认为将通货膨胀和货币联系在一起意味着，在长期内货币增长必然与通货膨胀相关，然而问题的关键是，关注货币变化趋势是否能比仅仅关注通货膨胀趋势更有帮助。

如果两个变量是相互关联的，那么如果它们开始偏离，肯定会有一些力量或因素促使其关系恢复正常。但这些因素或力量可能是影响两个变量中某一个变量的主要或唯一因素。尽管有很多不同的货币供给机制，但货币主义者关注的典型事实是货币增长和价格通货膨胀之间的长期关系仍然存在。强调这一点的一个原因是不同的货币供给机制使人们很难相信纠错机制完全或主要是来自于货币持有量对价格变化的被动调整，而不是相反的过程。当然，这并不是一击制胜的论点。即使在金本位制度下，仍然有很多种力量促使货币增长按照交易需求进行调整，比如在货币条件趋紧时，通过获得更多黄金或获得黄金的替代物的动机。即使是这样，如果通货膨胀调整没有考虑货币因素，所有这种调整都通过被动的货币供给变化似乎是非常不可能的，特别是在恶性通货膨胀环境下。

一个附带的观点是我们真正关心的是实际通货膨胀，而不是 M_3 或 M_4 的增长率数据。因此，即使过多货币余额会对今后的产出和通货膨胀产生某种影响（从货币余额远高于理想的通货膨胀和可持续产出增长的意义讲），我们仍要继续观察，分析过多货币余额是否真的会导致更严重的通货膨胀，然后再采取应对措施。

即使我们认同这种"等等看"的论断，但过去货币的较快增长至少应当是一种预警，即中央银行今后的货币政策应当有更多限制性。在这种情况下，较高的利率应当比通常情况下维持更长时间。另外，"等等看"的立场是基于许多有争议的假设。比如：

1. 与供给冲击相比，需求冲击对货币持有量的影响更普遍（和持续时间更长）。

2. 货币政策实施与其对通货膨胀影响之间的时滞非常短，以至于人们可以等待，直到通货膨胀确实通过数据显示出来。为了稳定通货膨胀所必须采取的货币措施（一旦开始实施，经过一个时滞后，就会偏离目标）并不会导致金融体系和/或实体经济的不稳定。

3. 我们可以并确实能够正确衡量通货膨胀。

与大多数其他经济学家不同，我真的很怀疑我们是否可以正确衡量通货膨胀。一个问题在于，资产价格上涨到什么程度，尤其是房价，才应当被计入衡量通货膨胀的指数中。货币扩张可能更接近于资产价格的通货膨胀，这是有很多原因的。如果在衡量通货膨胀时（错误地）剔除所有的资产价格通货膨胀，那么货币增长和（真正的）通货膨胀之间的联结就可能被低估了。

另外，从长期来看，财富和收支之间是相互关联的。只要货币的波动和财富的持有量是紧密联系的，那么财富/收入比的相应变动就可能影响到收入流与支出，也相应地会影响商品和服务的通货膨胀。

现在，我们对开始时的那三/四个新凯恩斯主义简单方程式进行一些修正。第一个修正，自然是我所提过的，即在模型中考虑资产价格或财富的作用。显然，对在支出函数中加入财富/收入比存在争议，而且财富在货币需求函数中可能是尺度变量。最后还应该建立资产需求和供给函数，其中资产的需求可能是货币供给冲击和未来收入预期冲击的函数，也可能是未来货币政策预期和未来资产价格预期本身的函数。

恐怕没有一个与货币政策有关的人会否认房屋市场、证券市场对未来产出预期和通货膨胀的影响。但我们要对此进行更加深入的讨论，然后再回到对货币增长的具体讨论。在此也不得不提及一个非常有争议的话题，即如果资产价格没有对实际产出与通胀预期造成不良影响，中央银行或者其他机构是否有必要关注资产价格。

反对利用货币政策熨平资产价格波动的主要观点如下：

1. 各种资产的价格波动并不一致；

2. 货币政策委员会成员并没有足够把握事前断言某种资产的价格与基本面不符（出现泡沫）。

但只要货币增长与资产价格紧密相关，至少经过一定的周期后体现出相关性，这些反对的观点就无法立足。那时，决策者就会对总货币余额的过快增长率作出反应，而不是对特定资产价格作出反应，比如应根据欧元区的 M_3 增长而非西班牙的房价制定政策措施。Otmar Issing 曾经多次提出这一观点（2002 年和 2005 年）。

最后回到主题，所谓新凯恩斯主义基本模型是基于典型的代理人跨时期效用最大化理论，这一理论的前提假设所有债务最终都被还清，即术语所表达的横截条件（transversality condition）。但是这意味着每个人都是完全讲信用的。任何人的借据都可以并会被交易。那样的话，就没有商业银行存在的必要了，Woodford 的代表作《利率和价格》也将一无是处。确实，既然每个人的借据都可以用于交易目的，就不需要有专门的货币资产。所有利率固定的金融资产实际上都是相同的，并且在任一时期，只存在单一利率，尽管随着时间的推移，借款和存款倾向会发生变化，利率也会随之改变。而且再也不会有任何人或公司出现流动性紧张。无违约体系成立的必要条件，要么是能够应对所有可能的危机的完全的金融市场，要么是完全的信息市场，我认为，这些条件等同于完全满足 Arrow-Debreu-Hahn Walrasian 的均衡条件。我们都知道，货币在这样的体系中没有存在的必要。

因此，基于这种横截条件，新凯恩斯主义者把他们的模型转变为实质上的非货币模型。所以，货币变量在模型中无关紧要，这并不令人意外。在实际情况中，经济体中的很多代理人，不论是个人还是小型企业，都无法出售资产，因为他们没有足够的可售资产，或者只能以极高利率借款。他们的当前收入和流动性资产的缺乏限制了其支出，也限制了其资金的流动性。正如 Maurice Peston 在其 1980 年出版的书中提到的（第一章）：

"在凯恩斯的《通论》中，消费很大程度上是由收入决定的，因为后者限制了前者。贫穷的家庭没有流动的或可交易的资产，因此很难借到钱。他们只能花费自己的收入。"

　　这就是当代新凯恩斯主义理论假设的限制条件。也许，随着我们逐渐变得富裕，并且掌握更多资产，这样的限制在现实中逐渐就会消失，那时候货币和商业银行（传统的凯恩斯主义分析）就会变得越发不重要了。但我并不认为这种时代已经到来。关于这点，可参阅 Nier 和 Zicchino 最近发表的一篇优秀实证性论文（2006 年）。目前，当前收入以及流动性资产对当前支出的限制在很大程度上取决于银行向私人部门放贷的意愿和条件。正因如此，我相信银行对私人部门的放贷增长率与广义货币相比，是同样重要甚至更为重要的货币总量数据。很明显，对一家大型公司来说，发行债券还是向银行借款，二者没有太大区别。但是对一家小公司或者是个人来说，通常只能以银行贷款的形式借钱。

　　因此，只要银行扩展这类贷款的意愿发生变化，例如银行或多或少地开始规避风险，就会改变某些对经济体有影响的限制条件。具体地说，当货币存量的增长率开始下降时，整个经济体中本不受收入限制的部分也会突然受到限制，同时收入可能也会下降。

　　另外，当违约行为成为可能，自然会有风险溢价。在新凯恩斯主义基本模型中，单一利率将不复存在，整个利率变动取决于对借款人的风险预期。总的来说，在萧条时期，流动性高、安全的政府债务工具的利率水平会下降，但是风险溢价会提高。总体利率是升还是降就无法确定了。在繁荣时期，情况正好相反：官方政策利率会提高，但风险溢价可能会下降。在这种背景下，不通过仔细观察货币总量的时间路径，来反复核对政府举措和风险偏好的变化共同带来的影响，是短视的。

　　正如 Peston 爵士（同上）在第一章中再次提到的，"我们离（达到并保持）充分就业以及对风险和不确定性的解决还有很远的距离"。我认同他的观点，但只有通过观察货币和信贷总量的增长率，我们才能衡量处理风险和不确定性的意愿。凯恩斯主义经济学强调了收入限制、风险以及不确定性。我已经在前文中提到，通过监测货币和信贷总量的增长率，可以发现经济体对这些因素所作的反应。我认为任何人，不论是凯恩斯主义者还是货币主义者，只要认为违约、风险规避和收入限制是相关的，都应当关注货币总量中隐含的信息。那些信息常常受噪音干扰，尤其是来自短期需求冲击的干扰，因此，解读货币总量成为了一种艺术。然而这是一种值得一试的艺术。

　　作为总结，我尝试通过决策树展示对货币数据的处理。看懂这张图非常容易，比较困难的是任何时候都能准确地知道自己处在图表的哪个位置。

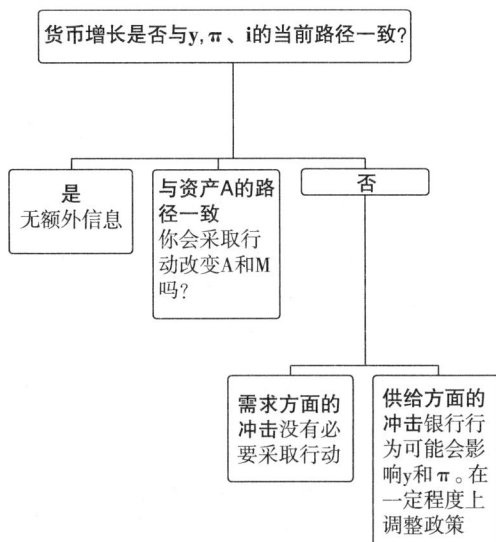

参考文献

Gali, J., (2006), Discussion of 'Money and Monetary Policy: the ECB Experience 1999-2006', by B. Fischer, M. Lenza, H. Pill and L. Reichlin, presented at the Fourth ECB Central Banking Conference, 'The Role of Money: Money and Monetary Policy in the Twenty-First Century', November 9/10.

Gerlach, S., (2003), 'The ECB's Two Pillars', CEPR Discussion Paper, 3689.

Gerlach, S., (2004), 'The Two Pillars of the European Central Bank', Economic Policy 40, 389-439.

Goodhart, C.A.E., (2005), 'The Monetary Policy Committee's Reaction Function: An Exercise in Estimation', Berkeley Electronic Press, Topics in Macroeconomics (5), http://www. bepress.com/cgi/viewcontent.cgi? article=1240&context=bejm.

Issing, O., (2002), 'Monetary Policy in a Changing Economic Environment', in Rethinking Monetary Policy, a Symposium organised by the Federal Reserve Bank of Kansas City.

Issing, O., (2005), 'Monetary Policy and Asset Prices', in Schwerpunktthermen und Serien, Börsen-Zeitung and Barclays Capital booklet, (Verlag Börsenzeitung).

McCallum, B., (2001), 'Monetary Policy Analysis in Models without Money', Federal Reserve Bank of St Louis Review, 83 (4), July/August, 145-160.

Nier, E. and L. Zicchino, (2006), 'Bank Weakness, Loan Supply and Monetary Policy', Bank of England, Work in Progress, (September 5).

Peston, M., (1980), Whatever happened to Macro-economics?, (Manchester University Press).

The Times, (2006), 'Obituary of Milton Friedman', Times Newspaper, (November 17).

Uhlig, H., (2006), Discussion of 'How Important is Money in the Conduct of Monetary Policy?', by M. Woodford, presented at the Fourth ECB Central Banking Conference, 'The Role of Money: Money and Monetary Policy in the Twenty-First Century', November 9/10.

Woodford, M., (2003), Interest & Prices, (Princeton, N.J., Princeton University Press).

Woodford, M., (2006), 'How Important is Money in the Conduct of Monetary Policy?', presented at the Fourth ECB Central Banking Conference, 'The Role of Money: Money and Monetary Policy in the Twenty-First Century', November 9/10.

货币理论的长期困惑：拒不面对现实

摘　要

莱昂内尔·罗宾斯（Lionel Robbins）很关注经济学的方法论。在讨论理论与"现实"间的理想关系时，他举出三个例子来说明基于历史事实的理论分析并不充分，其中就有两个例子来自于货币经济学。事实上，货币理论一直存在这些弊端。

其中最糟糕的是，

（1）IS/LM：货币当局决定基础货币，而利率则由市场决定；

（2）银行存款的基础货币乘数，以及准备金率的作用；

（3）现行的新古典主义共识的三个等式，不仅假设完全信任所有代理人，也假设一个本质上无货币的体系，如不需要银行；

（4）标准的货币演进理论。

虽然前进的道路仍然漫长，但是货币经济学一定会日趋完善。

货币理论的长期困惑：拒不面对现实

A. 经济学法则与现实

莱昂内尔·罗宾斯非常关注经济学方法论，并且针对这个主题写过一些书[1]。我写这篇论文的目的是关注理论与事实的关系。罗宾斯在其题为《经济科学的性质与意义》（1984 年第 3 版）一书中，将第五章的主题定为"经济学法则与现实"。

针对这一关系，我选取了以下几段话以表明罗宾斯的立场：

"科学概论的特征之一就是针对现实。不管是假设的还是绝对的形式，它们之所以有别于纯命题逻辑和数学，是因为在某种意义上，他们所指的是

---

[1] 感谢 Amos Witztum 为我指出这个方向。

那些存在或可能存在，而不是纯粹的正式关系。"……第 104 页。

"这就意味着，如果仅就纯粹推理进行考虑的话，无论其'纯粹'的程度有多高，敬重经济学家都是一个完全的错误。经济学家大部分工作的性质都是详尽的推理，但如果认为这就是其唯一或主要工作也是不对的。经济学家关注的是如何解释现实。"……第 105 页。

"只有那些牢牢掌握了分析原理，并且知晓可以和不可以从这类活动中预期什么的人，才能对实际进行有效调查。

但究竟什么才是合理的预期呢？我们可将其归为以下三类。

首要和最明显的就是，在给定环境下，对不同类型理论框架的可应用性进行检查。我们已经看到，某种理论的有效性，是基于假设进行正确的逻辑推导。但是，理论对于某种情况的可应用性，取决于其概念在多大程度上反映了在实际情况中起作用的因素。既然稀缺性的具体形式是多变的，而且除非对用来描述它们的语言进行连续检验，否则始终存在某个原则在应用领域被误解的风险。理论术语和实践名词虽然看起来一致，但事实上却指不同的领域。第 116~177 页。

其次，与第一个研究现实的功能相关联，我们可以预期能作出辅助的假设，这在分析框架中属于最后一章的讨论内容。通过观察经济活动的不同领域，我们可以发现适用于进一步分析工作的数据的不同形式。

再次，我们可以预期，切合实际的研究不仅是应用某些理论知识，是针对某些情况的合理假设，也是纯理论需要重新表述和扩展的开放性领域。它们也引发了新的问题。"第 118 页。

值得注意的是，当罗宾斯给出实例时，他在第一个和第二个标题下给出说明未能结合事实（"现实"）进行分析的例子，均出自货币理论。他的第一个例子是，为了检验货币数量论，就需要辨识究竟什么是货币[2]。第二个

2　"一个简单的解释就能说明这一点。根据纯货币理论，如果在其他条件不变时流通中的货币量增加，货币的价值就会降低。这一假说可以从最基本的科学经验中推理得出，并且其真实性也不受进一步测试的影响。但是其特定情况下的可应用性，则依赖于正确理解究竟什么才是货币；这也是一个只会在参照现实时才发现的问题。随着时间的推延，货币的具体定义也很可能会发生改变。如果这样，在保持原有形式的同时，我们仍然以原始形式来理解新的情况，就会发生严重的误解。我们可能会认为理论是虚幻的。在理论的演进历史上，这种情况在不断地发生。货币学派关于银行及汇率的理论没有被永久性的接受，这个失败比起他们的反对者来还要高级一点，不过也因在定义货币时重视银行信贷的错误而闻名。只有对不断变化的事实进行持续审视和检查，才能避免这些误解"。第 117~118 页。

例子是银行可用的准备金基础与货币存量规模的关系[3]，我将在后面谈到这一问题。

B. 基本的 IS/LM 模型

大多数的经济学学生仍然是在 IS/LM 模型的指引下开始接触宏观经济学的，该模型至今仍是许多入门性教科书[4]的核心，1957 年我在剑桥跟随罗宾·马修斯（Robin Matthews）学习的时候，也是这样。

回想一下，

$$y = I + C \qquad （支出） \tag{1}$$

$$y = S + C \qquad （收入） \tag{2}$$

达到均衡时，I 必须等于 S；

$$I = f(i), f' < 0 \tag{3}$$

$$S = f(y), f' > 0 \tag{4}$$

其中，y 是产出，I 是投资，C 是消费，S 是储蓄，i 是利率。在 20 世纪 30 年代，这个模型首次被提出时，利率一般指长期利率。现在则被认为是指短期利率[5]，而长期利率则与基于预期的、无套利的收益率曲线有关。

货币需求与货币供给必须均衡，而货币供给被认为由中央银行决定，也即 M_S 是给定的，在均衡情况下

$$M_S = M_D \tag{5}$$

由于

$$M_D = f(Y, i), f'_y > 0, f'_i < 0 \tag{6}$$

我们就可以得出

这也许是经济学中第二个最有名的图形了。

这个公式的基本问题就在于，没有哪家中央银行是按照此方式操作的[6]。

3　"我们仍可以从货币理论中找出例子。对发行银行的实际程序进行调查就会清楚地发现，货币供给最大程度上对增加原始贵金属准备的影响，取决于法律的准确含义和实际的准备金需求。这意味着，因为存在多种可能性，所以在货币理论的详尽细节之中，我们必须引入其他假设。很明显，对发行银行本质的一般看法并不一定能穷尽这些可能性。只有对事实进行深入研究，才可能揭示哪种假设最可能在实际中存在，哪种假设只是便于给出。"第 118 页。

4　参见 Begg et al. (2005)；Lipsey 和 Chrystal（2007 年）。

5　Tim Congdon 经常提到，经济学概念，如产出缺口的含义，一般会随时间而发生变化。

6　这个论断有一些史事实佐证，但可以忽略，因为数量比较少，而且仔细分析仍存可疑之处。

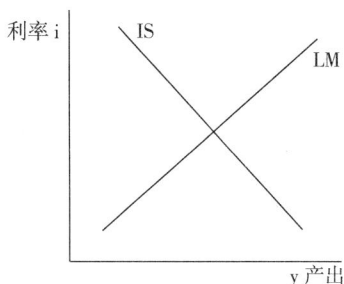

图 1

它们设定短期官方政策利率，或者使汇率钉住另一种货币而保持在一个相对
固定的水平，这又反过来要求中央银行设定政策利率。这意味着 LM 直线在
任何时点上都是水平的。

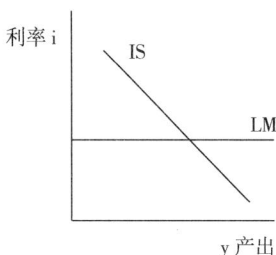

图 2

　　这意味着，现行政策的分析与建议之间存在不一致，这个问题通常被表
述为中央银行如何改变政策利率，以及如何使基础货币发生变化的理论分
析。在给定情况下[7]，存在一个双重关系，因此一定的利率意味着一个基础
货币存量的水平，反之亦然。但在不确定的情况下，中央银行并不知道什么
利率水平与什么基础货币水平是相当的，反之亦然。这当然就引致了 Poole
（1970 年）著名的文章，他认为设定 M 或 i 的选择，依赖于货币需求和投资
函数的相对稳定性（可预见性）。实际情况是，在 20 世纪 80 年代中叶，货
币需求函数的不稳定性（不可预见性）确实导致了务实的货币目标机制的
终结。但是任何货币目标机制，包括沃尔克著名的非借入准备金目标制，都
不拒绝商业银行在可预期的利率水平下获得现金，尽管在前述情况下，通过

　　7　必须假设存在一个简单的唯一均衡。

贴现窗口借款需要付出一些非货币的代价。

中央银行设定利率而非货币总量的原因，与其稳定金融体系的目标有关，而与其宏观货币价格控制目标无关（尽管这两者是相互关联的）。在现金及流动性资产很少的情况下，如果没有一个有保证的求助对象，能以可预计的利率获得现金需求，那么商业银行是不能在部分准备金体系下运行的，参见 Goodhart、Sunirand 和 Tsomocos（2007 年）。当然，也可能存在自由银行体系，但是这同时会增加中介成本（因为银行不得不持有更多的资本和流动性资产），并且极有可能增加金融危机的可能性及严重程度[8]。

在另一篇著名的文章里，Sargent 和 Wallace（1973 年）认为，如果政策利率是外生性的，那么宏观经济体系，尤其是价格水平，就会变得完全不稳定并会迅速膨胀。而如果中央银行设定货币存量，宏观货币体系就会稳定（尽管我已指出，金融体系在恐惧和崩溃下会变得不稳定），这似乎忽略了中央银行一直有规律的设定利率的历史事实，并且只有在某些罕见的例外情况下，宏观经济价格不稳定才随之发生。

现在已广泛知晓，解决这一理论与现实冲突的方法，就是中央银行不再外生的设定利率，而是根据当前和预期的宏观经济发展状况，尤其是通货膨胀预期，而内生设定利率。泰勒反应函数（Taylor reaction fucntion）概括了这一思想。

$$i = a + b_1(\pi - \pi*) + b_2(y) \tag{7}$$

其中，π 是通货膨胀率，π^* 是通货膨胀目标，y 是产出缺口。这一函数的附加结论就是泰勒规则，即只要 $b_1 > 1$[9]，稳定就能实现。

因此，至少这一理论与现实的分歧（中央银行设定利率而不是货币数量）最终被解决了[10]，而且它必须偏重于现实。

中央银行应该做什么的问题现已解决，随之而来的就是具体如何操作。泰勒反应函数将当前利率选择与当前通货膨胀及产出偏离目标的差异联系了起来。由于货币政策控制通货膨胀存在长时间且变化的滞后，所以在实践中，中央银行基于对未来通货膨胀率偏离目标的预期（以及潜在产出）来决定当前利率变动。这些预期并不总是容易得出，中央银行公布的预期通常都是基于过去经济状况得出的，是在利率决策制定之后而不是事前，也即预

8　鉴于美联储没能缓解美国 1929～1933 年的大萧条，后一观点仍存在争议。

9　事实上，稳定条件要比这个稍微复杂一些，但是简单形式也会起作用，并且被广泛应用。

10　泰勒第一篇关于这方面的文章直到 1993 年之后才出现。

期引发了决策。这就可能与计量经济学的结果产生很大差异（古德哈特，2005 年）。尽管可以认为当前偏差是预测未来偏差的重要参数，然而泰勒反应函数所假定的中央银行行动方式与实际行动方式之间的差异，也扭曲了这一领域的分析与研究。

C. 基础货币乘数

有关于货币存量如何决定的分析，往往是通过分析基础货币乘数来进行的，例如弗里德曼和施瓦茨（Fridman 和 Schwartz，1963 年）。

$$M = H \frac{1 + C/D}{R/D + C/D} \tag{8}$$

但这个公式经常被误解为行为方程式，而事实上这是一个定义等式，由如下两个等式推出：

$$M = D + C \tag{9}$$

（货币存量等于存款加流通中现金）

以及

$$H = R + C \tag{10}$$

［高能货币等于银行系统准备金加现金余额；方程（9）与方程（10）被 D 除后再相除就得出方程（8）］

因为方程（8）是一个恒等式，所以并没有给出因果关系的方向。然而，假设中央银行固定了基础货币（H），那么加上两个比率受政策（R/D）的影响而发生的变化，以及银行体系的信心（C/D），以及其他的经济因素如相对利率等，货币存量 M 就可以决定了。但是，如果像我们现在看到的那样，中央银行设定政策利率，在货币和信贷需求以及其他会影响上述两个比率的因素一定的情况下，所谓的简单货币乘数就可以决定高能货币（H）和银行准备金（R）的数量。为保持一定的利率水平，中央银行必须让商业银行持有准备金。实际上，基础货币乘数反过来起作用，决定的是 H，而不是 M。经济学家以及其他人经常忽略了这一点。经常可以看到教科书中包含了泰勒反应函数和标准的基础货币乘数，中央银行为了决定 M 而控制 H！例如，参见 Blanchard（2006 年）；Dornbusch、Fischer 和 Startz（2001 年）。

这种误解已经造成了许多政策失误。它使得人们相信，提高准备金率，例如通过特别存款的途径，就会对降低货币存量起到重要的直接影响。实际上，为了保持选定的利率水平，在法定存款准备金率提高之后，中央银行必须提供商业银行所需的超额存款准备金才能维持上述利率水平。实际上，这通常是通过向银行买入短期流动性资产而实现的。由于必须持有准备金，并且通常提供的是零利率或低利率，因此净效应就是使得银行流动性降低，利润也降低。后者会导致银行加大存贷利差，这会在一定程度上降低货币（及信贷）扩张，但也会使银行的资产组合转向风险更高、收益更高的贷款。因此，准备金率要求最好被视为对银行的税收，会轻微降低银行的增长速度，也使银行的流动性和风险规避倾向有所降低。至于税收，如果改变经营地点可以避免的话，他们一定会这样做[11]。

另外，常常被提到的是，中央银行面临着是否冲销外汇市场干预的选择。事实上，只要想要保持给定的国内政策利率水平（大于0），中央银行就不会面临这样的选择。这种干预会被自动冲销。

在2007年金融危机的时候，未能重视这一机制使得对货币政策的争论更加复杂。当银行希望拥有更多现金时，他们就会自动从中央银行获取。由于交易对手风险，以及对未来银行额外融资的预期（替换无法展期的资产抵押商业票据），银行可能不会在3个月期银行间同业市场上彼此借款，因此3个月期Libor利率相对于隔夜利率就会上升。为了降低后者，中央银行要么必须降低短期政策利率，要么要进行"互换操作"（operation twist），即买入（借出）3个月期商业票据，再通过净卖出（借入）隔夜票据，以使得隔夜利率与政策利率相近，并以此抵消买入的效果。过去，这种互换操作一直是有效的，但在最近的金融危机中也值得一试（谁又会从中损失什么呢？）。

D. 目前的共识模型

除了从中央银行控制基础货币转为认识到应当设定政策利率之外，近年来还发生了两项革命，即理性预期的引入和微观基础最优化的需要，两者都与卢卡斯（1972年、1976年）的研究有关。这使最初的两等式模型转变成了目前的三等式共识模型（consensus model），其分析过程比以往更可信。众所周知，其形式是：

11　20世纪70年代和80年代，关于欧元区国际市场是否应该实行法定准备金制度，以及如何实行，曾引起许多政策讨论。由于许多参与主体误解了基础货币乘数，所以这一讨论变得更加困难。

$$y_t = E(y) + b_1(i_t - E(\pi)), b_1 < 0 \tag{11}$$

$$\pi_t = E(\pi) + b_2(y), b_2 > 0 \tag{12}$$

$$i_t = b_3(\pi - \pi^*) + b_4(y), b_3 > 1, b_4 > 0 \tag{13}$$

其中，E 是预期因子，是前瞻型和追溯型预期的组合；y 是估计的产出缺口，等式（13）是泰勒反应函数。

等式（11）（旧的 I/S 曲线）及（12）（旧的菲利普斯曲线）是从基本优化的 DSGE 模型推导出来的，再加上（非常诡诈的）对当前工资/价格摩擦/刚性（例如 Calvo 定价方法，Calvo，1983 年）的预期和估计。目前，共识模型的问题和缺点之一是，为了作出理性预期，从数学和简化分析的角度讲，基于微观的模型一般都需要引用一些（荒谬的）简化假设。如比较明显的是，存在某些从不违约的代理机构。这种（无意义的）假设可以用横截条件这一术语来表达。

这使得所有代理人都信誉卓著。不管在哪个水平上，所有代理人都面临着单一利率，即无风险溢价。所有交易均可在资本市场中进行；银行并不起作用。鉴于所有欠条都有极高信誉，所以就不需要钱了。不存在信贷限制（所有人都是天使；不存在欺诈；并假定这是建立在合适的微观基础上的！）。货币是作为辅助手段和针对特设定摩擦而被引入模型的，即现金是事前需求或有限参与变量，两者均与无违约的世界具有内在不一致性。因此，从本质上讲，此三方程式共识模型是假设一个没有货币、没有银行的系统，因此并不令人意外的是，该理论的多数拥护者一般不重视或关注纯货币变量，例如货币总量（见 Woodford，2003 年、2007 年；Svensson，2003 年、2007 年）。

在正常情况下，风险溢价基本保持稳定，而且违约率很低。在这些情况下（环境不错），影响金融环境的主要驱动因素就是官方政策利率的变化，以及对通货膨胀未来发展、产出缺口和政策利率的预期。在这些正常情况下，共识模型及其 DSGE 背景模型会运行正常。

但风险溢价不时会出现大幅度改变，信贷限制也会突然出现，2007 年就是一个例子。违约和对未来违约的恐惧会急速上升。DSGE 和共识模型无法（目前）包含这些影响。为了预测模型，需要同时附加许多种特殊的辅助数据（关于信贷条件）和主观判断。建模者希望货币当局可以迅速恢复冷静（正常情况下）以使标准模型重归有效。但事实是，这些模型既不能预测金融动荡，在金融危机发生时也不能预测其影响范围。由于模型是根据定义从此类危机的可能性中抽象出来，所以存在此类问题并不意外。

上述问题的另一个影响是，对中央银行宏观货币和金融稳定功能进行基础分析范式相互之间缺乏一致性，基本上也没有内在联系。前者（宏观货币方面）使用从违约中抽象出的模型。金融稳定部分则不能如此，但需要寻找一种理论支撑[12]。

Hy Minsky（1982 年）对金融过程做了文字描述，但没有被普遍接受，因为缺乏严密性、使用了非数学方法和未基于理性预期或微观基础。Martin Shubik（如 1973 年、1977 年、1999 年）提出了更严密、理由更加充分的对货币/银行系统的解释，其中违约具有核心作用，但他的分析仍没有被主流接受，具体原因我并不清楚。为了研究风险厌恶、违约概率和实体经济的内在联系，D. Tsomocos 和我一直试图在 Shubik 的研究基础上，开发实用和严密的模型（如 2004 年、2005 年 a 和 b、2006 年 a 和 b、2007 年）。前面还有很长的路要走，但好的出发点就是意识到任何模型都内在缺乏现实性，例如目前共识模型就没有使违约发挥核心作用。

E. 货币的演变

Kiyotaki 和 Moore（2002 年）非常聪明和恰当地创造了短语"恶是货币之源"〔"Evil is the root of all money"，相对于"钱是万恶之源"（Money is the root of all evil）的短语——译者注〕。我在最后一节描述人类无法履行偿还债务承诺（即违约）的弱点，是需要和具体构成我们货币体系的核心。我们人类社会的另一个缺陷就是偏好欺负弱者（经常是暴力的）。为了阻止社会陷入霍布斯（Hobbesian）式混乱，就需要有政府〔通常是以最强权的形式，参见 Mancur Olson（2000 年），"枪杆子里面出政权"〕。

除了可征收的纯租金之外，政府还需要在军队、警察、司法体系等方面支出。在早期的政府中，例如在早期的埃及，这些支出是靠向政府以实物缴纳劳动服务或者货物（收获的固定比例）来筹资的。但这是极其没有效率的。实物给付并不一定给政府提供了所需种类的服务和货物。解决方式之一就是政府发行对自身的债权（在许多情况下，有金属铸币的内在价值支撑，但不是全部），并承诺在交税时可以使用（代替货物和服务）。这些承诺通

12　我认为以往的真实票据说有个缺陷。其分析存在缺陷，但它确实统一了宏观货币与金融稳定的目的。其观点是，如果中央银行限制对基于真实交易的商业票据的贴现，它就同时稳定了通货膨胀及银行/金融体系。

常是可信的（有政府权力保障），只要：

1. 货币购买力不会被货币过度发行以及货币贬值所破坏；
2. 国家主权没有受到威胁[13]。

暴力是人类社会特有的，并且会导致社会结构的衰弱和持续性斗争。"以眼还眼，以牙还牙"是一种自然的，但没有提升社会福利的反应。导致货币体系的另一个关键问题就是，当 X 做了损害 Y 的事情时，为了解决问题，侵害者要按事先确定的一定单位的物品对受害者进行补偿，这就需要有统一的价格。这类物品涉及一种货币单位。事实上许多社会关系，如行贿等，都需要转移货币形式的物品。

货币是作为社会及政府的特殊品[14]而发明的，而不是降低市场上的交易成本。货币的发明可能早于正式市场的发展；因此货币促进了市场的兴起，而不是市场促成了货币的诞生。证据之一就是早期货币的许多形式，如牲畜［金钱这个单词是从后来的拉丁文"牲畜"（'pecus'）而演变来的］，极不利于普遍的交易（既不标准化，不易携带，也不可分割）。即便早期金属货币的雏形（金币），与通常的工资/物价相比也过于贵重，在日常交易中很少应用。

我们对于早期原始社会的货币体系的了解是相当粗略的。然而我相信，历史学家与人类学家的共识就是货币是作为社会（及政府）的制造品而发展起来的，而不是作为私人市场上降低交易成本的机制。但这种观点稍显模糊和有些社会逻辑化，并且过去[15]也没有办法应用到数学模型。因此，为了建立私人代理人（没有政府）之间交易的正式数学模型，经济学家们只好倾向于忽略历史事实，并同时采用一种均衡，即所有交易都是基于一种统一的货币工具。

这类误解重要吗？在题为"货币的双重概念"（The Two Concepts of Money）一文中（2003 年），我曾分析过这一问题，特别是在欧元区。Menger（1982 年）最初提出了货币因私人部门的需要而出现（以降低交易成本）这个概念，这意味着你可以在欧盟内部改变货币主权，而不用担心

13　如果政权垮台，其流通中的货币的价值将回归其作为纯粹商品的内在价值，不管是金子还是工艺品，就像违约的政府债券一样。

14　尽管货币的确降低了政府的交易成本。

15　得克萨斯 A&M 的 Dror Goldberg 有一篇关于"不兑现纸币的税收基础理论"的出色论文，他在其中使用了数学模型。可能一旦经济学家们看到实际方法可以用抽象理论来模糊地表示时，他们就会更加倾向于接受其历史有效性。

财政体制需要作出相应调整。另一方面，如果货币是社会产物，那么对任何货币体制变化的核心特征，都必须设计出相适应的财政制度。

我现在回到一个当前面临的问题。单一货币的采用正在伴随着泛欧银行的兴起。为了处理跨境协作的问题，单一货币已经导致了对于泛欧体系银行监管及对这些银行的危机管理和处理的提议。然而，危机处理的潜在成本是高昂的。在联邦层面上，现有财政机制并不能为危机处理提供资金，只能在各国层面上得到解决。只要财政筹资仍是主权国家的责任，我们就很难看到银行（金融）监管和危机管理被转移到泛欧的联邦层面上。

F. 结论

至少在晚年，约翰·希克斯（John Hicks，1969 年）认为货币经济学需要牢牢建立于历史知识和由来已久的常识之上。近年来，有观点认为，X 教授采用制度方法进行货币分析，足以使他在懵懂的外界出名。只有少数主要是异端（以及后凯恩斯主义观点的各种杂音）的经济学家不厌其烦地将理论与现实相联系。为什么是这样，我确实不知道。也许只能是这样，就像我致力所述，对于我们经济学中的这一子学科来说，这并不是好的广告宣传。

参考文献

Aspachs, O., Goodhart, C.A.E., Tsomocos, D.P. and L. Zicchino (2007), 'Towards a Measure of Financial Fragility', Annals of Finance, 3, (1), 37-74, (January).

Begg, D. K. H., S. Fischer and R. Dornbusch (2005) Economics (Maidenhead: McGraw-Hill Education).

Blanchard, O. (2006) Macroeconomics (Great Britain: Pearson/Prentice Hall).

Calvo, G., (1983), 'Staggered Prices in a Utility-Maximizing Framework' Journal of Monetary Economics, 12(3), pp. 383-98.

Dornbusch, R., S. Fischer and R. Startz (2001) Macroeconomics (London: McGraw-Hill).

Friedman, M. and A. Schwartz (1963) A monetary history of the United States, 1867-1960 (Princeton: Princeton University Press).

Goodhart, C.A.E. (2003), 'The two concepts of money: Implications for the analysis of optimal currency areas', in S.A. Bell and E.J. Nell (eds), The State, the Market and the Euro, (Cheltenham, UK: Edward Elgar).

Goodhart, C.A.E., Sunirand, P. and D.P. Tsomocos (2004), 'A Model to Analyse Financial Fragility: Applications', Journal of Financial Stability,1,1-30.

Goodhart, C.A.E., Sunirand, P. and D.P. Tsomocos (2005), 'A Risk Assessment Model for Banks', Annals of Finance, 1, 197-224.

Goodhart, C.A.E., Sunirand, P. and D.P. Tsomocos (2006a), 'A Model to Analyse Financial Fragility', Economic Theory, 27, 107-142.

Goodhart, C.A.E., Sunirand, P. and D.P.Tsomocos (2006b), 'A Time Series Analysis of Financial Fragility in the UK Banking System', Annals of Finance, 2, 1-21.

Goodhart, C.A.E. and L. Zicchino (2005), 'A Model to Analyse Financial Fragility', Bank of England Financial Stability Review, June, pp 106-115.

Goldberg, D. (2007), 'The Tax-Foundation Theory of Fiat Money', Work in progress, Department of Economics, Texas A&M University.

Hicks, Sir J. R. (1969) A theory of economic history (Oxford: Clarendon Press).

Kiyotaki, N. and J. Moore (2002) 'Evil Is the Root of All Money' American Economic Review 92, pp. 62-66.

Lipsey, R. G. and K. A. Chrystal (2007) Economics (Oxford: Oxford University Press).

Lucas, R.E. Jr. (1972) 'Expectations and the Neutrality of Money' Journal of Economic Theory 4, pp. 103-124

Lucas, R. E., Jr. (1976) 'Econometric Policy Evaluation: A Critique' Journal of Monetary Economics Supplementary Series, 1(2), pp. 19–46.

Menger, C. (1892) 'On the Origin of Money' Translated by C. A. Foley Economic Journal 2 pp. 238–55

Minsky, H. (1982) 'The Financial-Instability Hypothesis: Capitalist processes and the behaviour of the economy', in Kindleberger and Laffargue editors, Financial crises: theory, history, and policy (Cambridge University Press).

Olson, M. (2000) Power and prosperity: Outgrowing communist and capitalist dictatorships New York: Basic Books.

Poole, W. (1970) 'Optimal Choice of Monetary Policy Instruments in a Simple Stochastic Macro Model' Quarterly Journal of Economics 84, pp. 197-216.

Robbins, Lord Lionel (1984), An Essay on the Nature and Significance of Economic Science, (New York University Press).

Sargent, T. J. and N. Wallace (1975) ' "Rational"Expectations, the Optimal Monetary Instrument, and the Optimal Money Supply Rule' Journal of Political Economy 83, pp. 241-254.

Shubik, M. (1973), 'Commodity money, oligopoly, credit and bankruptcy in a general equilibrium model', Western Economic Journal, 11: 24-38.

Shubik, M. (1999), The Theory of Money and Financial Institutions, (Cambridge, Mass: MIT Press).

Shubik, M. and C. Wilson (1977), 'The optimal bankruptcy rule in a trading economy using fiat money', Journal of Economics 37: 337-54.

Svensson, L.E.O. (2003), 'Comment: The Future of Monetary Aggregates in Monetary Policy Analysis', Journal of Monetary Economics, 50: 1061-70.

Svensson, L.E.O. (2008), Presentation at the Bundesbank 50th Anniversary Conference, Frankfurt, September 21, 2007, (forthcoming in Conference proceedings, 2008).

Taylor, J. B. (1993) 'Discretion versus Policy Rules in Practice' Carnegie-Rochester Conference Series on Public Policy 39, pp. 195-214.

Woodford, M. (2003) Interest and prices (Princeton and Oxford: Princeton University Press).

Woodford, M. (2007), 'How important is money in the conduct of monetary policy?', NBER Working Paper 13325, (August).

对"古德哈特定理:起源、含义及对货币政策的影响"一文的评论

虽然我要感谢 Alec Chrystal 和 Paul Mizen 的论文,但我认为他们的论述更多是出于尊敬而不是本文应得的评价。毕竟这只是一带而过的一句话[1],但毫无疑问,最好不要把它作为一句俏皮话。它确实有一些价值。

我在英格兰银行工作期间记得最清楚的事件之一是,在 1973 年年底,当时定义的广义货币 M_3 的增长速度引起了公众、政治家和媒体的热议,也产生了一些问题。首相当时要求英格兰银行控制货币存量的增长,但我们控制货币存量增长的方法是不提高利率。另外,英格兰银行于 1971 年刚开始实行"竞争和信贷控制法"新机制,即取消所有直接控制,包括对银行贷款的数量限制。这在当时是令人惊叹和值得称赞的做法。在这种背景下我们应当怎么办?John Fforde[2] 将此特殊难题交给了我,而我想到了"紧身衣"(Corset)方法,这种方法难度适中,而且是基于有息(符合标准)负债的总量变化(IBELs),因此对所有人来说,不会立即感到这仅仅是另一种空想的直接数量信贷控制方法。不管怎么说,这是 1974~75 年在一定程度上控制货币存量增长的方法,而且在 70 年代后期再次被使用。

在 20 世纪 80 年代中期我们再次遇到了货币控制的类似难题。这一次主要不是我的发明,至少我不记得是我的发明。这一次是过度融资问题。这次偏离目标的关键(即与 Alec Chrystal 和 Paul Mizen 的论文相关的内容)是,当具体负责的机构,也即货币当局全力以赴地关注某一特定统计变量时,货币当局可能会像私人部门一样显著地改变其行为。卢卡斯批判(Lucas Critique)就是关于当局改变其机制,然后私人部门作出反应和进行调整的理论。我认为古德哈特定理添加的一点点价值是,在这种情况下,如果货币当局将主要力量放在一个具体统计变量上时,为了使该变量接近于政治上确定的目标,他们的行为实际上很可能会改变这一统计变量。根据定义,这种改变几乎一定会导致观察到的变量关系的改变;公共部门和私人部门都会改变

---

1 指古德哈特定理——译者注。
2 曾任英格兰银行首席财务官和执行董事,2000 年去世——译者注。

自身的行为。

我记得很清楚的另一个事件是 20 世纪 80 年代后期英国放弃货币总量目标制。我反对保守党政府和撒切尔夫人在 1979 年执政后实行的货币总量目标制，而且理由与 Lars Svensson 的看法一样。我的理由主要是，我们试图控制的最终目标是通货膨胀。如果你通过一个中间目标来实现最终目标，而两者的关系又存在不确定性，那么你实际上在货币需求函数中加入噪声，因此与直接采取通货膨胀目标制相比，这种方法的有效性可能更低。

所以当英国政府放弃关注英镑货币供应量 M_3 的做法时，我完全赞同。但令我震惊和一直困扰我的是，一届政府及其一些主要成员（在这里包括 Nigel Lawson[3]）以前曾非常赞同的观点实际上是控制经济最需要，也是唯一需要的东西就是控制货币总量英镑货币供应量 M_3，但后来却完全改变了思路，以致完全忽视了货币总量数据。当他们决定英镑货币供应量 M_3 不应当再作为目标时，他们在两年内完全忽视了这一变量。不再赋予该变量任何权重，也不再受到任何关注。虽然我同意由于各种行为变化（如我前面提到的变化）一定会发生和由于创新造成的不确定性等，人们不能够仅仅通过分析某个单一货币总量来发现问题，但认为货币总量指标不反映任何信息，分析和解释货币总量指标没有任何意义的观点是完全错误的。

实际情况是，当中央银行决定了利率水平以后，从某种意义（但并不完全是）上讲，货币就是内生变量。在货币当局决定利率水平（这是我们经常做的事情）后，这意味着基础货币就成为一个内生变量；商业银行可以按照给定利率得到它们想要的基础货币。但是，货币总量并不完全是内生的，因为商业银行发放贷款的积极性、风险偏好的改变、自身流动性偏好的调整、监管资本的改变等，都会对货币和信贷总量的增长产生影响。因此，对任何给定利率和当期收入状况及其他因素来说，信贷和货币总量都会发生变化，会与基于货币需求函数的所预期的总量存在差异。对这些"残差"（相对于根据政策决定的利率和影响收入等因素而形成的货币需求函数而言）需要进行认真分析，评估其具有什么含义。英格兰银行和货币政策委员会曾认为这些残差没有多大意义。例如，在分析为什么其他金融中介机构存款余额出现大幅度波动时，情况就是如此（坦率地讲，这种大幅度波动曾让货币政策委员会和我非常困惑；而且在 Alec 和 Paul 于 2001 年 12 月写的一篇有关此问题的英格兰银行研究报告之前，我没有看到任何对此问题的

3　曾任英国财政大臣——译者注。

深入分析，甚至连描述也没有）。但在其他情况下和在其他时候，货币总量提供的信息非常重要，而且确实可能是关键性的。如果我现在在日本，我可能会考虑银行向私人部门的贷款和 M_2 到底发生了什么问题，我认为货币供应量 M_2 是最重要的统计指标。特别是当利率几乎接近于零的情况下，非常重要的是要分析银行系统出现了什么问题，这会使你了解经济的未来走向。还有实际利率几乎无法辨别，例如在恶性通货膨胀时期和人们无法知道通货膨胀预期状况的情况下。在上述情况下，你仅有的几个指导性指标之一是货币和信贷总量的增长。下面的事情对我实在是一个极大冲击：许多人曾说"世界上唯一的指导性指标是货币供应量 M_3"，但当他们发现 M_3 不是一个完美指标之后，就认为既然该指标是不完美的，它就是完全无用的。当然，这两种观点都是错误的。这就是我对古德哈特定理所表达的想法。

古德哈特定理：起源、
含义及对货币政策的影响[*]

1. 导论

　　许多经济学理论、概念以及工具都以杰出的经济学家的名字命名。常见的例子有：吉芬商品（Giffen goods），庇古效应（Pigou effect），纳什均衡（Nash equilibrium），科斯定理（Coase theorem），菲利普斯曲线（Phillips curve），雷布斯津和斯托尔帕——萨缪尔森命题（Rybczynski and Stolper-Samuelson theorem），李嘉图定理（Ricardian equivalence），恩格尔曲线（Engle curve），埃奇沃斯—伯雷盒（Edgeworth-Bowley box），托宾 Q 值（Tobin's Q），卢卡斯批判（Lucas critique）等。然而，只有少数经济家的名字能用来命名定理（law）的。查尔斯·古德哈特与托马斯·格雷欣（Thomas Gresham），里昂·瓦尔拉斯（Leon Walras）和让·巴蒂斯特·萨伊（Jean–Baptiste Say）一起成为了为数不多的以名字命名其理论或定理的经济学家。

　　本文阐述了古德哈特定理和它所产生的环境，并分析了它是否拥有长期适用的特质。这主要要求它具有与时俱进的能力。例如，格雷欣定理本是用来描述黄金和白银人工定价所产生的问题，后来却发现它更广泛地适用于通货替代存在的货币体制。厄瓜多尔以及其他国家的货币美元化就是"良币驱逐劣币"的当今例证。

　　我们应该特别关注古德哈特定理和极富影响力的卢卡斯批判的比较分析。常有争论说古德哈特定理和卢卡斯批判本质上是相同的。如果真是相同的，卢卡斯基本上应是首先提出这一观点。尽管古德哈特定理和卢卡斯批判都和宏观经济总量关系不稳定相关，但他们依然存在显著区别。尤其是卢卡斯批判对宏观经济方法论有重大影响，而古德哈特定理则是影响货币政策的

　　* K. Alec Chrystal（伦敦城市大学商学院）；Paul D. Mizen（诺丁汉大学）本文为查尔斯·古德哈特的纪念文集而著，纪念会于 2001 年 11 月 15 日至 16 日在英格兰银行举行。

　　非常感谢来自 Christopher Allsopp、Michael Artis、Forrest Capie、Charles Goodhart、Andy Mullineux、Simon Price、Daniel Thornton、Peter Westaway 和 Geoffrey Wood 的评论和建议。

2001 年 11 月 12 日

制定——货币目标制退出，而通货膨胀目标引入。

2. 什么是古德哈特定理以及它是如何产生的

古德哈特定理最先出现在 1975 年 7 月古德哈特递交给在澳大利亚储备银行（RBA）召开的会议的两篇论文之一上[1]。这篇重要的论文在 Courakis（1981 年）编辑的书上发表后获得广泛关注，此后又在古德哈特自己的论文集上发表（古德哈特，1984 年）。虽然内容非常清晰，但该定理只是稍微提及，而并不是论文的主要内容，所以对定理的介绍有很大争议。

从第二次世界大战结束到 1971 年，英镑受到美元的制约（1949 年和 1967 年出现两次大幅度贬值），货币政策也因此受控。当时仍然实行外汇管制，而主要的商业银行受制于对其资产负债表扩张的多种直接控制。1971 年 8 月，美国关闭了黄金窗口并临时让美元浮动。1971 年 12 月制定的史密森协定对固定汇率系统起到短期修补的作用，不过 1972 年 6 月以后英镑开始单方面浮动。因此，迫切需要一些替代美元的名义锚和新机制下指导货币政策的原则。

古德哈特（1975 年 a）指出，源自银行和学术界以外的研究表明英国存在一个稳定的货币需求函数。这一发现对货币政策的意义被认为，可以通过短期利率的调整去控制货币增长，而不需要借助于数量限制。这篇重要文章相关内容如下：

"该计量经济学证据似乎说明，无论限制银行放款还是鼓励非银行机构的债务出售，较高利率的确会降低货币的增长"。因此，这些货币需求方程式似乎预示着：

（1）货币政策是有效的；

（2）可以挑选并监测一个"合适"的政策；

（3）通过市场操作来调节利率可以使货币总量到达"合适"水平。

［……］这些顺应潮流的发现不仅使我们可以放弃暂时的银行贷款限额管理，转向更一般的货币政策重新评估。这些发现的主要结论是货币政策的首要中间目标应当是某种定义的货币总量（即货币存量）的增长率。而且在自由竞争的金融体系下，一般价格机制（即利率的变化）是实现该目标的主要控制工具（古德哈特，1975 年）。

1971 年 9 月实施了取消对银行放贷进行直接管理的"竞争和信贷控制"

1　原始论文重新刊登在 1975 年澳大利亚储备银行《货币经济学论文》第一卷上，标题分别是《货币关系：英格兰银行视角》和《货币管理问题：英国的经验》。

（competition and credit control）改革，银行的中介作用迅速发展，使得1972年和1973年广义货币增长率超过了25%。到了1973年，政策制定者决定补充货币目标制，通过"补充性特别存款"（Supplementary Special Deposit）即著名的"紧身衣"（"the Corset"）措施来直接控制银行（参见 Zawadzki，1981年）。在货币扩张情况下，适度的利率变化显得无能为力，而且以前稳定的货币需求函数似乎也消失了。这一点在1975年以前就非常清楚，但古德哈特（1975年b）的这篇文章总结了当时的货币管理问题，如标题所示。

古德哈特定理就是之前引文方括号里省略的内容。定理的表述是："如果忽视古德哈特定理，一旦将其用于控制目的，所有观察到的统计规律就会分崩离析"。这会得出如下结论，即先前估计的关系（尤其是名义利率与名义货币存量之间的关系——参见以上引文的（3））已经断裂。但是我们从下文可以得出，这与现金余额需求函数的稳定与否并没有必要的关系，尽管该定理随后是这样解释的。

该定理基本含义是十分清楚的。银行经济学家认为他们可以通过倒转不同体制下的货币需求等式来获得特定的金融债券的增长率。但是，从1971年到1973年，这种方法并没有生效，似乎显现出从前的关系已经破裂。该"定理"指出，当政策制定者使用统计估计得出的关系作为政策的基准时，这种情况就容易发生。

1974～79届英国工党政府采用了货币目标制，但是依然使用补充性特别存放中央银行这种直接控制的方式来影响目标。当保守党内阁的玛格丽特·撒切尔在1979年接管英国政局后，货币政策出现了新的转机。被前任Denis Healey 认为是货币主义信仰者的 Geoffrey Howe 担任英国财政大臣，通过设定官方汇率来达到货币供应量增加的目标，此时外汇管制已于1979年10月被废止，补充特别存款的政策也无法继续推行。£ M_3（广义的货币除去外币结余）目标被设定为1980年到1981年度7%～11%的范围，此后每年递减一个百分点，1983年到1984年度范围降到4%～8%。结果是，在首个两年半内，货币增长远超目标100%。外汇管制和补充特别存款政策（以及附带的金融创新）的废止意味着广义货币和名义收入的关系发生了根本性改变。

尽管在1982年的时候货币流通速度改变的趋势已经显而易见，部分原因是信贷管制和外汇管制的放松使许多外国业务重新通过英国银行系统办理，1983年新任财政大臣 Nigel Lawson 重申他相信货币目标制，并进一步公布了今后几年的货币增长率目标。英国的"中期财务战略"基本是失败的（至少在控制货币增长方面），这导致的结论是所有类型的货币目标都有缺陷。该策略在1985年夏天被放弃，影子汇率制（exchange rate shadowing）受到垂青。

不但政策性利率与货币之间的联系不稳定，而且广义货币与总需求之间的关系同样如此。在某些人看来，货币稳定似乎可以通过固定汇率来实现，因为在固定汇率制下货币供应量是内生的，而不是由货币目标制政策决定的。随后我们再讨论"货币"是否应当在货币政策中充当一个积极角色的问题。现在我们只是指出，有趣的是查尔斯·古德哈特大概是英国为数不多的认为货币应当充当积极角色的经济学家之一，但他的定理却在20世纪80年代被多次引用作为完全忽视货币或者货币目标在货币政策中没有明确作用的支持证据。在后面的几节中，我们会介绍一些为何如此的证据。

对于该定理产生背景的一些观点现在看来是正确的。首先，取消直接数量管制将会导致银行业务大量增加和随后出现一些调整，对这一现象不应当感到惊讶，即使在1971年到1973年期间。这并不能完全证明货币需求在任何情况下都是不稳定的。正如同Artis和Lewis（1984年）所指出的：到70年代后半期，价格、产出和利率的随后调整的确使名义GDP货币余额恢复到其长期关系。新操作程序和信贷配给的废除造成的供给冲击导致代理人寻求超额名义货币余额，但这种影响通过商品和资产价格的上涨而迅速消除，如标准教科书的模式——1972～73年25%的额外货币增长导致1974～75年25%的额外通货膨胀。同样，人们本可以预料到1980年补充特别存款政策的废除会造成80年代初期广义货币的急速增长。这样剧烈的动荡发生在经济急速萧条的时期，而且通货膨胀下降并非证明了货币不重要，它只是证明了货币并不是唯一重要的东西而已。

古德哈特定理并没有立即对20世纪70年代中期的货币政策产生影响，是一些事件甚至说服了政治家，让他们意识到货币很重要而且需要控制货币增长来避免严重的通货膨胀[2]。直到80年代初，古德哈特定理才真正开始影响政策，当时在废除补充特别存款政策的同时广义货币急速增长。但正如以

2　并不是所有人都被说服。英国财政部大臣Denis Healey就对货币理论和货币数据表示怀疑。因为质疑经济预测家对货币增长准确范围的预测能力，他表示将"对预测们做波士顿杀人狂对上门推销员所做的那样——使他们永远得不到信任"。预测依靠的数据在月末收集日后的几个星期收到，并很可能会被修正，因而旧的货币数据可能和新的数据相差很大。关于这点，古德哈特回忆了在英格兰银行的经历，讨论了月增长率数据与5个月移动平均数据的关系。

"移动平均数值的标准差与移动平均数值高度相关。我们在月结算日后的几周里收到数据。序列里的噪声非常大，因而我们需要花上几个月辨别任一置信度的系统趋势……因此当系统趋势可以解释时，序列移动告诉你你到了哪，而不一定是你将去哪。这至少也有点作用。"古德哈特（1989年）（第112～113页）。

上所提到的，当时快速的货币增长恰巧遇上了剧烈的经济萧条和通货膨胀的大幅度下降，因此货币目标制的效用受到了严重质疑。同时，金融市场遭受了一段反常时期，并且金融产品创新改变了货币作为非生息资产的传统角色。明确的货币目标制最终被放弃了。

第二个观点是，尽管在 80 年代人们普遍对货币总量问题不感兴趣，但是依然有很多数据表明可信和稳定的货币需求关系依然存在。如果我们考虑到 80 年代的各种金融创新，如引入计息活期账户、货币市场共同基金等，并区分零售与批发货币余额的话，则货币需求函数就回到了正常水平。如果使用 Divisia 指数来衡量货币，我们在发现修正金融创新的影响后就可以恢复稳定的货币需求函数。这一点无论如何都很明显，无论是在总量水平上，还是一些特定部门的标准简单加总数据[3]。

第三个观点是，虽然货币需求关系明显消失，古德哈特定理的最初表述说服了当局重新使用直接控制，但对古德哈特定理令人信服的解读意味着这种控制不可能长期有效。例如，我们假设在一定时期会显现出广义货币（M_3）的增长率是通货膨胀的先行指标，因此当局决定通过实施数量限制的方法来控制银行存款债务的增长率。如果没有其他控制总需求的措施，则先前存在的广义货币和通货膨胀之间的统计关系将会随着其他融资渠道的发展而改变，这些渠道可以避开金融系统的扭曲。的确，这就是 70 年代后半期所发生的情况，即使古德哈特定理被认为是针对没有直接控制的先前时期。直接控制£ M_3 的原因是其与通货膨胀有联系（有一个滞后期），但一旦取消外汇管制，通货膨胀就开始上升，直接控制 M_3 将无法持续下去。在许多方面，与 1971～73 年定理最初形成时的情况相比，这都是说明当"压力施加到控制目的上"时，统计关系就会消失的一个更好例子[4]。

第四个也是最后一个观点是目前需要指出，尽管有大量稳定货币需求函数的证据，但依然可以说只有货币管理当局不再"因为控制的目的而对特定的统计关系施压"时，这种稳定的关系才可能存在。对通货膨胀目标制的关注已经消除了对稳定货币需求函数的兴趣。目前还没有人比较过货币目标制国家的货币与非货币目标制国家之间需求函数的稳定性。货币需求函数是否会导致货币目标制或相反是一个很难界定的问题。这类论证常常是循环

3　参见 Drake 和 Chrystal（1994 年、1997 年）；Drake、Chrystal 和 Binner（2000 年）。

4　勒夏特列（1988 年）原理（Le Chatelier principle）提出了对原先稳定的统计关系的重新调整。并表明如果改变平衡系统的某一因素，系统将会向着抵消这一因素影响的方向调整。

论证而且得不到合理的预期目标的解释，因为以稳定货币需求关系为主的国家大都选择货币目标制作为政策目标。但至今没有证据来支撑实行货币目标制的国家的货币需求函数比其他国家更稳定这一观点。Schmid（1998年）认为，德意志联邦银行的成功可以归功于全能银行体系的支配作用以及低通货膨胀的环境使银行缺少开发新金融工具的动力。与其他国家相比，德国没有对金融市场实行大规模的放松管制和自由化政策，所以德国货币政策面对的挑战较小，因为基本金融关系（包括货币需求函数）本质上都是可靠的。

3. Artis 和 Lewis 的反驳

在本节我们利用更新数据重做了 Artis 和 Lewis（1984 年）的分析。我们计算了货币流通速度的倒数，使用了一种年度广义货币的衡量方法，这种方法以 Capie 和 Webber（1985 年） M_3 数据序列和 1982 年起的 M_2 官方数列（又称"零售 M_4"）定义广义货币。总收入序列分析是以 1948 年的国民收入和之后以市场价格[5]计算的 GDP 为根据。康索尔比率（Consol rate）所形成的流通速度序列散点图（图 1）显示，货币需求函数（剔除 1973 ~ 1977年的数据点后对 1920 ~ 2000 年的估计值）非常稳定。拟合回归线用黑色显示。用普通最小平方方法估计的回归线如下：

$$\log (M/Y) = 0.305 - 0.538 \log (R) + 虚拟变量$$
$$(0.046)(0.026)$$
$$R^2 = 0.852; F(5,75) = 86.327 [0.0000]$$

方程式的标准差 = 0.103225；Durbin Watson = 0.372；N = 81

这可以与 Artis 和 Lewis 对 1920 ~ 1981 年的估计相比较

$$\log (M/Y) = 4.717 - 0.536 \log (R) + 虚拟变量$$
$$(0.046)(0.028)$$
$$R^2 = 0.88; N = 58$$

我们的回归线在斜率上与以前的研究非常接近，尽管因为数据的范围不同，截距有所不同。正如通过 Artis 和 Lewis 的文章一样，我们可以在图 1 发现在 70 年代初出现了非均衡时期（在估计回归线之前，我们用虚拟变量代

5　由于住房贷款协会数据的调整，1982 年以后才有连续的 M_2 序列，80 年代中期后才能使用 M_3 序列。

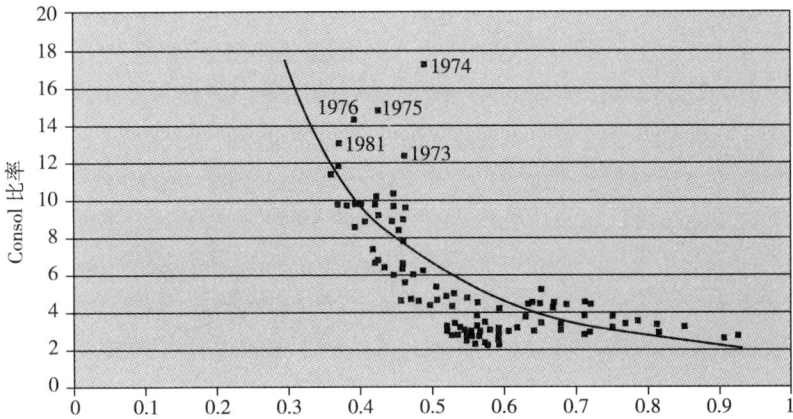

图1　与长期货币需求函数的离差

替了这类时期)[6]。在古德哈特定理提出之前，货币需求函数出现了明显衰弱，尽管这种关系很快又重新建立。

现在我们重复此项研究，用官方的 M_4 序列代替 M_2。输出的结果明确表明了为什么古德哈特定理在 80 年代被广泛引用作为解释货币目标制不适用的原因。这里我们计算出流通速度的倒数，使用的货币总量是 Capie 和 Webber 研究中 1963 年以前的数据加上到目前为止的 M_4 数据[7]，除以相同的收入指标。我们根据康索尔比率画出响应的散点图（图 2）。用类似方法估计出回归线，并与数据点进行比较。从 1982 年以后我们可以看到，在给定利率下，货币与收入的比率出现了稳步增长，这代表了金融创新的作用。由于包括在 M_4 之中的货币成分（不包括在 M_2 以内，主要是公司和其他金融公司持有）可以提供更加有竞争力的利率和/或英镑的批发业务大幅度增长，所以 M_4 的存量相对于收入有所增加。这些数据点清晰地表明了 80 年代和 90 年代不同的货币需求函数出现右移的变化，尽管小额存款（M_2）的需求函数大体上没有变化。

我们认为，这种变化也许与使用 M_4 作为目标总量没有关系，而是金融自由化和伦敦批发货币市场快速增长的结果。在 Loughborough 的演讲中，当

6　该回归中使用的序列是随机的，要处理伪回归问题，我们需要用 Johansen 过程估计 1920 ～ 2000 年的关系。我们发现了单一协整关系的证据，斜率和截距系数比 OLS 估计稍小。

7　M_4 官方序列从 1963 年才开始出现，因此我们用的是最长的时间序列。

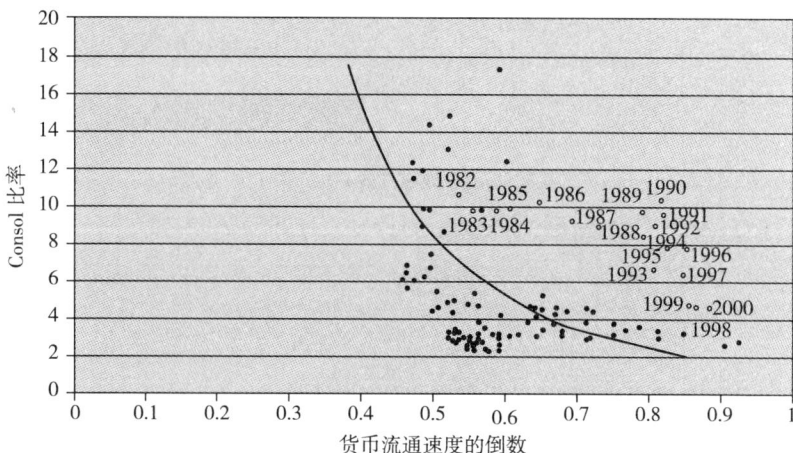

图 2　与长期货币需求函数的离差

时的英格兰银行行长 Robin Leigh-Pemberton 认识到金融中介机构（银行和住房贷款协会）和其他金融中介（券商、投资机构和租赁公司等）的行为负有很大的责任。放松对银行业的控制和外汇管制在 1979 年的废除，使得银行更加急于从批发市场而不是小额存款寻求资金。其他金融中介机构从 1980 年开始同时增加了资产负债表的借贷方，对广义货币的增长起到几乎与银行一样的巨大作用，因为随着金融自由化，其他金融中介机构与银行在现有和新开拓的市场的竞争更加激烈。如图 1 和图 2 所示，这些因素共同增加了货币余额中相对于收入而言的批发部分。

4. 古德哈特定理和卢卡斯批判

古德哈特定理（1975 年）比卢卡斯批判（1976 年）发表的要早，但卢卡斯的文章早在 1973 年 4 月就出现在卡内基—罗彻斯特（Carnegie‐Rochester）会议上，而且在发表前就已经传播甚广（Savin 和 Whitman，1992 年）。因此，如果古德哈特定理和卢卡斯批判是指同样东西的话，自然是卢卡斯首先提出来的。比较清楚的是两者都是独立地提出，而且是在主要经济体受到许多重大冲击的时候——1973 年普遍向浮动汇率转移和石油价格冲击。本节我们要回答的问题是，古德哈特定理和卢卡斯批判是不是同一枚硬币的不同面而已。

在探讨古德哈特定理和卢卡斯批判的关系之前，我们必须考虑到 Heisenberg 和 Haavelmo 早期的贡献。Heisenberg 提出了一个不变性（invariance）

概念，被称为"Heisenberg 不确定性原理"（Heisenberg Uncertainty Principle）。该概念指出，在量子物理学中，对于一个系统的观察会从根本上干扰该系统。因此，观察一个电子的过程需要一个光子弹出并透过显微镜传递到眼中，这就改变了被观测的物理环境，因为质子对于电子的影响会改变它的动量。对一个系统的观察必然要改变该系统。

也许一个更加相关和历时更久的文献是，在社会科学中谈论社会的相互影响时，行为的观察者和公开报道可以改变被观察者的行为。这并不只是人们在知道自己被观察的时候行为会发生变化，同样他们的信仰体系会因为之后阅读了有关于他们的报告而改变。简单地说，研究者的介入会改变被研究关系的本质。

Haavelmo（1944 年）在其"计量经济学的概率方法"一文中给出了经济学不变性的看法。文章通过一个工程师尝试阀门使用与汽车速度之间关系的例子来阐述不变性的问题。尽管他观察到这种关系在一致的情况下对于相同水平的汽车都是被很好界定的，一旦情况发生改变，关系也会改变。不过，在某些情况下，即使部分环境发生变化，不变性依然存在，例子有描述引力和热力学的物理定律。Haavelmo 认为"自治"度可以定义如果实验的环境改变关系会怎样改变。物理定律都是"自治的"，而且永恒不变；而其他关系，例如阀门与汽车速度在一定程度上是可变的或"非自治"的。自治的关系具有与定律类似的属性，而非自治关系则没有。

在经济学领域，私人部门决定经济系统的状态，但公共部门在选择和完成政策行动的过程中对系统本身有影响，正因如此，系统在不同的政策行动（或者法律）下也不是一成不变的。卢卡斯和古德哈特在不同背景下都阐述，在建立模型时，无论是模型系统的不变部分还是变化部分都需要加以考虑。

卢卡斯批判采用了这一观点，并把它运用到计量经济的建模上。在理性预期模型中，不同的决策行为影响私人代理的预期同时改变行为。建模分析的局限性在于模型都不能改变施加于模型上的政策影响的改变。卢卡斯用如下程式化的方程式来定义经济的演进：

$$y_{t+1} = F(y_t, x_t, \theta, \varepsilon_t) \tag{1}$$

其中，y_{t+1} 是状态变量的向量；x_t 是外生决定的变量向量；θ 是估计的参数向量；ε_t 是冲击向量；F 是函数式，将状态变量与过去、外生变量和冲击变量联系起来。此估计的关系式是决策规则，技术关系和会计实体都假设不受固定参数值（θ）下函数式（F）的影响。如果真是如此，不同政策变量组合会造成外生变量（x_t）的不同时间路径，该外生变量可以通过损失函数式来进行比较和估计。

卢卡斯批判指出，根据历史条件估计的模型在不同政策机制下不可能一成不变，而且函数形式和参数值也会随着不同政策选择而改变。如果政策选择是根据如下已知的函数式 G（·），包括一个状态变量的向量、一个参数向量和一个冲击向量的：

$$x_t = G(y_t, \lambda, \eta_t) \qquad (2)$$

则经济发展会生成如下结果：

$$y_{t+1} = F[y_t, x_t, \theta(\lambda), \varepsilon_t] \qquad (3)$$

如此，模型的参数会成为政策制定过程参数的函数。与使用历史数据估计的模型（1）中的 F 和 θ 评价不同政策的含义完全不同，该结果应当由政策规则（2）和反应（3）来确定，而这又是取决于（2）所选择的政策参数。因此，卢卡斯和 Sargent（1981 年）得出结论"……（历史数据估计的，政策不变）计量模型在指导政策上毫无用处"。

从分析中可以很清楚地看到，卢卡斯批判是关于经济建模和政策评估的陈述。这是一个理论家对于经济研究方法论的陈述。该批判表明，经济建模上的不恰当正如政策机制上的结构变异，因为对于政策选择的期待会对模型估计的重要等式作出反馈。通过发展理性预期以及相关 VAR 建模，卢卡斯提出了一种解决方法，既可以揭示行为方程的深层参数，也可以限制其本身现存的固定政策机制规则的执行，通过这种方式，历史估计的模型并非扭曲（见 Savin 和 Whitman，1992 年）。所有这些都是纯方法论，并且指出应当完成的建模方式。

卢卡斯批判开发了另一种识别计量经济学中问题的方法，因为没有可确认单个方程式的独立变量，所以系统中的经济学关系的真实结构并不能从现有数据中观察到。经济模型是通过政策选择和外部变量影响状态变量的未来值这种方式来描述的，但卢卡斯批判却提醒建模者，哪怕是模型结构和参数也会随政策选择的变化而变化。尽管 Haavelmo 之前曾声称可以明确不变性问题背景下的识别问题，但 Hoover（1994 年）却指出了卢卡斯工作的重要性。他在一个系统性综述中指出，"卢卡斯并非第一个明确意识到不变性问题，他自己对此问题的重要贡献是观察到在假定的因果关系中，常被省略一种关系是预期形成的关系。"（第 69 页）

那么古德哈特定理在哪些地方适用于该方法呢？是否这仅仅是 Haavalmo 和卢卡斯观点的不同表述呢？正如上述讨论所体现出来的一样，古德哈特定理是从一个特定货币控制问题环境下引发出来的。在这个意义上，该规则就是不变性问题对一个特定制度性货币现象的应用。这种评价来自于一种"统计规律性"的表现，但却对基于这种明显规律性的政策应用（而非计量模型的指导原则）产生了重大影响。尽管如此，在古德哈特自己看来，这个想法与卢卡斯批判仍然密切相关[8]，古德哈特还打趣地称自己的规则是"卢卡斯批判和墨菲定理（Murphy's law）的混合体"（第 377 页）[9]。

古德哈特定理的最突出特点是其制度性应用。这种制度环境是货币当局——例如政府或是一个被授权和可能独立的中央银行——制定政策，以及对货币传导机制渠道的理解。尽管这些渠道当中很多都是通过定义正确的会计恒等式来表示的，但有些渠道还是基于数据关系的，而这些数据关系可以并且确实在改变。该定理认为，尽管由于某个数据关系在一段时间里的稳定性而可能存在一种"规律性"表象，但当它不是作为相关变量的事后观察值（给定私人部门行为），相反却变成一种以货币控制为目的的事前规则时，就会出现一种打破这种"规律性"的倾向。如此陈述的话，卢卡斯批判（以及研究者在社会科学中发明的更为综合的问题）的重要特点——建模者或观察者的发明中缺乏系统不变性——是古德哈特定理的核心。在货币传导机制的背景下，不论当局什么时候试图打破某个已观察到的规律，当私人部门观测到当局已经开始将之前是政策姿态（尽管存在某些用数据定义的关系）的指标变量作为实现控制目标的短期政策目标时，其行为方式就会改变。

古德哈特定理另一个明显的特点是，卢卡斯批判针对的是政策变化导致的私人部门的行为变化，古德哈特定理则专门描述政策决策机构也会导致公共部门行为的其他改变。举例来说，一个政府自己设定某个货币目标为约束条件，这可能会导致其改变财政政策来达到该目标。这本身在财政意义范围内会造成私人部门行为的更大变化，这会加强潜在数据关系中的变化。因此，古德哈特定理并不仅仅是直接与私人部门行为中导致的改变相关，也与在公共部门中影响其他政策领域的建议有关，而这对于私人部门也有更为深

8　解释在美国和英国实行的货币目标实验及其原因。古德哈特说"导致最终放弃实验的原因并非是失业的增加，而是货币和名义收入之间重要关系逐渐增加的不稳定性和不可预见性。这是随着该新规则和控制方法必然产生的，还是仅仅偶然发生而已？我认为，从某种程度上而言，这是该伴随品再次阐明该领域里卢卡斯批判和古德哈特定理的说服力"。古德哈特（1989 年），第 377 页。

9　在学术界和政策制定外引用古德哈特定理都倾向于以其后见之名，在墨菲定理和卢卡斯批判之间，强调其与前者的相似性。

远的影响。

古德哈特定理与对货币需求函数关系的衰落紧密相关。从一定程度上讲，这是因为如上一节所强调的，古德哈特定理首次出现的背景与 20 世纪 70 年代早期货币需求函数关系不尽如人意的表现有关。利率与货币增长之间的联系（也许还有货币和名义收入之间的联系）是 1975 年最初 RBA 上发表文章的基础，当时直接管制放松，接着又被"紧身衣"政策替代，这导致了意料之外的银行行为转变。该联系也曾得到 20 世纪 80 年代早期"中期财务战略"的"货币主义实验"分析中给出的该定理最让人熟悉的应用事实支持。在英国，将货币总量作为政策制定的中间目标的决定与广义货币（M_3）的流通速度的非预期逆转同时出现。名义收入与货币之间的关系可以被重新建立的假设曾被证明没有根据（至少对货币总量 M_4 而言），而 20 世纪 80 年代大规模出现的金融创新再次显著改变了银行系统和公众的行为，这些都进一步破坏了任何货币目标制的统计基础。

在分析货币政策规则变化对估计货币需求函数中利率及收入弹性的影响时，Gorden（1984 年）指出，货币需求函数的不稳定性可能是由于政策改变而导致的，如从利率目标制转向基础货币目标制等。古德哈特在分析美国和英国货币目标制经验[10]时就曾提出这一观点。有一点令人奇怪的是，古德哈特定理一直与货币需求函数有如此密切的联系，但这仅是其众多应用之一。

5. 古德哈特定理的延伸

古德哈特定理不仅仅与货币需求有关。广义上说它是指任何的"统计规律"，这依赖于是"为了控制目的"，因此该定理同样适用于许多其他行为统计关系。我们可以以泰勒规则里的短期利率举例。有些学者考虑到这不应该被仅仅视为一个政策反应函数的估计量，而应该作为一个政策指南来使用（Taylor，2001 年）。其他人则为了开拓其在该领域的可行性而评价了该

10　最近美国的货币需求关系在某种程度上恢复了。Lown 等人（1999 年）指出美国 M_2 货币总量的不正常增长，以及由此带来的货币流通速度的非典型表现，都在很大程度上是由存款机构的财务状况所决定的。对于资本限制的银行和储蓄机构的会计修改消除了货币需求函数的异常之处。同样，Carlson 等人（2000 年）认为考虑到存款重构会导致家庭重新调整他们对于共同基金的组合，则可以解释 20 世纪 90 年代的货币流通速度的变化。这也恢复了稳定的广义货币需求函数。Ball（2001 年）有个更为简便的解决方法。通过扩展 20 世纪 80 年代后的数据集，参数值的不稳定性就能消除，而且 0.5 的收入弹性和负的利率半弹性也得到重建。

估计函数（Clarida 等人，1998 年；Nelson，2000 年；Orphanides，2001 年）[11]。本节我们将分析与这一点相关的一些问题。

泰勒规则可能被认为当今相当于 20 世纪 70 年代的"稳定"货币需求。泰勒规则由 John Taylor（1993 年）提出，是作为货币政策规则的一个简单但却有效的估计而出现的，许多中央银行都使用该规则。很明显，该规则有一些重要优点，即它具有简单性，仅仅取决于数据相对容易收集的两个变量，且提供了在给定通货膨胀和产出条件下，决定货币政策工具的及时指标。最重要的是它似乎可以解释货币政策决定的历史，特别是美国的情况。随着独立的中央银行使用通货膨胀目标制缓和了通货膨胀，泰勒规则也越来越适用于其他 G7 国家（Clarida 等人，1998 年）。虽然一些小的改变（如前瞻型与追溯型行为、封闭与开放经济特点等）对规则有一些改进，但基本规则似乎仍然非常有效（Taylor，2000 年、2001 年）。但是如果要将该关系用于控制目的，在通货膨胀参数值为 1.5 而产出缺口参数值为 0.5 的情况下，该规则是否仍然有效呢？

古德哈特定理的关键之处是，在浮动汇率、独立中央银行和通货膨胀目标制的环境下，当这种"统计规律"不再作为中央银行行为的一种事后总结（对反应函数的一种估计），而是作为一个"为达到控制目的"的政策规则时可能出现什么情况。在这种情况下，当某个中央银行决定将泰勒规则作为利率变化的事前决定量时，该规则有可能失效。但是没有中央银行选择仅仅依据泰勒规则来确定利率，所以要在这些条件下评价其有效性是很难的。因此所有确定规则有效性的尝试不得不集中于在不同模型假设下对规则特性的检验（例如前瞻型与追溯型模型，封闭与开放经济特点等）。在这方面，该规则表现得非常好（见 Taylor，2000 年、2001 年），但是我们对该规则用于控制目的后是否能改变其特征更为感兴趣。问题是，泰勒规则作为一个事前确定利率的简单货币规则是否可靠。即便缺少用于控制目的的任何证据，我们还是可以得出一些结论。

Ben McCallum（2000 年）指出，如果泰勒规则是有效的，则作为货币政策机构，我们只需为"职员配备一个计算器"就行了。Svensson（2001 年）也认为，泰勒规则如此简单，不可能是对当前政策制定的最合适描述，

---

[11]　请注意，大量的文章都认为如果使用历史或是实时数据来评价政策而非规则的话，泰勒规则的预测与实际产量相悖。例子包括 Taylor（1999 年），Orphanides（2000 年）以及 Nelson（2000 年）。

所以完全依靠该规则是很危险的一步。最独立的中央银行采用的通货膨胀预期目标制方法最好理解为是对目标规则的一种承诺。这并不仅仅是一个工具规则，因为整个货币机制是由目标规则决定的，而工具规则是隐含确定的。针对系统的反应函数是特定模型，而且可以吸收所有对实现目标有用的模型外信息，并需要决策者的判断。这不是一个少数变量之间关系稳定和系数固定的政策规则。这可能表明货币政策不应该由职员执行，而应由有相关经验的专家来执行。

在对泰勒先生的《货币政策规则》一书的评论中，Sims（2001 年）提出了对货币政策规则的适用性缺乏关注的问题，并指出："对货币政策取得明显改进的观点不加批判的接受"。Rudebusch－Svensson（1999 年）的追溯型（backward looking）模型并没有否认参数稳定性，尽管货币政策行为在美国的样本期内并不稳定。Sims 指出，美联储的操作程序在 1979 年 10 月至 1982 年 12 月内有了很显著的变化，但当（Sims）在分析 1961 年 1 月至 1996 年 2 月的整个样本时，却发现这并不违反对参数稳定性的 Chow 检验。如下事实可以解释这一点，即利率行为的差异"完全在抽样误差的范围内"。虽然 Sims 使用这个发现来质疑不加批判地假设货币政策制定有所进步，但这也说明泰勒规则可以作为中央银行行为的一种稳定概述，即使是在货币政策制定远非稳定和实际操作程序变化导致了利率剧烈波动的时期也是如此。有关泰勒规则的文献中最令人吃惊的结果之一是参数值的事后稳定性。下述观点是非常令人震惊的：泰勒根据美国数据模拟得出的参数值可以普遍适用于不同历史时期（1999 年 b），或适用于许多货币政策操作程序。

但是，一致性参数值可能并不是恰当地确定利率的基础。最近，Chava-patrakul、Mizen 和 Kim（2001 年）评估了样本内和样本外泰勒规则作为下一次利率变化预测指标的表现情况。文章中有三个主要结论。第一个是尽管在许多工业化国家的季度频率下具有适用性，但泰勒规则在月度频率下并没有表现出稳健的关系，而英国货币当局就是基于月度频率来决定利率水平的。只有在一个非常特殊的 3 个月周期内，并使用二次修正（Quadratically-detrended）的产出序列，泰勒规则才能在 1992 年至 2001 年的样本中得到复制。更令人担心的是，在样本内，泰勒规则能够比较准确地预测基础利率的变化，但之所以如此是因为其主要预测是"没有变化"，而在 70% 的情况下都是"没有变化"。在预测上这就像停摆的钟表一样，偶尔还是能够正确的（一天两次）。样本外的结果也一样，其他更多的信息集胜过了泰勒规则。这表明，无论在决定改变控制目的方面是否持续有效，与比较简单的其他方式相比，泰勒规则在确定利率水平时的表现更差，更不说委员会的成员们还会使用判断。

当然，如果中央银行能够非常成功地使用一个政策规则来准确抵消冲击，那么泰勒规则作为一种政策描述一定会失效。这是因为经济活动会保持在潜在产出水平，而通货膨胀恰好在目标水平。官方利率水平变化就会与产出缺口和通货膨胀背离目标的程度无关。相反，利率变化会与政策要抵消的冲击密切相关。

尽管如此，正如 Mervyn King 所指出的那样，在中央银行不能事先识别和抵消冲击的条件下，从事后看，泰勒规则当然包含了大量常识。"那些事后表现出曾成功地遵守泰勒规则的中央银行，在实际作决定时，它们甚至从来没有听过这个概念。"（《通货膨胀报告》新闻发布会，1999 年 2 月 10日）任何理智的中央银行家都会改变利率以应对通货膨胀偏离目标值和产出缺口的扩大。尽管如此，该规则作为对过去行为的总结和作为对未来行为的预测之间的区别还是很大的。古德哈特定理表明，改变该规则使用可能会破坏统计规律的可靠性。幸运的是，还没有中央银行受到诱惑将这种令人满意的事后关系（短期利率水平、通货膨胀和产出偏离趋势值）作为货币政策决定的事前指导，因此也许原有统计的规律性仍然存在。

6. 货币政策制定的更广泛影响

古德哈特定理指出了货币政策制定者的问题，即任何后来用于控制目的的统计规律都是不可靠的。因此引出的问题是，是否所有统计规律都是无效的。Otmar Issing 曾对此有所评论并得出结论："如果该理论（古德哈特定理）普遍适用——而古德哈特自己绝对没有这样声称——则中央银行政策会面临一个事实上无法逾越的难题。"在反思古德哈特定理一般适用的逻辑时，他认为，该定理远远不是否定货币目标制这种机制，"在货币目标制下，古德哈特定理所假定的恶性循环在某些前提条件下可能消失。通过追求一个坚定的稳定性导向的政策，中央银行可以建立起一个通货膨胀预期的锚，这会对货币需求的稳定性产生积极影响。"（Issing，1997 年）因此，他指出，一个货币目标能够在通货膨胀目标制战略中扮演双支柱角色，可以压制通货膨胀预期，并有助于建立具有稳定统计关系的货币需求函数。过去的失败是因为在货币政策执行过程中过度依赖货币需求函数的稳定性。Issing的观点是，稳定的货币需求函数是一个有信誉的货币框架的结果，该框架包含一个货币目标或参考值，且其重点是通货膨胀预期。

但是这个问题与应依赖的统计关系的特殊选择有关吗？如果我们选择一个不同的实证规律，我们还会面对一样的问题吗？这是如何选择工具和目标的问题。历史记录表明，利率—货币—产出—通货膨胀这类关系并不稳定，因此选择货币作为中间变量也并不尽如人意。近期的货币主义思潮是把短期利率作为工具，且把未来通货膨胀的预期作为最终目标。这可能确实是一个更好选择，不仅因为利率可以通过很多传导渠道影响未来通货膨胀（见英格兰银行，1999 年），而且也因为通货膨胀是最终目标而非中间目标的缘故。

另一方面，货币政策之所以能够在 20 世纪 90 年代更为成功，是因为我们放弃了将"统计规律"用于"控制目的"。从潜在意义上讲，依赖一个简单政策规则来制定货币政策而不是作为目标规则可能会颠覆已经取得的成就。有关稳健的和前瞻型规则的研究发展，使我们进一步远离最简单的方程式，越来越多地转向根据判断和依靠其他与决策相关的信息的方式。

如果使用中间变量总是有误，那么对欧洲中央银行（ECB）来说，坚持其货币支柱并非是作为一个目标而是中期内稳定通货膨胀预期的一个锚就很重要（见 Issing，1997 年；Issing 等人，2001 年）。众所周知，某段时间中央银行在货币政策领域里所扮演的一个角色是"以身作则"（"teaching by doing"）（King，1996 年）。Artis 等人（1998 年）用短语"言行一致"（"do what you say and say what you do"）来解释这一观点。政策制定者的影响应当是积极的：解释过程和结果可以保证公众能建立起对独立中央银行作为一个货币机构的信任。从这种信任中获得的好处在理论和实践中都可以得到证实。

我们已经离中央银行的决策环境有点远了，中央银行是将外部环境视为给定的，并没有意识到塑造预期的重要性。从古德哈特定理相当于货币政策领域内的卢卡斯批判而言，该定理的含义就是，没有认识预期对行为关系的重要性会导致失败。20 世纪 90 年代以来成功的做法就是将通货膨胀预期纳入通货膨胀目标。中央银行现在是塑造而不是忽视预期。

7. 结论

我们从该文中得出的结论是在物理学、计量经济学和经济模型领域中有很多与古德哈特定理相似的定理，但古德哈特定理本身在货币政策制定方面具有特殊意义。古德哈特定理的思想发展可追溯到 20 世纪 70 年代货币需求函数的失效，那时货币目标制非常盛行，但是我们已经说明了该定理的适用性并不限于此问题。与适用于货币需求函数问题一样，出于政策考虑，依赖一个简单的基于统计规律的概念也同样适用于泰勒规则和其他简单的政策规则。中央银行应该避免这些从明显稳定的关系来制定政策这样的诱惑，必须牢记 70 年代早期根据货币需求函数作出决策的情况。20 世纪 90 年代及其之后中央银行的职责是解释货币政策、消除神秘性和重点关注未来通货膨胀预期对通货膨胀目标的影响。货币政策执行包括利用短期利率来追求货币政策的最终目标，也包括很多不同传导机制及对该过程的详尽解释。将这种关系的复杂集合体简化成一个简单的统计规律，以及用于制定政策的诱惑性还会重现，但古德哈特定理是对此种做法的一个警告。当然，所有这些都不意味着中央银行可以完全忽视"货币"，而且我们也确信古德哈特本人也不会希望其定理仅从该角度上被引用。通货膨胀不可避免地与一件事有关：货币价值。

参考文献

Artis, M.J. and Lewis, M.K. 'How unstable is the demand for money in the United Kingdom?' *Economica,* 51, 473-476.

Artis, M.J., Mizen P.D. and Kontolemis, Z. (1998) 'What can the ECB Learn from the Experience of the Bank of England?' *Economic Journal,* 108, 1810-1825.

Artis, M.J. and Lewis, M.K. (1991) *Money in Britain*, Philip Allen.

Ball, L. (2001) 'Another look at long-run money demand', *Journal of Monetary Economics*, 47, 31-44.

Capie, F. and Webber, A. (1985) *A Monetary History of the United Kingdom, 1870–1982*, London and New York; Routledge.

Chavapatrakul, T., Mizen P.D. and Kim, T. (2001) 'Using rules to make monetary policy: the predictive performance of Taylor Rule versus alternatives for the UK 1992-2001', *mimeo University of Nottingham*.

Clarida, R, Gali, J. and Gertler, M. (1998) 'Monetary policy rules in practice: Some international evidence', *European Economic Review*, 42, 1033-1067.

Carlson, J.B., Hoffman, D.L. Keen, B.D. and Rasche, R.(2000) 'Results of a study of the stability of cointegrating relations comprised of broad monetary aggregates', *Journal of Monetary Economics*, 46, 345-83.

Drake, L. and Chrystal, K.A. (1994) 'Company sector money demand: new evidence on the existence of a stable long-run relationship' *Journal of Money Credit and Banking*, 26(3), 479-94.

Drake, L. and Chrystal, K.A. (1997) 'Personal sector money demand in the

UK' *Oxford Economic Papers*, 49(1), 188-206.

Drake, L., Chrystal, K.A. and Binner J.M. (2000) 'Weighted monetary aggregates for the UK' in M.T. Belongia and J.M. Binner (eds) *Divisia Monetary Aggregates: Theory and Practice*, Palgrave: Houndmills, Basingstoke.

Goodhart, C.A.E. (1975a) 'Monetary Relationships: A View from Threadneedle Street' in *Papers in Monetary Economics*, Volume I, Reserve Bank of Australia, 1975.

Goodhart, C.A.E. (1975a) 'Problems of Monetary Management: The UK Experience' in *Papers in Monetary Economics*, Volume I, Reserve Bank of Australia, 1975.

Goodhart, C.A.E. (1984) *Monetary Theory and Practice*, Macmillan: Basingstoke.

Goodhart, C.A.E. (1989) *Money, Information and Uncertainty*, Macmillan: Basingstoke.

Haavelmo, T. (1944) 'The probability approach in econometrics' *Econometrica*.

Hoover, K.D. (1994) 'Econometrics as observation: the Lucas critique and the nature of econometric inference', *Journal of Economic Methodology*, 1, 65-80.

Issing, O. (1997) 'Monetary Theory as the Basis for Monetary Policy: Reflections of a Central Banker', http://www.international.se/issingitaly.

Issing, O., Gaspar, V., Angeloni, A. and Tristani, O. (2001) *Monetary Policy in the Euro Area,* Cambridge University Press, Cambridge.

Le Chatelier (1888), *Annales des Mines*, 13 (2), 157.

Leigh-Pemberton, R. (1986), 'Financial change and broad money' *Bank of England Quarterly Bulletin*, December, 499-507.

Lewis, M.K. and Mizen, P.D. (2001) *Monetary Economics,* Oxford University Press.

Lown, C.S., Peristiani, S. and Robinson, K.J. (1999) 'What was behind the M2 breakdown' FIS Working Papers, 2-99, Federal Reserve Bank of New York, August 1999.

Mizen, P.D. (1994) *Buffer Stock Models and the Demand for Money*, Macmillan, Basingstoke.

McCallum, B.T. (2000) 'The present and future of monetary policy rules' *NBER Working Paper* No. W7916.

Orphanides, A. (2000) 'Activist Stabilization Policy and Inflation: The Taylor rule in the 1970s', FEDS working paper 2000-13, Board of Governors of the Federal Reserve System, Washington DC, February 2000.

Orphanides, A. (2001) 'Monetary policy rules based on real-time data', *American Economic Review,*91(4), 964-985.

Rudebsuch, G.D. and L. E.O. Svensson, (1999) 'Policy Rules for Inflation Targeting' In Taylor, J.B. (Ed) *Monetary Policy Rules*, NBER, Chicago University Press, Chicago.

Savin, N.E. and Whitman, C.H. (1992) 'Lucas critique' *New Palgrave Dictionary of Money and Finance*, Murray, Milgate and Eatwell (Eds), Pal-grave, Basingstoke.

Sims, C.A. (2001) 'Review of *Monetary Policy Rules*' *Journal of Economic Literature*, 39, 562-66.

Schmid, P. (1998) 'Monetary policy: targets and instruments' in S.F. Frowen and R. Pringle (eds) *Inside the Bundesbank*, Macmillan: Basingstoke.

Svensson, L.E.O. (2001) 'What is wrong with Taylor rules? Using judgement in monetary policy through targeting rules' http://www.iies.su.se/le-osven/papers/JEL.pdf.

Taylor J.B. (1993) 'Discretion versus policy rules in practice' *Carnegie Rochester Conference Series on Public Policy*, 39, 195-214. Taylor J.B. (1999a) *Monetary Policy Rules*, NBER, Chicago University Press, Chicago.

Taylor J.B. (1999) 'A historical analysis of monetary policy rules' in *Monetary Policy Rules*, NBER, Chicago University Press, Chicago.

Taylor J.B. (2000) 'Alternative views of the monetary transmission mechanism: what difference do they make for monetary policy?' *Oxford Review of Economic Policy*, 16, 60-73.

Taylor J.B. (2001) 'The role of the exchange rate in monetary-policy rules' *American Economic Review Papers and Proceedings*, 91, 263-267.

Zawadzki, K.K.F. (1981) *Competition and Credit Control*, Blackwell:Oxford.